Wilhelm Baumeister

Anleitung zur Kenntniss des Äussern des Pferdes

Wilhelm Baumeister

Anleitung zur Kenntniss des Äussern des Pferdes

ISBN/EAN: 9783743327931

Hergestellt in Europa, USA, Kanada, Australien, Japan

Cover: Foto ©ninafisch / pixelio.de

Manufactured and distributed by brebook publishing software
(www.brebook.com)

Wilhelm Baumeister

Anleitung zur Kenntniss des Äussern des Pferdes

Anleitung

zur

Kenntniß des Aeußern des Pferdes

für

Thierärzte, Gestütsbeamte und Pferdebesitzer
jeden Standes

von

Wilh. Baumeister,

weiland Professor in Hohenheim, Hauptlehrer und Mitvorsteher an der Königl. württemb.
Thierarzneischule in Stuttgart ꝛc. ꝛc.

Fünfte vielfach umgearbeitete und vermehrte Auflage

von

Dr. A. Rueff,

Professor der Thierheilkunde ꝛc. ꝛc. in Hohenheim.

Mit 214 Holzschnitten nach Originalzeichnungen.

—⁓⁓⌘⁓—

Stuttgart.

Verlag von Ebner & Seubert.

1863.

Vorrede.

Sowohl in meinem früheren Wirkungskreise als Lehrer an der land- und forstwirthschaftlichen Lehranstalt zu Hohenheim, als auch in meinem derzeitigen Berufe als Lehrer an der hiesigen Thierarzneischule wurde mir der öffentliche Vortrag der Kenntniß des Aeußern des Pferdes zur Aufgabe gemacht und mir dadurch sowie durch eine angeborne Liebe zum Pferde Veranlassung zum möglichsten Eifer für das Studium des Aeußern des Pferdes gegeben, bei welchem ich, neben Wahrung der wissenschaftlichen Grundlage, die praktische Seite voranzustellen suchte. Dem Lehrvortrag legte ich ein eigenes selbstverfaßtes Heft zu Grunde, das sich aber alljährlich durch Zusätze aus eigener Erfahrung, sowie durch Lesen der neuesten Literatur über diesen Gegenstand, bald so sehr vermehrte, daß es in diesem ihm gewordenen größeren Umfange dem Gedächtnisse meiner Zuhörer nicht mehr treu bleiben wollte und in denselben den Wunsch laut werden ließ, dieses mein Heft sammt den von mir nach dem Leben gezeichneten und bei meinen Vorträgen zur Erläuterung des Gesagten vorgezeigten und an der Tafel vergrößert vorgezeichneten Abbildungen durch den Druck vervielfältigt in ihre Hände gelangen zu lassen, um sie des beschwerlichen und unsichern Abschreibens zu entheben und ihnen doch einen Leitfaden für die Vorträge der äußern Pferdekenntniß zu geben, da während der Vorträge und der damit verbundenen Demonstrationen am lebenden Pferde das Nachschreiben als unthunlich erschien. Diesem mehrfach ausgesprochenen Wunsche fügte ich mich und überlieferte mein Heft, als Anleitung zur Kenntniß des Aeußern des Pferdes dem Drucke, während ich mehrere von mir gezeichnete Abbildungen in Holz geschnitten an den betreffenden Stellen in den Text einsetzen ließ. Obgleich zunächst als Lehrbuch bei meinen Vorträgen bestimmt, erfreute sich das Werk doch auch des Beifalls des Pferdeliebhabers und veranlaßte in gegenwärtigem die zweite Auflage, die, der frühern Bestimmung getreu, nicht nur dem Jünger der Thierarzneikunde, und dem angehenden Landwirthe zur Belehrung dienen, sondern auch dem Pferdeliebhaber und dem Pferdebesitzer jeden Standes, der sich entweder aus Beruf oder aus Vorliebe einen gewissen Grad der Pferdekenntniß erwerben will, Aufschluß verschaffen soll. Die eingedruckten Abbildungen des Werkes sollen das Selbststudium erleichtern, indem sie so Manches in wenigen Linien verständigen, was sich nicht mit vielen Worten beschreiben läßt, da überhaupt die Kenntniß des Aeußern des Pferdes mehr auf Beschauung als dem Wissen nicht erwiesener Theorien beruht.

Wie sich jedoch die Kenntniß des Aeußern des Pferdes nur auf anatomische Kenntniß des Körpers des Pferdes stützt, so mußte auch nothwendigerweise der Beschreibung jedes einzelnen Körpertheils Andeutungen seines anatomischen Verhaltens voran= gestellt werden, welche, wenn auch noch so gedrängt, doch die sonst übliche Kürze abänderten. Bei den Fehlern und Gebrechen der einzelnen Körpertheile ist nur das unumgänglich Nöthige und für die Kenntniß des Aeußern des Pferdes Uner= läßliche berührt, dasselbe aber nach dem Stande der neuesten Erfahrung in der pathologischen Anatomie gegeben, ohne übrigens den Umfang des Werkes seine ihm zugewiesenen Schranken überschreiten zu lassen. So übergebe ich zum zweiten= male das von mir bearbeitete Werk dem Jünger der Thierarzneikunde, dem sich bildenden Pferdekenner und dem Pferdeliebhaber mit dem Wunsche, er möge in demselben die ihm nöthigen Belehrungen und Aufschlüsse über das Pferd finden und dadurch in den Stand gesetzt werden, eigene Erfahrungen in der Kenntniß des Aeußern des Pferdes zu machen und zu sammeln.

Stuttgart, im November 1844.

W. Baumeister.

Vorrede zur dritten Auflage.

Die Herausgabe des hinterlassenen Werkes von der Hand eines befreundeten Collegen, ist in mehr als einer Beziehung eine discretionäre Sache; und zwar um so mehr, als bei dieser Herausgabe eine Durcharbeitung nöthig erscheint, da der stets im Fortschreiten begriffene Zustand der Wissenschaft eine solche nöthig macht. Ich habe mit diesem Bewußtsein meine Arbeit begonnen und durchzuführen gesucht, und habe, ohne dem Verdienst Baumeisters im Geringsten nahe zu treten, nothwendige, aber auch nur nothwendige Aenderungen und Umarbeitungen aus= geführt. Die als nicht mehr praktisch allgemein anerkannte Ausmessung des Pferde= körpers durch Primen, Sekunden und Terzien wurden weggelassen, die Farben suchte ich unter eine verständlichere Uebersicht zu bringen, und die Lehre von den Racen habe ich etwas erweitert; bei der Betrachtung des Pferdes im Besonderen fand ich für zweckmäßig, Wiederholungen abzukürzen und praktische Bemerkungen hie und da einzuschalten. Dem vierten Abschnitt habe ich ein Capitel über den Schwerpunkt und das Gleichgewicht beigegeben und die Gangarten nach einem faßlicheren Principe darzustellen gesucht, die Zahnlehre gänzlich überarbeitet und durch neu ausgeführte Holzschnitte deutlicher zu machen mich bestrebt, endlich Härten des Styles hie und da ausgemerzt, ohne jedoch die Eigenthümlichkeiten der Diction meines Vorgängers zu verwischen.

Die Verlagshandlung hat mit anerkennenswerther Bereitwilligkeit diese Auflage

mit einer großen Anzahl, theils überarbeiteter, theils ganz neu ausgeführter Holz=
schnitte vermehrt, wodurch die Klarheit der Darstellung ohne Zweifel erhöht wird,
und zu besserem Verständniß der Farben und Racen in Farbendruck ausgeführte
Tafeln beigegeben.

Indem der Herausgeber dieses Buch dem Publikum übergiebt, wünscht er, es
mögen Pferdeliebhaber den besten praktischen Nutzen daraus ziehen und praktische
Pferdekenner ihm ihre Aufmerksamkeit nicht versagen. Auf das Urtheil dieser legt
der Unterzeichnete den größten Werth.

Ludwigsburg, im November 1851.

Duttenhofer.

Vorrede zur vierten Auflage.

Auf Ansuchen der Verlagshandlung habe ich diese neue Auflage der Anleitung
zur Kenntniß des Aeußern des Pferdes, welches wohl der beliebteste Theil des so
weit verbreiteten Baumeister'schen Werkes über Thierkunde und Thierzucht ist, zur
Bearbeitung übernommen. Vieles, sehr vieles habe ich anders gestalten zu müssen
geglaubt, und manche Zusätze gemacht, und hoffe dadurch beigetragen zu haben,
daß das Werk auch ferner bei den Pferdeliebhabern Anklang finde.

Einzelne werden freilich auch noch diese vierte Auflage nur unvollkommen
befriedigt aus der Hand legen, weil manche Gegenstände nicht ganz wissenschaftlich
und gründlich erörtert sind; ich selbst fühlte diesen Mangel im Werke wohl und
habe eben deßwegen an vielen Orten Zusätze gemacht, auch mein Collega Dutten=
hofer hat mir in einzelnen Capiteln in dieser Richtung bei Gelegenheit der dritten
Auflage vorgearbeitet, allein ohne das Werk total umzuarbeiten, hätte es nicht
so hergestellt werden können, daß es den Ansprüchen solcher Hippologen genügen
würde, welche eine wissenschaftliche Gründlichkeit verlangen. Endlich beachte man
wohl, daß diese „Anleitung zur Pferdekenntniß" nicht für solche geschrieben ist,
die durch langjährige Praxis oder anderweitiges Studium sich schon selbst genügende
Belehrung verschafft haben, ferner daß das Werk ein Lehrbuch über „Exterieur"
sein soll, welches sich streng genommen, nur mit den äußern Erscheinungen am
Pferdekörper zu beschäftigen, und eine wissenschaftliche Erörterung der Ursachen und
Folgen dieser Aeußerlichkeiten nicht nothwendig hereinzuziehen hat.

Die Hauptaufgabe eines Werkes über Exterieur, nämlich das Bekanntmachen
mit den äußerlich wahrnehmbaren Erscheinungen ist aber in keinem mir bekannten
Werke so erleichtert, wie in dem vorliegenden von Baumeister, dessen Geschicklichkeit
im Zeichnen ihm die Mittel an die Hand gab, alle die betreffenden Theile und
Formen dem Leser recht deutlich darzustellen, nicht blos dem geistigen Auge mit
Worten, sondern auch dem sinnlichen Auge in Bildern. Diese Illustrationen, welche
schon in der letzten Auflage durch Maler Volz aus München einen werth=

vollen Zuwachs bekommen haben, sind abermals in der vierten Auflage vielfach vermehrt durch die Geschicklichkeit eines jungen talentvollen Künstlers, welcher seine „Studien" unter meiner speciellen Anleitung nach der Natur gezeichnet und auch xylographirt hat. — Die allgemein anerkannte Schwierigkeit, lebende Thiere ganz oder theilweise namentlich aber in der Bewegung vollständig getreu nach der Natur darzustellen, mag als Entschuldigung dienen, wenn strenge Kritiker an einzelnen Zeichnungen noch Einiges auszusetzen finden, namentlich wird man vermissen, daß nicht alle die verschiedenen Darstellungen in einem und demselben Größenverhältniß stehen, allein das Bestreben, möglichst klare Bilder zu geben, bestimmten mich, die meisten der neuern Zeichnungen in etwas größerem Maßstabe, wie die früheren anfertigen zu lassen.

Die Farbendruck-Tafeln, die verschiedenen Racen, Haarfarben und Abzeichen darstellend, sind in dieser Auflage weggelassen, weil sie ihrem Zwecke nicht genügend entsprachen und weil von einer näheren Beschreibung der Racen auch im Texte Umgang genommen wurde. —

Trotz all' dem gebe ich mit gutem Gewissen diese neue Auflage dem kritischen Urtheile solcher Leser anheim, welche sich die Mühe nehmen wollen, die früheren Auflagen mit dieser neuesten zu vergleichen.

Hohenheim, 1857.

$\qquad\qquad\qquad\qquad\qquad\qquad\qquad\qquad$ **Rueff.**

Vorrede zur fünften Auflage.

Abermals wurde eine Auflage dieses Werkes nöthig, was am deutlichsten für die Branchbarkeit desselben spricht. Für Vermehrung und Verbesserung der den Text sehr erläuternden Holzschnitte ist mit Hülfe der Künstler Volz und Emil Adam in München in dieser neuen Auflage abermals in reichem Maße gesorgt, auch hat der Text mannigfache Verbesserungen und zahlreiche Zusätze erhalten; letztere sind hauptsächlich dadurch gewonnen, daß der Bearbeiter die ihm in seiner Stellung reichlich dargebotene Gelegenheit zu vielseitigen Erfahrungen und Beobachtungen auf dem Gebiete der Hippologie auszunützen sich stets mit besonderer Vorliebe bestrebte. Die Capitel über Kauf und Verkauf der Pferde, namentlich über die hiebei geltenden Gesetze sind ganz neu bearbeitet und ist in diese Capitel eine gründliche Abhandlung über die Erkenntniß und das Wesen der in verschiedenen Ländern als Gewährsmängel aufgestellten Fehler der Pferde hereingezogen.

Möge auch diese neueste Auflage trotz den etwa noch anhaftenden Mängeln, die der Bearbeiter selbst auch recht wohl kennt, aber eben nicht ganz zu beseitigen im Stande war, ohne das ganze ursprüngliche Werk umzugestalten, eine freundliche Aufnahme finden.

Hohenheim, im September 1862.

$\qquad\qquad\qquad\qquad\qquad\qquad\qquad\qquad$ **Rueff.**

Inhalts-Verzeichniß.

Einleitung.

§. 1.

Die Pferdekenntniß besteht in einer Reihe von Erfahrungssätzen, welche uns in den Stand setzen, aus der äußeren Erscheinung und Beschaffenheit der einzelnen Theile am Pferdekörper die Leistungs=fähigkeit überhaupt die Vorzüge wie die Mängel eines Pferdes, die Befähigung zu gewissen Dienstleistungen und seinen Werth zu er=kennen und zu beurtheilen.

Begünstigt wird ein solches Urtheil: durch n a t u r g e s c h i c h t=l i c h e K e n n t n i s s e, hiedurch wird die Stellung des Pferdes in der Reihe der übrigen Thiere erkannt; durch A n a t o m i e, welche uns über die normale Beschaffenheit der einzelnen Theile des Pferde=körpers und deren Zusammensetzung zu einem Ganzen belehrt; durch P h y s i o l o g i e, durch welche die Verrichtungen der einzelnen Körpertheile und ihr Zusammenwirken zu einem selbstständigen Ganzen, überhaupt die Gesetze der gesunden Lebensthätigkeit erklärt werden, während die P a t h o l o g i e die verschiedenartigen Ab=weichungen der einzelnen Körpertheile vom gesunden, normalen Zustande und deren Bedeutung für einzelne Verrichtungen oder für den gesammten Lebenszweck bespricht.

Die P f e r d e z ü c h t u n g s k u n d e endlich, die von der Züchtung nach bestimmten Grundsätzen, vom diätetischen Verhalten, von den Gestüten handelt, gibt uns Aufschluß über Art und Einfluß der Ab=stammung, Erziehung und Pflege. Endlich ist auch noch die Reitkunst und Fahrkunst zu erwähnen, weil sie uns in den Stand setzt, die

Fähigkeiten und Anlagen des Pferdes für die besonderen Dienstleistun=
gen beim Reiten und Fahren genauer zu prüfen und zu beurtheilen.

Letztere beiden Künste oder Fertigkeiten spielen bei der Pferde=
beurtheilung oft eine ebenso wichtige Rolle, als die oben genannten
Wissenschaften, deren Kenntniß zwar eine rationelle Grundlage für
den Pferdekenner bietet, in der Praxis aber gar häufig den gebildeten
Pferdekenner zu Fehlgriffen verführt, durch welche er zurückstehen
muß gegen den richtigen Takt und die Empirie eines rontinirten
Reiters und im Fahren geübten Pferdefreundes.

In Voraussetzung jener wissenschaftlichen und practischen Hülfs=
fächer ist die Pferdekenntniß sehr umfassend und keineswegs so leicht
als man sich gewöhnlich denkt, allein in diesem Umfange ist sie fast
nur für den nothwendig, dessen hauptsächlicher Beruf sie ist.

§. 2.

Die Lehre von der Pferdekenntniß, obgleich auf theoretische Fächer
sich stützend, muß stets durch Anschauung unterstützt werden; die Pferde=
kenntniß kann daher nicht allein vom Katheter herab vorgetragen, sondern
sie muß an dem lebenden Pferde, im Stalle, auf der Reitbahn, auf dem
Pferdemarkte, kurz da, wo die verschiedensten Pferde beisammen sind
und Vergleichungen zulassen, gelehrt werden, wenn sie dem zu Unter=
richtenden von wahrem Nutzen sein soll. In der Pferdekenntniß
hat wohl noch Niemand die Gränze der Vollendung erreicht und
sich der Ausspruch jenes Weisen, ars longa, vita brevis, abermals
bewahrheitet. Ein exclusiv theoretisches Studium der Lehre vom
Exterieur hat den großen Nachtheil, daß das Auge keine Uebung
im Auffinden der Fehler gewinnt. Andere dagegen haben eine
große Fertigkeit im Auffinden von Fehlern, allein, sie verstehen es
nicht, die Bedeutung der Fehler richtig zu beurtheilen, weil sie zu
wenig Erfahrung in der Dienstverwendung der Pferde haben.

Es ist in der That ein großer Unterschied zwischen einem Fehler=
kenner und einem Pferdekenner. Ein tüchtiger Pferdekenner muß
nicht allein sehen, was an einem Pferde ist, sondern er muß er=
kennen und beurtheilen, was es leisten kann, ja sogar was aus ihm
unter gewissen Umständen noch werden kann.

Erster Abschnitt.
Naturgeschichte des Pferdes.

§. 3.

In der großen Abtheilung der Säugethiere ist von den Zoologen eine Ordnung unter dem Namen „Huftiere" aufgestellt, unter diesen befinden sich mehrere Familien, aus denen wir die Angehörigen als Hausthiere benützen; ich führe hier an die Wiederkäuer, die Vielhufer und endlich die Einhufer.

Die kleine Familie der Einhufer zeichnet sich dadurch aus, daß die ihr Angehörenden ein ungetheiltes Fußende haben, es ist, wenn wir das Skelet des Pferdes mit dem des Menschen vergleichen, nur der Mittelfinger und die Mittelzehe vollständig entwickelt. Diese Thiere gehen auf der Spitze des Endgliedes, welches zum Schutz mit einem zwar sehr festen zähen, aber doch nachgiebigen elastischen Hornschuhe versehen ist.

Das Gebiß dieser Einhufer besteht aus je 6 Schneidezähnen im Ober= und Unterkiefer, 6 Back= oder Mahlzähnen auf jeder Seite in jedem Kiefer; das männliche Thier hat außerdem noch einen sogenannten Hackenzahn in den Laden d. h. in dem Zwischen= raum zwischen dem letzten Schneidezahn und dem ersten Backzahn. Die Körperbekleidung der Einhufer ist dadurch ausgezeichnet, daß zwischen den Ohren, am oberen Rande des Halses und an der Schweifrübe besonders starke und lange Haare wachsen; das Auge ist mit einer der Quere nach liegenden Pupille (Sehloch) versehen. Der Darmkanal ist 8—10mal so lang wie die Länge vom Maule bis zum After. Das Gaumensegel ist besonders lang und fällt fast bis auf den Rücken der Zunge herab, so daß das Oeffnen des

Maules beim Athmen wenig Erleichterung gewährt, der Schlund ist ziemlich enge, namentlich an seinem Uebergange in den Magen, so daß der Inhalt des letzteren durch Erbrechen nicht wie bei andern Thieren entleert werden kann. Der Magen ist einfach, dagegen sind die dicken Gedärme sehr weit und mit Poschen versehen. Die Leber ist ohne eine Gallenblase. Die Thiere dieser Familie sind zwar von der Natur auf Pflanzennahrung angewiesen, allein auf eine mehr concentrirte, vollkommenere wie andere Pflanzenfresser, namentlich wie die Wiederkäuer. Die Verdauungswerkzeuge des Pferdes können die Pflanzenfaser namentlich die verholzte nicht so auflösen, wie die Wiederkäuer, und man kann sagen, daß das Pferd naturgemäß mehr auf Samen, Gräser und Kräuter angewiesen ist. Die männlichen Thiere leben in Polygamie, die weiblichen haben eine Tragezeit von 11 Monaten und einigen Tagen, ihr Euter ist nur mit 2 Zitzen versehen.

In diese soeben in ihren charakteristischen Merkmalen beschriebenen zoologischen Abtheilung hat man bis jetzt erst 1 Genus, nämlich das Pferdegeschlecht genus equus, eingetheilt.

Zu diesem Genus gehören folgende 5 Species oder Arten:

1. Das Pferd Equus caballus; heißt im Holländischen paard; im Dänischen hest; im Englischen horse; im Französischen cheval; im Italienischen cavallo; im Spanischen caballo; im Portugiesischen cabalho; im Polnischen konj; im Russischen loschadj; im Ungarischen lò; im Lateinischen equus, caballus, der Pony mannus; im Griechischen hippos; im Sanskrit ashva; im Zendpersischen aspa; im Persischen esp; im Hebräischen sus; im Arabischen farason; im Chinesischen mâ.

Diese Pferde-Species hat einen besonders vollen Schopf, Mähne und Schweif, kleine Ohren, mehr kreisrunde Hufe, die Stimme ist wiehernd, das Skelet ist fast konstant mit 6 Lendenwirbeln versehen, während bei den übrigen Species meist nur 5 Lendenwirbel vorkommen.

Der natürliche Aufenthalt des Pferdes ist auf hochgelegenen Ebenen, und seine Nahrung besteht in den trockeneren Pflanzen, härtern Gräsern und den an Satzmehl und Kleber reichen Samen und Körnern verschiedener Schotengewächse und Getreidearten. Das männliche Pferd, der Hengst, ist muthvoll und kräftig, das weibliche, die Stute, mehr gelassen, beide werden naturgemäß in den Frühlingsmonaten brünstig und der Hengst bedeckt die als rossig erkannte Stute gewöhnlich sehr rasch; wenn die Stute aufgenommen hat, läßt sie den Hengst meist nicht wieder zu, schlägt ihn ab. Die Stute geht 11 Monate und 10 Tage, oder 49 Wochen, oder 335—340 Tage trächtig und bringt nach dieser Zeit in der Regel nur ein Fohlen, das gewöhnlich sehr bald erstarkt, in den ersten Stunden sich erhebt und geht und meist 4—6 Monate gesäugt wird.

Das Pferd lebt in seinem Naturzustande in Heerden beisammen. Gewöhnlich führt ein Hengst 8—12 Stuten mit ihren Fohlen. Der Hengst sucht jeden weiteren männlichen Eindringling in diese geschlossene Gesellschaft entschieden und für immer zurückzutreiben, daher die heftigen Kämpfe zwischen den älteren und jüngeren, nach=gewachsenen Hengsten, die sich auch eine Familie zu gründen wün=schen. Diese Kämpfe sind auch das Mittel, welches die Natur be=nützt, um nur die lebenskräftigsten Individuen für die Erhaltung der Art wirken zu lassen, deßwegen besitzen auch jene Sprößlinge einer ganz wilden, naturgemäßen Zucht eine so merkwürdige Lebens=zähigkeit. Fällt ein Hengst, so schließen sich die Stuten einem an=deren an. Die Stuten übernehmen die Fürsorge, die Vertheidigung für die jungen Nachkömmlinge. Zeigt sich eine Gefahr, nähern sich Raubthiere beutelüstern, so schließen die Stuten zuweilen einen dichten Kreis um die Fohlen, das Hintertheil nach auswärts gekehrt, und jeder Angriff wird mit Energie zurückgeschlagen. Bei weniger zahlreichen Feinden verlassen die Thiere ihre Defensivstellung, und Hengst und Stuten gehen mit den Vorderfüßen entschlossen auf den Feind los.

Das natürliche Alter des Pferdes mag sich immer auf 30—40 Jahre belaufen, obgleich einige Beispiele noch höhern Alters der Pferde bekannt geworden sind; künstliche Zucht und deren Folgen für die Körperbeschaffenheit, frühzeitige Dienstverwendung und ver=schiedene Krankheiten kürzen die natürliche Lebensdauer ab und lassen, mit wenigen Ausnahmen, Pferde nach dem 15ten Jahre schon als alte Pferde erscheinen, deren abnehmende Kräfte nur noch zu ge=ringerer Dienstleistung hinreichen. Das Pferd besitzt zwar große Lebenszähigkeit und erholt sich, durch Strapazen und Krankheiten sehr herabgekommen, in kurzer Zeit; erliegt jedoch manchen Krankheiten,

wie z. B. Hirn= und Lungenentzündungen, Koliken, Rotz, Wurm 2c.
auffallend schnell, so daß es dem im Volksleben so gewöhnlichen
Begriffe „von der unverwüstlichen Roßnatur" nicht entspricht.

§. 4.

Das Pferd ist dem Menschen fast so weit wie der Hund in alle
Weltgegenden und Breitegrade gefolgt. Vom Polarzirkel bis zum 64.
Breitegrade. Doch bedingen die kalten Regionen eine auffallende Ver=
kümmerung dieses Thieres, während es im Süden besser gedeiht.
Als die ursprüngliche Heimath des Pferdes wird das mittlere Asien
bezeichnet, wo man die wilde Originalrace namentlich an der Süd=
gränze des Aralsee in den mongolischen Wüsten und in der Wüste
Gobi antrifft. In alten hippologischen Schriften findet man solche
Thiere unter dem Namen „Bachmatten" aufgeführt. Die Einge=
borenen unterscheiden echt wilde Pferde Tarpans und verwilderte
Muzins. Die echten Tarpans sind nicht größer als gewöhnliche
Maulthiere; ihre Farbe ist ohne Ausnahme falb, vom Gelbfalben
bis ins Mausfalbe in allen Schattirungen; Farbenabstufungen,
welche von dem Wachsthum oder dem Ausgehen eines weißlichen
Ueberhaares herkommen, welches länger als die gewöhnliche Haar=
decke ist und im Spätsommer zu wachsen beginnt, im Mai aber
ausfällt. Während der kalten Jahreszeit ist dieses Ueberhaar lang,
schwer und weich, es liegt alsdann so dicht an wie ein Bärenpelz
und ist ganz gekräuselt.

Im Sommer fällt es größtentheils ab und nur auf dem
Rücken und auf den Lenden bleibt ein Theil davon übrig. Der
Kopf ist klein, die Stirne sehr gewölbt, die Ohren sind weder
lang noch kurz und stehen stark nach hinten, die Augen klein
und boshaft, Kinn und Maul mit borstigen Haaren besetzt, der
Hals ist verhältnißmäßig dünn und hat eine dichte und ver=
worrene schwarze Mähne. Die Fesseln sind lang und schwarz, die
Hufe schmal, hoch und ziemlich spitzig, der Schweif ist schwarz und
reicht blos bis an die Sprunggelenke, er ist mit groben, etwas ge=
kräuselten Haaren besetzt, welche dicht an der Kruppe beginnen; die
Kruppe ist so hoch als der Widerrist. Die Stimme des Tarpan
ist laut und schriller als die des gezähmten Pferdes; in seiner ganzen
Action, der Art des Stehens und dem allgemeinen Ausdruck hat er

etwas von einem bösartigen Maulesel. Die Tarpans machen regel=
mäßige Wanderungen, indem sie bei Annäherung des Sommers nörd=
lichen Breiten sich nähern und zu Anfang des Herbstes zurückkehren;
ihre Unzähmbarkeit geht ins Unglaubliche. Ohne Zweifel kann es
zwar gelingen, sie durch geschickte Behandlung zu zähmen; allein oft
brechen sie, wenn eingefangen, in Folge ihrer heftigen Widersetz=
lichkeit Hals und Beine, oder sie werden traurig und zehren ab.
Gegen gezähmte Pferde zeigen sie sich sehr feindselig und greifen sie
mit Heftigkeit an. Die Muzins oder verwilderten Pferde sind von
verschiedener Farbe, haben größere Köpfe und dickere Hälse als die
Tarpans, haben keine bestimmten Wanderungen, buhlen um die Ge=
sellschaft mit gezähmten Racen und sind, jung eingefangen, zwar
Anfangs störrisch, werden aber mit der Zeit gänzlich an die Ge=
fangenschaft gewöhnt.

Jn die neue Welt ist das Pferd erst durch die Europäer ver=
pflanzt worden, allein es gedeiht dort gut, zeigt selbst im verwil=
derten Zustande noch die Merkmale seiner edlern Abstammung und
vermehrt sich in solchem Maaße, daß es, obgleich vielfach benützt,
doch nur in sehr geringem Werthe steht und zu den niedrigsten
Preisen erkauft werden kann. Jn Beziehung auf seine Lebensweise
hat es Aehnlichkeit mit dem asiatischen verwilderten Pferd.

Diese verwilderten Pferde kommen in der neuen Welt vorzugs=
weise in Südamerika vor in den ausgedehnten Steppen (Pampas)
von Paraguai, Buenos=Ayres. Dort leben sie nach Tausenden in
Heerden beisammen, sie haben nicht die fahle Farbe der eigentlich
wilden Pferde, sondern sind mehr braun. Es sind nämlich Ab=
kömmlinge andalusischer Pferde, welche im Jahre 1535 unter Don
Pedro de Mendoza bei einem Kriegszuge wegen Mangel an Fourage
freigelassen werden mußten. Diese haben sich in ihrer ungebundenen
Freiheit bis daher so vermehrt, daß sie eine Landplage zuweilen
werden, sie brechen nämlich in cultivirte Gegenden herein, ver=
wüsten ganze Länderstrecken, Plantagen, so daß ihre Vernichtung
den Bewohnern zuweilen aus Rücksichten der Selbsterhaltung gleich=
sam geboten erscheint; daher werden zuweilen Jagden auf diese
Thiere angestellt, nicht sowohl um sie zu vernichten, sondern auch
um sie noch zu benützen, sei es nun lebend oder todt. Das Fleisch
dient dort häufig zur menschlichen Nahrung. Die Felle kommen in den

Handel, einzelne Theile des Felles werden dort zu ganz bestimmten Zwecken benützt. Die durch ihre Reitergeschicklichkeit und ihren Muth berühmten Pferdejäger (Gauchos) jener Gegenden tragen hohe Stiefel aus einem Stück von den Schenkeln und dem Sprunggelenk der Fohlen abgezogen. Will man die Pferde lebend für den Dienst des Menschen einfangen, so jagt man sie mit dem Wurfseile, Lasso. Die Zahl jener verwilderten Pferde in Amerika ist eine ganz unge= heure. Während im Jahre 1493, wo Columbus seine zweite Fahrt von Spanien nach Amerika unternahm, die Pferde und Reiter, welche Columbus mit sich führte, bei den Eingeborenen des neuent= deckten Welttheiles Schrecken und Bewunderung erregten, und die griechische Mythe der Centauren zum zweitenmale eine lebendige Erklärung fand, weil das Pferd und die Kunst es zu reiten gar nicht bekannt war, hat jetzt das Pferd in vielen Gegenden Amerikas eine entscheidende Bedeutung für die Entwicklung der Länder ge= wonnen. In manchen Länderstrichen sind die Eingeborenen durch den Besitz und die Verbreitung des Pferdes *) Reiter= und Jäger= völker, dadurch vom Boden unabhängig, räuberisch und der Civili= sation unzugänglicher geworden. Schon im Jahre 1697 waren die Pferde so vermehrt, daß ein Mr. P. Sepp für 1 Thlr. 20 Pferde, für eine Pfeife 3, für ein Hufeisen 6, für zwei Nähnadeln 6 Pferde kaufen konnte. Alexander v. Humboldt schätzte bei seiner Reise die Pferde in den Pampas von Buenos=Ayres auf 3 Millionen. Ein= zelne Meiereien in den Laplata=Staaten besaßen einst einen Pferde= stand von 50,000 Stück. Auch in Nordamerika gibt es verwilderte Pferde; die wilden Pferde im Westen des Mississippi stammen von zahmen Pferden aus Mexiko. Der übergroßen Vermehrung dieser Thiere setzt die Natur selbst auch Schranken entgegen. Wenn die Gluth des südlichen Himmels die Vegetation in jenen Steppen gleichsam ausgebrannt hat, gehen Tausende durch den Mangel der nöthigsten Lebensbedürfnisse elend zu Grunde, oft entspinnt sich ein Kampf der lechzenden Thiere um das Labsal, welches eine schwache Quelle, ein kleiner Sumpf in der ausgebrannten Steppe den von Hunger und Durst herumgetriebenen Thieren bietet; der Kampf geht auf Leben und Tod, und nur die kräftigsten Thiere überstehen.

---

*) Volz Culturgeschichte, Seite 227.

die Mühsale, welche die Ungunst der Natur diesen Heerden auf=
bürdet. Mancherlei Raubthiere, Löwen, Tiger, Bären, Wölfe,
Schakals suchen mit besonderer Vorliebe ihre Beute in den wilden
Pferdeheerden. Beim Durchpassiren der Flüsse findet manches Glied
der großen Familie sein Grab in den Wellen. Die Crokodille,
Alligatoren greifen bei dieser Gelegenheit ungenirt die Pferde,
namentlich die Fohlen in dem ihnen fremden Elemente an und
reißen sie in die Tiefe, elektrische Fische betäuben durch ihre Schläge
die unvorsichtigen Eindringlinge in das fremde Gebiet, aber oft
auch bei aller Vorsicht finden jene Wildfänge ihren Tod in den
Wellen, wenn die großen Ströme jener Länder, angeschwellt durch
die anhaltenden Regengüsse der Wintermonate, ihre Ufer überschreiten
und ihre Fluthen sich über die weiten Waideflächen jener wild=
lebenden Pferdeheerden hinwälzen.

Solche emancipirte Descendenten unseres zahmen Pferdes finden
sich auch in Europa, z. B. in Süd=Rußland. Die Pferde, welche
bei der Belagerung von Azoph im Jahre 1697 freigelassen wurden,
haben die Stammväter abgegeben für zahlreiche Haufen wilder
Pferde, welche sich am asowschen Meere herumtreiben. Vielfach
hört und liest man, daß sogar in Frankreich noch in einer Gegend
eine Art verwilderter Pferde existire, nämlich auf der Insel Camarque
im Rhonedelta. Herausgeber hat im Jahre 1857 im März diese
Gegenden bereist und von Arles aus die Rhonehalbinsel Camarque
wiederholt besucht, und kann nach eigener Anschauung folgende Notizen
mittheilen.

Das Camarquepferd ist ein in den weiten Sümpfen des Rhone=
deltas verkümmertes Pferd, dem man in einzelnen Partien recht
gut seinen edlen Ursprung von berbischen (maurischen) Pferden an=
sieht. Doch ist der Kopf allmälig durch die feuchten Waiden dick,
blöckisch geworden, das Auge aber ist schön groß; wegen der ent=
nervenden Haltung der Thiere jedoch gewöhnlich theilnahmslos fast
möchte ich sagen kummervoll. Der Hals ist von mittlerer Länge
immer leicht und dünn, die Ohren sind weit gestellt als Andeutung
einer starken Entwicklung des Schädels, die Mähne ist bei den auf
der Waide gehenden Thieren nicht lang aber dicht, dieß erklärt sich
dadurch daß alle Sommer die Mähne abgeschnitten wird, bei den
aufgestellten oder gar als Luxusthiere unterhaltenen besseren Indi=

viduen ist die Mähne sogar sehr lang und wallend. Der Widerrist zeigt sich gewöhnlich nicht schön prononçirt, die Schultern sind ordent= lich gelagert, die Brust ist breit, dagegen stehen die Knie bei den meisten enge, die Fessel aber sind auswärts gerichtet. Der Rücken ist eher lang, als kurz und gedrungen. Die Nierenpartie ist gut, das Kreuz nach oben spitzig, dann gegen den Schwanzansatz abge= senkt, aber immer breit und kräftig. Der Schweif ist gut ange= setzt und immer gut getragen. Die Sprunggelenke stehen meist enge kuhhessig, die Fessel sind fast bei Allen zu weich, wie ich dieß immer gefunden bei solchen Pferden, welche an den Ufern eines Flusses oder Sees (z. B. am Plattensee in Ungarn) auf feuchten Waiden auferzogen sind. Meist ist die Farbe milchweiß aber nicht weißgeboren, sondern weißgeworden, und zwar zwischen dem 5. und 10. Jahre, wie bei andern Racen auch. Die Behaarung ist unedel, der Schweif sehr lang, die Mähne voll und nach beiden Seiten überhängend, der Behang an der Köthe ist stark. Das Fundament ist im Allgemeinen ziemlich solid doch unter den Knien zu fein, aber immer ist es rein und frei von Gelenk= und Knochenfehlern. Die Größe ist 13—14¹⁄₂ Faust. Auffallend ist die starke Abnutzung der Zähne als Folge des Genusses der mit Sand überzogenen Gräser, so daß alle Pferde älter markiren, als sie wirklich sind, unter den Heerden findet man viele Stuten von 12—16 Jahren.

Gewöhnlich denkt man sich die Pferde, weil sie so vielfach als wilde beschrieben werden, als mißtranisch schwer zugänglich. Der Hirte fängt sie aber mit Leichtigkeit durch eine Art Lasso, Wurf= schlinge, und ist dabei meist zu Fuß. Er wirft die Schlingen über den Kopf des Pferdes und ich sah, daß 3 auf einmal gefangen wurden, die sich leicht halten ließen, denn sie sind nicht scheu, wie wilde Pferde. Mit der Wurfschlinge macht der Hirte eine Art Halfter und führt dem Beschauer das Pferd vor, springt wohl auch mit auffallender Behendigkeit auf den Rücken des Thieres und reitet es im Galopp und Trab vor. Die meisten lassen sich wohl auch anfassen und ergreifen, wenn man ihnen Hafer auf der Hand an= bietet und man kann sogar die Zähne ohne Gefahr beschauen. Die Wurfseile sind von Pferdehaaren, welche den Stuten alle Frühjahre abgeschnitten werden, so daß die Stuten meist ein weniger charakte= ristisches Ansehen wie die Hengste haben. Das Castriren besorgen die Hirten gewöhnlich selbst durch Abbrechen. Die Paarung geschieht im Frühjahr zuweilen in Robeln, meist jedoch aus der Hand. In Arles befindet sich nämlich eine mit 4—5 meist sehr gut gewählten arabischen Beschälern besetzte Platte. Zur Zeit meines Besuches waren daselbst 2 vortreffliche Original-Araber und 3 in Frankreich gezogene Vollblutaraber und Halbblutengländer. Die Kreuzungen des Camarquepferdes, das ja ursprünglich orientalisches Blut in sich hat, mit arabischen Hengsten zeigen eine wesentliche Verbesserung, man findet edlere Köpfe, schönere Kruppen, die Größe hat zuge= nommen bis zu 15—15½ Faust, allein die Fußstellung ist nicht viel besser geworden. Die Pferde der Camarque dienen den dortigen Colonisten fast nur zum Austreten des Getreides, sie kommen selten nach auswärts in den Handel, in dem nahen Marseille und in Paris sieht man zuweilen geringere Fiacrefuhrwerke mit 2 Ca= marqueschimmeln bespannt, und nur ausnahmsweise spannt ein Gentleman 2 oder 4 Camarquepferde vor seinen Wagen als Ponies. Man zahlt für gewöhnliche Wildfänge der Camarque 250—500 Fr., die mit den Landesbeschälern veredelten Thiere bezahlt man jedoch schon mit 5—700 Fr., unter ihnen finden sich oft recht hübsche elegante kleine Reit= und Wagenpferde. Die Camarquepferde haben sich besonders dadurch einen Namen gemacht, daß sie bei den in Arles in der antiken Arena jedes Frühjahr um Ostern noch üblichen Stiergefechten von den Stierkämpfern fast ausschließlich benützt werden, vielleicht weil sie besonders wohlfeil und sehr wendsam sind. Der Hauptabsatzort für die Camarquepferde ist Arles, wo im April und Mai an bestimmten Tagen größere Märkte gehalten werden.

§. 5.

2. Equus asinus der Esel (Fig. 1). Der vielfach mißhandelte und ungerechterweise geschmähte Vetter des stolzen Pferdes ist in der äußeren Form dem wilden Pferde nicht unähnlich, doch ist der Kopf stets auffallend dick, blöckisch, die Ohren sind sehr lang und groß, Kamm und Schweif sind nur schwach behaart. Der wilde Stamm= vater unseres zahmen Esels kommt vor in Persien unter dem Namen Khur, in der Tartarei unter dem Namen Kulan. Er macht wie

das wilde Pferd oft Wanderungen nach dem Süden. Er wird in Gruben gefangen, und wenn er sehr jung eingefangen wird, läßt er sich auch zähmen, jedoch schwerer wie das wilde Pferd. Bei den Römern wurden die wilden Esel häufig zu den Thierkämpfen bei den circensischen Spielen benützt. Die Farbe dieser wilden Esel ist fahlgrau aber ohne Aal= und Kreuzstreifen über den Schultern.

Fig. 1.   Der Esel.

Der zahme Esel ist meist aschgrau und durch einen schwarzen Streifen längs der Wirbelsäule und über die Schultern ausge= zeichnet. In manchen Ländern trifft man auch dunkelbraune, ganz schwarze, sogar weiße Esel an, diese kommen namentlich in Afrika z. B. in Chartum und seiner Umgebung vor. Auf die Zucht des Esels wird im Allgemeinen wenig Werth gelegt, namentlich in Deutschland; es hängt dies nicht allein von climatischen, sondern auch von politischen Verhältnissen ab. In südlichen Climaten ge= deiht der Esel besser als in nördlichen. In ausschließlich katholischen Ländern, wo die Kaste der Priester so zahlreich ist, und das stolze Pferd als unpassendes Transportmittel für den bescheidenen Diener der Kirche angesehen wird, während er auf dem niedrigen Esel reitend eher das Bild eines Jüngers Christi darstellt, ist der Esel mehr geschätzt als in protestantischen Ländern. Wir sehen daher in Italien, Spanien, Südfrankreich die Eselszucht auf weit höherer Stufe und in größerer Anerkennung wie in Deutschland und England.

Die charakteristischen zoologischen Merkmale bestehen darin, daß der Esel gewöhnlich nur 5 Lendenwirbel hat, daher erklärt sich seine Leistungsfähigkeit unter großem Gewicht. Die Tragezeit ist 11 Monate, der Eselshuf ist schmal und länglich. Eine Hornwarze kommt nur an den Vorderfüßen, aber nicht an den Hinterfüßen vor. Die Haut ist besonders unempfindlich, kommt nicht leicht in Schweiß, daher die geringe Geneigtheit des Esels zu Erkältungen und ihren krankhaften Folgen; daher das geringe Bedürfniß an Getränk, denn die Haut scheidet nur sehr wenig Flüssigkeit aus dem Blute aus. Dies erklärt uns auch die vorwaltende Geneigtheit des Esels für warme Climate. Ferner hängt damit zusammen der Umstand, daß Schmarotzerthiere auf der Haut des Esels nur sehr selten vorkommen. Der Esel ist bei seiner Genügsamkeit und verhältnißmäßig bedeutenden und vielseitigen Arbeitskraft nicht blos im Leben nützlich, sondern sogar nach seinem Tode wird sein Körper noch vortheilhafter ausgenützt wie der des Pferdes. Sein Fleisch wird in Verbindung mit andern Fleischarten zur Fabrikation der bekannten Salamiwürste verwendet, bei den Römern galt ein Eselsfohlen als eine besondere Delicatesse. Das Fell liefert das echte Pergament. Ein Ring vom Horne des Eselshufes wurde einst als Amulet gegen Rheumatismus und Epilepsie getragen. Der Esel sowie auch seine Bastarde sind wenig Krankheiten ausgesetzt, allein wenn diese Thiere erkranken, so nehmen die Krankheiten stets einen viel rascheren gefährlicheren Verlauf als beim Pferde.

§. 6.

3. **Equus Zebra Zebra** (Fig. 2). Figur und Größe so ziemlich wie beim Esel nur etwas schlanker, im Kopf leichter, die Ohren klein wie beim Pferd. Sehr charakteristisch ist die Färbung: auf weißem Grunde sind schwarze Streifen, welche den Rumpf und die Gliedmassen wie unregelmäßige Bänder umgürten. Diese Zeichnung geht bis herunter zu den Hufen, die kurze starre Mähne ist auch noch gestreift, die dünne Schwanzbehaarung aber ganz schwarz. Dieses

Thier lebt auf einigen Hochebenen Afrikas am Kap, Guinea. Es läßt sich leicht zähmen, und in der Kapstadt, sogar zuweilen in London sieht man kleine Wagen mit solchen Zebras bespannt. Der

Fig. 2. Das Zebra.

Gang ist sehr ergiebig, regelmäßig und die Leistungsfähigkeit so= wie die Ausdauer im Dienste ist im Verhältniß zum Pferde sehr auf= fallend.

§. 7.

Equus montanus Bergzebra Damw. Zebra Burchelli (Fig. 3). Auf isabellfarbigem Grunde sind schwarzbraune Streifen, die aber nicht so weit sich ausdehnen wie · beim vorigen, daher sind Füße und Schweif weiß. Es lebt mehr in den gebirgigen Gegenden. Größe und Form wie beim Zebra.

§. 8.

4. Equus Quagga. Etwas größer wie die vorigen. Der Kopf ist kleiner als beim Zebra, auch die Ohren sind feiner, die Grund= farbe ist an der Vorhand mehr dunkel, nach hinten in's Weißliche

übergehend, darüber verlaufen grauröthliche Bänder. Es lebt in den Ebenen Südafrikas, wird wegen seines Fleisches gejagt, aber seltener gezähmt, wie die vorigen.

Fig. 3. Das Bergzebra.

§. 9.

5. Equus hemionus Halbesel Dschiggetai (Fig. 4). Der obere Theil des Körpers ist mehr dunkelsahlgrau, der untere und die Beine weißlich. Die Mähne, Schwanz, Rückenlinie, Nase sind schwärzlich. Etwas größer wie Zebra. Lebt in den Hochebenen der Mongolei, Bucharei, wiehert fast wie ein Pferd, sein Fleisch wird gespeist.

§. 10.

Diese wilden Pferdespecies leben meist in Gesellschaft von Straußen und Antilopenarten.

Sie bilden untereinander Bastarde im naturhistorischen Sinne des Wortes, welche, obgleich mit deutlichem Geschlechtstriebe ausgestattet, doch unfruchtbar sind. Namentlich ist diese Unfruchtbarkeit fast ganz constant, wenn sich die Bastarde untereinander begatten, einzelne Beispiele von fruchtbaren Begattungen sind beobachtet worden in solchen Fällen, wo sich Bastarde mit Individuen der reinen Species gepaart hatten.

Die häufigsten Bastarde der Pferde-Species sind:

Das Maulthier, Produkt des Eselhengstes mit der Pferdestute, der Maulesel, Produkt des Pferdehengstes mit der Eselstute; außerdem wurden bekannt: Bastarde von Zebrahengst und Pferdestute, Zebrahengst und Eselstute, Zebrahengst und Dschiggetai, Dschiggetaihengst und Eselstute. Als zoologisches Unterscheidungsmerkmal zwischen Maulthier und Maulesel glaube ich neben Figur und Größe

Fig. 4. Der Halbesel.

aufstellen zu können, daß, nach einer Reihe von Beobachtungen, welche Herausgeber in Ober-Italien und Südfrankreich zu machen Gelegenheit hatte, die Maulthiere an den Hinterfüßen Hornwarzen haben, die Maulesel aber nicht. Ueberhaupt zeigt sich bei den meisten dieser Bastarde wie gewöhnlich in der Thierzucht, daß die Vorhand im allgemeinen mehr vom Vater, die Nachhand und Körpermasse, auch die Farbe mehr von der Mutter sich vererbt. —

Zweiter Abschnitt.
Betrachtung des Skelets.

———

§. 11.

Das Skelet ist als die Grundlage des ganzen Körpers einer aufmerksamen Betrachtung werth, indem von seiner Bildung die schönen oder mangelhaften Körperverhältnisse weitaus in der Mehrzahl der Fälle beinahe einzig abhängig sind. Das Skelet bedingt den Mechanismus des Pferdekörpers, dieser Mechanismus wird bei der Bewegung durch die lebendige Kraft der Muskeln, wie eine Maschine durch den Dampf getrieben. Durch die Stellung und Ausdehnung der Knochen, durch die Verhältnisse der Hebelarme an denselben wird die Leistungsfähigkeit der Maschine bei einer bestimmten Kraft, ebenso die Abnützung und Dauer bedingt. Diese Lebenskraft ist eine gegebene Größe, welche durch den Mechanismus des Skelets erst zur Geltung kommt. Diesen Mechanismus können wir mit unsern Sinnen aus der äußeren Erscheinung des Thieres beurtheilen, die Kraft aber ist etwas Ungreifbares, Unsichtbares, wir können sie vollständig nur durch Leistungen prüfen. Deßwegen ist neben der Betrachtung des Skelets am lebenden Pferde, welche Allem voranzugehen hat, eine Prüfung der Kraft nöthig, um ein endgiltiges Urtheil über den Werth eines Pferdes zu bestimmten Leistungen abgeben zu können. Gewöhnlich nimmt man an, daß bei Pferden von straffer Faser und edler Race alle Knochen compacter, fester, spezifisch schwerer seien als bei gemeinen und schwammigen Pferden; ebenso haben Fohlen, welche bei reichlichem Körnerfutter und gutem, mageren Dürrfutter erzogen sind, härtere Knochen als solche, welche bei üppiger, aber gehaltloser Waide und ohne Körnerfutter aufwuchsen. Allein der hauptsächlichste Unterschied in der Festigkeit der Knochen ist bedingt durch das Alter des Thieres. Je älter das Thier, um so mehr Knochenerde lagert sich neben den gallertigen Bestandtheilen in den Knochen des Skelets ab. Diese Bemerkungen mögen hier genügen; wir gehen zur übersichtlichen Betrachtung des Skelets über, welches beim Pferde aus 252 einzelnen Knochen besteht, die jedoch für vorliegende Zwecke keine in's Detail gehende Beschreibung verdienen.

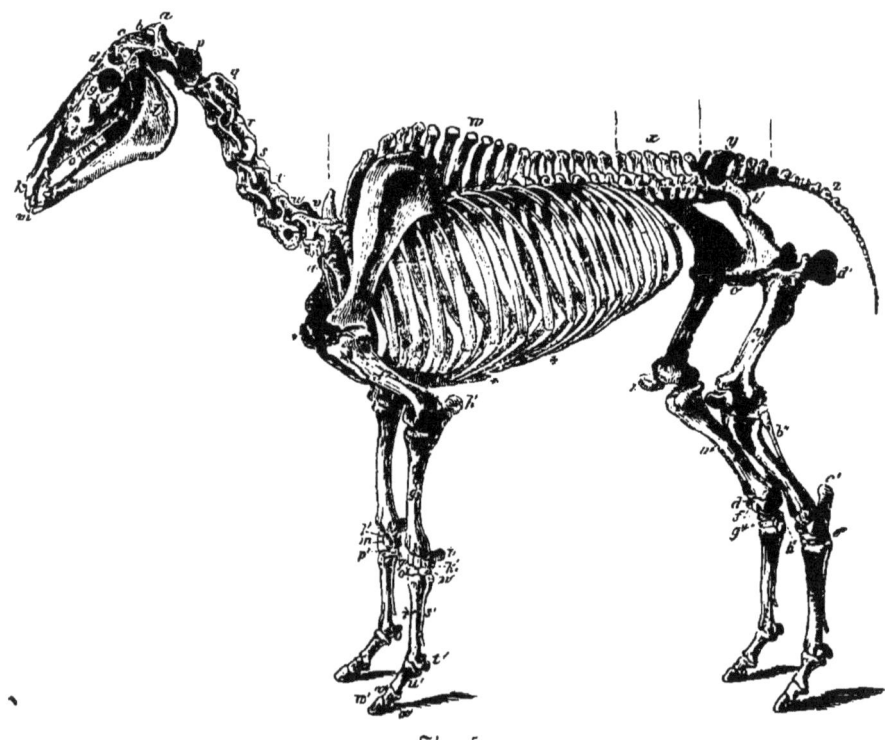

Fig. 5.

Das Skelet des Pferdes.

I. Die Knochen des Kopfes werden eingetheilt in die des Hirnschädels und des Angesichtes.

A. Knochen des Hirnschädels:

Oberhauptsbein a	Schläfenbein e	Gehörknöchelchen:
Scheitelbein b	Keilbein	Hammer
Vorderhauptsbein c	Siebbein	Amboß
Stirnbein d		Steigbügel und Linse.

B. Knochen des Angesichtes:

Nasenbein *h*	Gaumenbein	Zungenbein
Thränenbein *g*	Flügelbein	Zähne:
Jochbein *f*	Pflugscharbein	Schneidezähne *m* 12 St.
Großes Kieferbein *i*	Nasenmuschel	Hackenzähne *n* 4 St.
Kleines Kieferbein *k*	Hinterkiefer *l*	Backzähne *o* 24 St.

II. Knochen des Rumpfes.

A. Knochen der Wirbelsäule:

Halswirbel *p-v* 7 St.	Lendenwirbel *x'* 6 St.	Schweifwirbel *z* 14 St.
Rückenwirbel *w* 18 St.	Kreuzbein *y* aus 5 Wir-	
	beln verschmolzen.	

B. Knochen der Brust:

Rippen *a-a'* 18 Paare	Brustbein *

C. Knochen des Beckens:

Darmbein *b'*	Schambein *c'*	Sitzbein *d'*

III. Knochen der Gliedmassen.

A. Knochen der vordern Gliedmassen:

Schulterblatt *e'*	Keilförmiges Bein *l'*	Schienbein *r'*
Armbein *f'*	Würfelförmiges Bein *m'*	Griffelbein *s'*
Vorarmbein *g'*	Kegelförmiges Bein *n'*	Gleichbein *t'*
Ellenbogenbein *h'*	Kahnförmiges Bein *o'*	Fesselbein *u'*
Knieknochen:	Halbmondförm. Bein *p'*	Kronbein *v'*
Hakenbein *i'*	Erbsenbein *q'*	Hufbein *w'*
Vieleckiges Bein *k'*		Strahlbein *x'*

B. Knochen der hintern Gliedmassen:

Oberschenkelbein *y'*	Rollbein *d''*	Schienbein
Kniescheibe *z'*	Würfelbein *e''*	Griffelbein
Großes Unterschenkelb. *a''*	Großes Kahnbein *f''*	Gleichbein
Kleines Unterschenkelb. *b''*	Kleines Kahnbein *g''*	Fesselbein
Sprunggelenksknoch.:	Pyramidenbein *h''*	Kronbein
Fersenbein *c''*		Hufbein und Strahlbein.

§. 12.

Benennung der einzelnen Theile des Pferdes.

An dem Körper des Pferdes lassen sich 3 Haupttheile unterscheiden, als: der Kopf, der Rumpf und die Gliedmassen; der Reiter
unterscheidet die Vorhand: aus Kopf, Hals, Vorderbrust und Vorderfüßen bestehend, die Mittelhand aus dem Rücken, Brustkorb,
Lendenparthie und Flanken, die Nachhand aus Kruppe, Schweif und

Hinterfüßen zusammengesetzt. Diese letzteren Bezeichnungen beziehen sich vorzugsweise auf die Verwendung des Thieres im Reitdienste, sie sind sehr zweckmäßig für den Reitunterricht, wo man oft mit wenigen Worten die Einwirkung des Reiters auf jene Körperparthieen veranlassen will. Die einzelnen äußerlich bemerkbaren Körpertheile werden aber folgendermaßen benannt:

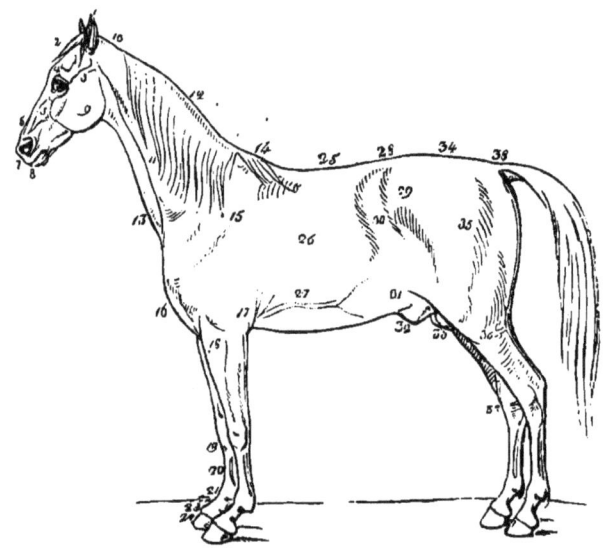

Fig. 6.

Das Aeußere des Pferdes.

1) die Ohren,
2) der Vorkopf mit dem Schopfe,
3) die Schläfe,
4) die Augen,
5) das Gesicht,
6) die Nase,
7) die Nasenlöcher oder Nüstern,
8) die Lippen und das Maul,
9) die Ganaschen,
10) das Genick,
11) die Seiten des Halses,
12) der Kamm mit der Mähne,
13) die Kehle,
14) der Widerrist,
15) die Schulter,
16) die Brust,
17) der Ellbogen,
18) der Vorarm,
19) das Vorderknie,
20) das Schienbein,
21) die Köthe,
22) der Fessel,
23) die Krone,
24) der Huf,
25) der Rücken,
26) die Rippen,
27) die Sporader,
28) die Lenden,
29) die Hüften,
30) die Flanken,
31) die Weichen,
32) der Schlauch,
33) das Geschröte,
34) das Kreuz,
35) der Oberschenkel,
36) der Unterschenkel,
37) das Sprunggelenk,
38) der Schweifansatz.

§. 13.
Proportionen der einzelnen Particen des Pferdes.

Die einzelnen Theile des Pferdekörpers sollen in bestimmten Verhältnissen, Proportionen zu einander stehen, wodurch eine gewisse Regelmäßigkeit im ganzen Bau begründet wird. Zu verschiedenen Zeiten suchte man diese Verhältnisse so weit zu ergründen, um sie in Zahlen auszudrücken, allein da sie nicht unwandelbar sind, sogar wegen der verschiedenen Gebrauchszwecke wandelbar sein müssen, so ist es natürlich, daß sich dieselben nach Racen und Individualitäten in großer Verschiedenartigkeit darstellen; diese Proportionen können daher nie so bestimmt, sondern nur annäherungsweise angegeben werden. Im Allgemeinen gilt als Lehrsatz, daß die Höhe des Pferdes vom Widerrist bis auf den Boden 2½ Kopflängen messen soll oder mit andern Worten der Kopf ist ⅕ der Körperhöhe, ferner soll eine vom Schultergelenk an das Sitzbein gezogene Linie dieselbe Länge haben wie die Höhe am Widerrist beträgt, so daß der Körper des Pferdes ohne den Kopf und einen Theil des Halses genau in ein Quadrat eingepaßt werden kann, also gerade so lang ist als hoch. Man hat zwar durch künstliche Ausmessungen genauere Bestimmungen hierüber aufgesucht, allein diese sind wenig praktisch, so daß wir sie dem Leser nur als eine Curiosität und um vollständig zu sein vorlegen.*)

Die früher vielfach als praktisch bezeichnete Proportionenlehre von Saintbel ist nach dem Bau des so berühmten englischen Wettrennpferdes Eclipse gebildet, hienach soll der Kopf ¼ der Körperhöhe und Länge betragen.

d'Alton nimmt bei seinem Hippometer den Kopf als Einheit, und theilt diese Einheit in 3 Theile, in sogenannte Primen, jede Prime in 3 Sekunden, 1 Sekunde in 24 Terzien, so daß also der Kopf oder 1 gleich ist 3 Primen oder 9 Sekunden, oder 216 Terzien.

Die Proportionenlehre von Bourgelat beruht auf einem Ideal und hat noch weniger praktischen Werth, wie die übrigen Lehren der Hippometrie**), über welche uns das Werk von Gräfe die interessantesten und ausführlichsten Aufschlüsse gibt.

*) Siehe auch Naumanns Pferdewissenschaft. Seite 27—30.
**) Versuch über das Exterieur des Pferdes von General Morris. Aus dem Französischen von Hauptmann Gräfe. Berlin 1860.

§. 14.

Bei Messungen in der Praxis ergeben sich mancherlei Abweichungen von den oben angedeuteten Proportionen. Zeigt die Höhe die Länge übersteigend, so erscheint das Pferd zu hoch und im Leibe zu kurz, ist dagegen die Länge beträchtlicher als die Höhe, dann ist das Pferd zu lang, selten zu niedrig. Ist die Höhe des Pferdes hinten vom Kreuze bis zum Fußboden beträchtlicher als vorne vom Widerrist bis zum Fußboden, so nennt man das Pferd überbaut. Allein diese Urtheile gelten nur für ausgewachsene Pferde, denn im Fohlenalter ergeben sich manche Mißverhältnisse, welche sich mit dem fortschreitenden Wachsthume ausgleichen. So sind alle Fohlen im ersten Jahre ihres Lebens höher als lang, und haben alle, im Verhältniß zur Körperhöhe zu lange Füße, zu niedrigen Widerrist u. s. w.

Obgleich jene eben erläuterten Lehrsätze ziemlich allgemein verbreitet sind, so ist doch für die Praxis zu rathen, dieselben bei der Auswahl von Pferden nicht zu sehr in den Vordergrund zu stellen. Man kann z. B. trotz obiger Lehrsätze den Satz aufstellen und vertheidigen: Ein Pferd kann nie zu lang gestreckt sein. Es ist dies ein von einzelnen Züchtern adoptirter Satz, allein er wird oft falsch verstanden und ist in solchem Falle schädlich. Der Satz ist richtig, sobald die Länge bedingt ist durch eine sehr schöne, lange und schräge Schulter, durch einen langen Brustkorb und eine sehr gestreckte Kruppe bei recht kurzer Lendenparthie, wenn bei einem solchen Bau des Rumpfes die Beine recht untersetzt, namentlich in den Schienbeinen kurz sind, wenn die Winkel in den oberen Gelenken der Gliedmassen klein und eng sind, so wird hiebei eine außerordentliche Leistungsfähigkeit und Brauchbarkeit für alle möglichen Dienste in Aussicht stehen, obgleich dieser Bau mit dem allgemeinen Lehrsatze nicht in Uebereinstimmung steht.

Die Proportionenlehre des so erfahrenen Reitervolkes in der Wüste, der poetischen Beduinen, heißt:

der Trinker der Lüfte (arabisches Racepferd) soll haben:

4 Dinge breit:	4 Dinge lang:	4 Dinge kurz:
Stirn,	Hals,	Nierenparthie,
Brust,	Vorarm,	Fesseln,
Kruppe,	Rumpf,	Ohren,
Gliedmassen,	Oberschenkel,	Schweif.

§. 15.

Man hüte sich bei der Beurtheilung eines Pferdes mit dem Maaßstab in der Hand den richtigen Bau und das gute Verhältniß der einzelnen Theile zu einander controlliren zu wollen, denn dieß wäre eine unpractische Kleinigkeitshascherei. Durch die aufmerksame Betrachtung möglichst vieler guter Pferde gewöhne man sein Auge an einen raschen Ueberblick über das ganze Gebäude des Pferde= körpers, und lasse sich, wenn auch nach dem Augenmaaß die Theile nicht in gewünschter Weise der gehörigen Symmetrie entsprechen, nicht alsbald zu einem verwerfenden Urtheile verleiten, namentlich nicht wenn durch die Mängel nur mehr das Auge beleidigt und der Proportionenlehre widersprochen wird, wobei aber die Gebrauchs= tüchtigkeit durch die Erfahrung doch constatirt sein kann. Es kann ein Pferd der Theorie nach vollständig normal und schön sein, und doch ist es wenig werth für den Gebrauch, und ein Pferd kann sehr gut sein im Gebrauch, und doch nicht schön nach den gewöhnlichen Begriffen. Wie häufig verändert sich das Urtheil über die Schönheit eines Pferdes überhaupt der Eindruck auf den Beurtheilenden je nach Reiter und Kutscher, nach Zäumung, Sattlung, Beschirrung, Gangart.

§. 16.

Die Höhenmessung geschieht mit eigenen Instrumenten, nämlich mit dem Stangen= oder Galgen= oder Stab=Maaß oder mit dem Band= maaß, oder, wiewohl nur unsicher, an dem Körper des Messenden. Das Stangenmaaß besteht in einer bis 7 Fuß hohen viereckigen Stange, welche in Zolle und Striche eingetheilt ist und oben ein, in einer Art Oehre in die Stange eingestecktes und an derselben bewegliches Querholz besitzt, das jedoch zum Feststellen eine Stell= schraube hat. Sehr bequem sind die Stangenmaaße, welche in einem Spazierstock angebracht sind. Ein solcher Stock hat gewöhnlich die Höhe von 3 Fuß. Eine ebensolange dünne Stange schiebt sich in den hohlen Stock ein, der mit einem anzuschraubenden Kopfe oben geschlossen wird. Am obern Ende des eingeschobenen Stabes ist ein etwa 1 Fuß langes Stäbchen mit einem Charnier beweglich ange= bracht, so daß das Stäbchen unter einem rechten Winkel aufgeschla= gen und an den Widerrist des Pferdes angelegt werden kann. Wenn die Einschiebstange ganz ausgezogen ist, hat das ganze Maaß 6 Fuß oder 18 Faust, eine Größe, die nur in seltenen Fällen bei einem Pferde getroffen wird; nur die Einschiebstange ist eingetheilt nach Zollen und Linien, denn unter 3 Fuß gibt es ja auch nur wenige Pferde zu messen.

Um nun das Pferd zu messen, wird dasselbe auf einen möglichst ebenen Platz gebracht, das Stangenmaaß neben des Pferdes Schultern in der Art gestellt, daß das untere Ende hinter dem Hufe auf dem Boden vollkommen senkrecht an der Schulter und dem Vorderfuße steht, sodann wird das Querholz der Stange so weit herabgerückt, daß es vollkommen wagerecht auf der Höhe des Widerristes aufliegt und so an der Stange genau in Zollen und Linien die Pferdegröße bis zum Widerrist angibt.

Als Bandmaaß bezeichnet man ein mehr oder weniger breites Band, oder in Nothfällen eine Schnur. Das Bandmaaß hat am Bodenende entweder eine messingene oder eiserne Blech=Platte, welche unter den Stollen des Hufeisens gelegt und durch das Daraufstehen des Pferdes festgehalten wird, eine Schnur versieht man mit einer Schleife, welche an dem Stollen des Hufeisens angelegt wird, während man das übrige Band am Pferde in die Höhe hält bis zur Höhe des Widerristes und so die Höhe des Pferdes kennen lernt, indem an dem Bande gleichfalls die Zolle und Linien angemerkt sind. Dieses Maaß ist aber weniger sicher, da es durch die mitmessende Rundung der Schultern stets eine größere Höhe anzeigt als das Pferd in senkrechter Richtung wirklich besitzt, außerdem vermindert die von Feuchtigkeit, Temperatur und andern Zufällen abhängige Dehnbarkeit des Bandes, das aber besonders fest für diesen Zweck gewoben sein muß, die Sicherheit dieses Maaßes, weßhalb man schon auf den Gebrauch von Ketten als Bandmaaß gekommen ist, wobei jedes Kettenglied einen Maaßtheil bilden kann.

Um an dem eigenen Körper ein Pferd zu messen, stellt sich der Messende ähnlich dem Stangenmaaße neben des Pferdes Schultern und mißt wie weit der Widerrist von dem horizontal gestellten Kinne entfernt sei, indem sich der Messende schon durch häufige Versuche eine gewisse Uebung verschafft hat, um durch diese Vergleichung der Höhe des Pferdes mit der seines Körpers die Größe bis zu einem gewissen Grade von Genauigkeit zu beurtheilen; allein diese Art zu messen ist noch weniger sicher als die vorhergenannte, indem auch

Fig. 7.

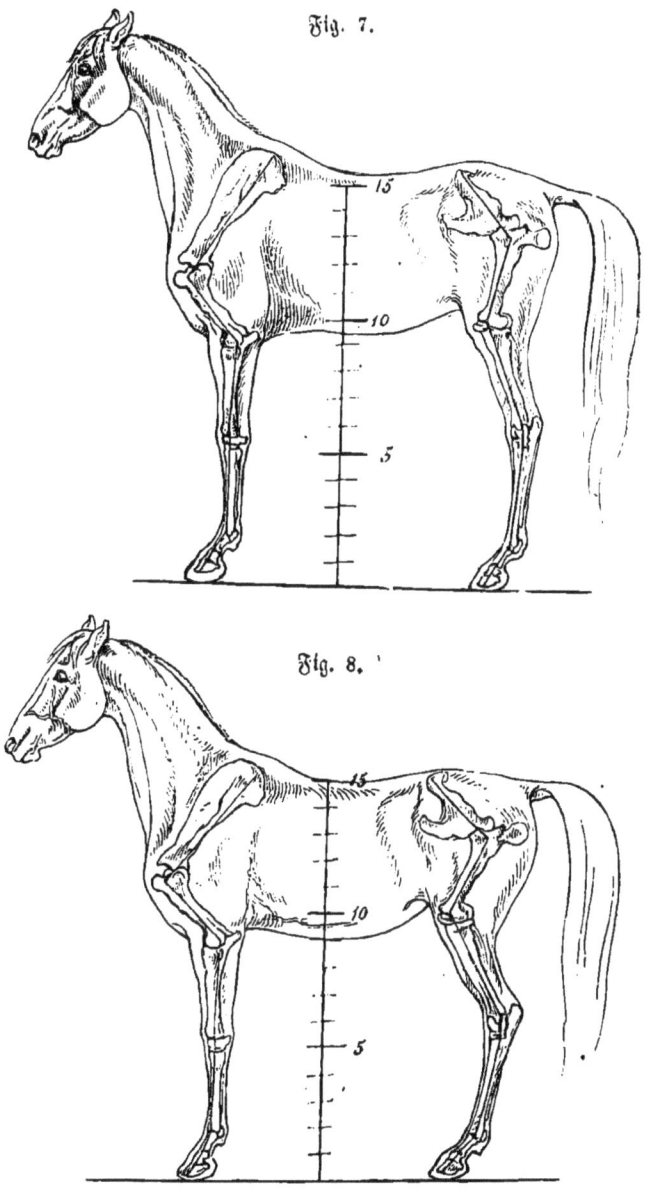

Fig. 8.

hier die Rundung der Schultern mit gemessen, und weder die Zahl der Zolle, noch viel weniger aber die der Linien genau aufgefun= den wird.

§. 17.

Die Größe oder Höhe eines Pferdes ist nicht sowohl durch die Größe und Länge der verschiedenen Skeletknochen bedingt, als vielmehr durch die Stellung der Knochen durch die Winkelbildung. Je offener die Winkel sind, unter welchen die Gliedmaffenknochen sich verbinden, um so höher wird der Rumpf hinaufgespreizt. Die nebenstehenden 2 Zeichnungen mögen beweisen, wie 2 Skelete, welche in den einzelnen Theilen (Knochen) vollkommen gleiche Dimensionen haben, durch verschiedene Winkelbildung in den Gelenken der Gliedmaffen das Maaß der Höhe bedeutend (hier um ½ Faust) verändern. Wohl zu berücksichtigen ist, daß das, was gewöhnlich am Handelswerth des Pferdes durch die bedeutendere Höhe gewonnen wird, wieder vollständig an der Dienfttüchtigkeit verloren geht, weil zu offene Winkel die Biegung erschweren, die Muskeln greifen unter ungünstigen Richtungen auf die zu bewegenden Knochen ein, und eine Gliedmaffe, die schon vorher in der Ruhe weit geöffnete Winkel hat, wird bei ihrer Entfaltung in der Bewegung nur wenig Raum übergreifen.

§. 18.

Da das Maaß in den europäischen, ja sogar in den deutschen Staaten sehr verschieden ist, so ergibt sich die Nothwendigkeit, jedesmal das Maaß anzugeben, nach welchem gemessen wurde, um nach den in manchen Werken enthaltenen Angaben über Maaße und Gewichte der verschiedenen Länder das Maaß in ein bekanntes oder landesübliches übersetzen zu können. Allein auch die Art der Berechnung der Größe ist nach den Ländern oft sehr verschieden, die Franzosen messen das Pferd mit dem Stangenmaaße, ähnlich den Deutschen, nach Metres und Centimetres; die Italiener mit dem Bandmaaße nach Palmen, 40 Linien Pariser Maaß; in Rußland nach Arschin und Werschok, 1 Arschin gleich 16 Werschok; in Dänemark mit dem Bandmaaße nach Quartieren, Viertelselle = 6 Zoll u. s. w. Zur Vergleichung der Größenverhältnisse sind hier Maaßstäbe verschiedener Länder beigegeben, wonach fast jeder Leser in die Lage gesetzt ist, die Angaben ausländischer Größenverhältnisse eines Pferdes auf sein landesübliches Maaß zu reduciren.

Nach diesem Maaße beurtheilt man die Größe im Allgemeinen

Maaßstäbe verschiedener Länder.

1
Faust

1 Deci
metre

Milli metre

Alter württemberg. 12theil. Zollstab.	Neuer württemberg. 10theil. Zollstab.	Pariser Zollstab.	Französ. Centimetres.	Englischer Zollstab.	Rheinländischer Zollstab.	Russische Werschok.

und nennt ein Pferd unter 15 ½ Fauſt klein, ein Pferd von 15 ½
bis 16 ½ Fauſt mittelgroß, und ein Pferd über 16 ½ Fauſt groß.
Sehr klein nennt man Pferde unter 14 Fauſt, und ſehr groß
Pferde über 17 Fauſt. Pferdehändler verſtehen es beim Meſſen,
ein Pferd je nach ihrem Vortheil größer oder kleiner erſcheinen zu
laſſen, indem ſie zu kleine Pferde mit Eiſen mit höhern Stollen be=
ſchlagen, auch den Huf weniger ſchneiden, das Querholz des Stan=
genmaaßes weiter nach vorwärts auf dem Widerriſte aufliegen laſſen,
das Maaß ſehr ſchief ſtellen, zu große Pferde in ſehr geſtreckter
Stellung meſſen, das Querholz mehr nach rückwärts auf dem ab=
nehmenden Widerriſte aufliegen laſſen, an den Eiſen keine Stollen
führen, die Hüfe ſehr niedrig ſchneiden oder ſie ſtellen das Maaß
in eine Vertiefung des Pflaſters, den Pferdefuß aber auf einen er=
höhten Pflaſterſtein, und umgekehrt. — Auf ſolche Weiſe kann man
immer ein Pferd ½ bis ganzen Zoll größer oder kleiner erſcheinen
laſſen und den Muſternden ſehr täuſchen. Das Maaß iſt nur bei
dem ganz ausgewachſenen Pferde ein bleibendes, manche Pferde
wachſen zwiſchen dem 4ten und 5ten Jahre noch einen Zoll und
darüber und zwiſchen dem 5ten und 6ten wohl noch einen halben
Zoll, wogegen allerdings manche Pferde mit Ablauf des 4. Jahres
ſchon ihr völliges Wachsthum erreicht haben und keine Linie weiter
wachſen. Das vollſtändige Abzahnen bedingt noch nicht das Ausge=
wachſenſein. —

§. 19.
Die Färbung der Haare und die Haut.

Die Färbung der Haare und die Abzeichen an gewiſſen Körper=
theilen fallen ſchon bei der oberflächlichen Betrachtung des Pferdes
ſo ſehr in die Augen, noch ehe man die einzelnen Theile des Kör=
pers prüft, daß die Lehre von den Farben der Pferde wohl der
ſpeciellen Betrachtung des Pferdes vorangeſchickt werden darf. Im
Allgemeinen wird auf die Färbung der Haare eines Pferdes bald zu
viel, bald zu wenig geachtet, immerhin verdient ſie genau beſprochen
zu werden, da ſie einen weſentlichen Theil des Signalements „des
Nationales" ausmacht; beſonders gilt dies von den Abzeichen.

Jn der eigenthümlichen Sprache des Jokeys bezeichnet man
die Farbe des Haares beim Pferde mit dem Ausdruck Haar und

sagt z. B. von einem Pferde, es habe dieses oder jenes Schimmel-
oder Fuchshaar, statt es habe eine weiße oder rothe Farbe; die
Färbung der Haare und die Abzeichen des Pferdes lassen aber eine
große Mannigfaltigkeit erkennen und machen die Lehre von den Farben der Pferde zu einem weitläufigen Kapitel; zur Bezeichnung
dieser Farben bedient man sich meist der Vergleichung mit andern
Stoffen und Gegenständen, oft aber auch ganz eigenthümlicher Namen, welche theils deutlichere, theils unbestimmtere Aufklärung bieten. Auch die Abzeichen werden theils nach ihrer Form, theils nach
den Körpertheilen, an welchen sie vorkommen, verschieden benannt.
Da Wuchs und Färbung der Haare wesentlich von der Haut ausgeht, so ist eine nähere Beschreibung der „allgemeinen Decke" oder
Haut vorauszuschicken.

Die äußerste Schicht auf der Haut ist das Oberhäutchen, welches sich in Form von Schuppen abstößt, und mit dem Striegel und
der Kartätsche täglich auch von einem gegen äußere Beschmutzung
vollständig geschützten Pferde als sogenannter Staub abgeputzt werden kann. Diese Oberhautschuppen sind noch mit den vertrockneten
Stoffen der Hautausscheidung, welche Kohlenstoff, Stickstoff und
einige Salze enthalten, verbunden, so daß jener Staub reizend, erre-
gend auf die Schleimhäute und die äußere Haut des Menschen einwirkt. Dieses Oberhäutchen bildet einen schützenden Ueberzug über
die eigentliche Haut und deßwegen ist es unzweckmäßig, wenn man
diese Schichte alle Tage in übertrieben sorgfältiger Weise abkratzt
mit Striegel und Kartätsche, welche eigentlich nur dazu dienen sollten, um den von außen auf die Haut gelangten Schmutz zu beseitigen. Wahrhaft lächerlich ist es, wenn man mit Händen in weißen
Glacé-Handschuhen die Haut überfahrend die Pflege des Pferdes
controliren will und dabei verlangt, daß der Handschuh nicht beschmutzt werde. Die Haut eines gesunden Pferdes producirt immer-
während Ausscheidungen, welche einen Handschuh beschmutzen können
und wenn man sich die Mühe gibt jede Spur davon wegzuwischen,
so entsteht eine Ueberreizung der Haut und ihrer Nerven, so daß
die Haut bei ungünstigen Einflüssen, bei Kälte, Nässe eher nothleidet, und so sensibel wird, daß die leiseste mechanische Einwirkung
einen unerträglichen Kitzel veranlaßt. Daher kommt die Neigung zu
Erkältungen und die Unart beim Putzen solcher Pferde, welche bei

sogenannter englischer Stallpflege verzärtelt und überreizt worden
sind. Auch bedingt eine derartige Hautpflege einen größeren Futter-
bedarf, denn die zu größerer Thätigkeit angeregte Haut macht Ausscheidungen, welche einen rascheren Wechsel und Verbrauch von
Stoffen bedingen, die ja nur dem Blute, also in erster Linie den
Futterstoffen entnommen werden können.

Die zweite Schichte der Haut heißt in der Anatomie das Mal-
pighische Schleimnetz oder die Pigmentschichte, weil in ihr der Farbstoff für die Haare bereitet wird. Geht diese Schichte bei einer Verletzung verloren, so macht sich bei den nachwachsenden Haaren ein
Mangel an Farbe bemerkbar, und man kann hienach bei einer
frischen Wunde fast sicher zum voraus sagen, ob nach vollendeter
Heilung wieder Haare von richtiger Farbe oder weiße Haare oder
gar keine wachsen werden, man darf bei solcher Beurtheilung nur
genau auf die Tiefe der Wunde schauen.

Nach meinen Beobachtungen in verschiedenen Gestüten und an
so manchen Pferden glaube ich den Satz aufstellen zu können, daß
im Allgemeinen das dunkle Pigment mit dem Zunehmen des Alters
sich auf engere Grenzen allmälig zusammenzieht, so z. B. werden
Grauschimmel zuerst Apfelschimmel, in höherem Alter Fliegenschimmel. Muscatschimmel werden im höheren Alter Schimmel mit rothen
Punkten sogenannte Forellenschimmel. Diese Concentration des Pig-
mentstoffs im höheren Alter zeigt sich sogar in krankhafter Weise
durch die sogenannten Melanosen, welche bei alten weiß gewordenen
Schimmeln so häufig getroffen werden. Die Melanosen sind Wucherungen und wulstige Ansammlungen von Pigmentstoff an und unter
der Haut im Zellgewebe, welche bei sehr vielen alten Schimmeln,
aber fast nie bei andersfarbigen Pferden getroffen werden. Der
Mangel an Pigment in der Haut der Isabellen und Weißgeborenen
spricht sich gewöhnlich auch noch aus in der Regenbogenhaut des
Auges, welche wegen dieses Mangels hellbläulich oder roth erscheint.

Die eigentliche Haut ist ein wichtiges Ausscheidungsorgan. Die
in der Lederhaut sitzenden Schweiß- und Talgdrüschen sind höchst
wichtig für die Läuterung des Blutes, also für die Gesundheit des
Thiers. Man kann sagen die Haut ist der Spiegel der Gesundheit.
Eine glatte glänzende Behaarung ist das Zeichen einer gehörigen
Hautthätigkeit. Die Talgdrüschen namentlich produciren den Haut-

talg, welcher die Haare und Hautoberfläche glänzend und fettig zu erhalten hat, wodurch sie mehr Widerstand gegen die Feuchtigkeit gewinnen. Die Deckhaare wurzeln ausschließlich in dieser dicksten Schichte der allgemeinen Decke des Pferdes. —

Vergleiche über die Haut und ihre Bedeutung die Einleitung zu dem Werke: Handbuch der landwirthschaftlichen Thierkunde und Thierzucht. Ueber den Bau und Verrichtungen des Körpers unserer Hausthiere von Rueff. 1859. Seite 7, 14 und 43.

§. 20.

Die Mannigfaltigkeit in der Färbung des Pferdes ist nach Einigen die Folge der Domesticirung dieses Thieres, denn das wilde und verwilderte Pferd hat wie oben erwähnt eine ziemlich constante einfache Haarfärbung. Die Farbe eines Pferdes ist meist kein Spiel der Natur, denn da sie, wie noch manche Aeußerlichkeit, oft als Familienzug erscheint, so wird sie sich so lange rein erhalten, als Glieder einer bestimmt gefärbten Familie gepaart werden. Bei Paarungen verschieden gefärbter Pferde wird in der Nachzucht die Farbe desjenigen der Eltern vorzugsweise erscheinen, welches in der Farbe am meisten Constanz hat. Daher sieht man oft die Farbe des Hengstes reinerer Abstammung im Fohlen einer anders gefärbten Stute und umgekehrt; zuweilen erscheint jedoch in der Nachzucht von ganz gleich gefärbten Pferden eine andere Farbe, und diese als Andeutung der Farbe der Voreltern des einen oder des andern der Eltern sind Rückschläge auf die größere Constanz der Voreltern; so sieht man z. B. oft von zwei Schimmeln die Fohlen als Füchsen oder Braunen, indem das Schimmelhaar der Eltern durch Kreuzung oder Zufall entstanden weniger vererbt wird, als das der frühern Zucht eigenthümliche Fuchs= oder Braunhaar. Häufig vereinigen sich dagegen zwei sich widersprechende Farben und bilden hiedurch ein eigenes selbstständiges Haar, wie man z. B. aus der Paarung der Schimmel mit Rappen, der Rappen mit Braunen und anderen sehr günstige Farben als Schwarzschimmel, Schwarzbraunen u. dgl. hervorgehen sieht. Auch die Abzeichen vererben sich gerne als Familienzug; da sich diese Abzeichen in der Nachzucht nicht selten vergrößern, mehr ausbreiten und die Form verändern, so muß man sie bei Zuchtthieren möglichst vermeiden. Doch hat man, was die

Vererbung der Haarfarben betrifft, noch keine ganz feststehenden. Erfahrungssätze.

§. 21.

Von Vielen wurden der Farbe und den Abzeichen des Pferdes gewisse Eigenschaften und Temperamente zugeschrieben. Schon die alten Römer sahen auf dunkle Farben, weil sie solche Thiere für härter, dauerhafter hielten (ut sint colore potissimum nigro, dein rubro, tertio helvo). Man hat z. B. dem Braunhaar das sanguinische, dem Fuchshaar ein cholerisches, dem Rapphaar das melancholische, dem Schimmelhaar ein phlegmatisches Temperament zugeschrieben. In diesen Beziehungen herrscht freilich sehr viel Vorurtheil; allein doch ist nicht ganz abzuläugnen, daß das Temperament mit der Färbung der Haare in einigem Zusammenhang steht. Wir sind nicht befugt, Erfahrungssätze in Zweifel zu ziehen, weil deren Grund uns beim gegenwärtigen noch sehr unvollkommenen Zustande der psychologischen und physiologischen Wissenschaften noch in Dunkel gehüllt ist. Wir erinnern in dieser Beziehung nur daran, welchen Einfluß gewisse tiefgehende Erregungen der Seele auf die Beschaf= fenheit der Haarfärbung des Menschen haben, wie das sehr schnelle Ergrauen derselben in Folge von Schreck, das frühe Ergrauen in Folge von Mühsal und innerer Anstrengung, beweist. Um mit größerer Gewißheit diese Beziehung zwischen Haar und Temperament bestimmen zu können, müßten sehr constante Schläge untersucht wer= den, da diese Aufgabe aber wegen der Schwierigkeiten, die mit sol= chen Untersuchungen verbunden sind, wohl nicht sobald gelöst werden kann, so beschränken wir uns darauf, am Schlusse einige bloße Er= fahrungssätze hierüber anzuführen, welche zu vollständiger Beglaubi= gung noch mancher weiteren Beobachtung bedürfen. Im allgemeinen Verkehr wird das bekannte Sprichwort: „Kleider machen Leute" auch für Pferde Anwendung finden, allein es darf nie vergessen werden, daß dem wahren Kenner und gründlichen Beurtheiler der „Rock" nicht maaßgebend ist bei Beurtheilung des inneren Werthes. Der practische Engländer hat das Sprichwort „ein gutes Pferd kann nie von schlechter Farbe sein."

Auch crasser Aberglaube hat sich an die Haarfarbe gekettet und sich besonders mit den Abzeichen beschäftigt, von denen sowohl Aeltere als Neuere, deren Geistesrichtung dieses zusagte, glaubten und noch

glauben, daß einige derselben dem Besitzer Glück, andere Unglück
brächten: so bezeichnete man einen Stern oder Bläſſe ohne alle
weitere Abzeichen, einen linken weißen Hinterfuß, Stern oder Bläſſe
mit 2 weißen Hinterfüßen, 3 weiße Fußabzeichen, einen an den
beiden Hinterfüßen und einem Vorderfuße, 4 weiße Füße, Hermelin-
füße u. ſ. w. für sehr glückliche Abzeichen, dagegen eine ſich über
das Maul verbreitende Bläſſe, sehr hoch an den Füßen hinauf-
reichende Abzeichen, Abzeichen am Vorder- und Hinterfuße einer
Seite, Abzeichen am rechten Vorder- und linken Hinterfuße und
Abzeichen bloß am rechten Hinterfuß für unglückliche Abzeichen.
Wenn sich aber auch in unsern Tagen der Glaube an die Vorbe-
deutung dieser Abzeichen verloren hat, so scheut man doch jetzt die
sehr großen und unregelmäßigen Abzeichen, als die Schönheit eines
Pferdes beeinträchtigend.

§. 22.

Die Farbe des Pferdes bleibt sich nicht Zeitlebens gleich, sondern variirt nach den Altersperioden, so daß Pferde gewöhnlich bei
der Geburt und in der Jugend eine andere Farbe zeigen, als später. In dem höhern Alter wird durch das Ergrauen der Haare an
einzelnen Körperstellen eine abweichende Farbe erzeugt. Manches
Haar, z. B. das Schimmelhaar, wechselt sogar sehr oft, so daß faſt
mit jedem Jahre eine andere Farbe oder Nuancirung zum Vorschein
kommt. Gewöhnlich kommen Schimmel mit einer Farbe zur Welt,
die ihre künftige Färbung gar nicht errathen läßt, bis im höchsten
Alter eine gleichmäßige sehr lichte Farbe sich ausbildet. Andere
Pferde, wie namentlich die Rappen, variiren in ihrer Farbe mehr
nach den Jahreszeiten, indem sie vor dem Abhären eine viel lichtere
Farbe zeigen als nach demselben. Nur wenige Pferde kommen mit
der ihnen verbleibenden Farbe zur Welt z. B. Iſabellen, weißgeborene Schimmel, Falchen, Schecken und Tiger. Die Abzeichen
dagegen zeigen sich schon am neugeborenen Fohlen von derselben
Gestalt und Ausdehnung, welche sie ferner behaupten. Diese Färbung beschränkt sich indessen nicht nur auf die Deckhaare, sondern
auch auf die Schopf-, Mähne- und Schweifhaare, und selbst auf die
Hufe und die Augen. Auch die Farbe der Haut hat Einfluß auf

die bald lichtere, bald dunklere Beschaffenheit der Farbe der Haare, indem eine helle, fleischfarbene Haut die licht gefärbten Haare noch viel heller erscheinen läßt, eine graulich gefärbte Haut dagegen selbst die licht gefärbten Haare minder hell darstellt.

§. 23.

Das Pferd hat verschiedene Arten von Haaren, welche mehr oder weniger zu seiner Färbung beitragen und dann bei der Benennung den Ausschlag geben. Diese sind 1) die Deckhaare, welche das eigentliche Kleid und hauptsächlich die Farbe bilden; 2) die Schutzhaare, wozu Schweif, Mähnen und Schopfhaar, Köthenzopf, Ohrhaare, Wimpern gehören; 3) die 1½ bis 2 Zoll langen Ueber= haare, welche nur an einzelnen Körpertheilen wie am Bauche, an der inneren Seite der Schenkel dünngesät, am Kehlgang zeitweise vorkommen und endlich 4) die Wollhaare, welche des Winters unter den Deckhaaren wachsen und im Frühjahr ausgehen. Diese Haare weichen in Beziehung auf Structur von einander ab. 5) Die bor= stenartigen Haare um Augen, Nüstern und Maul sind als Tast= werkzeuge zu betrachten und stehen mit ihren Wurzeln am tiefsten und im unmittelbaren Zusammenhang mit Gefühlsnervenfäden.

Selten oder nie haben die Deckhaare eine ganz gleichmäßige Färbung, denn die Farbe wird in der Regel durch eine Mischung verschieden gefärbter Deckhaare hergestellt und da hier sehr große Mannigfaltigkeit stattfindet, so macht dies die Darstellung schwierig. Um sich von dieser Mischung von Haaren zu überzeugen, darf man nur das Kleid eines Braunen, Fuchsen oder Falchen untersuchen, und man wird finden, daß die Nuancirung in der Färbung gerade von der Mischung der Haare abhängt, so daß das Braunhaar, Fuchshaar, Falchhaar 2c. genau betrachtet eigentlich auch kein ein= faches Haar ist. Die Wollhaare und Ueberhaare können in dieser Beziehung nicht in Betracht gezogen werden, da sie nicht maßgebend sind für die Farbe des ganzen Kleides; entschieden maßgebend sind dagegen die Deckhaare, Mähnen= und Schweifhaare. Außerdem liegt noch ein wesentliches Moment in der Färbung der Haut. Ge= wöhnlich ist diese schwarzgrau d. h. mit einem grauen Pigment ver= sehen, bei gewissen Pferden dagegen ganz oder theilweise fleischfar= big, weil dieses Pigment fehlt, was ein mehr oder minder voll=

kommener Katerlakismus ist, bei welchen sich auch die sogenann=
ten Glasaugen vorfinden.

§. 24.

I. Pferde mit schwarzgrauer Farbe der von Haaren entblößten Haut.

1) Pferde, deren Kleid aus einer Mischung von gelben
und schwarzen Haaren zusammengesetzt ist, so daß eine gelb=
graue oder graugelbe Färbung entsteht:

Das Falchhaar.

a. Falchen mit weißen oder graugelben Mähnen und Schweifhaaren, zuweilen
Spuren von Kakerlakismus, gleichmäßig gefärbten Unterfüßen und gelb-
und schwarzgestreiften Hüfen: Isabellfalchen.

Die gemeine Isabelle oder die Gelbfalbe. Das ziemlich
hellgelbe Kleid hat keinen Abglanz; sie wird sehr hellgelb geboren
und verfärbt sich wenig lichter.

Die Goldisabelle oder die Goldfalbe. Das dunkel gold=
gelbe Kleid hat einen schönen Metallglanz, sie kommt meistens grau=
lichbraun zur Welt und verfärbt sich bald in das bleibende Haar.

Die Dunkelisabelle oder die Rothfalbe. Das Kleid ist
rothgelb, häufig geapfelt, sie kommt gelbgrau, zuweilen lichtbraun
zur Welt und verfärbt sich bald in das bleibende Haar.

b. Falchen mit schwarzen oder schwarzbraunen Mähnen- und Schweifhaaren,
schwarzen oder braunschwarzen Unterfüßen, meißt mit schwarzen Hufen und
schwarzem Rückenstrich (Aalstrich): eigentliche Falchen.

Der Semmelfalch. Das Kleid ist blaß rothgelb ohne Ab=
glanz, nicht selten geapfelt, auch mit Aalstrich; er kommt etwas
dunkler zur Welt und verfärbt sich bald in das bleibende Haar.

Der Silberfalch, ist eine hellere Varietät des vorigen mit
Metallglanz.

Der Dunkelfalch, der Braunfalch. Das Kleid ist braun=
gelb, häufig geapfelt; hat über dem Rücken den sogenannten Aal=
strich, zuweilen schwarzbraune Querstreifen an den Vorderschenkeln,
kommt dunkelgraubraun zur Welt und erhält nach einigen Härungen
sein bleibendes Kleid.

Der gemeine Falch. Das Kleid ist graubraun mit dunkel=
braunem Aalstrich, häufig mit Schulterstreifen und Querstreifen an

Vorder= und Hinterschenkeln; er kommt meist braungrau zur Welt und bekommt bald sein bleibendes Kleid.

Der Rehfalch. Das Kleid ist gelbgrau mit gleichmäßig ver= theilter wechselnder Schattirung, so daß die Farbe des Rehes ent= steht, zuweilen mit Aalstrich, auch geapfelt; er kommt meist grau= braun zur Welt und erhält später sein bleibendes Kleid.

Der Wolfsfalch. Das braungelbe Kleid geht besonders am Halse, am Rücken, auf der Kruppe und an den Hinterschenkeln ins Schwarzbraune über; er ist meistens geapfelt, kommt dunkel schwarz= braun zur Welt und erhält später sein bleibendes Kleid.

Der Aschfalch. Das hellgraue Kleid spielt ins Gelbröthliche, hat einen schwärzlichen Aalstrich, Schulterstreifen und Querstriche an den Schenkeln; er kommt grau zur Welt und verfärbt sich spä= ter in sein helleres bleibendes Kleid.

Der Mausfalch. Das dunkler graue Kleid spielt ins Gelb= braune, wie bei den Mäusen; Aalstrich, Schulter= und Schenkel= streifen wie beim vorigen; er kommt dunkel braungrau zur Welt und erhält später sein bleibendes Kleid.

§. 25.

2) Pferde, deren Kleid aus einer Mischung von rothgel= ben, rothbraunen und schwarzen Haaren zusammengesetzt ist, so daß eine bald mehr oder minder helle rothbraune Farbe ent= steht, die alle Abstufungen vom Rothgelben bis zum Graulichbrau= nen in sich begreift. Diese zerfallen in zwei große Abtheilungen:

A. Mit rothen, dem Kleide entsprechenden Unter= füßen und rothen, graulichrothen oder weißen Mähne= und Schweifhaaren:

Das Fuchshaar.

Dieses zerfällt nach der Farbe der Mähnehaare in folgende drei Gruppen:

a. Füchsen mit rothen, dem Kleid ziemlich gleichfarbigen, meist dunkleren Mähne= und Schweifhaaren, zuweilen auch dunkleren Unterfüßen:

Der Goldfuchs. Das gelbrothe Kleid hat starken Metall= glanz, er kommt fuchsfarbig zur Welt, bekommt den Goldglanz beim ersten Abhären und bleibt so.

Der Hellfuchs, Lichtfuchs. Das Kleid ist blaßroth, er kommt schon so zur Welt, Mähne= und Schweifhaare meist heller.

Der Rothfuchs. Das Kleid ist dunkelroth ohne Glanz, er kommt rothbraun zur Welt und verfärbt sich bald.

Der Kupferfuchs, Metallfuchs. Das Kleid wie beim vori= gen, oft noch dunkler, mit Metallglanz, er kommt dunkel fuchsfarbig zur Welt und erhält später den Metallglanz.

Der Dunkelfuchs. Das dunkel braunrothe Kleid sticht ins Braungraue; er kommt schmutzig fuchsfarben zur Welt und verfärbt sich dunkler.

Der Brandfuchs. Das rothbraune Kleid sticht ins Gelbgraue, wie angebrannt; er kommt heller zur Welt und verfärbt sich dunkler.

Der Lehmfuchs. Das rothgelbe Kleid sticht ins Graue; er kommt dunkel grauroth zur Welt und erhält später sein bleiben= des Kleid.

b. Mit mehr oder minder dunkel graurothen Mähnen- und Schweifhaaren:

Der Leberfuchs, Kothfuchs. Das rothbraune Kleid sticht ins Schwarzgraue; er kommt etwas heller zur Welt.

Der Broncefuchs. Das rothbraune Kleid sticht ins Gelb= rothe mit Metallglanz, ist meist geapfelt; er kommt braunschwarz zur Welt und erhält erst später das bleibende Kleid.

Der Zobelfuchs. Das graubraune oft geapfelte Kleid sticht ins Röthliche mit Metallglanz; er kommt dunkler zur Welt und ver= färbt sich wenig.

c. Fuchsen mit weißen Mähnen- und Schweifhaaren:

Der Schweißfuchs. Das glänzende, dunkel braunrothe Kleid sticht ins Grangelbe, nicht selten geapfelt; er kommt graubraun zur Welt und verfärbt sich bald lichter, bald dunkler.

§. 26.

B. Mit schwarzen Mähnen= und Schweifhaaren, zu= weilen auch schwarzen Unterfüßen:

Das Braunhaar.

Der Goldbraun. Das hell rothbraune Kleid sticht stark ins Gelbe und hat Metallglanz; er kommt braun zur Welt und erhält bald sein bleibendes Kleid.

Der Hellbraun. Das Kleid hat die Farbe des vorigen ohne den Glanz; er kommt schmutzig graubraun zur Welt und verfärbt sich lichter; häufig sind die Extremitäten grau.

Der Rehbraun. Das bald heller, bald dunkler gelbbraune Kleid sticht ins Graugelbe, nicht selten sind Apfel vorhanden; er kommt schmutzig graubraun zur Welt und verfärbt sich dunkler.

Der Rothbraun. Das satt rothbraune Kleid hat schönen Abglanz, ist zuweilen verwaschen; er kommt schmutzigbraun zur Welt und verfärbt sich heller.

Der Kirsch= oder Weichselbraun. Das dunkel braunrothe Haar ist röthlich verwaschen; er kommt schmutzigbraun zur Welt und verfärbt sich heller.

Der Kastanienbraun. Das bald heller, bald dunkler roth= braune Haar sticht ins Gelbliche; er kommt braun zur Welt und verfärbt sich dunkler. Wenn geapfelt, heißt er Spiegelbraun.

§. 27.

3) Pferde, deren Kleid vorzugsweise aus schwarzen Haaren besteht, deren einige jedoch an den Weichen, um die Augen, um das Maul und an der Bauchgegend, ein helleres Colorit zeigen. Mähne= und Schweifhaare sind mit einer einzigen Ausnahme schwarz.

Das Rapphaar.

a. Mit rein schwarzem Kleid:

Der Glanzrapp. Das vollkommen dunkelschwarze Kleid hat starken Glanz; er kommt schwarzgrau oder schieferblau zur Welt und verfärbt sich bald dunkler.

Der Kohlrapp. Das schwarze Kleid hat keinen Glanz, zu= weilen Aepfel; er kommt schwarzgrau zur Welt und verfärbt sich allmälig dunkler. Beide Farben können je nach der Ernährung und Pflege des Thieres und nach der Jahreszeit in einander übergehen.

b. Das schwarze Kleid zeigt Verwaschungen in lichterer Schattirung:

Der Sommerrapp, Hellrapp, Lichtrapp, Kuhrapp. Das matt schwarze Kleid fällt ins Graurothe oder Gelbbraune; er kommt braungrau zur Welt, verfärbt sich später dunkler und ändert beim Abhären die Farbe.

Der Schwarzbraun. Das schwarze oder tief schwarzbraune

Kleid zeigt hell graubraune oder rothbraune Verwaschungen, besonders in der Maulgegend, daher der Name Kupfermaul, Kupfernase; er kommt bräunlich schwarzgrau zur Welt und verfärbt sich später dunkel.

Der Kohlfuchs. Das schwarze Kleid sticht ins dunkel Braun-rothe oder Braune; er kommt braungrau zur Welt und verfärbt sich dunkler, hat aber eine schwarze Mähne und Schweif, und un-terscheidet sich hiedurch vom Dunkelfuchs.

Der Schwarzfuchs. Das Kleid und die Verfärbung wie beim vorigen, nur ist die Mähne schmutzig weiß, grau, röthlich.

§. 28.

4) Pferde, deren Kleid mehr oder minder deutlich die weiße Farbe zeigt. Je nach dem Vorherrschen anderer Haare entstehen eigenthümliche Schattirungen.

Das Schimmelhaar.

a. **Die weiße Grundfarbe ist mit Schwarz, theilweise mit Rothbraun gemischt, Mähnen- und Schweifhaare meist grau oder weiß, die Unterfüße entweder schwarz oder gleichmäßig gefärbt.**

Der Grauschimmel. Das regelmäßig weiß und schwarz ge-mischte Kleid ist grau; er kommt braun oder fuchsroth zur Welt, zeigt bald Spuren von Weiß, verfärbt sich allmälig lichter, wird selten ganz weiß; verwandelt sich aber im Alter leicht in Apfelschim-mel, später in Fliegenschimmel.

Der Apfelschimmel. Das weiß und schwarz gemischte Kleid ist geapfelt; er kommt schwarz oder braun zur Welt, verfärbt sich bald und wird erst im höheren Alter ganz weiß.

Aus helleren Verfärbungen dieser Schimmel entsteht der weiß-gewordene Schimmel, welcher, wenn mit Metallglanz versehen, Silberschimmel, wenn nicht, Milchschimmel genannt wird.

Der Forellenschimmel. Das im Grunde weiße oder licht-graue, selten geapfelte Kleid zeigt kleine, etwa Birnkern=große rund-liche rostrothe Fleckchen in größerer oder geringerer Menge; er kommt fuchsfarben oder braun zur Welt, färbt sich bald heller, wird Mus-katschimmel und später erst bilden sich jene Fleckchen, die nie ganz verschwinden.

Der Fliegenschimmel oder Mückenschimmel. Sein Kleid zeigt dieselbe Beschaffenheit wie beim vorigen, doch sind die weißen

Haare mehr mit Schwarz als Roth gemischt, die Fleckchen sind an=
statt rothbraun schwarz; er kommt schwarzbraun oder schwarz zur
Welt, verfärbt sich zum Grauschimmel und läßt meist erst beim Weiß=
werden die Fleckchen deutlich erkennen, welche er das ganze Leben
hinburch behält, jedoch nehmen die Punkte in der Zahl ab.

b. **Die rothgelbe Grundfarbe ist mit Weiß und Schwarz untermischt, Mähnen-
und Schweifhaare sind grau oder schwarz, die Unterfüße gleichmäßig gefärbt.**

Der **Muskatschimmel.** Das Kleid gleicht in seiner Farben=
mischung dem Durchschnitt einer Muskatnuß; er kommt dunkel fuchs=
farben oder schwarzbraun zur Welt, verfärbt sich anfangs rothgrau
und erst später heller, wird zuletzt lichter, jedoch nie ganz weiß und
hat meist anfänglich schwarze Mähnen= und Schweifhaare.

Der **Zimmtschimmel.** Das gelbröthliche Kleid hat die Farbe
des Zimmts; er kommt fuchsroth zur Welt, sticht bald ins Graue
und verfärbt sich später, wird aber nie ganz weiß. Diese sowie
die vorige Färbung gehen nämlich im höheren Alter sehr häufig in
Forellenschimmel über.

Der **Chokolabeschimmel.** Dem Vorigen ähnlich aber mit
etwas dunklerer chokolabeartiger Färbung.

Der **Honigschimmel.** Das graulich gelbbraune Kleid ist
zuweilen geapfelt; er kommt fuchsfarbig zur Welt und verfärbt sich
allmälig heller, wird erst spät ganz weiß.

c. **Die rothbraune Grundfarbe ist mit Schwarz und Weiß untermischt, Mähnen-
und Schweifhaare sind röthlich, die Unterfüße gleichmäßig gefärbt.**

Der **Rothschimmel.** Das Kleid hat die angegebene Mischung
sehr ausgeglichen, und ist daher graunröthlich; er kommt stichelfuchs=
farben zur Welt, verfärbt sich allmälig lichter, wird aber nie
ganz weiß, sondern behält namentlich am Kopfe die dunkle Farbe.

Der **Pfirsichblüthschimmel.** Das Kleid zeigt die angegebene
Mischung so angeordnet, daß kleine rothschattirte Flecken entstehen,
die man mit der Pfirsichblüthe verglichen hat; er kommt fuchshaa=
rig zur Welt, verfärbt sich allmälig lichter, wird aber nie ganz
weiß, diese Farbe findet sich bei besonders edeln Pferden zuweilen.

Der **Stichelfuchs.** Auf rothfuchsfarbigem Grund hat das
Kleid dünn gesäete weiße Haare; er kommt fuchsfarbig zur Welt
und zeigt die Stichelhaare nach dem Abhären.

d. Die braunrothe Grundfarbe ist mit Schwarz und Weiß untermischt; Mähnen-
und Schweifhaare sind schwarz oder schwarzgrau, die Unterfüße schwarz.

Der Braunschimmel. Das Kleid hat die angegebene Mischung ziemlich ausgeglichen: er kommt schwarzbraun zur Welt, verfärbt sich allmälig und wird selten heller. Er wird im gemeinen
Leben oft Rothschimmel benannt, was aber wegen der schwarzen
Mähnen- und Schweifhaare und Unterfüße falsch ist.

Der Brandschimmel. Das braungraue Kleid sticht bald
mehr ins Bräunliche, bald mehr ins Schwarzgraue, als wie vom
Brand versengt; sonst wie beim vorigen.

Der Stichelbraun. Dem Stichelfuchs analog mit braunem
Grunde.

e. Die schwarze Grundfarbe ist mit Weiß, theilweise mit Rothgelb gemischt;
Mähnen- und Schweifhaare sind meist schwarzgrau oder schwarz, die
Unterfüße schwarz.

Der Drosselschimmel. Das dunkel röthlichgraue Kleid ist
an Maul und Augen, an Hals und Weichen ins Braune oder
Weinhefefarbige verwaschen; er kommt schwarz oder schwarzbraun
zur Welt, verfärbt sich später heller und wird nie weiß.

Der Staarschimmel. Das dunkel schwarzgraue Kleid spielt
ins Röthliche oder Gelbliche und hat zuweilen, namentlich am Hintertheil, Birnkern-große weiße Flecken; er kommt schwarz oder schwarzbraun zur Welt, verfärbt sich später heller und wird nie weiß.

Der Blauschimmel oder Hechtschimmel. Das Kleid hat
eine gleichartige blaugraue Färbung; er kommt schwarz zur Welt,
verfärbt sich nach und nach, wird bisweilen geapfelt, aber nie ganz
weiß.

Der Eisenschimmel. Das Kleid hat gleichmäßig die Farbe
des Eisenbruchs; er kommt schwarz zur Welt, verfärbt sich allmälig
heller und wird nie weiß.

Der Mohrenkopf oder Mohrenschimmel ist ein nie weiß
werdender Eisenschimmel, dessen Kopf schwarz ist und bleibt.

Der Schwarzschimmel. Das Kleid ist gleichmäßig schwarzgrau, Mähnen- und Schweifhaare weiß oder weißgrau, er kommt
schwarz zur Welt, zeigt beim ersten Abhären um Maul und Augen
weißliche Spuren, verfärbt sich allmälig und wird erst spät, nach
dem 12. Jahr, gar noch später weiß.

Der Stichelrapp. Das schwarze Kleid hat dünn gesäete weiße Haare; er kommt schwarz zur Welt und verfärbt sich nach dem ersten oder zweiten Hären, diese Farbe bildet sich auch bei den reinen Rappen zuweilen im höheren Alter.

§. 29.

II. Pferde mit ganz oder theilweise fleischfarbener Haut (Kakerlaken oder Halbkakerlaken), mit Glasaugen oder rothen Augen und weißgelbem Hufhorn.

1) Sämmtliche Haare ohne Ausnahme sind weiß, der Kakerlakismus ist vollständig.

Der Atlaßschimmel oder Glanzschimmel, mit feinem, seideglänzenden Kleid; er wird schmutzigweiß geboren und verfärbt sich beim ersten Hären in das bleibende Kleid. Kommt besonders bei Hengsten vor.

Der Sammetschimmel. Das Kleid ist weiß, aber ohne Glanz, sammtartig, sonstige Verhältnisse wie beim Vorigen; auch diese beiden Farben können durch äußere Einflüsse in einander übergehen.

2) Das Kleid ist mit weißen und gelben, theilweise grauen Haaren gemischt, der Kakerlakismus vollständig.

Das Isabellhaar.

Die Weißisabelle. Das Kleid ist hell weißgelb, Mähnen- und Schweifhaare sind weiß; er wird schmutzig weißgelb geboren und erhält nach dem ersten Hären die bleibende Farbe.

Die Gelbisabelle oder die Perlfalbe. Das hell gelbgraue Kleid hat Metallglanz, Unterfüße, Mähnen- und Schweifhaare sind dunkler gelbgrau; sie wird schmutzig gelbweiß geboren und erhält nach dem ersten Hären die bleibende Farbe.

§. 30.

3) Das weiße Kleid hat große unregelmäßige, andersgefärbte Flecken, unter welchen, so weit sie reichen, der Kakerlakismus verschwindet, so daß die Haut grau, das Auge dunkel, der Huf schwarz erscheint; Mähnen- und Schweifhaare richten sich wie

die Flecken nach der Haut, ob diese mit oder ohne Pigment an den betreffenden Stellen ist.

Das Scheckhaar.

Die Gelbschecke. Die Flecken haben die Falbfarbe; sie wird scheckig geboren und verändert die Scheckflecken wenig.

Die Rothschecke. Die Flecken haben den Charakter des Fuchshaares; sie wird scheckig geboren und verändert die Scheckflecken nicht.

Die Braunschecke. Die Flecken sind braun; sie wird scheckig geboren und verändert die Flecken nicht.

Die Schwarzschecke. Die Flecken haben schwarze Färbung; sie wird scheckig geboren, anfangs sind die Flecken schwarzgrau und werden erst später satt schwarz.

Die Porzellanschecke. Die Flecken zeigen in der Farbe die Eigenthümlichkeit des Grauschimmels oder Honigschimmels; sie wird scheckig geboren, aber das Kleid der Flecken wird allmälig heller und zuletzt fast ganz weiß, jedoch zeigt die dunkel bleibende Haut, welche durchscheint, bis ans Ende den Scheckencharakter an.

Die Agatschecke. Die Flecken sind rothgelb oder braun, grau oder anders marmorirt, so daß sie aus mehreren Farben zusammengesetzt erscheinen; sie wird scheckig geboren und verfärbt sich nicht viel.

§. 31.

4) Das weiße Kleid hat kleinere, anders gefärbte, ziemlich regelmäßig gestaltete Flecken, unter welchen dem Scheckhaar analog der Kakerlakismus aufhört:

Das Tigerhaar.

Der Gelbtiger. Auf weißem Grunde sind fahlgelbe Tupfen.

Der Rothtiger. Die Flecken haben den Charakter des Fuchshaares.

Der Brauntiger. Auf ihm sind braune Punkte oder Flecken eingesprengt.

Der Schwarztiger. Die Flecken haben den Charakter des Rapphaares; sie sind zuweilen grau eingefaßt.

Der gemischte Tiger hat schwarze, braune oder weiße Flecken auf grauem oder rothgrauem Grund, weiße, weißgraue oder röthlich=graue Mähne und Schweif. Die Tigerflecken sind zuweilen auf einzelne Körperstellen beschränkt, auf Rücken, Kruppe u. s. w., in welch ersterem Falle man ihn auch Schabrakentiger nennt; zuweilen zeigt sich durch verschieden gefärbte Haare in den Flecken ein gewisses Farbenspiel, dem Agate nicht unähnlich, daher die Benennung Agattiger, der Agatschecke analog. Vorherrschendes Schimmelhaar mit nur wenigen Tigerflecken an einzelnen Körperstellen nennt man wohl auch Tigerschimmel, vorherrschendes Braunhaar mit wenigen Tigerflecken an einzelnen Stellen als Tigerbraun u. s. w.

Die Tiger werden getigert geboren und verändern sich bei der Abhärung nur wenig.

Manche nehmen an, daß Tiger und Schecken durch Vermischung von Kakerlakenpferden mit nicht Kakerlaken entstehen, jedenfalls ist die Entstehung dieser Farben noch dunkel und es wird schwer zu eruiren sein, ob man sie als Rückschläge in eine alte, im östlichen Asien vorkommende constante Scheckenrace anzusehen habe oder nicht. In einzelnen Fällen entsteht als Folge von Krankheit z. B. nach der Beschälkrankheit ein Abmangel im Pigment, so daß z. B. aus einem reinen Braunen der eben genannte Tigerbraun entstehen kann.

§. 32.
Die Abzeichen.

Abzeichen nennt man die bei dunkleren Pferden an verschiedenen Stellen am Kopfe und den Füßen vorkommenden, angeborenen, verschieden großen und besonders geformten weißen Flecke. Diese weißen Abzeichen zeigen sich stets nur auf solchen Hautstellen, wo das dunkle Pigment fehlt, bei größeren Abzeichen erscheint die Haut also nicht grau oder schwarz, sondern mehr hell, vom durchscheinenden Blute sogar röthlich. Man unterscheidet sie nach den betreffenden Körpertheilen als Kopfabzeichen und Fußabzeichen.

Kopfabzeichen:

Das Blümchen, ein kleiner, nur aus wenigen weißen Haaren bestehender, weißer Fleck auf der Mitte der Stirne.

Der Stern, ein größerer, rundlicher, oder eckiger weißer Fleck auf der Mitte der Stirn, der, wenn er eine regelmäßige Gestalt besitzt, als regelmäßiger, im andern Falle als unregelmäßiger Stern unterschieden wird; als Arten von ihm gelten:

Der Ringstern, ein größerer weißer Fleck auf der Stirne, in dessen Mitte sich eine dunklere Stelle vorfindet.

Der durchstochene Stern, ein weißer Fleck mit untermengten dunkeln Haaren auf der Stirne.

Der Spitzstern, ein weißer Fleck auf der Stirne, der gegen die Nase zu sich verlängernd zuspitzt.

Der Bläffenstern, ein mehr oder weniger ausgebreiteter Stern auf der Stirne, der sich über den Nasenrücken fast bis gegen die Lippe forterstreckt.

Die Bläffe, ein mehr oder weniger breiter weißer Streifen, der sich bald regelmäßig, gerade und gleich breit, bald aber unregelmäßig, schief, ungleich breit, von der Stirne über die Nase bis zur Oberlippe erstreckt, eine Art derselben ist die durchgehende Bläffe, welche sich von der Stirne so weit herab erstreckt, daß auch noch die ganze Oberlippe bis ins Maul davon hell gefärbt ist. Eine weitere Abart ist auch noch die Laterne, welche sich ziemlich breit, also nicht nur über die Nase, sondern selbst über einen Theil des Gesichtes und über die Wangen ausdehnt; sie ist entweder einseitig oder über beide Gesichtsflächen ausgebreitet und meist zeigen sich bei ihr Glasaugen.

Die Schnippe, ein nach aufwärts zugespitzter weißer Fleck an der Oberlippe.

Das Milchmaul. Milchtrinker ist ein Maul mit einer weißen oder wenn die Stelle sparsam behaart, röthlichen Färbung, welche gewöhnlich an beiden Lippen vorkommt; Milchlippe heißt man den nur an einer Lippe vorkommenden hellen Fleck und unterscheidet sie als obere oder untere Milchlippe.

Das Krötenmaul, eine röthliche, mit vielen kleinen blaugrauen und schwarzen Fleckchen unterbrochene Färbung des Maules; es findet sich bei manchen Schimmeln, Falchen und Tigern vor und ist nichts anderes, als die Folge von dunklem Pigment, welches auf einer kakerlaken Hautstelle eingesprengt ist.

Fußabzeichen:

Der Stiefel, gestiefelt weißes Abzeichen, weiße Färbung vom Hufe bis zum Knie oder Sprunggelenk; als Arten desselben bezeich-

net man hochgestiefelt, wenn das Abzeichen bis über die ge=
nannten Gelenke in die Höhe reicht; halbgestiefelt dagegen wenn
das Abzeichen nur bis in die Mitte des Schienbeins reicht.

Die weiße Köthe, wenn das Abzeichen vom Hufe bis zur
Köthe reicht und diese ganz oder auch nur theilweise einnimmt.

Die weiße Fessel, weiß gefesselt, wenn das Abzeichen vom
Hufe bis zum Fessel reicht und diesen ganz einnimmt; als Arten
unterscheidet man den halben weißen Fessel oder halb gefesselt,
wenn das Abzeichen nur bis zur Hälfte des Fessels emporreicht.

Die weiße Krone, weiß bekrönt, wenn das Abzeichen blos
die Krone betrifft; geht es nicht rings an der Krone herum, so un=
terscheidet man es als halbbekrönt, oder, wenn es blos vorne
sich vorfindet, als vorne bekrönt u. s. w.

Die weißen Ballen oder Fersen, wenn das Abzeichen
blos die Ballen betrifft; da öfters nur ein Ballen weiß getroffen
wird, so wird derselbe als äußerer oder innerer weißer Ballen be=
zeichnet.

Hermelinfuß nennt man das Abzeichen, wenn bei irgend
einem der angeführten Fußabzeichen dunklere oder schwarze Flecke
auf dem weißen Grunde getroffen werden. Man unterscheidet so=
dann hochgestiefelt Hermelin, Hermelin=Köthen u. s. w.

Nicht selten geht der an den Abzeichen stattfindende Kakerlakis=
mus der Haut weiter und bedingt alsdann gelbes, beziehungsweise
gestreiftes Hufhorn und Glasaugen; die ganz pigmentlosen rothen
Augen kommen nur bei den vollständig weiß geborenen Schimmeln,
den vollständigen Kakerlaken vor. Wenn bei weißen Schimmeln Ab=
zeichen angegeben werden, wie z. B. Schnippe, so findet sich immer
eine deutlich pigmentlose Stelle der Haut vor.

―――――

Der Einfluß des Alters und Geschlechtes auf das Haar ist oft
sehr in die Augen fallend; das Haar der Fohlen ist immer trockener
und weniger glänzend als das des erwachsenen Pferdes. Im höhern
Alter verliert das Kleid wieder seinen frühern Glanz, auch die dunkle
Farbe, und es entstehen in der Gegend der Augenbogen und Wangen
weißliche Haare. Die Haarfarbe des Hengstes ist entschiedener, sehr
häufig glänzender als bei der Stute und dem Wallachen.

Vom Einfluß der Witterung hängt auch Manches ab. Bei herannahendem Winter wird dicht auf der Haut ein wollartiges oder pelzähnliches Unterhaar erzeugt und die langen Ueberhaare wachsen stärker heran. Hiedurch wird meist die Farbe der Pferde verändert. Beim Uebergang vom Frühjahr zum Sommer verlieren die Pferde die Winterhaare, sie hären sich, im Herbste stoßen sich die ganz feinen Sommerhaare ab, um den Winterhaaren Platz zu machen, die aber zum Theil aus länger gewordenen nicht ausfallen= den Sommerhaaren bestehen. Dabei haben die Pferde zwar mehr Freßlust, sind aber rheumatischen und katarrhalischen Leiden mehr ausgesetzt; daher ist es nicht zweckmäßig, durch Halten in warmen Ställen und ängstliches Zudecken die Haut noch besonders zu verzär= teln, dagegen gebe man ein mehr kräftiges Futter.

Gesunde Pferde richten sich in ihrem Härungsprozesse nach dem früheren oder späteren Eintritt der warmen Witterung und scheinen diese vorauszufühlen; man kann sicher auf baldigen Eintritt dersel= ben rechnen, wenn sie sich bald abhären, allein umgekehrt auf einen Nachwinter, wenn sie damit zögern.

Wenn sich Pferde, wiewohl anscheinend gesund, nicht zur rechten Zeit abhären, so deutet dies auf die Anwesenheit eines verborgenen inneren schleichenden Uebels, wie Tuberkeln in der Lunge, der Leber, der Milz. Ein pudelartiges gerolltes langes Haar ist entweder ein Zeichen einer rücksichtslosen Aussetzung an die Kälte oder noch häu= figer im urjächlichen Zusammenhang mit chronischen Krankheiten namentlich Gekrösdrüsenverhärtung als Folge der sogenannten Fül= lenlähme. Mähnen= und Schweifhaare sind gewöhnlich dabei fein, wollig gekräuselt dünn, wie bei neugeborenen Fohlen. Der Verlust beinahe sämmtlicher Haare in Folge von nervösen Fiebern ist ein schlimmes Zeichen; werden unter diesen Umständen die Pferde geret= tet, so ersetzen sie diesen Verlust gemeiniglich schnell, manche bleiben auch für immer kahl.

Die Abhärung wird durch Füttern von Arsenik, Kochsalz, Spieß= glanz und Wachholderbeeren beschleunigt. Die Erzeugung eines glänzenden Haares wird durch Füttern von grünem Klee begünstigt, dieser wirkt als blutreinigendes Mittel.

Wir führen noch einige Erfahrungssätze* über die Farben und

* Deren Verantwortung der Bearbeiter dem ersten Verfasser zuweisen muß.

Abzeichen an, welche, obgleich noch problematisch, dennoch in man=
chen Beziehungen praktische Wahrheiten, wenn auch nur andeutungs=
weise enthalten.

Pferde mit breiten Blässen oder Laternen haben ein schwaches
Hintertheil.

Hochgestiefelte Pferde sind schwach auf den Füßen und sind,
wenn sie auch Ausdauer besitzen, nicht sehr sicher.

Pferde mit weißen Fesseln sind an diesen Füßen zu Gallen und
zur Ueberstützigkeit geneigt, auch stolpern sie mit diesen leichter.

Pferde, die mehrere einzelne weiße Flecke am Körper haben,
leiden in der Regel an Verstopfungen der Leber, an der Milz, an
Hautausschlägen und selbst an Lungentuberkeln.

Pferde, die weiße Ringe um die Augen oder weiße Flecken in
der Nähe derselben haben, sind zu Augenentzündungen geneigt.

Pferde mit Aalstreifen, Kreuzstreifen und zebraartiger Zeich=
nung an den Schenkeln beurkunden in der Regel Ausdauer und
Kraft.

Tiger sind in der Regel dauerhafte, aber oft caprizöse Pferde
und daher unangenehm in ihren Gangarten und, wenn dadurch
mitgenommen, unsicher.

Schecken werden für schlaffe und schwache Pferde gehalten ohne
Ausdauer und gehörige Kraft im Hintertheile.

Pferde mit Scheckflecken um den After oder mit weißem After
leiden häufig an Würmern, Verschleimung, Koliken und Mangel
an Freßluft.

Pferde, deren Haarfarbe an gewissen Körperstellen, wie am
Bauch, an den Flanken, an den Schenkeln gleichsam verwaschen er=
scheint, wie man dies bei Braunen nicht selten wahrnimmt, sind
gemeiniglich schlaff und ohne Ausdauer.

Isabellfalben sind weichliche Pferde ohne Ausdauer; deßgleichen
Hermeline und Isabellen.

Dunkelfalben mit Aalstreif sind kräftige Pferde, aber heftig in
ihren Bewegungen und nicht selten caprizös.

Perlfalben sind gesunde und dauerhafte Pferde.

Hellfuchsen mit vieler Abzeichnung sind im Allgemeinen schwach,
wenn ohne Abzeichen zuweilen tüchtig, sie haben aber oft schlechte
Hufe und sind fieberhaften Krankheiten ausgesetzt.

Hellbraunen mit vieler Abzeichnung sind besser als jene, die mit geringer oder gar keiner aber dauerhafter.

Rappen mit vieler Abzeichnung sind in der Regel großen Strapazen nicht gewachsen, wenig Abzeichnung putzt sie heraus, deutet aber auf mindere Kraft.

Schimmel mit Abzeichnung pflegen minder dauerhaft zu sein als solche ohne Abzeichen; je dunkler das Schimmelhaar, desto weniger schlimmen Einfluß schreibt man den Abzeichen zu.

Herrscht bei stichelhaarigen Pferden die weiße Farbe vor, so dominirt auch die Schwäche über die Kraft und umgekehrt.

Pferde mit wenig oder keinen Abzeichen sind in der Regel die dauerhaftesten, wenn nicht sonstige Fehler des Körperbaues dieser Eigenschaft Eintrag thun; dies ist um so eher zu erwarten, wenn deren Farbe einen schönen Abglanz hat, wie bei Glanzrappen, Goldfuchsen ꝛc. Pferde mit dunkeln Haaren, als Kohlfuchsen, Schwarzschimmel, Schwarzbraunen, Kohlrappen stehen diesen nicht nach, und dies um so mehr, je mehr ihr Haar glänzt; denn der Glanz des Haares deutet auf Wohlbefinden und gesundes Verhalten der inneren Organe. Innerlich ungesunden Pferden sieht man ihren Zustand schon an ihren glanzlosen, struppigen, fettigen und schmierigen Haaren an.

Rehbraunen gehören in der Regel zu den ausdauerndsten Pferden; Manche schreiben dieser Farbe nicht ausgezeichnet viel Kraft im Hintertheil zu.

Unter die schlaffen und häufig kränkelnden Pferde gehören: die Kuhrappen, Rothfalben, Schmutzfuchsen, Lehm- oder Graufuchsen, Lehmbraunen und Grauschimmel, denen auch in der Regel ein kräftiges Hintertheil abgeht.

Schweißfuchsen sind nur dann brav, wenn das Kleid ganz dunkel ist; je mehr mit hellen Tinten gemischt desto geringer achtet man sie.

Porzellanschecken, ganz helle Rothschimmel ꝛc. haben weder Sicherheit noch Ausdauer. Dunkle Rothschimmel und Braunschimmel zeigen oft ausgezeichnete Bravour. Mausefalben verdienen das Lob nicht, das man ihnen hinsichtlich der Ausdauer zugesteht, am wenigsten, wenn Mähnen- und Schweifhaare nicht völlig schwarz sind.

Weißgeborene Pferde sind bloße Pracht- und Paradepferde, denen in der Regel alle Ausdauer abgeht.

Pferde von sehr gemischten Farben, deren Nüancen es unent=
schieden lassen, ob man sie zum Braunhaar oder Fuchshaar zählen
soll, zeigen eine vermischte Zucht an und sind, wie alle Bastarde,
Schwächlinge.

Eine bedeutende einseitige Abzeichnung der Schenkel kann als
Merkmal der Schwäche dieser Seite angesehen werden.

Weichselbraun und Rothbraun gehören unter die durch die Zucht
vermischten Farben und es läßt sich nur dann Gutes von solchen
erwarten, wenn die Eigenschaften einer edeln Race auf sie ver=
erbt sind.

Kastanienbraun deutet auf Reinzucht und es läßt sich daher von
dieser Farbe Ausdauer erwarten, wenn sie sonst die Charaktere ihrer
Race besitzt.

Muskatschimmel, Porzellanschimmel, Zimmtschimmel, Honig=
schimmel ꝛc. sind in der Regel weichliche und kraftlose Pferde, denen
fast allen ein kräftiges Hintertheil abgeht und die in der vermisch=
ten Farbe das untrügliche Kennzeichen ihrer vermischten Zucht an
sich tragen.

Von einer festeren Textur der Grundfaser sind die Fliegen=
schimmel und Forellenschimmel.

Mohrenköpfe haben gewöhnlich ein starkes Vordertheil und ein
schwaches Hintertheil und zeigen dadurch an, daß die Race des
Vaters in die der Mutter noch nicht gehörig übergegangen ist, daß
die eine Race, die eine Farbe, die eine Form die andere noch abstößt,
sich auch nicht zusammen gehörig ausgeglichen hat, und daß noch
viel Fremdartiges vorhanden ist, was erst bei weiterer Zucht dieser
Race zu einer besonderen Eigenthümlichkeit derselben wird.

Je mehr die Mischung der Farben vervielfältigt wird, desto
mehr geht dabei die Reinzucht und somit auch die Kraft und Aus=
dauer verloren. Das Pfirsichblüthehaar ist das edelste Produkt
einer vielfältig gemischten Zucht; daher achtet man auch dasselbe
für kraftlos und unfähig zur Ausdauer.

§. 33.

Die Haare aus Hornsubstanz bestehend sind schlechte Wärme=
leiter und dienen als solche gegen eine zu rasche Ausstrahlung der
im Körper erzeugten Wärme, die Natur gibt deßwegen im Winter

und bei kaltem Aufenthalte längere und mehr Haare, ebenso bei Kränklichkeit, wobei mehr Wärme Bedürfniß ist, auch bei Futter= mangel, weil hiebei zu wenig Wärme im Körper erzeugt wird, also um so mehr gespart werden muß.

Man unterscheidet Deckhaare, welche die Hauptfärbung be= dingen, sie sind röhrchenartige Horngebilde, in welche sich die Talg= drüschen an der Basis einmünden, sie sind auf der Haut meist in solcher Richtung gestellt, daß sie die Kälte ableiten von der Haut, sie sind „gegen den Wind abgestrichen."

Je länger das Deckhaar, um so mehr verliert es an Glanz.

Schutzhaare sind viel länger als die Deckhaare, über welche sie theils als Ueberwuchs an Ganaschen, Bauch, Kehle, Schenkeln, theils als „Behang" am Unterfuß namentlich hinten an Schienbein und Köthe hervorsprossen.

Diese beiden Arten von Haaren machen jährlich regelmäßig einen Wechsel, sie fallen aus und es erzeugen sich neue, die nur bis zu einer bestimmten Länge wachsen, dann wieder absterben und ausfallen. Die übrigen auf der Haut der Pferde wachsenden Haare, Tasthaare, Mähnen=, Schweifhaare ꝛc. sollen an den betreffenden Körpertheilen noch später besprochen werden.

§. 34.

Die Racen.

Die äußere Gestalt des Pferdes variirt nach Racen, Stämmen und Schlägen so beträchtlich, daß diese Verschiedenheit selbst ohne nähere Prüfung der einzelnen Theile, schon bei der allgemeinen Be= trachtung des Pferdes fast unwillkürlich in die Augen springt. Doch hat die Kenntniß der Racen für die Lehre vom Exterieur nicht die große Bedeutung, wie man gewöhnlich meint, sie ist weit interessan= ter für den Pferdezüchter, und setzt stets eine gründliche Kenntniß des Exterieurs, der Züchtungsgrundsätze voraus, sie wird namentlich interessant, wenn sie sich auch mit der Entwickelungsgeschichte der Racen, d. h. mit der Geschichte der Pferdezucht eines Landes und Volkes abgibt.

Was die technischen Ausdrücke und die Definitionen der ver= schiedenen Betriebsarten in der Pferdezucht betrifft, so wird, um

Wiederholungen zu vermeiden, auf „die Anleitung zum Betriebe der Pferdezucht", welche einen Theil des Handbuchs der land= wirthschaftlichen Thierkunde und Thierzucht von W. Baumeister bildet, verwiesen.

Eine Aufzählung und Beschreibung der verschiedenen Pferde= racen muß der Verfasser dieser neuen Auflage nach oben Gesagtem für überflüssig halten, aber auch für unzulässig, weil in den letzten Jahrzehnten die Pferdebevölkerung der verschiedenen Länder so viel= fach von ihrem früheren Typus wegen der Leichtigkeit der Einfüh= rung neuer Racethiere durch Verbastardirung, durch Umänderung in den Züchtungszwecken und Züchtungsprincipien abgewichen und in fortwährender Umgestaltung begriffen ist, daß es eine Sache der Unmöglichkeit ist, die Racen und Schläge der verschiedenen pferde= züchtenden Länder in klaren Zügen dem geistigen Auge des Lesers vorzuführen. Historische Abhandlungen über die Entwicklung der Pferdezucht eines Landes, die zur Belehrung und zum Verständniß wichtiger sind als Beschreibungen und bildliche Darstellungen einzel= ner Racen gehören jedoch nicht in ein Lehrbuch über das Exterieur des Pferdes.

Der Umstand, daß die Aufzählung der Pferderacen und Schläge nach Regionen und Ländern, nach geographischen und politischen Grenzlinien durchaus ungenügend ist, hat zu der Bestrebung Ver= anlassung gegeben, die verschiedenen Pferdeformen nach ihrer Be= fähigung zu gewissen Dienstleistungen, zu bestimmten Gangarten in verschiedene Gruppen abzuscheiden.

Zuerst hat Bartels (in seinem Programm der Statik des Pferdekörpers, Braunschweig 1847) die Pferde unterschieden nach ihrer Vorbildung zur Carriere, zum Galopp, zum Trabe, zum Schritt. Später hat der russische Akademiker v. Middendorf in den „Mit= theilungen der freien ökonomischen Gesellschaft zu St. Petersburg, Jahrgang 1855 Nro. XXXVIII. Seite 337 in Schnellpferde und Schritt= oder Schlepppferde unterschieden. Die Schnellpferde theilt er wieder ein: in Galopppferde und Trabpferde. Da aber die Schnelligkeit entweder durch häufiges wiederholtes Ausgreifen oder durch besonders weitgreifendes Ausholen erzielt wird, so macht Middendorf bei den verschiedenen Arten der Schnellpferde noch den Unterschied in „Raschpferde", welche durch eiliges Wiederholen das einholen, was sie der zweiten Abtheilung den „Schwungpferden" gegenüber an Schrittlänge einbüßen. Je nach der Befähigung zu der einen oder andern Leistung werden die verschiedenen Landracen in die eine oder andere Gruppe und Abtheilung gewiesen. Hienach ist also das Geographische, Territoriale, der Ursprung bei der Eintheilung der Pferdeschläge nicht mehr wie sonst üblich in erste Linie, sondern in zweite Linie gestellt, dagegen werden die Formen, die Verhältnisse der einzelnen Körpertheile zu einander — mit einem Worte, es wird die Körperform, die Leistungsfähigkeit in den Vordergrund gestellt.

Dritter Abschnitt.

Betrachtung der einzelnen äußeren Theile des Pferdes.

§. 35.

Bei Betrachtung der einzelnen Theile am Aeußern des Pferdes wird vorzugsweise der regelmäßige, gesunde Zustand derselben nach Lage, Gestalt und Lebensbedeutung unter gehöriger Berücksichtigung ihrer durch Race, Alter und Geschlecht bedingten Verschiedenheit ins Auge gefaßt und dabei der unregelmäßige Zustand, wie solcher schon angeboren, oder erst im Laufe der Zeit und durch Dienstver= wendung und andere zufällige Einwirkungen entstanden, so wie die dieselben hauptsächlich betreffenden Krankheiten und deren Folgen für die Brauchbarkeit des Pferdes und endlich die an denselben an= gebrachten Künsteleien, Verschönerungsmittel, Verfälschungen u. dgl. erläutert.

§. 36.
Der Kopf.

Der Kopf besteht aus etlichen und dreißig Knochen, welche in ihrem Zusammenhange ein Ganzes bilden; sie sind so fest verbun=

den, daß der Kopf blos aus zweien Theilen, dem Schädel und Vor=
derkiefer einerseits, dem Hinterkiefer andrerseits zu bestehen scheint,
da blos zwischen diesen beiden Kopftheilen eine bewegliche Verbin=
dung stattfindet. Durch die Verbindung der Knochen des Vorder=
kiefers unter sich werden innere und äußere Höhlen gebildet, deren
einige gewissen wichtigen Theilen zur Aufnahme dienen, andere zu
besondern Zwecken leer bleiben. Der Kopf verbindet sich durch ein
Doppelgelenk mit dem ersten Wirbel des Halses, welches jedoch nur
eine beschränkte Bewegung des Kopfes nach auf= und abwärts läßt;
die größere Beweglichkeit des Halses findet zwischen dem ersten und
zweiten Halswirbel statt. An den Knochen des Kopfes heften sich
mehrere Muskeln an, welche die verschiedenen Theile desselben be=
wegen. Aeußerlich ist der Kopf mit der Haut überzogen, welche
dünner als an andern Körperstellen und feiner behaart ist und bald
mehr, bald weniger die unterliegenden Theile, namentlich die Knochen=
vorsprünge, die stärkeren Venenzweige und Nerven durchscheinen läßt.
Am Kopf unterscheidet man: (Fig. 9—10).

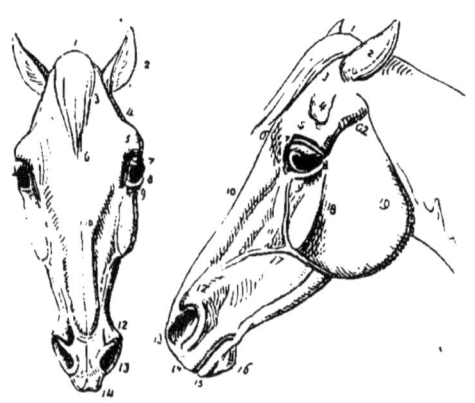

Fig. 9.   Fig. 10.
Vordere Ansicht.   Seitenansicht.

1) Genick, Schopf.	9) Untere Augenlider.	16) Kinn.
2) Ohren.	10) Nase, Nasenrücken.	17) Backen.
3) Vorkopf.	11) Gesicht.	18) Gesichtsleiste.
4) Augengruben.	12) Nasenlöcher, und zwar die falschen.	19) Ganaschen.
5) Augenbogen.		20) Schläfe.
6) Stirne.	13) Nasenlöcher, d. wahren.	Kehlgang, Maulhöhle, La=
7) Obere Augenlider.	14) Lippen, die vordern.	den, Zahnfleisch, Gaumen
8) Augen.	15) Lippen, die hintern.	Zähne und die Zunge.

§. 37.

Der Kopf zeigt in seiner Verbindung mit dem Rumpfe, in seinem Verhältnisse zum ganzen Körper, in seiner Form und in der Beschaffenheit seiner einzelnen Theile nach Alter, Geschlecht, Race und Individualität große Verschiedenheit. Beim Fohlen erscheint der Kopf an seinen obern Theilen, am Vorderkopfe, vergrößert und gewölbt, die Stirne vor ihrer Verbindung mit der Nase etwas ein= gedrückt, die vordern Theile des Kopfes, die Nase und das Maul, zugespitzt, die Kinnbacken verschmälert und alle sonst hervorragenden Theile abgerundet und von nicht sehr markirten Formen. Beim erwachsenen Pferde dagegen erscheint der Kopf durch die vollendete Entwicklung aller seiner Theile in bestimmterer Form; beim alten Pferde endlich erscheint er mager, an einzelnen Stellen tief einge= fallen, z. B. an den Augengruben, an andern scharf gerandet und hervorragend, z. B. an den Augenbogen, an der Gesichtsleiste, am Rande der Aeste des Hinterkiefers u. dgl., die weichen Theile zeigen sich erschlafft, in ihrer Form und Lage verändert, z. B. die Hinter= lippe. Der Hengst hat in der Regel einen stärkeren Kopf und zeich= net sich besonders durch starke Entwicklung der Schläfemuskeln des Hinterkiefers, stärkere Ganaschen, durch lebhaftere Augen und be= weglichere Lippen aus; die Stute hat dagegen einen mehr trockenen, magern und feinen Kopf, minder lebhafte Augen und häufig schlaffe Lippen. Der Wallache zeigt, je nachdem er später oder früher castrirt wurde, in seinem Kopfe mehr Aehnlichkeit mit dem Hengste oder mit der Stute. Die Form des Kopfes ist eines der wesent= lichsten Racemerkmale.

§. 38.

In Betreff der Größenverhältnisse des Kopfes ist zu unter= scheiden:

Der zu kleine Kopf wird von den Wenigsten getadelt wer= den, da er meistens mit einer edeln, eleganten Körperform in Ver= bindung steht, allein er steht in den allermeisten Fällen leider auch in Verbindung mit einem zu feinen Fundamente.

Der zu große Kopf zeigt entweder in seinen Knochen oder in den sich anheftenden Weichtheilen einen zu groben Bau und er= scheint daher als zu lang und zu dick. Durch dieses Mißverhältniß schadet er nicht nur dem äußern Ansehen, sondern er beeinträchtigt einigermaßen die Dienstleistungen, indem er das Vordertheil be= lastet und das freie Aufrichten des Kopfes und Halses hindert. Er erscheint daher namentlich für den Reitdienst weniger geeignet, ist übrigens meistens mit, einem soliden Knochenbau der Extremitäten vereinigt, und findet sich häufig bei den besten Gebrauchthieren.

Der zu fette oder fleischige Kopf zeigt nicht nur die Muskeln am Kopfe in zu reichlichem Maaße, sondern auch von einer lockern, schwammigen Beschaffenheit. Die Haut ist mit den unter= liegenden Theilen durch ein sehr lockeres und fettes Zellgewebe ver= bunden, so daß man weder die Gefässe, noch die Sehnen und Nerven, welche sehr oberflächlich unter der Haut verlaufen, deutlich wahrnehmen kann. Meist zeigen sich bei ihm die Augengruben ganz ausgefüllt, die Augenlider dick und wulstig, die Augen klein und tief in ihre Höhlen zurückgedrängt, das Gesicht fleischig, die Nasenlöcher klein und enge, die Lippen dick und wulstig, die Ganaschen breit und plump und selbst der Kehlgang dick und so mit Zellgewebe ausge= füllt, daß die Respirationswerkzeuge belästigt sind. Solche Köpfe sind nicht nur häßlich, sondern lassen auch eine besondere Anlage zu mancherlei Krankheiten vermuthen. Zuweilen verwechselt man dieß indessen mit einem grob behaarten Kopf, an welchem grobe und lange Haare jenes fette Ansehen blos scheinbar hervorbringen, wäh= rend er unter der Haut die beste Beschaffenheit haben kann.

Der trockene Kopf hat Knochen mit scharf abgegrenzten Her= vorragungen und Kanten; die an ihnen sich anheftenden Muskeln sind von derber Beschaffenheit, die Haut ist durch ein feines, straffes Zellgewebe mit den unterliegenden Theilen verbunden, und die ober= flächlich unter der Haut verlaufenden Gefässe und Nerven sind von außen deutlich wahrnehmbar. Meist ist er auch fein behaart, an den Augenlidern, an der Nase und den Lippen fast haarlos oder nackt, hat nirgends lange und grobe Haare, die Haut ist allenthal= ben fest anliegend wie aufgeleimt. Da bei einer solchen Beschaffen= heit des Kopfes die Contouren desselben sehr ins Auge treten, was dem Ganzen ein edles Ansehen gibt, so wird er auch scharf mar= tirt genannt.

Der magere Kopf. Bei diesem fehlt die gesunde Derbheit der unter der Haut liegenden Weichtheile, es ist eine entweder durch

Alter oder schlechte Ernährung bedingte Magerkeit; die Haut er=
scheint oft faltig, wobei aber die unter derselben liegenden Theile
nicht verhüllt werden; das Ganze gewährt einen ärmlichen Anblick.

Der schiefe Kopf zeigt sich in den Seiten=Hälften nicht
gleich, sondern in einer schiefen Richtung seitwärts gebogen und
gekrümmt; diese Beschaffenheit hat für die Dienſttauglichkeit oder
für die Gesundheit selten nachtheilige Folgen und beeinträchtigt mehr
das äußere Ansehen; es ist immer ein angeborener Bildungsfehler,
durch ungeschickte Lage des Fohlens im Mutterleibe erzeugt, es ver=
liert sich die fehlerhafte Form nicht während des spätern Wachsthums.

Fig. 11.
Gebrechen des Kopfes und Halses.

Am Kopfe kommen mancherlei Mängel und Gebrechen vor, als
zerschlitzte oder abgeschnittene Ohren, Brandflecke auf dem Vorkopfe
unter dem Schopfe, die wegen Kopfkrankheit angebracht wurden,
zerrissene Augenlider, triefende Augen, Narben auf der Stirne, der
Nase und im Gesichte, nach Trepanation der von diesen Theilen
überdeckten Höhlen, Knochenauswüchse am Kiefer nach Zahngebrechen,
aufgeschlitzte Nasenlöcher, gelähmte Hinterlippe, Zahnfiſteln am
Hinterkieferrande, Narben von bei Augenleiden gesetzten Haarseilen

an den Ganaschen, Drüsenanschwellungen und Verhärtungen im Kehlgange u. s. w.

§. 39.

Die Profillinie des Kopfes, d. h. die Richtung der Linie vom Oberhaupte bis zur Lippe über den Vorkopf, die Stirne und Nase zeigt mancherlei Eigenthümlichkeiten, welche meist auch mit der Länge und Dicke der obern Theile in Wechselwirkung stehen. Je nach diesen Eigenthümlichkeiten unterscheidet man:

Der gerade Kopf (Fig. 12). Bei demselben verläuft die Linie vom Oberhaupte, zwischen beiden Ohren über den Vorkopf, die Stirne und die Nase bis zwischen die Nasenlöcher fast ganz gerade, bildet an dem Uebergang der Nase in die Vorderlippe eine scharfe Ecke, zeigt eine breite, platte Stirne, weit hervortretende Augenbogen, ein richtiges Verhältniß der einzelnen Kopftheile und wird für eine schöne Kopfform erklärt; am vollendetsten zeigt sie sich als Racemerkmal bei den edelsten Racen Arabiens und mehr oder weniger auch bei den von diesen abstammenden Pferdeschlägen.

Fig. 12.   Fig. 13.   Fig. 14.
Der gerade Kopf.   Der halbe Ramskopf.   Der ganze Ramskopf.

Der halbe Ramskopf (Fig. 13). Bei demselben verläuft die Profillinie vom Oberhaupte zwischen den Ohren über den Vorkopf, die Stirne und die Hälfte der Nase ebenfalls fast gerade und geht sodann in einer sanften Wölbung zwischen beiden Nasenlöchern nach abwärts und in die Vorderlippe über. Er findet sich als Racemerk= mal beim ägyptischen, barbischen, russischen, beim normannischen Pferde und andern Pferdeschlägen und wird fast allgemein für schön erklärt. Ist der halbe Ramskopf aber kurz und hat er hoch und nahe bei einander stehende Ohren, so nennt man ihn Hasenkopf.

Der ganze Ramskopf (Fig. 14). Bei demselben zeigt die Profillinie einen mehr oder weniger stark nach vorwärts gewölbten Bogen, dabei ist die Stirne schmal, nach den Seiten zu gewölbt, die Augen weniger hervortretend und zuweilen klein, die Ganaschen sind oft flach, die einzelnen Theile zu sehr in die Länge gedehnt. Er wird je nach dem Geschmacke bald für schön, bald für häßlich gehalten, und findet sich als Racekennzeichen bei dem spanischen, altneapolitanischen Pferde und den von diesen abstammenden Pferde= schlägen, bei den holsteinischen und bei einigen österreichischen Ge= stütsracen.

Der Schafskopf (Fig. 15). Bei demselben zeigt die Profil= linie eine starke Wölbung über der Nase bis herab zur Vorderlippe, etwa wie beim Bergamasker Schafe. Man trifft ihn oft bei den russischen und asiatischen Steppenpferden, bei polnischen Landpferden.

Fig. 15.　　　Fig. 16.　　　Fig. 17.
Der Schafskopf.　Der Hechtskopf.　Der Schweinskopf.

Der Hechtskopf (Fig. 16). Derselbe hat auf der Mitte des Nasenrückens eine tiefe Einbiegung, von welcher aus der untere

Theil des Kopfes wieder sich hebend in Nase und Maul übergeht. Die Nasenlöcher sind nicht selten höher gestellt, das Maul ist meist etwas aufgezogen, die Ganaschen sind fein und der Kehlgang weit, so wie die Verhältnisse der einzelnen Kopftheile ziemlich gut. Er findet sich oft bei den edelsten orientalischen Pferden, sehr häufig beim Percheron und Ardenner Pferde.

Der Schweinskopf (Fig. 17). Derselbe hat einen starken breiten Oberkopf, breite, platte Stirne, eine starke Eintiefung an der Verbindung der Stirne mit der Nase, sehr breite plumpe Ganaschen, häufig weit gestellte Ohren, kleine, fette Augen, er wird allgemein für häßlich gehalten, findet sich aber zuweilen bei orientalischen Pferden, außerdem aber bei verschiedenen gemeinen europäischen Pferdeschlägen, beim Pinzgauer, Rotthaler Schlage.

Der Keilkopf, Schlegelkopf (Fig. 18). Derselbe hat einen dicken und starken Vorkopf und Stirne, eine entweder gerade oder mäßig gewölbte Nase, ein sehr zugespitztes Maul, breite, plumpe Ganaschen, so daß sich der obere Theil des Kopfes überhaupt un-

Fig. 18.   Fig. 19.
Der Keilkopf.   Der Ochsenkopf.

verhältnißmäßig dick und stark gegen den dünnen und zugespitzten untern Theil des Kopfes verhält.

Der Ochsenkopf (Fig. 19). Derselbe hat einen nur mäßig gewölbten Vorkopf, breite, platte Stirne, gerade oder etwas eingedrückte Nase, breites, dickes, wulstiges Maul, kleine Nasenlöcher, dicke, starke Ganaschen und auch sonst unschöne Verhältnisse der übrigen Kopftheile; er wird allgemein für häßlich und fehlerhaft gehalten und nur bei den gemeinen europäischen Pferdeschlägen getroffen.

Der alte Weiberkopf (Fig. 20). Derselbe ist lang, mager, mit schmalem Vorkopfe, tiefen, eingefallenen Augengruben, weit

hervorragenden Augenbogen, sehr scharfer Gesichtsleiste, schlaffen Lip=
pen, namentlich schlaff herabhängender Hinterlippe und Kinn, magern
Ganaschen u. dgl.; er entsteht entweder aus andern Kopfformen erst
im vorgerückten Alter,
oder schon sehr frühe
als Folge bedeutender
Krankheiten, nament=
lich von Drüsenkrank=
heiten. Er wird zu=
weilen bei besseren
Pferderacen, nament=
lich bei spanischen Pfer=
den getroffen.

Dies sind die haupt=
sächlichsten Abweichun=
gen in der äußern Bil=
dung des Pferdekopfes;

Fig. 20.
Der alte Weiberkopf.

es gibt aber außerdem noch eine Menge mehr oder weniger auffal=
lender Formen, welche als Uebergänge der benannten zu bezeichnen
sind, die aber stets einer oder der andern dieser Hauptformen des
Kopfes nahe kommen, so daß man keine besonderen Benennungen
hiefür einzuführen für nöthig fand.

§. 40.
Das Genick.

Das Genick ist der oberste Theil am Pferdekopfe, und bildet
die Verbindung des Kopfes mit dem obersten Endstück des Halses.
Es hat als Grundlage das Oberhauptsbein und den ersten Hals=
wirbel, welcher seitlich zwei flügelartige Fortsätze hat. Vorn am
Genick beginnt strangartig das elastische Nackenband, das in seinem
Verlaufe theils mittelbar, theils unmittelbar mit den Wirbeln des
Halses, des Rückens und der Lenden sich verbindet und bis zum
Kreuze forterstreckt. Außerdem befinden sich an ihm mehrere Bän=
der, die dem Kopfgelenke zur Befestigung dienen, und viele Muskeln,
die sich an dem Oberhauptsbeine und am Nackenbande anheften und
den Kopf zu tragen und zu bewegen haben; über alle diese Gebilde

ist sodann eine dünne Schichte von Zellgewebe und ziemlich straff die Haut hergezogen.

Da die Beschaffenheit des Genickes von großem Einflusse für die Beweglichkeit und die Stellung des Kopfes ist, so verdient es wohl eine besondere Beleuchtung. Man bezeichnet das Genick als zu kurz, wenn der obere Rand nur kurz ist und zu wenig Biegung zuläßt; zu schmal, wenn das Oberhauptsbein durch eine zu geringe Breite eine schwache Entwicklung der betreffenden Knochen und Muskeln und dadurch Schwäche andeutet; zu hoch, wenn es sich zu sehr über den Hals erhebt, wodurch der Ansatz des Kopfes fehlerhaft und zum sogenannten Ueberzäumen geneigt wird; zu mager, wenn sämmtliche das Genick bildende Theile von solch armer Beschaffenheit sind, daß man unter der Haut deutlich die Knochen zu erkennen vermag, wodurch es aber nicht nur mangelnde Kraft für die Bewegung des Kopfes und anderer Theile beurkundet, sondern auch leicht vom Kopfstücke des Zaumes und des Halfters gedrückt und verletzt wird; zu fett, wenn die am Oberhauptsbeine anheftenden Weichtheile in zu beträchtlicher Masse und von lockerer, schwammiger Beschaffenheit sich vorfinden und das die Haut mit den unter ihr liegenden Theilen verbindende Zellgewebe sehr mit Fett angefüllt ist, so daß dieser Theil zu sehr überladen und in seiner Beweglichkeit gehemmt wird. Der Hengst hat immer ein breiteres und stärkeres Genick als die Stute und der Wallache, beim Fohlen und alten Pferde erscheint es immer schmäler, magerer und schwächer als beim Pferde des kräftigen Lebensalters.

Schön erweist sich das Genick, wenn es von solcher Länge und Breite ist, daß es in sanfter Wölbung vom obersten Theile des Kopfes in den Kamm des Halses übergeht, dem Kopfe hiedurch gestattet, mit seiner Profillinie unter einem rechten Winkel sich gegen die Mittellinie des Halses (vom Drehungspunkte des Schulterblattes bis zum Mittelpunkte des oberen Endstückes des Halses gezogen) ohne besondere Anstrengung einzustellen und sich ruhig darin zu erhalten; fehlerhaft erscheint es aber, wenn es den Kopf um ein Beträchtliches höher oder niederer als den Kamm des Halses stehen läßt, in beiden Fällen wird die richtige Verbindung des Kopfes mit dem Halse und die Beweglichkeit desselben gestört und beeinträchtigt. Als Krankheiten trifft man daselbst oberflächliche Abschürfungen,

Verwundungen und Hautgeschwüre, sowie die durch Druck und Quet=
schung ꝛc. entstandene Genickbeule oder Maulwurfsgeschwulst, die
häufig zu der sehr hartnäckigen Nackenfistel führt; Verrenkungen im
Kopfgelenke und Brüche, als sogenanntes Genickbrechen, wobei
jedoch durch Druck auf das Rückenmark schneller Tod herbeigeführt
wird, sind seltener. — Am Genicke ist zwischen dem hinteren Ausschnitt
des Oberhauptbeines und dem vordern Theile des ersten Halswirbels
eine offene und nur durch Weichtheile überdeckte Stelle des Rücken=
markkanales gebildet. Dieser Punkt liegt bei einem mittelgroßen
Pferde 4 Finger breit von der Querleiste des Oberhauptsbeines
nach rückwärts; es kann mit einem etwa 1½″ tiefen Einstich mit
einem ½—¾″ breiten Messer hier sehr leicht, namentlich wenn
man durch Herbeistellen des Kopfes gegen den Hals die natürliche
Oeffnung des knöchernen Canals möglichst erweitert, das Rücken=
mark abgestochen werden, wodurch plötzliche Lähmung aller willkür=
lichen Muskeln und rascher Tod erfolgt. Diese Manipulation wird
der Genickstich genannt.

§. 41.
Der Schopf.

Der Schopf ist der über den Vorkopf und die Stirne herab=
hängende Büschel langer Haare und dient zum Schutze des Gehirns
gegen mechanische und Temperatureinflüsse; als der vordere Anfang
der Mähne zeigt er die gleiche Beschaffenheit wie diese; bei edlen
Pferden ist er fein, schlicht und schwer, über den Vorkopf herab=
wallend, bei gemeinen Pferden ist er dagegen weniger schwer und
schlicht, dichter und in großen Büscheln vorhanden; Pferdehändler
reißen ihren gemeinern Pferden die zu reichlichen Schopfhaare aus,
um ihnen ein edleres Ansehen zu geben, da sie aber die Beschaffen=
heit der einzelnen Haare nicht zu verbergen vermögen, so verfehlen
sie zum großen Theil ihren Zweck. Bei einzelnen Pferden erscheint
er sehr lang, so daß er fast bis zur Nase herabreicht, bei andern
dagegen legen sich die Haare nicht und stehen verworren in die
Höhe. Wegen der durch zu beträchtliche Länge des Schopfes ent=
stehenden Beeinträchtigung im Sehen und vermeintlichen Erzeugung
von Augenfehlern, aus Mode oder Liebhaberei wird er häufig gestutzt,
namentlich bei kleinen Pferden, oder in Zöpfe geflochten, z. B.

beim Rennpferde. Verunreinigungen durch Futtertheile, Schuppen ꝛc. veranlassen öfters die Pferde zu Reiben und Kratzen, dadurch zu Halfterabstreifen und mancherlei hieraus entstehenden Uebelständen, daher beim Putzen der Schopf nicht übersehen werden darf.

§. 42.
Die Ohren.

Die Ohren sind die äußern Gehörwerkzeuge, sie haben ihre Lage zu beiden Seiten am obern Theile des Kopfes. Sie bestehen aus den trichterähnlichen knorpeligen Ohrmuscheln, welche oben weit geöffnet, unten enger werdend durch die röhrenförmigen Ringknorpel mit den knöchernen, äußern Gehörgängen der Schläfebeine in Ver= bindung stehen. Durch 13 Paare an ihnen sich anheftender Muskeln werden sie nach allen Richtungen bewegt. Jede einzelne Ohrmuschel ist außen gewölbt, innen ausgehöhlt und daselbst mit längern Haa= ren besetzt, welche die zu starke Einwirkung sehr intensiver Schall= schwingungen moderiren können. Die Haut an den Ohrmuscheln ist sehr fein und mit vielen Gefühlsnervenzweigen versehen, daher sehr empfindlich. Die Ohren sollen eine im Verhältniß zum Kopfe stehende Länge haben und mäßig von einander abstehen. Da sie dazu bestimmt sind, den Schall und die Töne aufzunehmen, um sie dem innern Ohre zuzuleiten, so ist Beweglichkeit der Ohren ein wesentliches Erforderniß, sie müssen, um die Töne von allen Rich= tungen her aufnehmen zu können, bald nach vorwärts, zur Seite und rückwärts gewendet werden. In Absicht auf Form und Lage zeigen sie verschiedene Abweichungen.

Die Mausohren (Fig. 21) sind zierlich klein, gerundet, dünn, sie wurden ehemals für schön gehalten.

Die Eselsohren sind groß und lang und können dem Kopfe natürlich nicht zur Zierde dienen.

Die Hasenohren (Fig. 22) sind lang und schmal, am Oberhaupt enge beisammenstehend, sie kommen öfters in Verbindung mit schmalen Ramsköpfen vor.

Die Kuh = oder Schaufelohren (Fig. 23), breite und dicke Ohren, die weit entfernt von einander am Oberhaupte angesetzt sind, zuweilen schlaff herabhängen und dem Kopfe ein mißfälliges Aussehen verleihen; man nennt dies auch weit in den Ohren.

Hängen sie herab, so heißen sie Hangohren, Schlappohren, Schohlohren und werden zuweilen als Zeichen treuer, fleißiger,

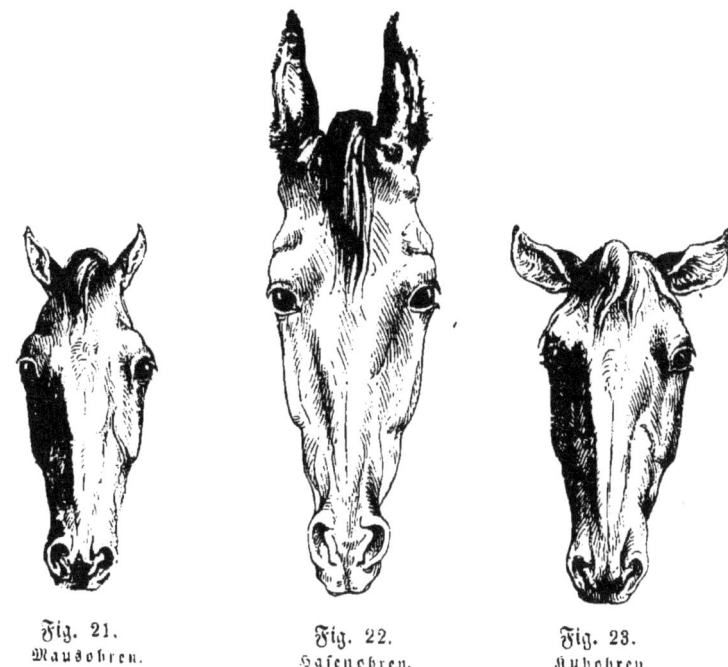

Fig. 21.
Mausohren.

Fig. 22.
Hasenohren.

Fig. 23.
Kuhohren.

jedoch nie zu lebhafter Pferde geschätzt; sie kommen nicht selten in einzelnen Familien der edelsten Pferderacen, bei arabischen und englischen Vollblutthieren vor und gelten bei bewährten Pferdekennern als ein günstiges Zeichen von großer Ausdauer bei ruhigem Temperamente. Ueberall jedoch hält man diese Form für häßlich.

Die Schweinsohren (Fig. 24), breite, plumpe Ohren, welche weit von einander abstehen und tief am Kopfe angesetzt sind, nach vor- und abwärts hängen und bei der Bewegung schlaff hin und her

Fig. 24.
Schweinsohren.

wackeln, sie gelten immer als häßlich und finden sich blos bei den gemeinen Pferden.

Die Ohren werden oft ungleich hoch getragen, was in einer aus verschiedener Veranlassung entstandenen Lähmung des einen Ohres begründet ist. Pferde sollen die Ohren immer aufrecht tragen und sie dem Gegenstande zuwenden, von welchem ein Laut herkommt; werden beide Ohren einem solchen lautenden Gegenstande zugewendet, so nennt man es das Spitzen der Ohren, dasselbe ist jedoch nicht immer ein Zeichen geschärfter Aufmerksamkeit, sondern zuweilen auch ein Zeichen von Aufregung oder von krankhaft abgeänderTtem Bewußtsein, von Koller ꝛc. Träge, phlegmatische Pferde tragen die Ohren nicht hoch und bewegen sie nicht lebhaft; schüchterne, furchtsame Pferde tragen die Ohren immer hoch und bewegen sie rasch und abwechselnd vor- und rückwärts; bösartige Pferde legen die Ohren zurück, blödsichtige und blinde Pferde tragen die Ohren theils hoch und gespitzt, theils wechseln sie deren Stellung alle Augenblicke. Gesunde Pferde haben immer große Empfindlichkeit in den Ohren und leiden das Eingreifen nicht, kollerige und andere schwer erkrankte, sowie sehr müde Pferde zeigen dagegen die Empfindlichkeit in den Ohren nicht immer deutlich und dulden das Ohrengreifen. Viele Pferde sind ohrenscheu, d. h. sie weichen jeder Annäherung an die Ohren ängstlich aus, indem sie entweder schmerzhafte Uebel an denselben haben, oder durch Ohrenbremsen und dergleichen Mißhandlungen sehr mißtrauisch gemacht worden sind.

Der wichtige Einfluß, welchen die Gestalt und Stellung der Ohren für das allgemeine Aussehen des Pferdes hat, gab Veranlassung, daß man Fehler oder Häßlichkeiten in der Form und Stellung der Ohren zu verbessern trachtete. So suchte man hängende Ohren durch eigens construirte Stirnriemen an Halfter und Zaum vorübergehend während des Musterns der Handelspferde höher zu stellen und nach Thunlichkeit zu verbessern. Die Ohren wurden ehedem der Mode wegen nach besondern Formen beschnitten, gestutzt, gemäuselt, sogenannte Stutzohren, was man an den kahlen unbehaarten vernarbten Rändern wohl erkennen konnte.

Die Ohren sind auch mancherlei Krankheiten unterworfen; trifft man nicht selten die Ohren durch Bisse, Risse und andere Verletzungen an den Rändern verunstaltet, oder bei Pferden wilder ober halbwilder Gestüte die Ohrspitze durch Brand in Folge des Erfrierens abgefallen, oft aber auch kurz abgeschnitten. Am Aeußern und Innern der Ohrmuscheln befinden sich zuweilen Warzen, Geschwüre und Fisteln, oder am Grunde der Ohren Geschwülste. Zuweilen nistet sich auch die geflügelte Pferdelaus im Innern der Ohrmuschel ein, welche durch das Anfressen der Haut kleine Geschwürchen, Wucherungen und durch deren Reiz heftiges Ohrenschütteln veranlaßt, nach deren Heilung häufig weißliche Narben zurückbleiben.

Aus Vorurtheil und zur Verschönerung, um dem Thiere ein edleres Ansehen zu geben, werden oft die im Innern der Ohrmuschel befindlichen und als wesentliches Schutzmittel dienenden Haare ausgeschnitten, hiedurch gewinnt vorübergehend wegen der Verfeinerung des Gehörsinns das Temperament des Pferdes, das bei jedem Geräusch anfänglich lebhafter erregt wird. Dieses Ausscheeren hat aber den großen Nachtheil, daß Staub und Insekten nicht mehr vom Innern des Ohrs abgehalten werden. Sorgfältige Pferdebesitzer beschützen die Ohren ihrer Pferde im Sommer gegen das Eindringen von Insekten, Staub 2c. durch das Anlegen der Ohrenkappen, die jedoch, um ihrem Zwecke zu entsprechen, nicht aus zu steifen und dichten Stoffen, oder durch Zierrathen beschwert, angefertigt sein sollten, indem sie sonst sehr leicht der freien Beweglichkeit der Ohren schaden.

Obgleich man sich von der gehörigen Thätigkeit des Gehörsinns durch das lebhafte Ohrenspiel überzeugen kann, so hat man doch von dem Grade der Feinheit des Gehörs, von Schwerhörigkeit, von einseitiger Taubheit 2c. keine überzeugenden Beweise und selbst wirkliche Taubheit wird gewöhnlich nicht sobald, sondern erst bei längerem und näherem Umgang mit dem davon befallenen Pferde wahrnehmbar. Beim Umgang mit tauben Pferden muß man sich in Acht nehmen, nicht geschlagen zu werden, da sie den Zuruf nicht hören und beim Antreten daher leicht erschrecken. Wenn einzelne Ohren oder gar beide durch Zufälligkeiten verstümmelt oder gar ganz verloren sind, sucht man den Verlust durch künstliche Ohren, die man am Zaumzeug anbringen kann, zu ersetzen. Betrügerische Händler werden solche Pferde stets mit Sattel und Zaum zu vertaufen suchen, doch gehört nur ein offenes Auge dazu, um an der

Unbeweglichkeit solcher künstlichen Ohren die Fälschung alsbald zu erkennen. — Zu beachten ist auch, ob nicht größere oder kleinere Warzen das Ohr besonders empfindlich machen, kleine Warzen auf der innern Fläche der Ohrmuscheln bei Weidepferden als Folge von Insecten= stichen, namentlich der Pferdelausfliege sind als vorübergehend und von selbst im Herbst absterbend nicht ängstlich zu beurtheilen. — Um zu erkennen, ob das Nervensystem nicht krank ist wie z. B. beim Koller, ist es üblich ins Innere des Ohres mit den Fingern einzu= greifen, worauf ein gesundes Pferd alsbald schüttelt und ausweicht. Um diese charakteristische Empfindlichkeit, welche also bei Kollern fehlt, wiederherzustellen, reibt man wohl bei solchen Thieren eine scharfe Salbe ein, wornach die Thiere sich bald so empfindlich an dieser Stelle zeigen, wie ein gesundes, natürlich aber nur so lange, als die Reizung durch die scharfe Salbe oder auch durch eingedrückte Glassplitter hervorgebracht, andauert.

§. 43.
Der Vorkopf.

Der Vorkopf ist jener vordere, gewölbte Theil des Kopfes, der unter dem Oberhaupte, vom Schopfe bedeckt, zwischen den beiden Schläfen bis zur Stirne herabreicht; er besteht aus den beiden Vor= derhauptsbeinen, zwischen welchen das frühe verwachsene Sichelbein enthalten ist; an den Vorderhauptsbeinen sind beiderseitig die sehr starken Schläfemuskeln des Hinterkiefers nebst mehreren die Ohren bewegenden Muskeln befestigt und über diese ist die Haut straff hergezogen. Der Vorkopf bildet das vordere Gewölbe der Schädel= höhle und überdeckt das große Gehirn; er ist bei allen Kopfformen gewölbt und zeigt nur durch die Grade der Wölbung besondern Ein= fluß auf die Bildung der Kopfformen. Ein hoch und breit gebauter Vorkopf beurkundet eine geräumige Schädelhöhle und eine ungestörte Beherbergung des Gehirns, daher man bei einem engen und schma= len Vorkopf auf organische Anlage zu Gehirnkrankheiten durch Be= einträchtigung des zur Aufnahme des Gehirnes nöthigen Raumes der Schädelhöhle schließen will. Bei den werthvollsten Schlägen der arabischen Race, nämlich bei den Nedjerpferden reinster Abstam= mung, findet sich zwischen Vorkopf und Stirne eine sehr auffallende

Wölbung, die fast als abnorm erscheinen möchte, es ist dies die sogenannte Nedjed=Beule (Fig. 25). Dieses charakteristische Merk= mal des edelsten Pferdestammes spricht auch dafür, daß die Form des Schädels mit den intellectuellen Kräften eines Thieres in Wech= selbeziehung steht, denn diese Thiere mit dem so stark entwickelten

Schädel zeigen bekanntlich ganz hervorragende geistige Eigenschaf= ten im Vergleich mit andern Thie= ren des Pferdegeschlechts. Nach dem Alter zeigen sich, wie schon bei der allgemeinen Betrachtung des Kopfes angegeben wurde, Ab= weichungen in der Gestalt, denn so zeigen neugeborne Fohlen immer eine auffallend starke Wölbung des Vorkopfes, welche später bei dem stärkeren Wachsen der Gesichts=

Fig. 25.
Gerader, trockener Kopf mit der Nedjed=Beule.

knochen immer mehr zurücktritt. Bei Hengsten ist er durch eine derbe Beschaffenheit der Schläfemuskeln des Hinterkiefers besonders stark, wogegen er bei Stuten und Wallachen schwächer getroffen wird. Am Vorkopfe werden nicht viele Krankheiten getroffen, da tief gehende Verletzungen durch gleichzeitige Verwundung des Ge= hirns sogleich lebensgefährlich sind; häufiger findet man an ihm flechtenartige Ausschläge, Narben vom Brennen gegen Gehirnleiden, leichte Verletzungen bei blinden Pferden, welche sich öfter anstoßen rc.

§. 44.
Die Schläfe.

Die Schläfe befinden sich zu beiden Seiten des Vorkopfes als wulstige Erhabenheiten, welche sich während des Kauens bewegen, sie werden vorzugsweise von den schuppigen Theilen der Schläfebeine welche von den Kaumuskeln überwachsen sind, gebildet und verbin= den sich durch flache Gelenke mit dem Hinterkiefer. Bei sehr magern Pferdeköpfen trifft man die Schläfe sehr stark hervortretend, bei fetten Pferdeköpfen plump und wulstig und nur bei den edleren Pferden fein und zart. An der längs den Schläfen herablaufenden

Gesichtsarterie wird zuweilen der Pulsschlag gefühlt und an ihr so=
wie an der neben ihr verlaufenden Blutader wurden ehedem Ader=
lässe gegen Gehirnleiden, fließende und trübe Augen 2c. vorgenommen.
Quetschungen, kahle Stellen und Narben erscheinen zuweilen als
die Folgen gewaltsamer Bewegungen, wie bei Schwindel, Kolik 2c.,
sowie nach schweren Krankheiten durch Aufliegen, seltener durch hier
angebrachte reizende Medikamente.

§. 45.
Die Augengruben.

Die Augengruben erscheinen bald als stärkere, bald als ge=
ringere Vertiefungen am Kopfe zwischen dem Vorkopfe und den
Schläfen über den Augenbogen, werden durch das Abstehen des
Jochfortsatzes der Schläfebeine gebildet und enthalten die Kronfort=
sätze der Hinterkieferäste, sowie die untern oder vordern Theile der
Schläfemuskeln des Hinterkiefers, außerdem aber auch vieles Fett,
das den Augen zum Schutze dienen soll; über diese Theile ist die
Haut locker hergezogen. Während des Fressens gewahrt man in
ihnen eine deutliche Bewegung der Kronfortsätze der Hinterkieferäste;
die bei den Bewegungen des Hinterkiefers bald auf=, bald abwärts
gehen. Im geregelten Zustande zeigen sich die Schläfegruben nur
mäßig vertieft, bei manchen Pferden trifft man sie aber sehr ver=
tieft, dies beruht entweder auf einem Mangel an Augengrubenfett,
oder auf zu starker Wölbung der Augenbogen, oder in Schwinden
des ganzen Sehorgans; da nun bei alten und kränklichen Pferden
das Fett ohnedies abnimmt, so trifft man tiefe Augengruben oft als
Zeichen vorgerückten Alters, oder auch bei kranken, namentlich drü=
senkranken, abgetriebenen, schlecht genährten Thieren; wo sie jedoch
durch sehr starke Wölbung der Augenbogen bedingt werden, können
sie auch bei jungen und sonst gut genährten Pferden vorkommen.
Irrig ist aber die Ansicht, daß Pferde mit tiefen Schläfegruben von
alten Hengsten abstammen. Bei Pferden mit dicken, fleischigen Köpfen
findet man sie oft ganz ausgefüllt; da dies mit übermäßiger Fett=
ablagerung und schlaffer Constitution im Zusammenhang steht, so
vermuthet man hiebei eine besondere Anlage zu verschiedenen Augen=
krankheiten. Bei schmalen Köpfen, engen Schläfen u. s. w. trifft

man sie oft auffallend klein. Da sehr eingefallene Augengruben von Vielen als ein Zeichen hohen Alters angesehen wurden, so waren die Bemühungen der Pferdehändler schon längst darauf ge= richtet, jenen Tadel zu verdecken oder ganz zu beseitigen. Es wer= den an alten Pferden womöglich jene Andeutungen des zu weit vorgerückten Alters mit dem Schopf oder mit einem vom Stirnbande ausgehenden Troddelzeuge zugedeckt; früher gingen Einzelne sogar so weit, daß sie einen Einstich in die Haut der Augengruben mach= ten und mit einer feinen Röhre das Zellgewebe in der Grube mit eingeblasener Luft aufzuschwellen versuchten. Dieses Mittel wirkt auf eine kurze Zeit, allein die Luft wird bald wieder aufgesaugt, oder wenn sie eingeschlossen liegen bleibt, wirkt sie reizend und ver= anlaßt Zellgewebsentzündungen, Vereiterungen.

§. 46.
Die Augenbogen.

Die Augenbogen sind die mehr oder weniger gewölbten, harten Hervorragungen über den Augen, welche von der Stirne ausgehend quer nach auswärts bis zu den Schläfen und dem Anfang der Ge= sichtsleiste verlaufen, so daß sie den oberen Abschluß der Augenhöhlen bilden. Sie bestehen aus den Augenbogenfortsätzen der Stirnbeine, welche sich an die Jochfortsätze der Schläfebeine und die Schläfe= fortsätze der Jochbeine anschließen, an ihnen heften sich die Kreis= muskeln der Augenlider, die Aufheber derselben an. Sie sind straff mit der äußern Haut überzogen, verschiedentlich gewölbt und gebogen und hiedurch von Einfluß auf die Bildung der Kopfform. An den Augenbogen zeigen sich zuerst im höhern Alter graue Haare, welche Pferdehändler, um dieses von Jedem leicht bemerkbare Kennzeichen des vorgerückten Alters zu verbergen, dunkler färben. Kahle Flecke und Narben auf den Augenbogen machen ein Pferd der Blindheit, oder des Kollers, oder früherer Kopfkrankheit verdächtig, indem bei solchen Krankheiten die Pferde häufig mit dem Kopfe anstoßen. Doch können auch vollständig gesunde Pferde Verletzungen an dieser Stelle bekommen, wenn im Stalle vorstehende Nägel 2c. z. B. bei Nacht, namentlich wenn dem Thiere die Tasthaare um die Augen ausgerissen wurden, von demselben nicht wahrgenommen werden.

§. 47.

Die Stirne.

Die Stirne ist der vordere Theil des Kopfes unter dem Vor=
kopf zwischen den beiden Augen und über der Nase, und bildet, je
nach den verschiedenen Kopfformen, bald eine mehr platte, bald mehr
gewölbte, seltener eine eingesenkte Fläche; ihr dienen die beiden
schon frühzeitig verwachsenen Stirnbeine zur Grundlage, welche zu
beiden Seiten die vorerwähnten Augenbogenausläufer zur Bildung
der Augenhöhle abgeben und die mit einer Schleimhaut ausgeklei=
dete Stirnhöhle überdecken. In der Mitte der Stirne wird durch
die Haare ein Wirbel gebildet, aus welchem dieselben in die ver=
schiedenen Richtungen aus einander weichen. Die Größe der Stirne
bestimmt wesentlich die Kopfform, sie soll breit und gerade sein, um
sie schön zu heißen; eine schmale Stirne gilt weder für schön, noch
für gut, eine breite macht den Kopf zwar schwerer aber besser, eine
hohle Stirne gilt als häßlich. An der Stirne trifft man zuweilen
Wunden, kahle Stellen und Narben durch Anstoßen bei blinden
oder kopfkranken Pferden, oder Narben von früher daselbst vorge=
nommener Trepanation wegen Rotzverdacht, Polypen, Schleim= oder
Eiteranhäufungen in den Stirnhöhlen, von Anbohrungen der Riech=
nervenkolben bei Gehirnhöhlenwassersucht u. dergl.; unregelmäßige
Vertiefungen einseitig auf der Stirne erscheinen als die Folge
früher erlittener Knochenbrüche. An den auf der Stirne befindlichen
Abzeichen oder den in Folge vorgerückten Alters ergrauten Haaren
werden zuweilen Fälschungen durch Färben vorgenommen und selbst
zur Verschönerung künstliche Sterne u. dgl. hervorgebracht, durch
mechanische Abschürfungen, Aetzmittel. Als ein eigenthümliches Na=
turspiel sind die kleinen, paarweisen Auswüchse auf dem Stirnbeine
anzusehen, welche in sehr seltenen Fällen bei Pferden vorkommen
und kleine aber behaarte, nicht mit Hornscheide überzogene Aus=
wüchse Hörner darstellen.

§. 48.

Die Augenlider.

Die Augenlider sind jene weichen Klappen an den äußern Rän=
dern der Augenhöhlen, welche diese nicht nur verschließen, sondern

auch die in denselben gelagerten Augapfel schützend überdecken; sie
bestehen aus der äußern Lederhaut und der innern Schleimhaut,
zwischen welchen der Kreismuskel, Hebemuskel des oberen Augenlides

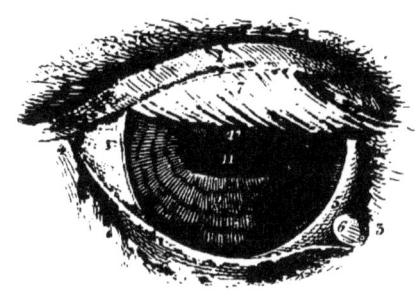

Fig. 26.
Das Auge.

und Knorpelplatten eingeschlos=
sen sind. Sie werden in ein
oberes und ein unteres abge=
schieden, welche die Augen=
lidspalte zwischen sich haben.
Das obere Augenlid (1) jeden
Auges geht gegen die Stirne
oder Nase zu durch einen ge=
rundeten Ausschnitt, den in=
nern Augenwinkel (3) in
das untere über. Gegen die

Schläfe zu verbindet es sich durch einen spitzigen Winkel, den äu=
ßern Augenwinkel (4), mit dem untern Augenlide (2).

Die äußere Fläche jeden Augenlides ist gewölbt, fein behaart,
sie bildet beim Oeffnen der Augen mäßige Falten und wird dann
trocken genannt; wenn sie wulstig und dick behaart ist, beim Oeff=
nen mehrfache dicke Falten bildet u. s. w., wird sie als fett be=
zeichnet und als zu verschiedenen Augenleiden geneigt betrachtet.
Die innere Fläche, nur durch gewaltsames Umschlagen des einen
oder andern Augenlides sichtbar, wird von der feinen, röthlichen
Bindehaut ausgekleidet, welche eine schleimige Flüssigkeit absondert,
die sich oft klumpig am innern Augenwinkel anhäuft. Die Ränder
der Augenlider sind am obern Augenlide mit längern, am untern mit
kürzern und spärlichern borstigen Haaren, den Augenwimpern (7)
besetzt, die obern stehen dicht beisammen und bilden ein schief aus=
wärts gerichtetes Dach über das Auge zum Schutze gegen zu stark
einfallendes Licht oder eindringende fremde Körper. Bei feineren
und edlern Pferden trifft man diese Augenwimpern nur mäßig lang
und fein, bei gemeinen Pferden dagegen lang, grob und dick, so daß
das Auge hiedurch einen schläfrigen, traurigen Ausdruck erhält.
Hinter den Augenwimpern sind an den Rändern der Augenlider
feine Oeffnungen, die Ausmündungen der in den Augenlidern ein=
geschlossenen Meibom'schen Drüschen, die eine ölige Schmiere,
die Augenbutter, absondern, welche dazu dient die Reibung zwi=

schen Augenlidern und Augapfel zu mildern, und die Wurzeln der Wimpern vor der Anäzung durch die Thränenflüssigkeit zu behüten. Auf den Augenlidern und ganz in der nächsten Umgegend des Auges, an den Augenbogen und im Gesichte sind vereinzelte Tasthaare angebracht, welche einen wichtigen Schutzapparat für das Sehorgan abgeben, namentlich in der Dunkelheit, wo das Auge sich nicht durch seine eigenen Fähigkeiten, nämlich durch das Sehen schützen kann. Diese in der Volkssprache „Scheuhaare" genannten Fühlwerkzeuge werden häufig von sich klug dünkenden Pferdewärtern und Kutschern ausgerissen, in der Absicht, hieburch das Scheuen zu vermeiden, allein dieser Erfolg kann hieburch nicht erreicht werden; dagegen sind solche eines natürlichen Schutzes beraubten Thiere vielfachen, oft sehr bedeutenden Verletzungen an Kopf und Auge ausgesetzt.

An den Augenlidern trifft man nicht selten Wunden, vernarbte Risse, Anschwellungen, Schlaffheit, Lähmungen, Runzeln und Verzerrungen der Runzeln durch das Schwinden des unterliegenden Augapfels in Folge von länger bestandener Blindheit, Warzen und Balggeschwülste, Entzündungen verschiedener Grade, Anätzungen durch überfließende scharfe Thränen, ausgefallene Augenwimpern, Einwärtskehren derselben, Verkleben durch zu reichlich abgesonderten Augenbutter u. dgl., durch welche Uebelstände verschiedentlich ihre Verrichtung gestört wird.

§. 49.
Die Augen.

Hinter diesen Augenlidern befinden sich die Augen mit mehreren anderen, schützenden und bewegenden Theilen in den Augenhöhlen. Die Augenhöhlen sind gerundete Höhlen zu beiden Seiten des Kopfes unter den Schläfegruben, beiderseitig neben der Stirne, über dem Gesichte und vor den Ganaschen, welche von mehreren Kopfknochen gebildet werden; sie sind von einer eigenen, zähen Haut, der Augenhöhlenhaut, ausgekleidet und zeigen mehrere in die Schädelhöhle führende Oeffnungen zum Durchgange von Gefässen und Nerven. Als Schutzapparat des Auges befindet sich gleich hinter den beiden äußeren Augenlidern im innern Augenwinkel das dritte Augenlid, die Nickhaut, Vogelhaut, Blinzhaut oder der Nagel genannt (Fig. 26, ⁵); diese ist eine von der Bindehaut gebildete halbmondförmige Falte, in welcher ein dünner, platter Knorpel eingeschlossen ist; die äußere Fläche, welche man bei einigen Pferden mehr, bei andern minder deutlich sieht, ist meist bräunlich und am Rande schwarzbraun, die innere Fläche dagegen fleischröthlich gefärbt, nur bei Glasaugen, Ringaugen u. dgl. fehlt die bräunliche Färbung. In ruhigem Zustande ist die Nickhaut so im innern Augenwinkel gelagert, daß man nur wenig von ihr sieht, beim Aufheben des Kopfes und andern Kopfbewegungen tritt sie stärker hervor und überzieht sogar einen Theil des Auges; sie dient dazu, um bei einfallenden fremden Körpern über das Auge hinüberzustreifen und dieselben zu beseitigen. Bei den sogenannten fetten Augen tritt sie mehr als bei andern hervor und in Entzün=dungen, beim Starrkrampfe, durch das in Folge von Krankheit oder Unthätigkeit entstehende Schwinden, beim Andrücken gegen das Auge ꝛc. schiebt sie sich auffallend vor; sie wurde ehemals als krankhafte Bil=dung betrachtet und für die Ursache vielfacher Augenleiden gehalten, daher durch eine jetzt in Vergessenheit gekommene Operation, das Nagelschneiden, theilweise oder gänzlich entfernt.

In dem innern Augenwinkel jeden Auges vor der Blinzhaut befindet sich ein kleiner, rundlicher, meist dunkel gefärbter erbsen=förmiger Körper, die Thränenkarunkel (Fig. 26, ⁶), neben der=selben sind zwei kleine Oeffnungen, die Thränenpunkte, zu treffen, die jedoch nur bei ganz genauer Untersuchung bei umge=stülpten Augenlidern deutlich gesehen werden können. Diese Thrä=nenpunkte sind die Anfänge der Thränenröhrchen, zweier kurzer und feiner Kanäle, welche nach vor= und abwärts in den Thränensack führen, dieser bildet den Anfang des Thränenkanals, der durch die Nasenhöhle bis zu den Nasenlöchern herabreicht und in der Nasen=höhle unten an dem Nasenloche mit einem, zuweilen zwei rundlichen Löchern ausmündet. Die Thränenkarunkel hat die Bestimmung, die über dem Augapfel zu dessen Befeuchtung ausgeflossenen Thränen im innern Augenwinkel aufzuhalten, sie den Thränenpunkten zuzu=leiten und sie durch diese und die Thränenröhrchen nach dem Thrä=nensacke zu führen, aus welchem sie sodann durch den Thränenkanal in die Nasenhöhle zur Ausscheidung gelangen, daher, wenn jener ver=

stopft, die Thränen über das untere Augenlid und zum untern Augenwinkel heraus auf die Wange abfließen.

Die auf der inneren Fläche des Augenlides befindliche und den
Knorpel der Nickhaut mit einschließende feine Schleimhaut, die
Bindehaut (Fig. 27, [1]), setzt sich auch über die vordere Wölbung
des Augapfels fort, wird zwar da, wo sie die durchsichtige Hornhaut
des Augapfels überzieht, durch große Feinheit vollkommen durchsichtig,
ist aber an den übrigen Theilen des Auges meist bräunlich und an
den Augenlidern röthlich. Sie dient dem Auge zum wesentlichsten
Schutze, schließt das Auge nach außen ab und verbindet die Augenlider mit dem Augapfel, daher ihr Name. Sie wird oft von äußern
Einwirkungen krankhaft ergriffen und durch mechanische Einwirkungen,
(Einfallen fremder Körper, Schläge, Peitschenhiebe u. dgl. verletzt,
entzündet, und in Folge derselben verschiedentlich verändert, getrübt
oder von allgemeinen Krankheiten, Katarrh, Rheumatismen rc. betroffen, ist überhaupt am häufigsten von allen Theilen des Auges
krank. Ihre Färbung ist wohl zu beachten.

Ein weiterer Theil des Schutzapparates des Auges ist die
Thränendrüse; diese ist eine röthliche, platte, zusammengesetzte
Drüse, welche unter dem Augenbogen und oberen Augenlide über
dem Augapfel gelegen, mittelst eigener, feiner, die Bindehaut nahe
dem äußern Augenwinkel durchbohrender 15—18 Ausführungsgänge
die Thränenflüssigkeit zur Befeuchtung der äußern Fläche des Augapfels ausbreitet. Diese Thränendrüse wird von manchen Krankheiten betroffen und sondert hiebei meist die Thränen von veränderter
Beschaffenheit und Menge ab. Auch findet man zuweilen an ihren
Ausführungsgängen Schmarotzerthiere, 5—8''' lange Würmer (Fi-
laria lacrymalia).

Das Auge wird von mehreren Muskeln bewegt, welche in der
Augenhöhle gelegen, im Grunde derselben wurzelnd und sich an dem
Augapfel befestigen; sie ziehen den Augapfel tief in die Augenhöhle
zurück, wonach die Nickhaut über die vordere Wölbung des Auges
sich vorschieben kann, oder sie stellen das Auge nach rechts, links,
aufwärts oder abwärts, oder sie drehen den Augapfel um seine Achse
nach rechts oder links.

Der wichtigste, das Sehen eigentlich bedingende Theil des
Auges ist der Augapfel. Derselbe ist aus Häuten und Flüssigkeiten

zusammengesetzt und stellt eine etwas gedrückte Kugel dar. Von den Häuten, die den Augapfel bilden, ist die harte oder undurchsichtige Hornhaut (Fig. 26, ⁸· Fig. 27, ¹¹) die ausgebreitetste, indem sie den größten Theil des Augapfels abgrenzt.

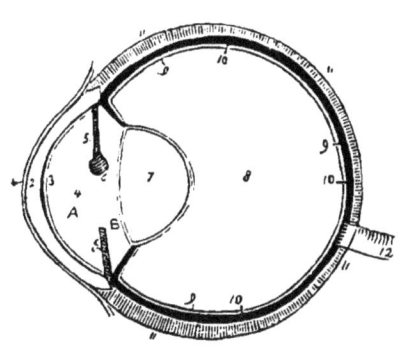

Fig. 27.
Der Augapfel.

Sie ist eine starke feste Haut von weißlicher Farbe und hat vorne eine große eiförmige Oeffnung, in welcher die durchsichtige Hornhaut wie in einem Falze aufgenommen wird; ihre äußere, in der Augenhöhle gelegene gewölbte Fläche ist mehr rauh und dient den Augenmuskeln und einem Theile der Bindehaut zur Befestigung, ihre innere Fläche ist ausgehöhlt und bildet die innere Augapfelhöhle; sie zeigt mehrere Oeffnungen, durch welche Gefäße und Nerven durchgehen. Die durchsichtige Hornhaut (Fig. 27, ²) bildet den vordern, von außen sichtbaren Theil des Augapfels, ist nach außen stark gewölbt, nach innen ausgehöhlt ·und mit der harten Hornhaut in der Art verbunden, daß sie von letzterer wie in einem Falze aufgenommen wird. Sie ist eine starke aber vollkommen durchsichtige Haut, welche aus vielfachen Blättchen besteht, zwischen denen ein feiner, wässeriger Dunst enthalten ist, und zeigt sich von ungleicher Stärke, in der Mitte am dicksten, gegen die Ränder zu dünner. Auf der innern Fläche befindet sich eine dünne, gleichfalls durchsichtige, sehr spröde Auskleidung, welche zur Absonderung der wässerigen Feuchtigkeit dient. Die Regenbogenhaut (Fig. 26, ⁹· Fig. 27, ⁵) befindet sich in der Augapfelhöhle hinter der durchsichtigen Hornhaut und ragt von der Verbindung der beiden Hornhäute ab in die Augapfelhöhle herein, so daß sie diese in zwei Räume, in die sogenannte vordere und hintere Augenkammer scheidet; sie ist eine dünne Haut und besteht aus kreisförmigen und strahligen in kleine Bündel vereinigten Fasern. Ihre vordere Fläche ist blau oder röthlich gefärbt, die hintere Fläche, als eine besondere Platte betrachtet, enthält den Farbstoff, ist schwarzbraun und wird als Traubenhaut bezeichnet;

in ihrer Mitte befindet sich eine längliche Oeffnung, die Pupille
(Fig. 26, ¹¹), das Sehloch oder der Stern, an deren oberem
und unterem Rande die schwammigen, flockigen, sogenannten Trau=
benkörner (Fig. 26, ¹⁰. Fig. 27, ⁸) sitzen und in die Oeffnung
der Pupille hereinragen. Durch die Zusammenziehung und Ausdeh=
nung der Fasern der Regenbogenhaut kann die Pupille verengt oder
erweitert werden.

Die Aberhaut (Fig. 27, ¹⁰) oder Gefäßhaut ist eine dünne,
schwarzbraune Haut im Innern der Augapfelhöhle hinter der Regen=
bogenhaut, welche mit ihrer äußern Fläche durch ein bräunliches
Häutchen allenthalben mit der undurchsichtigen Hornhaut verbunden
ist, auf der innern Fläche dagegen von der Netzhaut überdeckt wird;
sie ist größtentheils dunkelnußbraun und hat nur an dem hintern
Theile in der Nähe des Sehnerveneintritts einen blau schillernden
Ueberzug, das sogenannte Tapetum. An dem vordern Theile ist
sie mit den beiden Hornhäuten verbunden und bildet in dieser Ver=
bindung das Strahlenband, einen weißgrauen Ring, der im Umfang
der durchsichtigen Hornhaut schon von außen sichtbar .wird. Von
dieser Stelle des Strahlenbandes aus faltet sich die Aberhaut nach
innen und bildet den Faltenkranz oder den Ciliarkörper, der sich mit
seinem freien Rande am vordern Theile des Glaskörpers im Um=
kreise der Krystalllinse befestigt.

Die Netzhaut (Fig. 27, ⁹), eine zarte, durchscheinende, graue
Haut, welche in der Augapfelhöhle über der innern Fläche der
Aberhaut ausgebreitet, aber nicht mit ihr verbunden ist. Diese äußerst
feine Ausbreitung des Sehnervs bedingt die Empfindlichkeit des
Auges gegen die Einwirkungen des Lichtes und hiedurch das eigent=
liche Sehen; sie kann bei der Betrachtung des Auges am lebenden
Pferde nicht gesehen, sondern nur in ihrer Verrichtung erkannt
werden. In den von diesen Häuten gebildeten Räumen im Innern
des Augapfels befinden sich als wichtige Theile des optischen Apparates:

Die Krystalllinse (Fig. 27, ⁷), ein völlig durchsichtiger, einer
Linse ähnlicher, doppelt convexer, rundlicher Körper von zäher, Ei=
weiß ähnlicher Masse, von einer dünnen, durchsichtigen Haut, der
Linsenkapsel, umschlossen, zwischen welcher und der Krystalllinsen=
Substanz die feine Morgagnische Feuchtigkeit enthalten ist; sie liegt
hinter der Pupille der Regenbogenhaut in einer Vertiefung des Glas=

körpers und ist in ihrem Umfange von dem am Glaskörper befestigten Faltenkranze der Aderhaut begränzt.

Der Glaskörper (Fig. 27, [8]) ist ein weicher, durchsichtiger Körper, der aus einer dünnen, durchsichtigen Haut, der Glas= haut, besteht, welche außen rund und gewölbt, innen zellig abge= theilt ist und vorne eine grubige Vertiefung zur Aufnahme der Kry= stalllinse hat, mit deren Kapsel er sich verbindet. In diesen Zellen ist eine völlig durchsichtige, wasserhelle, halbflüssige Masse, die Glasfeuchtigkeit. Er hat seine Lage hinter der Krystalllinse und vor der Netzhaut und füllt den größten Theil der hinteren Augen= kammer aus.

Die wässerige Feuchtigkeit (Fig. 27, [4]) ist eine helle, durch= sichtige, dem Wasser ähnliche Feuchtigkeit, welche die vordere Augen= kammer von der innern Fläche der durchsichtigen Hornhaut bis zur Regenbogenhaut ausfüllt.

Der aus den genannten Theilen zusammengesetzte Augapfel stellt einen eigenen Apparat dar, der, ganz den Gesetzen der Optik gemäß construirt, dazu dient, von den betrachteten Gegenständen Bilder darzustellen; diese fallen auf die empfindliche Netzhaut und gelangen von da zum Bewußtsein. Es prägt sich im Grunde des Auges ein kleines, verkehrt stehendes Bild des gesehenen Gegenstan= des ab. Bei diesem Vorgange bestimmt die Erweiterung und Ver= engerung der Pupille den für das Auge zuträglichen und für das Sehen nöthigen Lichtgrad, die dunkel gefärbte Aderhaut verschluckt die für das Sehen unnützen Lichtstrahlen. Die verschiedenartigen Wölbungen und Texturen der Augapfeltheile, die Beschaffenheit der Flüssigkeiten des Auges u. dgl. üben einen großen Einfluß auf das Sehen aus und ändern dasselbe mehrfach ab.

Zu starke Wölbung der durchsichtigen Hornhaut, zu reichliche Menge der wässerigen Feuchtigkeit, zu beträchtliche Wölbung der Krystalllinse und eine gewisse Beschaffenheit des Glaskörpers bringen zu starke Brechung der aufgenommenen Lichtstrahlen hervor und lassen diese nicht ganz bis in den Grund des Auges gelangen, daher nur nahe Gegenstände, deren kürzere unter einem engeren Winkel einfallende Bildstrahlen gerade bis in den Grund des Auges gelangen, deutlich gesehen werden können, wodurch Kurzsichtigkeit entsteht. Das Pferd äußert die Kurzsichtigkeit dadurch, daß es besonders durch helle Farbe ausgezeichnete oder sonst auffallende Gegenstände starr ansieht und, wenn es sonst nicht couragirt oder nicht im Gehorsam ist, leicht scheut. Das Scheuen sehr vieler Pferde hat also seinen Grund in allzustarker Wölbung des Auges und ist in raschen Gang= arten weit bemerklicher, als in langsamen, weil bei jenen der Ein= druck eines, schnell nahe kommenden, fremdartigen Gegenstandes weit überraschender ist als in diesen, wo das Pferd Zeit hat über das Gesehene sich klar zu werden. Der Fehler bessert sich mit zunehmen= dem Alter, weil durch Abnahme der wässerigen Feuchtigkeit der vor= deren Augenkammer die Brechung der Strahlen allmälig vermindert wird. Bei Zuchtpferden ist eine solche Augenbildung, weil die An= lage hiezu sich auf die Fohlen überträgt, zu vermeiden. Zu geringe Wölbung, Flachheit der durchsichtigen Hornhaut, zu wenig wässerige Feuchtigkeit, zu platte Wölbung der Krystalllinse und eine gewisse Dünnheit des Glaskörpers brechen dagegen die aufgenommenen Licht= strahlen zu wenig, lassen nur die von fernher kommenden in gehöriger Richtung bis in den Grund des Auges gelangen, nahe Gegenstände aber geben kein deutliches Bild. In diesem Falle besteht Fern= sichtigkeit, wobei nahe Gegenstände undeutlicher, ferne dagegen deutlich wahrgenommen werden. Es ist diese Abweichung beim Pferde selten.

Da das ungestörte Sehen von entscheidendem Einflusse für die Brauchbarkeit und den Werth des Pferdes ist, so wird auch die Untersuchung der Augen zur wichtigsten Aufgabe, sie setzt aber gründ= liche Kenntnisse des Baues der Augen voraus.

Bei der Betrachtung des Auges erblickt man zuerst die Binde= haut und die durchsichtige Hornhaut, durch diese und die hinter der= selben befindliche, wässerige Feuchtigkeit, die Regenbogenhaut und die in ihrer Mitte befindliche Pupille. Die hinter derselben gelegenen Theile des Augapfels erscheinen dunkel blauschwarz und lassen nur, je nach den verschiedenen Wendungen und Stellungen des Kopfes eine bald lichtere, bald dunklere blaue Farbe erkennen; je nach dem einfallenden Lichte sieht man auch die Pupille, bald weit geöffnet, bald enge und zusammengezogen, indem grell einfallendes Licht stets eine Verengerung und Zusammenziehung, gemindertes Licht in dunklem Aufenthaltsorte Erweiterung der Pupille hervorbringen, daher sich die Augen immer weniger deutlich im Freien, dagegen vollkommen klar und deutlich in dunklern Ställen mit dem Kopfe gegen ein

Fenster oder eine Thüre gekehrt, untersuchen und beurtheilen lassen. Dabei darf man sich aber nicht beruhigen, das Auge blos von vorne zu betrachten, sondern man muß es von allen Seiten besichtigen, um die Durchsichtigkeit der Augapfeltheile nach allen Beziehungen zu prüfen. Bei günstigem Lichte erkennt man in der Tiefe des Auges durch die Pupille die Einpflanzung des Sehnervens als einen graulichen oder gelblichen Punkt so groß wie eine kleine Linse.

Die Augen zeigen schon äußerlich verschiedenartige Beschaffenheit; stehen sie zu weit hervor, so heißen sie Ochsenaugen und verleihen dem Pferde ein bösartiges Ansehen; stehen sie aber zu tief in den Höhlen, Schweinsaugen und gewähren dem Pferde ein träges und dummes Aussehen; sehr große und weit geöffnete Augen bezeichnet man als Glotzaugen, sie geben dem Pferde einen wilden Ausdruck. Augen, bei welchen die Bindehaut ungefärbt erscheint und sich im Umkreise der durchsichtigen Hornhaut weiß eingefaßt darstellt, nennt man Ringaugen; Augen, bei welchen die Regenbogenhaut hellgelb oder bräunlichgrau erscheint, nennt man Birkaugen; Augen, bei welchen die Regenbogenhaut ganz hellweiß, bläulich, Perlenmutter ähnlich oder gesprenkelt weiß erscheint, nennt man Glasaugen. Diese Abweichungen begründen keinerlei Nachtheile im Sehen. In seltenen Fällen fehlt jedoch der Regenbogenhaut das schwarze Pigment vollständig, wo sodann Regenbogenhaut und Traubenkörner fast weiß aussehen, oder noch häufiger rosenfarb bis blutroth, wie bei den Kakerlaken, z. B. bei weißen Kaninchen, weißen Mäusen. Solche Pferde sind besonders reizbar gegen Sonnenlicht und bei hellem Tage sehen sie nur undeutlich.

In der Regel sind beide Augen in Gestalt, Größe, Stellung, Farbe gleich und nur bei großen Kopfabzeichen, Schecken, Tigern findet man sie zuweilen verschieden gefärbt; jede Abweichung der Augen in Stellung und Größe gilt als Regelwidrigkeit oder Krankheit. Der Blick verräth nicht nur den Zustand der Augen, sondern deutet auch den allgemeinen Gesundheitszustand, sogar auch das Temperament des Pferdes an; so nimmt man an, daß ein Pferd mit gesunden Augen, von allgemeiner Gesundheit und lebhaftem, feurigem Temperamente alle Gegenstände dreist und mit weitgeöffneten Augen ansehe und den Ausdruck der dabei gewonnenen Em-

pfindungen durch Ohrenſtellung, Ohrenſpiel und ſein allgemeines Be=
nehmen zu erkennen gebe, wogegen ein Pferd mit kranken Augen,
geſtörter Geſundheit und trägem, phlegmatiſchem Temperamente die
Gegenſtände nur mit mattem Blicke, ängſtlich und zaghaft mit nur
halb geöffneten Augen anſehe und in ſeinem ganzen Benehmen be=
urkunde, daß es entweder die Gegenſtände gar nicht oder doch nur
undeutlich ſehe, keine klare Anſicht darüber erlange und entweder
von unangenehmen oder ſchmerzhaften Empfindungen dabei betroffen
werde; Pferde mit geſtörtem Bewußtſein ſchauen meiſt mit ſtierem
Blick, Gleichgültigkeit, ſtille ſtehenden Augen in die Welt hinein
und beurkunden hiedurch die Unempfindlichkeit und Unaufmerkſam=
keit ihrer Seele, ſo daß es, wie man zu ſagen pflegt, mit ſehenden
Augen nichts ſieht.

Eine ganz eigenthümliche Abänderung entſteht durch das Schie=
len, was jedoch ſehr ſelten bei Pferden vorkommt. Wenn ſolche
Pferde die vor ihnen ſtehenden Gegenſtände ſehen wollen, müſſen
ſie den Kopf ſeitwärts wenden, weil in dem ſchielenden Auge wegen
einſeitiger, übermäßiger Entwicklung oder Schwächung der Muskeln
die Achſe des Augapfels von der normalen Richtung abweicht. In=
deſſen kann ein Pferd mit ſchielenden Augen, wenn auch etwas be=
ſchwerlicher, doch ebenſo gut als ein Pferd mit natürlich geſtellten
Augen ſehen.

Die Beurtheilung der Augenfehler iſt nicht ſchwer, wenn die=
ſelben in ſtarkem Maaße vorhanden ſind, dagegen höchſt ſchwierig
bei den geringern Graden und in den Uebergangszuſtänden, ſo daß
die Erkenntniß derſelben nicht nur eine gründliche anatomiſche und
phyſiologiſche Kenntniß des Auges, ſondern auch viele und häufige
Uebung und ſorgfältige und umſichtige Beobachtungen und Unter=
ſuchungen vorausſetzt.

Vollſtändige Klarheit und Durchſichtigkeit aller Augapfeltheile
iſt die weſentliche Bedingung, um die Bildſtrahlen in die Tiefe des
Augapfels einfallen zu laſſen und das Sehen zu vermitteln. An
der durchſichtigen Stelle der Bindehaut, ſo wie auch an der durch=
ſichtigen Hornhaut kommen kleinere, gerundete, oder größere, nebel=
artige, bläuliche, weißlichgraue, gelblichgrünliche, bräunlichweiße und
ganz weiße Flecken vor, die Augenflecken, Hornhautflecken
(Fig. 29 b), die weniger zu bedeuten haben, wenn ſie über, oder

unter, oder zur Seite der Pupille stehen, dagegen das Sehen ent=
schieden behindern, wenn sie der Pupille gerade gegenüber gestellt
sind. Verdickungen der Bindehaut, die oft als häutige Wucherungen
erscheinen und sich oft über einen größern Theil des Augapfels aus=
breiten und Trübung und Undurchsichtigkeit bedingen, nennt man
Augenfelle (Fig. 28 ᵃ); sie sind hartnäckiger als jene einfachen
Trübungen. Bei heftigen Augenentzündungen erscheint oft der ganze

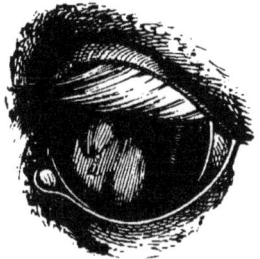 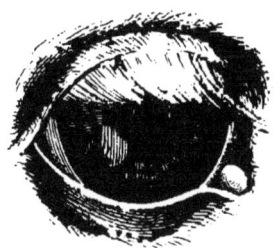

Fig. 28.   Fig. 29.
Augenfell.   Augenfleck.

durchsichtige Theil des Augapfels bläulichgrau überlaufen und trübe,
so daß das Pferd während dieses Zustandes mit dem kranken Auge
nichts oder doch nur undeutlich sieht, allein diese Erscheinung ver=
liert sich mit dem Nachlassen der Entzündung. Im Allgemeinen sind
mehr verwaschene, nebelartige, weit ausgedehnte Trübungen an der
durchsichtigen Hornhaut oder Bindehaut, namentlich wenn sie mit
den übrigen Symptomen einer frischen Augenentzündung in Verbin=
dung stehen, als wohl heilbar weit günstiger zu beurtheilen, als die
scharf abgegränzten, intensiv getrübten Flecken, welche man an sonst
ganz gesunden und klaren Augen antrifft. Um Hornhautflecken von
tiefer liegenden Trübungen z. B. von Staarpunkten genau und
richtig unterscheiden zu können, braucht man nur bei der Betrach=
tung sich seitlich vom Auge zu stellen.

Die tiefliegenden Staarpunkte werden nämlich nur dann wahrge=
nommen, wenn man sich gerade vor das Auge stellt, so daß man
durch die Pupille hindurch bis in die hintere Augenkammer und die
Krystalllinse blicken kann, die Hornhaut und Bindehautflecken aber
zeigen sich auch, wenn man seitlich die vordere Wölbung des Aug=
apfels betrachtet. Entzündung des Häutchens in der vorderen Au=

genkammer veranlaßt eine agatähnliche, graulichblaue oder gelbliche
Färbung der wässerigen Feuchtigkeit und ist ein Hauptkennzeichen
eines Anfalles von Mondblindheit oder periodischer Augenentzün=
dung, welche Krankheit die Sehkraft nicht blos schwächt, sondern
oft ganz zerstört.

Verwundungen des durchsichtigen Theils der Bindehaut
und der durchsichtigen Hornhaut lassen gewöhnlich trübe, undurch=
sichtige Stellen, meist strahliger Form zurück.   Durch verminderte
Absonderung der wässerigen Feuchtigkeit wird die zum richtigen Sehen
nöthige Wölbung der Hornhaut, somit auch die gehörige Brechung
der Lichtstrahlen im Augapfel gestört und das Sehen beeinträchtigt,
es entsteht Fernsichtigkeit; zu beträchtliches Maaß der wässerigen
Feuchtigkeit begründet die Kurzsichtigkeit.   Die Wassersucht des Aug=
apfels, wird an der ganz auffallenden Wölbung des ganzen Aug=
apfels, sowie an der fast vollständigen Erblindung erkannt.   Ist die
wässerige Feuchtigkeit mit Eiter gemengt oder vollkommen eiterig, so
erfolgen Niederschläge am Boden der vordern Augenkammer, welche
bei verschiedenen Kopfbewegungen in die Höhe steigen und die wässe=
rige Feuchtigkeit wolkig trüben, während ihres Bestehens aber den
Gesichtssinn in hohem Grade stören; zuweilen zeigen sich Blnter=
gießungen in die vordere Augenkammer und Mischungen derselben
mit der wässerigen Feuchtigkeit, wodurch gleichfalls Störungen des
Gesichtssinnes erfolgen.

In sehr seltenen Fällen, erzeugen sich auch Fadenwürmer
in der vordern Augenkammer, welche in der wässerigen Feuchtigkeit
schwimmen und öfters wiederkehrende Augenentzündungen veranlas=
sen, auch abgelöste Stücke der Traubenkörner werden in der wässe=
rigen Feuchtigkeit als schwarze Flecke umherschwimmend getroffen,
in diesen Fällen wird immer mehr oder weniger das Sehen gehin=
dert.   Sehr bedeutend ist die Verwachsung der Regenbogenhaut
mit der Krystalllinse am Rande der Pupille; hiebei kann das Ein=
dringen der Lichtstrahlen nicht mehr modificirt werden, ein solches
Auge wird leicht völlig blind; dieser Fehler entsteht leicht nach hef=
tigen Entzündungen des Innern des Auges, namentlich der Regen=
bogenhaut, also auch nach periodischer Augenentzündung.

Blindheit entsteht bei Pferden sehr häufig durch Trübung
der Krystalllinse (grauer Staar).   Dieser Fehler gibt sich durch

graulidje, gelblich weiße oder ganz weiße Flecke oder durch vollkom=
mene Trübung der sonst durchsichtigen Krystalllinse zu erkennen, so
daß die sonst schwarzblau erscheinende Pupille nur weiß oder grau
marmorirt erscheint. Wenn auch kleinere Staarflecke das Auge noch
nicht völlig blind machen, so geben sie doch der Befürchtung einer
völligen Erblindung durch fortschreitende Ausbreitung Raum. Die
Unterscheidung des grauen Staares in Milchstaar, Marmorstaar,
Centralstaar, peripherischen Staar, Balkenstaar u. s. w. gründen
sich auf äußerlich wahrzunehmende, aber der Bedeutung nach einan=
der vollkommen gleiche oder doch unwesentliche Verschiedenheiten nach
Größe und Ausdehnung, Form, Lage und Intensität der Trübung
der Krystalllinse und sind daher nicht so wichtig als die Ermittlung
und richtige Unterscheidung dieses Augenfehlers überhaupt. Die
Entwicklung des grauen Staares geht stets sehr langsam vor sich,
bedingt aber immer schon hiebei mehr oder weniger auffallende Stö=
rungen, er geht fast immer in Erblindung des betroffenen Auges
über; sie fängt meist als ganz geringe, wolkige Trübung oder als
weißes Pünktchen in der Pupille an, breitet sich immer mehr aus
und macht endlich die ganze Krystalllinse trübe und undurchsichtig.
Zuweilen zeigt sich diese krankhafte Veränderung blos in der Kry=
stalllinsenkapsel, ohne Störung der Krystalllinse und wird dann als
Kapselstaar unterschieden. Nicht zu verwechseln sind die Trübungen
der Linse mit dem in der Tiefe bemerkbaren grauen Punkte, welcher
nur die Einpflanzung des Sehnervens in die hintere Augenkammer
ist, auch können Spiegelungen der weißen Wand, eines Fensters
oder einzelner Kleidertheile des Untersuchenden bei der Beobachtung
wohl den Ungeübten täuschen. Staarpunkte kann man, wie schon
erwähnt, immer nur von vorn, nie von der Seite aus wahrnehmen.
      Der Glaskörper zeigt sich auch zuweilen getrübt, und zwar in
der Art, daß das Auge einen widernatürlichen grünen Schimmer
zeigt, daher die Bezeichnung grüner Staar. Dieser Fehler stört
jedenfalls das Sehen in hohem Grade.
      Als seltenere krankhafte Zustände des Auges sind noch anzu=
führen: der Vorfall der Regenbogenhaut, wobei sie bis zur
durchsichtigen Hornhaut vorwärts dringt und mit ihr verwächst,
ferner der Vorfall der Krystalllinse (Fig. 30, d), wobei
diese nach ihrer Entartung nach vorwärts tritt und an den Rän=

dern der Pupille mit der Regenbogenhaut verwächst, oder durch die Pupille bis in die vordere Augenkammer vorfällt; die zerrissene Pupille, wobei dieselbe immer weit geöffnet und verzerrt erscheint, meist ist hiebei die Regenbogenhaut mit der Linse verwachsen.

Fig. 30.
Vorfall der Krystalllinse.

Neben der Durchsichtigkeit der optischen Theile des Augapfels ist Empfindlichkeit der Nerven des Auges für die Eindrücke des Lichts wesentliche Bedingung zum Sehen. Diese Empfindlichkeit wird vorzugsweise durch den Sehnerven, welcher durch die undurchsichtige Hornhaut in die Augapfelhöhle eindringt und im Innern derselben sich als Netzhaut ausbreitet, bedingt. Sobald dieser ge= lähmt ist, wird die Empfindlichkeit der Netzhaut aufgehoben, das Sehen gestört und das Auge ist trotz der vollkommensten Klarheit und Durchsichtigkeit aller seiner einzelnen Theile blind. Diese Art der Blindheit, die indessen nach Graben entweder nur unvollkommen oder vollkommen sein kann, wird schwarzer Staar oder auch Schönblindheit genannt und ist, da keinerlei Veränderungen im Auge wahrgenommen werden, nicht so leicht zu erkennen. Sie wird vorzugsweise an der weit geöffneten, gegen Licht unempfindlichen und unbeweglichen Pupille erkannt; wenn jedoch nur ein Auge am schwarzen Staar blind ist, so kann leicht das kranke Auge durch Mitleidenschaft bei den Reactionen des gesunden sich scheinbar em= pfindlich zeigen. Um nun ein Pferd wegen dieses Augenfehlers zu untersuchen, wird ihm ein Auge um das andere zugebunden, worauf man es frei gehen läßt, wobei nicht nur das blinde Auge zu unter= scheiden, sondern selbst der Grad der Blindheit zu ermitteln ist, da bei unvollkommenem schwarzen Staare das Auge noch einiges Ge= fühl für Licht und Dunkel hat. Wenn beide Augen am schwarzen Staar blind sind, wird dieser Augenfehler an dem hohen Heben der Füße im Gange, an dem horchenden lebhaften Ohrenspiel und an den eigenthümlichen Falten der oberen Augenlider erkannt. Bei Ermittlung der Blindheit verfahren Manche in der Art, daß sie den Finger drohend dem kranken Auge annähern, allein dies führt zu keinem richtigen Urtheile, indem bei einigem Scheine der Finger wohl einigermaßen wahrgenommen werden kann, ohne daß dieses Sehen für die Diensttauglichkeit von einigem Werthe wäre. Außerdem benachrichtigen die sehr empfindlichen Tasthaare in der Nähe der Augenlider das Auge von der Annäherung des Fingers auch bei völliger Blindheit, unempfindliche Pferde aber, Kollerkranke rc. oder sehr vertraute Thiere lassen sich ins Auge greifen, ohne blind zu sein. Oft trifft man Pferde mit sehr deutlich erkennbaren Augenfehlern, über deren Blindsein kein Zweifel sein kann, als: Verletzungen, Vorfälle, welche durch Biß, Schlag, Stoß oder auf andere Weise entstanden, in deren Folgen die Augen auslaufen, oder Verdrängen der Augen durch Balggeschwülste, Knochenauswüchse rc. Diese erfordern keine specielle Untersuchung, dagegen sollte man sich nach der Ursache erkundigen, da, je nach der Ursache, oft auch das andere Auge gefährlich bedroht ist. Durch äußere Einwirkungen entstandene Augenfehler lassen für das andere Auge in der Regel nichts befürchten, dagegen dürfen durch allgemeine oder örtliche Krankheiten entstandene Augenfehler Besorgnisse erregen; besonders beängstigend ist es, wenn die örtlichen Krankheiten der Augen öfters wiederkehren, sich bei den Wiederholungen verschlimmern und in ihrem Wesen und Verlauf die Natur der Mondblindheit erkennen lassen.

Von dem Verfahren bei Untersuchung der Augen wird im 9. Abschnitte die Rede sein. Hier nur noch einige praktische Bemerkungen.

Unvollkommenes Sehen, rühre es her von welchem Augenleiden es wolle, ist für den Gebrauch des Pferdes meist weit nachtheiliger als völlige Blindheit. Ein Pferd, das auf seinen Augen noch einen Schein hat, sieht nicht genug, um sicher zu gehen, aber gerade so viel, um durch die unvollkommenen Gesichtseindrücke scheu zu werden. Stockblinde Pferde dagegen sind, wenn sonst gesund und kräftig, sicher, sie stolpern nie oder selten, da sie die Füße hoch heben, gehen gerade aus und sind auf alle Gehörs- und Gefühlseindrücke sehr aufmerksam. Daher achten sie auf die Hülfen und den Zuruf des Reiters sehr gut und sind meist weichmäulig. — Periodische Anfälle von schwarzem Staar, welche durch starke Erhitzung oder Erschütterung veranlaßt auf kurze Zeit bestanden, geheilt wurden und nicht wiederkehrten, nachdem die Pferde in günstige Verhältnisse kamen, sind beobachtet worden. — Alle Augenfehler, die durch

Verwundung entstandenen ausgenommen, sollten bei der Auswahl von Zuchtthieren sehr ängstlich beachtet werden.

§. 50.
Die Nase.

Die Nase ist der vordere Theil des Kopfes, von der Stirne bis zur Vorderlippe, zu beiden Seiten an das Gesicht angränzend; ihr dienen die beiden Nasenbeine zur Grundlage, welche die Nasenkanäle überdecken; auf diesen Knochen breiten sich blos die Aponeurosen einiger Muskeln ans und über sie ist die Haut ziemlich straff hergezogen. Die Nase ist nach den Kopfformen verschieden gestaltet, bald gerade, mäßig gewölbt, stark gewölbt, an ihrer Wurzel, an der Verbindung der Stirne mit der Nase eingetieft, oder daselbst gewölbt und in der Mitte erst vertieft. Auf ihrer Mitte, der Länge nach, verlauft eine seichte Rinne. Etwas unter ihrer Mitte kommen nicht selten Hautschwielen und Quetschungen von dem Nasenriemen der Stallhalfter, vom Kappzaume ꝛc. vor. Diese Veränderungen beschränken sich häufig nicht auf die Haut allein, sondern selbst auf die unter derselben gelegenen Knochen; dieselben sind oft an dieser Stelle durch anhaltenden Druck verdünnt, so daß sie an macerirten Schädeln zuweilen durchlöchert getroffen werden; durch Brüche erfolgen zuweilen Knochenschwielen. Solche Entartungen müssen dem Käufer eine Aufforderung sein, nachzuforschen, ob das Benehmen des Thieres im Stalle oder im Dienste nicht die Veranlassung war zu den sichtbaren Veränderungen, ob nicht etwa Unarten eine energische Anwendung des Kappzaumes nöthig machten.

§. 51.
Das Gesicht.

Als Gesicht bezeichnet man jene beiderseitig neben der Nase gelegenen Kopftheile, welche unter den Augen vor der Gesichtsleiste und über den Nasenlöchern, dem Maule und den Backen gelegen sind; ihm dienen die Thränen-, Joch- und großen Kieferbeine zur Grundlage, an denselben sind einige Muskeln angeheftet, Aponeurosen, mehrere Gesichtsmuskeln ausgebreitet, über diese ist die Haut ziemlich straff hergezogen. Das Gesicht ist mäßig gewölbt, durch eine seichte Furche beiderseitig von der Nase abgegränzt, bei edeln Thieren trocken und mager, so daß man unter der Haut Muskeln und Gefäße deutlich wahrnehmen kann, nur bei dicken und fleischi= gen Köpfen zeigt sich das Gesicht, wie alle übrigen Kopftheile, dick, wulstig und fett. Unter den das Gesicht bildenden Knochen befinden sich die Kieferhöhlen, leere Schleimhöhlen, welche als Nebenhöhlen der Nase bezeichnet werden. Im Gesichte kommen selten Krankheiten vor, doch bedingen Krankheiten in den Kieferhöhlen oft eine Form= veränderung des Gesichtes. Im Gesichte kommen öfters Flechten, Anätzungen der Haut unter den Augen durch überfließende, scharfe, ätzende Thränen vor. In den Kieferhöhlen kommen Polypen, knotige Anschwellungen und Ausartungen der sie auskleidenden Schleimhäute, Anfüllungen mit Schleim, Eiter, Jauche u. dgl. vor, so daß Be= freiung derselben von den fremden Körpern und Flüssigkeiten durch Trepanation erforderlich wird, deren Spuren als Narben, kahle Flecke, wulstige Auftreibungen u. dergl. bleibend sichtbar sind. An den Kieferbeinen bemerkt man wohl auch Auftreibungen durch Zahn= krankheiten u. dgl., welche oft nicht blos das äußere Ansehen beein= trächtigen, sondern selbst anderweitige größere Nachtheile erzeugen; es entstehen Fisteln, welche die Kräfte des Thieres und seine Säfte sehr in Anspruch nehmen, zuweilen sogar einen gesetzlichen Haupt= mangel begründen.

§. 52.
Die Nasenlöcher.

Die Nasenlöcher, Nüstern, bilden die Eingänge in die zwei durch eine knorpelige Scheidewand getrennten Nasenhöhlen und haben ihre Lage am untersten Theile der Nase über der Vorderlippe; ihnen dienen einige Knorpeln zur Grundlage, an welchen sich mehrere Mus= keln zu ihrer und der Vorderlippe Bewegung anheften, über diese Theile ist die Haut in der Art hergezogen, daß sie, gegen die Nasen= höhle sich umbiegend, wulstige, gebogene Ränder bildet und die so= genannten Nasenflügel darstellt. Der äußere weiche Rand jedes Nasenloches fängt im obern Winkel an, geht stark nach außen ge= bogen abwärts in den stumpfern, untern Winkel über; der innere, festere Rand dagegen geht in einer Wölbung vom obern Winkel unter dem äußern Rand aus und vereinigt sich im untern Winkel mit dem äußern Rande; von dem obern Winkel aus bildet die Haut durch eine faltige Verdoppelung einen kegelförmigen blinden Sack, der nach aufwärts reicht, blos beim Pferde und seinen Stamm=verwandten getroffen wird und das falsche Nasenloch oder die Nasentrompete heißt. An den Nasenlöchern ist die Haut fein, dünn, nur wenig behaart, nur bei gemeinen Pferden trifft man auch hier eine grobe Behaarung; der Raum zwischen den Nasenlöchern ist gemeiniglich wulstig, faltig und durch eine Längsrinne in zwei Hälf=ten geschieden. Sie finden sich bei den Pferden in sehr verschiede=ner Gestalt, Größe und Beschaffenheit, werden aber, wenn groß, als schön und gut, wenn klein, als häßlich und fehlerhaft bezeichnet.

Sie sind als ein Theil der Athmungswerkzeuge bei der Untersuchung mit großer Aufmerksamkeit zu prüfen, besonders da das Pferd nur durch die Nüstern, aber nicht auch durch das Maul athmet, wie z. B. die Hunde. Die Anforderung einer bedeutenden Weite und Größe wird gemacht, damit bei den dem Pferde zuge=mutheten Anstrengungen das Athmen erleichtert sei, denn enge Na=senlöcher erschweren den mechanischen Akt des Athmens. Bei dem Athmen soll das Pferd die Nasenlöcher kaum bemerkbar bewegen, und nur wenn das Athmen bei heftigen Anstrengungen, bei schnellem Laufe u. dgl. beschleunigt ist, darf die Bewegung der Nasenlöcher stärker und geschwinder vorgehen, wenn dagegen die Nasenlöcher bei den Pferden selbst im Stande der Ruhe mit Schnelligkeit bewegt und dabei krampfhaft weit geöffnet werden, so deutet dies immer auf krankhaft gestörtes Athmen, z. B. auf Lungenentzündung, Brust=wassersucht, Lungenvereiterung, Dampf 2c. Es soll aus jedem Nasen=loche die Luft mit gleicher Stärke ausgeathmet werden, was man sowohl durch das Vorhalten der Hand, als auch durch die Beobach=tung des dampfenden Ausathmens in kalter Luft und durch einsei=tiges Zuhalten und Verstopfen der Nasenlöcher ermitteln kann. Zeigt sich bei dieser Betrachtung ein Nasenloch mehr als das andere beim Athmen betheiligt, oder ein Nasenloch wohl gar verstopft, so hat dies immer seinen Grund in widernatürlicher Enge der betreffenden Nasenhöhlenabtheilung, in Polypen oder in absichtlicher Verstopfung, um bedenkliche Nasenausflüsse, Rotz u. dgl. zu verheimlichen. Die ausgeathmete Luft darf nur mäßig warm erfunden werden, was man gleichfalls durch das Vorhalten der Hand ermitteln kann; ist diese ausgeathmete Luft übermäßig warm, so zeugt sie von entzünd= lichen Zuständen der Athmungswerkzeuge, ist sie aber auffallend kühl, so deutet sie auf beträchtliche Abnahme der Lebensthätigkeit und erscheint in Krankheiten als gefährliches Symptom. Die Luft soll beim Ausathmen vollkommen geruchlos sein, denn ein stinkender, fauliger Geruch deutet meist auf krankhafte Veränderungen in den Athmungswerkzeugen hin und zeigt sich bei Rotz, fauliger Halsent= zündung, Lungenvereiterung 2c.

Durch die Nasenlöcher kann man sich in die Nasenhöhle einen Einblick verschaffen; sie ist nebst den in ihnen enthaltenen drei Na= senmuscheln mit einer feinen, blaßrothen Schleimhaut, der soge= nannten Riechhaut, ausgekleidet, die gleich an der innern Fläche der Nasenhöhlenränder anfängt und an dieser Stelle in jedem Kanal eine, zuweilen zwei kleine, linsengroße Oeffnungen, nemlich die Ausgangs= punkte des Thränenkanals hat, die natürlich nicht mit einem Ge= schwür verwechselt werden dürfen. Nur bei Erhitzung oder mechani= scher Reizung wird die Riechhaut etwas höher geröthet, verfällt aber bald wieder in ihre natürliche Farbe. In entzündlichen Krankheiten erscheint sie dagegen hoch geröthet, beim Rotz und bei fauligen Lei= den bleich, bei nahendem Brande bläulichgrau, braun getupft 2c. Im gesunden Zustande fließt aus den Nüstern hier und da ein Tropfen Thränenflüssigkeit aus, die Schleimhaut selbst ist stets mäßig befeuchtet, in entzündlichen Krankheiten aber trocken und bei mehre= ren Krankheiten, als Katarrhen, Strengel, Druse u. dgl. fließend feucht. Der Ausfluß ist nach seiner Beschaffenheit sehr verschieden, anfänglich dünne und wasserhelle, später dickschleimig bei Strengel, eiterig weißgelb und dick bei der Druse, jauchig bei Lungenvereiterung und andern ähnlichen Krankheiten der Athmungswerkzeuge, mißfär= big, jauchig mit aufgelöster Knorpelmasse und Blutstreifen gemengt beim Rotze 2c.; bei der Halsentzündung fließen Getränke und Nah= rungsmittel aus den Nasenlöchern, außerdem erscheint oft ein stär= kerer blutiger Ausfluß als Folge des Zerplatzens kleiner Blutgefäße. Sehr wichtig ist die Untersuchung der durch die Nasenlöcher wahr= nehmbaren Beschaffenheit der Nasenschleimhaut; dieselbe soll im gesunden Zustande ganz glatt und nur in den Ecken der innern Ränder der Nasenlöcher körnig sein, jede Abweichung von dieser

Beschaffenheit beurkundet kranke Zustände; dies gilt namentlich von Geschwüren, Narben derselben u. dgl., indem solche das Pferd des Rotzes verdächtig machen, indessen können hochsitzende Geschwüre nicht durch die Nasenlöcher entdeckt werden und so ist häufig die Erkenntniß des Rotzes erschwert, daher diese Krankheit stets aus mehreren Erscheinungen beurtheilt werden muß. Zur Verschönerung der Pferde werden oft die rings um die Nasenlöcher sitzenden langen Tasthaare ausgerissen, was jedoch zu verwerfen ist, da dieses Verfahren die Thiere eines natürlichen Schutzapparates beraubt. Die falschen Nasenlöcher trifft man zuweilen z. B. bei kirgisischen Steppenpferden durch Zufälle oder absichtlich zu vermeintlicher Erleichterung des Athmens oder zu Verhinderung des Wieherns 2c. zerrissen und aufgeschlitzt, was dem Pferde ein unschönes Aussehen verleiht.

§. 53.
Die Lippen.

Die Lippen sind jene weichen, faltigen, muskelreichen Organe, welche den Eingang in die Maulhöhle begränzen und durch den Maulspalt in eine vordere und hintere abgeschieden werden; ihnen dienen der Kreismuskel und die Endpunkte der denselben bewegenden Muskeln zur Grundlage. Sie sind außen von der Haut, innen von einer Schleimhaut überkleidet und enthalten viele Nerven und Blutgefäße. Die Vorderlippe ist mit der Nasenspitze verschmolzen, auf ihrer äußern Fläche fein und kurz behaart, mit langen Tasthaaren besetzt und in der Mitte rinnenförmig vertieft, wodurch sie gleichsam in zwei seitliche Hälften abgeschieden wird; sie ist an den Körpern der kleinen Kieferbeine befestigt, besitzt aber große Beweglichkeit, so daß sie sich bei der Futteraufnahme, beim Wiehern, beim Flehmen und andern Zuständen rüsselartig verlängern und zusammenziehen kann, ihre innere Fläche ist glatt, glänzend vom Maulschleime und dem von den Lippendrüsen abgesonderten speicheligen Safte befeuchtet, öfters marmorirt, schwarz gefleckt 2c., an der Uebergangsstelle der beiden Flächen zeigt sich ein scharfer Rand. Die Hinterlippe ist etwas schlaffer, bei einigen Pferden etwas mehr hervorstehend, bei andern mehr zurückgezogen, sie zeigt sich nach vorwärts breit und plattgedrückt, erst an den Seiten gerundet

und geht nach rückwärts in das Kinn über; sie zeigt die Lippen=
rinne in ihrer Mitte nur undeutlich und ist nicht selten faltig und
runzlich.

Die Lippen sollen, um schön zu heißen und ihrem Zwecke zu
entsprechen, derb, glatt und beweglich sein, aber doch fest schließen,
zuweilen findet man sie jedoch schlaff, faltig und runzlich, die Ober=
lippe stark behaart und mit Büscheln längerer Haare, mit einem
förmlichen Schnurrbarte, der zuweilen ganz regelmäßig ist, besetzt,
die Hinterlippe herabhängend und das Maul nicht schließend, zu=
weilen mit Wurmknoten besetzt, an bösartigen Geschwüren, dem
Lippenkrebse, leidend, durch häufiges Bremsen verdickt, verhärtet
oder sogar gelähmt, und mit Narben, Verletzungen versehen.

§. 54.

Die Maulspalte.

Die Maulspalte, der eigentliche Eingang in die Maulhöhle,
wird von den beiden Lippen gebildet und von den Maulwinkeln be=
grenzt. Sie soll gehörig weit sein, um sowohl bei der Nahrungs=
aufnahme eine gehörige Eröffnung der Maulhöhle zu gestatten, als
auch eine richtige Lage des Zaumes zu begünstigen; zeigt sich der
Maulspalt zu klein, so werden, besonders in letzt erwähnter Be=
ziehung, die Lippen gedrückt und gerunzelt, so daß das Mundstück
des Zaumes, statt auf den Laden aufzuliegen, von den Lippen ge=
tragen wird, sich zu sehr den Haken nähert und das Pferd be=
lästigt. Zeigt sich dagegen die Spalte zu groß, so nähert sich das
Mundstück des Zaumes zu sehr den Backzähnen und verliert seine
richtige Wirkung. Der Maulwinkel ist zuweilen sehr weich und
leicht von dem Zaume verletzbar, wodurch sehr empfindliche Pferde
unruhig und sogar widersetzlich werden; oft erscheint er dagegen in
hohem Grade unempfindlich oder mit schwieligen Verhärtungen be=
setzt, wodurch gleichfalls die richtigen Wirkungen des Zaumes beein=
trächtigt werden. Solche Entartungen des Maules stehen häufig
in ursächlichem Zusammenhang mit Widersetzlichkeiten, Schlaffheit,
mit Störungen des Bewußtseins bei Koller.

§. 55.
Das Kinn.

Das Kinn ist eine rundliche Erhabenheit hinter und über der Hinterlippe, welchem ein Muskel, der Kinnmuskel, zu Grunde liegt, der sich theils an der Hinterlippe, theils am Körper des Hinterkiefers befestigt. Es zeigt sich bei manchen Pferden größer und stärker hervorstehend, bei andern kleiner und mit der Hinterlippe fast von gleicher Höhe, die Haut erscheint daselbst runzlich und mit vielen langen Tasthaaren, dem Barte besetzt, welche, wenn sie in großer Masse vorhanden sind, dem Pferdekopfe ein minder gefälliges Aussehen verleihen. Ueber dem Kinne befindet sich eine mehr oder weniger seichte Vertiefung, die Kinnkettengrube, in welcher die Kinnkette des Stangenzaums ihre Lage einnimmt und wegen ihres Einflusses auf die Zäumung namentlich bei Reitpferden in Betracht gezogen zu werden verdient. Sie darf nicht mit Knoten und Verhärtungen besetzt sein. Ist sie rundlich und flach, so findet die Kinnkette eine geeignete Unterlage. Wenn sie mager und die Kinngräte des Hinterkieferknochens zu scharf ist, so wird die Stangenzäumung für das Pferd zu schmerzhaft und stört die vertrauensvolle Anlehnung an die zügelführende Hand.

§. 56.
Die Backen.

Die Backen sind jene untern und seitlichen Theile des Pferdekopfes, welche hinter dem Gesichte, über den Lippen und vor den Ganaschen gelegen sind; sie werden von mehreren Lippenmuskeln gebildet, verschließen die Maulhöhle zu beiden Seiten und sind an den Zahnhöhlenrändern der großen Kieferbeine und der Aeste des Hinterkiefers befestigt. Bei trockenen, magern Köpfen sind sie durch die dicht unter der straff anliegenden Haut gelegenen Muskelschichten mit scharf begränzten Erhabenheiten und Vertiefungen versehen und nur mäßig gewölbt; bei fetten und dicken Köpfen dagegen wulstig und plump, wodurch der untere Theil des Kopfes jenes mißfällige, breite und schwere Aussehen erhält. Bisweilen trifft man sie durch Wurmknoten, Geschwüre, Drüsengeschwülste, Speichelfisteln, Zahnfisteln verunstaltet.

§. 57.

Die Gesichtsleiste.

Die Gesichtsleiste oder Jochleiste ist eine von den Jochbeinen ausgehende und sich bis gegen die Hälfte der vordern Fläche der großen Kieferbeine in das Gesicht herabstreckende, kantenförmige Erhabenheit, die das Gesicht von den Ganaschen trennt und über den Backen mit einer scharfen Ecke endet, sie ist von wenigen Aponeurosen einiger Muskeln überdeckt und somit fast unmittelbar von der Haut überzogen. Bei Fohlen zeigt sie sich nur schwach und geringe, tritt erst mit der fortschreitenden Körperausbildung mehr hervor und erscheint am schärfsten und deutlichsten bei alten Pferden; man trifft sie bei trockenen und magern Köpfen stärker ausgedrückt als bei fetten und dicken Köpfen. Zuweilen ist sie durch Knochenauswüchse, Fisteln, Auftreibungen u. dgl. regelwidrig abgeändert.

§. 58.

Die Ganaschen.

Die Ganaschen oder Wangen sind die dicken, wulstigen, fleischigen Theile am obern und hintern Theile des Pferdekopfes, welche sich hinter und unter den Schläfen, hinter den Augen und den Gesichtsleisten und über den Backen befinden und zunächst von den an den obern Theilen der Hinterkieferäste angehefteten äußern Kaumuskeln gebildet werden, über welche die Haut so straff angespannt ist, daß die unter derselben verlaufenden Gefässe und Nerven deutlich bemerkbar werden. Unter den Ganaschen verbindet sich der Hinterkiefer mittelst seiner beiden Aeste mit den Schläfebeinen in Gelenken, um die Oeffnung und Schließung der Maulhöhle, Zerkauen der Nahrungsmittel 2c. zu bezwecken. Die Ganaschen sind je nach der allgemeinen Form des Kopfes bald sehr dick und stark, bald fein und trocken, jedoch auch nach dem Geschlechte verschieden, Hengste haben immer stärkere Ganaschen als Stuten. An den Ganaschen trifft man auch zuweilen Gestütszeichen eingebrannt, außerdem Flecken, Narben und andere Spuren daselbst angebrachter Haarseile, scharfer Einreibungen u. dgl. wegen Zahnleiden, Gehirnleiden, Augenleiden, was daher stets zu genauer Untersuchung dieser

Theile veranlassen muß. Am untern Rande der Ganaschen, also an den Rändern der Hinterkieferäste, trifft man Ueberbeine, Knochen= auftreibungen und ganz besonders eine Geschwulst mit einer kleinen Oeffnung, aus welcher stinkender, jauchiger Eiter fließt, eine soge= nannte Zahnfistel, die wegen ihrer Hartnäckigkeit bei Heilversuchen stets bedenklich ist.

§. 59.
Der Kehlgang.

Der Kehlgang ist jener schmale, dreieckige Raum zwischen den beiden Aesten des Hinterkiefers, der vorne hinter dem Kinn zuge= spitzt anfängt, sich nach hinten erweitert und bis zum Kehlkopf reicht. Er wird von den innern Flächen der Hinterkieferäste gebildet, zeigt zunächst unter der Haut den Hinterkiefer=Hautmuskel mit einigen oberflächlich gelegenen Drüsen ꝛc. und unter diesem mehrere Muskeln der Zunge, des Zungenbeins, des Schlund= und Kehlkopfes und er= scheint als eine bald größere, bald geringere Vertiefung. Je nach der Kopfform ist er bald sehr enge, bald weiter, immer aber für die richtige Verbindung des Kopfes mit dem Halse, für die Stellung und Bewegung des Kopfes und somit auch für die Zäumung bei Reitpferden von wichtigem Einflusse. Zu enger Kehlgang hindert die Biegsamkeit des Kopfes, verleiht demselben eine steife Stellung und macht das Pferd schwer lenksam; zu weiter Kehlgang nimmt dagegen den Hals zu sehr in sich auf, begünstigt die Beweglichkeit in einem zu hohen Grade und macht das Pferd zum Verkappen oder Ueberzäumen geneigt. In Absicht auf die Untersuchung des Ge= sundheitszustandes verdient der Kehlgang eine ganz spezielle Betrach= tung, denn durch denselben verläuft die äußere Kopfarterie jeder Seite, biegt sich am untern Ende der Ganaschen, an jedem Hinter= kieferaste um und vertheilt sich sodann weiter an der äußern Fläche des Kopfes. Da diese Arterie als sehr nahe unter der Haut und an einem Knochen liegend, leicht gefühlt und angedrückt werden kann, wird sie auch gewöhnlich gewählt, um in dem Pulsschlage den Zustand des Gefäßsystems zu untersuchen. Im Kehlgange liegen unter der Haut die Lymphdrüsen, welche in gesundem Zustande kaum als einzelne Körner bemerkbar sind, in kranken Zuständen aber verschiedenartig verändert getroffen werden, so findet man sie bei einfachem Strengel, Druse u. dgl. heiß, schmerzhaft angeschwollen, aber beweglich, bei Rotz und verdächtiger Druse kalt, schmerzlos, kugelähnlich, verhärtet und am Knochen mehr festfitzend. Außerdem trifft man im Kehlgange Ablagerungsgeschwülste bei verschiedenen Krankheiten, welche oft seine Tiefe ganz ausfüllen und sich sogar über die benachbarten Kopf= und Halstheile ausbreiten; zuweilen trifft man daselbst auch Speichelfisteln, indem die gleichfalls durch den Kehlgang verlaufenden Ausführungsgänge der Ohrspeicheldrüsen verletzt, durch die Wunde Speichel abfließen lassen; nach geöffneten Drüsen= und Kehlgangsgeschwülsten, nach dem Ausschneiden verhär= teter Drüsen bleiben gewöhnlich Narben zurück und lassen nicht sel= ten eine gewisse Anlage zu häufig sich wiederholenden Drüsenkrank= heiten erkennen, oder geben der Vermuthung Raum, daß man wenigstens ein Symptom des Rotzes zum Zweck der Täuschung be= seitigen wollte.

§. 60.

Die Maulhöhle.

Die Maulhöhle, gewöhnlich nur das Maul genannt, ist eine längliche Höhle, welche von den kleinen und großen Kieferbeinen, den Gaumenbeinen und dem Hinterkiefer nebst dessen Aesten gebildet wird, von einer Schleimhaut ausgekleidet ist und Theile enthält, die, da sie der Nahrungsaufnahme und Verdauung, also einem wich= tigen Lebenszwecke, dienen, stets auch untersucht zu werden verdienen. Die Maulhöhle beginnt vorne mit der Maulspalte zwischen beiden Lippen und führt hinten durch den sogen. Rachen in den Schlund; sie ist im gesunden Zustande immer von einer mäßigen Menge Schleimes und Speichels befeuchtet und röthlich gefärbt. Neigung zu lebhafter Speichelabsonderung, wobei die Schleimhäute stets feucht und deßwegen empfindlich bleiben, nennt man ein frisches Maul. Die Maulhöhle wird gewöhnlich so weit geöffnet, daß sie die Nah= rung ungehindert aufnehmen kann, nur beim Kinnbackenkrampf, Starrkrampfe, ist sie fest verschlossen oder kann nur so wenig geöff= net werden, daß sie keine oder doch nur flüssige Nahrung aufzu= nehmen vermag; außerdem wird sie bei Brüchen der Kieferknochen in ihren Functionen sehr gestört und in ihrer Form verändert. Für

die Zäumung muß die Maulhöhle, namentlich die Größe der Maul=
spalte, die Dicke der Lippen und die Absonderung der drüsenartigen
Gebilde in der Maulhöhle in genauen Betracht gezogen werden.

§. 61.
Die Laden.

Die Laden sind jene zahnlosen Stellen des Hinterkiefers zwi=
schen den Schneidezähnen, den Hacken= und den Backzähnen, welche
von einem derben Zellgewebe und der Maulschleimhaut überdeckt
sind. Auf sie kommt das Mundstück der Zäumungen zu liegen und
von diesen Laden aus sucht sich die Hand des Führers die Einwir=
kung auf den übrigen Körper des Pferdes zu sichern. Die Stange
wirkt als ein Hebel, dessen Unterstützungspunkt die Kinnkettengrube,
die nach unten stehenden Arme der hebelartigen Stangenzäumung
drücken das Mundstück gegen die Laden. Da die Form und Be=
schaffenheit der Laden diese Einwirkung modificirt, so verdienen sie
eine besondere Würdigung. Sie sind entweder zu hoch, wenn sie
fast gleiche Höhe mit der Zunge haben, so daß das Mundstück des
Zaumes mehr auf jene als auf die Zunge wirkt; oder zu nieder,
wenn sie weit niederer als die Zunge stehen und den Zaum somit
mehr auf die Zunge als auf die Laden wirken lassen. Sie sind zu
scharf, wenn die Ränder der Knochen sehr scharfkantig sind, wobei
die Zäumung zu schmerzend auf die weichen Theile einwirkt; zu
stumpf, wenn die Ränder der Knochen mehr flach abgerundet sind,
so daß bei der Führung das Mundstück die weichen Theile nicht
empfindlich genug zu drücken vermag; von der Höhe und Schärfe
der hinteren Laden hängt somit die Empfindlichkeit des Maules ab.
Je größer diese Empfindlichkeit, desto feiner muß die Führung sein
und desto mehr verdient das Pferd den Namen weichmaulig, je
geringer die Empfindlichkeit, desto stärker muß der Zaum einwirken.
Solche Pferde heißt man hartmaulig; die Hartmauligkeit sucht
der betrügerische Händler durch recht scharfe Gebisse, aber auch durch
Eindrücken von gestoßenem Glas in die Laden und Maulwinkel, um
diese Theile recht reizbar zu machen, zu verdecken. Da das Mund=
stück des Stangenzaumes in Wechselbeziehung zu der Kinnkette steht,
so hat man auch die Kinnkettengrube mit den Laden zu vergleichen;

zeigt sich neben empfindlichen Laden auch zugleich in der Kinnketten=
grube eine scharf hervorstehende Kinngräte, so wird die Weich=
mauligkeit verstärkt, zeigt sich solche bei unempfindlichen Laden, so
wird die Hartmauligkeit gemindert; fehlt sie aber, so findet Ver=
mehrung dieses Fehlers statt; nach der Beschaffenheit dieser für
die Führung des Pferdes wichtigen Theile muß auch der Zaum ge=
wählt werden.

Die Laden können durch schlechte Zäumung und rohe Führung
verwundet werden und in Folge dessen kann sogar geschwürige Ab=
blätterung des Knochens entstehen; nach geschehener Heilung bleibt
jedenfalls eine schwielige Beschaffenheit der Laden zurück. Wenn
von der Führung des Pferdes die Rede ist, so darf nicht vergessen
werden, daß die Nachgiebigkeit auf die Handhülfen nicht ausschließ=
lich oder hauptsächlich von den Laden und der Kinnkettengrube ab=
hängt, sondern eben so sehr oder noch vielmehr von dem Bau des
ganzen Körpers, von dem Rücken, dem Halse, dem Hintertheil 2c.,
je schwächer das Hintertheil, um so mehr Uebergewicht wird das
Pferd nach vorwärts in die Hand des Reiters legen.

§. 62.
Das Zahnfleisch.

Das Zahnfleisch ist ein straffes Zellgewebe, mit der Schleim=
haut des Maules überzogen, das sich an den Rändern der Zahn=
höhlen, am kleinen und großen Kieferbeine und am Hinterkiefer be=
festigt und den Hals der Zähne in der Art umfängt, daß sie blos
mit ihren Kronen hervorstehen. In der Jugend ist das Zahnfleisch
dicht, rosenfarb und umschließt die Zähne gut; je mehr aber das
Thier altert, um so mehr zieht es sich zurück, so daß die Zähne
mehr und mehr davon entblößt werden. Zugleich verliert es seine
rosenrothe Farbe und wird mehr weißlich. In kranken Zuständen
wird es weich, aufgelockert, bleich, gelblich oder sonst mißfarbig,
oder entzündet, geschwürig, von Zahnweinstein verdrängt.

§. 63.
Der Gaumen.

Der Gaumen ist das obere Gewölbe der Maulhöhle. Er reicht
von den Schneidezähnen des Vorderkiefers aus zwischen den beiden

Backzahnreihen hindurch bis nach rückwärts, wo er in den die Maul=
höhle von der Rachenhöhle scheidenden Gaumenvorhang, in den so=
genannten weichen Gaumen übergeht. Der vordere sogenannte harte
Gaumen ist gebildet aus einem schwammigen Gefäßnetze, das fest
auf dem Knochen der kleinen und großen Kieferbeine und den Gau=
menbeinen anliegt und mit einer festen starken Schleimhaut über=
zogen ist; er hat 18—20 durch eine seichte Mittelrinne geschiedene
quer liegende Furchen oder Staffeln, die beim Abschlucken der Nah=
rungsmittel der Zunge zum Anstemmen dienen. Ganz im Hinter=
grunde der Maulhöhle befindet sich der weiche Gaumen oder Gau=
menvorhang zur Abscheidung der Maulhöhle von der Nasenhöhle
und Rachenhöhle, er wird jedoch erst bei weiter Eröffnung der
Maulhöhle und beim Hervorziehen der Zunge sichtbar und erscheint
als eine röthliche, runzliche Haut, die von vielem zähem Schleime
befeuchtet ist.

Der vordere Theil des Gaumens zeigt sich oft aus verschiede=
nen Veranlassungen angeschwollen (Froschgeschwulst), wobei er
über die Zähne hervorsteht, gegen welche man das sogenannte Staf=
fel= oder Kernstechen oder Kernbrennen anwenden zu müssen
meint, da man die Geschwulst als die Ursache der aufgehobenen
Freßlust betrachtet; die rohe Art diese Operation vorzunehmen ver=
ursacht jedoch nicht selten entzündliche Zustände, gefährliche Blutun=
gen, Geschwüre u. dgl., so daß sie sich nur auf Ausnahmsfälle be=
schränken sollte. An dem weichen Gaumen trifft man in einzelnen
Fällen, namentlich bei Waidepferden, Bremsenlarven, Blutegel, die
jedoch nur selten Störungen verursachen.

§. 64.

Die Zähne.

Die Zähne sind feste und harte, knochenähnliche Theile, welche
in den Zahnhöhlen der kleinen und großen Kieferbeine, in dem
Körper und den beiden Aesten des Hinterkiefers stecken und in
Schneide=, Hacken= und Backenzähne unterschieden werden. Die
Schneidezähne sind keilförmig, stecken in den Höhlen der kleinen
Kieferbeine und in dem Körper des Hinterkiefers, es sind 6 in jedem
Kiefer, sie ragen blos mit ihren Kronen aus dem Zahnfleische in die

Maulhöhle hervor. An jedem einzelnen Zahne zeigt sich oben auf der Krone eine breite Reibefläche, eine vordere Lippen= und eine hintere Maulfläche; die zwei mittelsten Zähne werden Zangen=, die zwei nächsten daran Mittelzähne und die an diese gränzenden Eckzähne genannt, sie dienen zum Ergreifen der Nahrungsmittel. Die Hackenzähne, 4 an der Zahl, kommen blos beim männlichen Pferde gehörig entwickelt vor und sind mehr oder weniger gekrümmte, zugespitzte Zähne, die ½—¾ Zoll hinter den Eckzähnen in eigenen Höhlen an der Gränzlinie der kleinen und großen Kieferbeine und im Hinterkiefer stecken. Die Backzähne, 6 in jedem großen Kieferbeine und jedem Aste des Hinterkiefers, somit 12 im Vorder= und 12 im Hinterkiefer, sind starke, viereckige säulenähnliche Zähne, sie

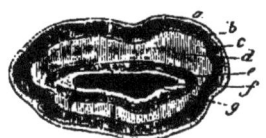

Fig. 31.

Querschliff der Reibfläche eines Schneidezahnes aus dem Hinterkiefer eines 5jähr. Pferdes (1½mal vergrößert).

a. Aeußere Schichte der Knochensubstanz.
b. Aeußere Schichte der Glassubstanz.
c. Zahnsubstanz.
d. Braune Mittelstreifen von Pigment.
e. Innere Schichte der Glassubstanz.
f. Innere Schichte der Knochensubstanz.
g. Kunde.

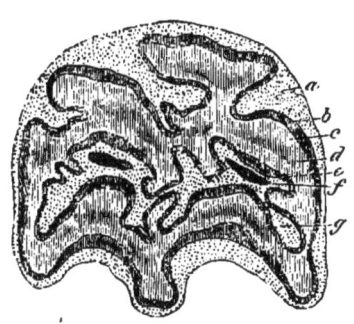

Fig. 32.

Querschliff der Reibfläche eines Backzahnes aus dem Vorderkiefer eines erwachsenen Pferdes (um ⅓ vergrößert).

a. Aeußere Schichte der Knochensubstanz.
b. Aeußere Schichte der Glassubstanz.
c. Zahnsubstanz.
d. Braune Mittelstreifen von Pigment.
e. Innere Schichte der Glassubstanz.
f. Schwarzbraune Vertiefung, welche nicht von der Knochensubstanz ausgefüllt ist.
g. Innere Schichte der Knochensubstanz.

haben scharfkantige Kronen mit etwas schief gestellten, zackigen Reibflächen, sie sind einander so gegenüber gestellt, daß sie die zwischen sie gerathenen Futterstoffe auf das Feinste zu zermalmen vermögen.

Die Zähne bestehen aus dreierlei Substanzen: der Knochensubstanz, der Glas= oder Schmelzsubstanz und der Zahnsubstanz, davon die erste die weichste, die zweite die härteste und die dritte die mittelharte ist. Die Art ihrer Anlagerung ist bei den

Schneidezähnen folgende. Die äußere, an der Krone sehr dünne
Schichte ist die Knochensubstanz; die zweite Schichte die Glassub=
stanz, welche an der Krone stärker ist, als an der Wurzel; auf diese
folgt nach innen die Zahnsubstanz. Bei den Hackenzähnen bildet die
Knochensubstanz die äußere Schichte und auf diese folgt die Glas=
substanz, welche die innere Schichte, die Zahnsubstanz, einschließt.
Bei den Backenzähnen sind die Glassubstanz und Zahnsubstanz fal=
tenartig gelagert und von der Knochensubstanz innen und außen
umgeben; die Anlagerung ist folgende: die äußere Schichte bildet
die Knochensubstanz, dann folgt die Glassubstanz, auf diese die Zahn=
substanz, dann wieder eine Schichte Glassubstanz, welche die innerste
Schichte der Knochensubstanz umgibt. Es ist klar, daß diese Anord=
nung verschieden harter Substanzen den Zweck hat, gerade durch
die Abreibung die Backzähne rauh und scharf zu erhalten. Die
schmutzig gelbbraune Färbung dieser Zähne entsteht durch organischen
Niederschlag.

Von dem Wechsel und der Abreibung der Zähne wird in
der Zahnlehre die Rede sein; außerdem gewahrt man aber an den=
selben noch mancherlei zufällige, widernatürliche Veränderungen in
Folge von Bildungsfehlern oder Krankheiten. Im regelmäßigen
Zustande passen die Schneidezähne enge auf einander wie eine Beiß=
zange, oft zeigt sich aber als angeborener Bildungsfehler, daß die
Schneidezähne des Vorderkiefers hinter denen des Hinterkiefers zu=
rückstehen, was man als Karpfengebiß, Karpfenmaul bezeich=
net, oder daß die Schneidezähne des Hinterkiefers hinter die Zahnreihe
des Vorderkiefers zurücktreten, was man Hechtsgebiß, Hechtmaul
nennt. Zuweilen ergiebt sich nur eine einseitige Abreibung der
Zähne, so daß die Schneidezähne an einer Seite höher als auf der
andern stehen und das sogenannte schräge Gebiß begründen; in
manchen Fällen bleiben die nicht ausfallenden Milchzähne neben den
nachwachsenden Ersatzzähnen stehen und stellen das Doppelge=
biß dar, namentlich kommt dieß in Folge von Kieferbrüchen vor;
durch Ausbleiben einzelner Ersatzzähne, durch Einstoßen, Abschlagen
und andere Zufälle bleibt eine Stelle leer, und stellt sodann eine
Zahnlücke dar, in welcher sich nicht selten Futterstoffe ansammeln,
darin faulen und den Maulgestank begründen. An den Backzäh=
nen entstehen, zumal bei ältern Pferden, durch starkes Abreiben

scharfe Zacken und Kanten an den Reibeflächen, welche beim Kauen die Backen und das Zahnfleisch verletzen und das Fressen beschwer= lich machen, welchen Fehler man durch das sogenannte Maulputzen, Abstoßen dieser Zacken und Schiefer mittelst Meißel und Hammer heilen zu müssen glaubt, hiedurch aber oft mehr schadet·als nützt, indem die Zähne sich hiebei oft bis in die Wurzel spalten und ver= derben.

Der Beinfraß, welcher so häufig an den Zähnen des Men= schen vorkommt, ist glücklicher Weise beim Pferde selten; man er= kennt ihn an der Schwierigkeit des Kauens und dem Maulgestanke. Er ist um so schlimmer, je mehr er das Pferd am Fressen hindert und zuweilen bildet sich eine am Hinterkiefer nach außen, am Vor= derkiefer in die Kieferhöhle mündende Fistel, welche schwer oder gar nicht zu heilen ist. Alle diese krankhaften Zustände sind um so un= günstiger zu beurtheilen, als die Zahnheilkunde bei den Pferden so mannigfache Schwierigkeiten bietet.

§. 65.
Die Zunge.

Die Zunge ist ein weicher, fleischiger Körper, welcher in der Maulhöhle enthalten ist und zum Ergreifen, Abschlucken der Nah= rungsmittel, außerdem als Geschmacksorgan dient. Sie wird von mehreren Muskeln, vielem Zellgewebe, Blutgefäßen und Nerven gebil= det, von der Maulschleimhaut überzogen und ist mit ihrem Grunde hinten in der Maulhöhle am Griffe des Zungenbeins, mit ihrem Körper oder mittlern Theile beiderseitig an dem Zahnfleische und andern Maultheilen festgehalten, mit der Spitze aber frei und be= weglich in der Maulhöhle gelagert; ihre vordere Fläche ist sammet= artig weich und mit den feinen faden= oder haarförmigen und den kegelförmigen Geschmackswärzchen besetzt, die hintere oder untere Fläche hängt mit den Muskeln des Zungenbeins zusammen, ist von der sehr feinen und glatten Schleimhaut überkleidet, durch welche die Zunge zwischen den beiden Hinterkieferästen am sogenannten Zungenbändchen festgehalten wird. Zu beiden Seiten des letzteren befinden sich zwei warzenartige Erhabenheiten mit sehr feinen Oeff= nungen, die Ausmündungen der Unterkiefer=Speicheldrüsen, die sogenannten Hungerzitzen, welche Unwissenheit schon für krankhafte Producte hielt und sie bei Appetitlosigkeit auszureißen empfahl. Die Farbe der Zunge ist gewöhnlich röthlich, vorne fast ganz weiß, auf dem Rücken je nach der Fütterung gelblichbraun oder grün; sie soll immer mäßig befeuchtet sein und ist sehr beweglich. Ihre Beschaffenheit ist für die Einwirkung des Zaumes von großem Einfluß; eine dicke fleischige Zunge erhebt sich nämlich mehr über die Laden und tragt das Mundstück des Zaumes mehr als diese. Die Zunge ist aber weniger empfindlich für die Einwirkung des Zaumes als die Laden; eine zu dünne Zunge wird beim Tragen des Mundstückes des Zaumes fast gar nicht betheiligt, so daß sie, zumal bei hohen Laden, sich in die Kieferrinne unter den Zaum ganz einlegt, wodurch die empfindlichen Laden zu sehr vom Mundstücke belästigt werden.

Im gesunden Zustande wird die Zunge ganz im Maule versteckt gehalten, zuweilen gewahrt man aber bei Pferden die üble Gewohnheit, die Zunge beständig zum Maule hervorhängen zu lassen, Zungenstrecker. Dieses Zungenstrecken ist entweder nur schlechte Gewohnheit und kann dann dadurch beseitigt werden, daß man ein Mundstück mit Rollen wählt oder in der Mitte des Gebisses ein sogenanntes Zungenspiel befestigt, oder es ist die Folge von Halblähmung der Zunge, wobei alsdann auch immer Speichel ausfließt; dieser Umstand ist immer bedenklich und kommt entweder von Zerrungen der Zunge oder von tiefen innern Leiden her. Pferdehändler brennen Zungenstreckern die Zungenspitze mit dem schwarzwarmen Eisen, um ihnen das Hervorstrecken zu verleiden; es nützt aber nur auf kurze Zeit. Zuweilen trifft man auch ein stetes Schlagen der Zunge, mit einem eigenthümlichen Tone, dem Koppen ähnlich, was man Schlangenzunge nennt. Auch übt die Zunge nicht selten die üble Gewohnheit des Schlotzens und Speichelschlürfens aus, wodurch zuweilen ganz eigenthümliche Töne z. B. wie von jungen Enten hervorgebracht werden. Die Zunge wird von Krankheiten, namentlich von Verletzungen und Verwundungen durch zu scharfe Gebisse, durch die bei dem Koppeln der Händlerpferde durch das Maul gezogenen Stricke und sogar durch rohe Zwangsmittel bei widersetzlichen Pferden betroffen, welche, wenn auch nicht gefährlich, so doch für die Futteraufnahme beschwerlich werden können; außer-

dem kommen an der Zunge Entzündungen, Geschwüre, blasige Aus=
schläge u. dgl. vor, die Zunge zeigt sich oft sogar ganz abgerissen,
mit Brandflecken besetzte Stellen verdächtigen das Pferd des Zun=
genstreckens oder des Koppens. Störungen der Ausübung des Ge=
schmacksinnes sind nicht wohl zu ermitteln, da sie sich durch keine
deutlichen Erscheinungen erkennbar machen.

Die Güte des Maules in Betreff der Empfindlichkeit für die
Zäumung hängt nicht allein von der Bildung seiner einzelnen Theile
ab, sondern auch von dem gehörigen Grade der Empfindlichkeit,
diese aber zeigt sich bei Gehirnleiden stets gemindert und das Pferd
wird trotz der richtigen Bildung des Maules und seiner Theile z. B.
beim Koller auf die Faust des Reiters drängen. Ein gesundes Pferd
wird auch nie ein trockenes, sondern immer ein feuchtes, unter dem
Gebiß schäumendes, sogenanntes frisches Maul haben, was Pferde=
händler durch speichelerregende Mittel öfter künstlich hervorzubringen
suchen, wenn es wegen verschiedener Ursachen fehlt. Auch große
Schwäche und Ermüdung, wobei das Pferd im Zaume eine weitere
Stütze sich zu verschaffen sucht, bedingen eine scheinbare Unempfind=
lichkeit des Maules, Hartmäuligkeit.

§. 66.
Der Rumpf.

Der Rumpf oder der Körper ist der Theil, der von den Füßen
getragen wird, dem Kopf zur Unterlage dient; in seiner Mittellinie
liegt die Wirbellinie. Er zerfällt in folgende einzelne Theile, welche
wir der Reihe nach betrachten wollen: Hals, Widerrist, Rücken,
Brust, Rippen, Lenden, Kreuz, Schweif, Flanken, Bauch,
Schlauch, Geschröte, Euter, After und Wurf.

§. 67.
Der Hals.

Der Hals besteht aus 7 Halswirbeln, deren oberster und erster,
der Träger, mit dem Kopfe durch ein Wechselgelenk, während der
erste mit dem zweiten Halswirbel, nämlich der Achse, durch ein
Drehgelenk verbunden ist. An dieser Stelle hat der Hals eine ziem=

lich freie Bewegung; die übrigen Halswirbel sind aber dergestalt unter einander verbunden, daß ihre einzelnen Gelenke wenig Beweglichkeit haben und nur der Hals als Ganzes eine ausgedehntere Bewegung zuläßt. Die Halswirbel sind unter sich durch Bänder verbunden, außerdem durch das sehr starke Nackenband (Fig. 33), das an die einzelnen Halswirbel Verlängerungsäste absendet, mit dem ganzen Rumpfe mittelbar in Verbindung gesetzt. Der Nutzen des Nackenbandes, welches zwar elastisch, aber keiner selbstthätigen Bewegung fähig ist, besteht darin, dem Pferde das Halten des Kopfes und Halses zu erleichtern, so daß nicht stets eine lebensthätige Muskelanstrengung nöthig ist. An den Halswirbeln und dem Nackenbande setzen sich beiderseitig viele Muskeln an, welche theils der Bewegung des Kopfes, theils der Bewegung des Halses, zugleich

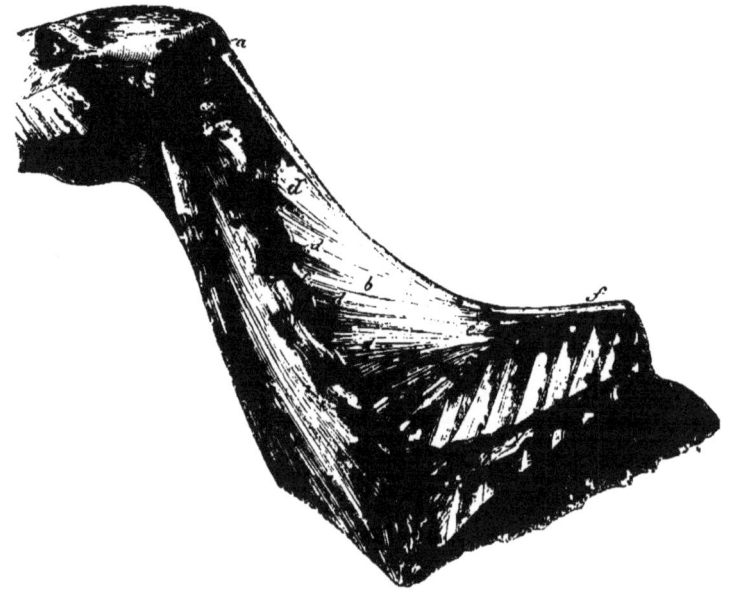

Fig. 33. Das Nackenband.

a. Die rundlichen Stränge.
b. Die breite Platte.
c c c c Besondere Portionen als Zwischenbänder.
d d d d. Die durch Zellgewebe und einzelne elastische Fasern ausgefüllten Räume.
e. Oeffnung über dem Dornfortsatze des ersten und zweiten Halswirbels.
f. Fortsetzung des Nackenbandes über die übrige Wirbelsäule.

aber auch der Bewegung der Vordergliedmaßen dienen und dem
Halse seine fleischigen Formen verleihen. Außer diesen Theilen besteht der Hals noch aus dem am vorderen Rand befindlichen Kehlkopf mit der Luftröhre, an welchen Theilen seitlich wichtige Blutgefäße und Nerven verlaufen.

An dem Halse unterscheidet man vorzugsweise seine Verbindung
mit dem Kopfe, den Ansatz (Fig. 34 A—B) und seine Verbindung
mit dem übrigen Rumpfe, den Auffatz (Fig. 34 C—D). Zu einer
guten Verbindung zwischen Kopf und Hals ist erforderlich, daß die
obern Theile des Halses schmal, unten gehörig ausgeschnitten und
vorne dünne und schlank seien, damit der Hals bei der Beugung
des Kopfes sich in den Kehlgang einlegen könne und daß die Beweglichkeit des Kopfes an beiden Seiten des Halses nicht beschränkt werde.

Als schlecht wird der Ansatz bezeichnet, wenn der Hals im
Genicke höher steht als der Kopf, die Seitentheile des Halses breit,
stark, fleischig und fast ebenso dick oder noch dicker als das Genick
sind, die Kehle nicht ausgeschnitten und der Kehlrand des Halses
dick und breit ist, so daß er nicht vom Kehlgange aufgenommen
werden kann, und also der Kopf nicht nur nicht vom Halse abgeschieden erscheint, sondern auch in seiner Beweglichkeit am Halse
sehr beschränkt ist. Bei dieser Bildung kommt die üble Gewohnheit
des Halfterabstreifens recht häufig vor und es ist auch schwierig,
dasselbe zu verhindern; solche Pferde biegen sich beim Zureiten schwer
im Halse ab und stellen sich nicht angenehm und leicht in die Hand.

Hoch nennt man den Ansatz des Kopfes am Halse, wenn der
Kopf mit dem Oberhaupte über den Kamm des Halses im Genicke
hervorsteht. Tief nennt man aber den Ansatz des Kopfes am
Halse, wenn der Kamm des Halses über das Oberhaupt des Kopfes
hervorragt, wodurch das gute Aussehen dieser Theile beeinträchtigt
ist. Am Ansatze ist auch die Feifel oder Ohrspeicheldrüse zu betrachten, welche, wenn sie seitlich stark hervorsteht und lose erscheint,
darauf hindeutet, daß das Pferd sehr sorgfältig und gründlich unter
dem Reiter bearbeitet worden ist. Früher betrachtete man diese
Feifel für die Hauptursache der Widersetzlichkeiten im Zureiten, weil
auch in der That diese Ohrspeicheldrüse häufig ein Hinderniß ist für
diejenige richtige Stellung des Pferdekopfes, durch welche allein ein
recht vollkommener Gehorsam für alle Zügelhilfen gewonnen wird.

Manche hielten dieses Organ für einen Schmarotzer und glaubten
es abtödten zu müssen, man zwickte es mit Zangen und klopfte es
mit dem Hammerstiel, wodurch die Drüse oft in Eiterung verfiel
und zum Theil verloren ging, worauf unter Umständen eine bessere
Abbiegung gewonnen werden konnte, man nannte diese unsinnige
und rohe Operation „Feifelklopfen."

Unter Aufsatz versteht man die Verbindung des Halses mit
dem Widerriste, den Schultern und der Brust. Er soll in der Art
beschaffen sein, daß sich die genannten Theile deutlich und frei unterscheiden. Guten Aufsatz nennt man, wenn der Hals oben
mit einem feinen Ausschnitt in den Widerrist übergeht, sich an den
Seiten etwas platt gedrückt in die Schultern verliert und unten
über den Buggelenken in einer sanften Aushöhlung mit der Brust
verbindet. Hoch nennt man den Aufsatz, wenn der Hals frei von

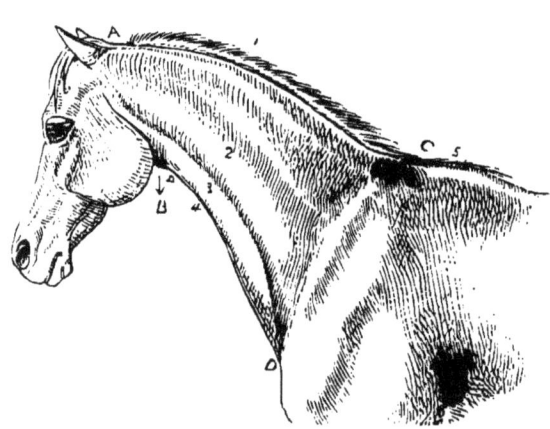

dem Widerriste und
aus der Brust em-
porsteigt und sich
hoch aufrichten läßt,
ohne die übrigen
Theile in ihrer rich-
tigen Bewegung
oder Stellung zu
beeinträchtigen; es
ist dies immer eine
sehr geschätzte Ei-
genschaft. Tief
oder schlecht auf-
gesetzt nennt man

Fig. 34. Der Hals.

dagegen den Hals, wenn er nicht frei vom Widerriste aus empor-
steigt, unter den Buggelenken erst mit der Brust verbunden ist und
mit den Schultern gleichsam in eine Masse zusammenfließt; er
hemmt nicht nur das Aufrichten des Halses, das Hochtragen des
Kopfes und die Beweglichkeit des Halses und der Vordergliedmaßen,
sondern beeinträchtigt auch die gute Gestalt und das Ansehen des
Pferdes und wird nirgends als empfehlenswerthe Eigenschaft betrachtet. Der Ansatz des Halses hängt wesentlich ab von dem richtigen und schönen Bau des Widerristes, sowie von der guten Stellung

der Schulter. Ist die Schulter zu steil und der Widerrist nieder, so entsteht ein schlechter Ansatz, der Hals mag sonst sein wie er will.

An dem Halse unterscheidet man folgende einzelne Theile als: den Kamm 1, die Mähne, die Seitentheile oder Seitenflächen 2, die Drosselrinnen 3, und die Kehle 4. Der Kamm stellt den obern Rand des Halses vom Genicke bis zum Widerriste dar, ist bald scharf, bald mehr abgerundet, dick und fett, und je nach den Halsformen verschiedentlich gebogen, oft geht er mit einem auffallenden Ausschnitte in den Widerrist über und stellt so den ausgehauenen Hals oder den coup de hache, Beilhieb dar, oder er geht wenig unterscheidbar in den Widerrist über. Diese scharf markirten Hälse mit dem coup de hache trifft man vorzugsweise bei den edelsten Racen des Orients und bei sehr gut bearbeiteten Reitpferden anderer Abstammung. Nicht zu verwechseln ist diese angeborene oder durch systematische Aufrichtung des Halses entstandene Ausbuchtung mit dem abgeführten Halse, welchen wir bei Wagenpferden nicht selten in Folge des anhaltenden Druckes eines Kummtgeschirres antreffen. Meist erkennt man die Ursache einer solchen Formveränderung des Halses an der verwirrten oder abgenützten Mähne, oft sogar findet man die Haut an dieser Stelle durchgescheuert, verwundet und mit weißen Haaren besetzt.

Aus der Beschaffenheit des Kammes kann man einigermaßen auf den Ernährungszustand und Kräftezustand, auf die Leistungsfähigkeit des Pferdes schließen. Ein lockerer, aufgedunsener, wackliger Kamm spricht für unedle Abstammung und extensive Fütterung, während ein fester, straffer, dünner Kamm auf edles Blut und auf Ernährung mit Körnern, auf Leistungsfähigkeit hindeutet; man sagt, wenn der Kamm recht straff und hart sich anfühlt, das Pferd ist in „guter Condition."

Die Mähne besteht aus langen Haaren, welche von dem Kamme über die Seiten des Halses herabhängen. Schlichte, feste, nicht sehr zahlreiche Mähnenhaare hängen schwer und glatt am Halse herab und werden immer als Zeichen guter Abkunft betrachtet; unedle Mähnenhaare hängen dagegen locker, zahlreich, zottig und gerollt am Halse herab und werden stets nur bei Pferden gemeinerer Abkunft getroffen. Bei Reitpferden gewöhnt man die Mähne auf die linke Seite des Halses, um sie beim Aufsteigen bequem erfassen zu können, und um nicht beim Eingreifen in die Zügel mit der rechten Hand durch die Haare genirt zu sein. Bei Wagenpferden läßt man sie je auf der äußern Seite des Halses, also bei dem Sattelpferde links, bei dem Handpferde rechts herab= hängen; die auf beiden Seiten herabhängende Mähne heißt die ge= spaltene oder Doppelmähne, welche meist blos bei gemeinern Pferden getroffen wird; die Mähne ist oft sehr lang, oft aber auch nur ganz kurz und nicht hängend, sondern aufrecht stehend, auch un= terscheidet man sie als reich oder arm, gleich oder ungleich 2c. Bei Fohlen steht die Mähne immer aufrecht und locker, ist nie straff und schlicht, sie legt sich aber schon nach einem Jahre; bei schweren Zugpferden wird sie unter dem Kummet abgerieben und bei alten Pferden leicht und arm. Von Pferdehändlern wird sie nicht selten berupft, um einer schweren Mähne eine leichte Beschaffenheit und dem gemeinern Pferde ein edleres Aussehen zu verschaffen. Um die Mähne zu conserviren und groß zu ziehen, ist es gut sie in Zöpfe zu flechten. Eine eigenthümliche Verwirrung und Bildung dreithei= liger unregelmäßiger Zöpfe kommt nicht selten vor und wird von dem Vorurtheil des Volkes „Hexenzopf" benannt. Meist entstehen solche selbstständige Verflechtungen, wenn die Mähnenhaare durch Schwitzen klebrig geworden sind, und die Thiere in nervöser Auf= regung sich öfter mit dem Halse schütteln. Man trifft es mehr bei etwas schwächlichen sogar kränklichen Pferden, die eben deßwegen leichter schwitzen und einen mehr klebrigen Schweiß absondern. Das Volk behauptet dann, es sei nur deßwegen kein Gedeihen bei solchen Pferden, weil sie von den Hexen, welche die Zöpfe flechten, geplagt und geritten werden.

Die Seitenflächen sind vorzugsweise durch breite und starke Muskeln gebildet, deren Gestaltung man bald mehr, bald weniger deutlich unter der Haut erkennen kann, hiernach unterscheidet man einen fetten und magern Hals. Gruben in den Muskeln der Seitenflächen heißen Lanzenstiche und sind als zufällige Natur= spiele zu betrachten. Haarwirbel an den Seiten des Halses nennt man die Aehren oder römische Degen. Am obern Ende des Halses, neben dem hinteren Rande des Unterkiefers verlaufend, be= finden sich die beiden Ohrspeicheldrüsen oder Feifeln, deren Beschaffenheit für den Ansatz des Kopfes von Einfluß ist: zuweilen

kommen Vereiterungen dieser Speicheldrüsen vor in Folge von Ab=
lagerungen bei der Drüsenkrankheit, in Folge starken Herbeizäumens
bei strenger Dressur.

Die Drosselrinne ist eine bald seichtere bald tiefere Rinne,
welche die Seitentheile des Halses von der Kehle abscheidet, sie
enthält, sehr nahe unter der Haut, die aus den Venen des Kopfes
zusammengesetzte Drosselblutader, die zum Aberlassen benützt wird.

Die Kehle bildet den untern Rand des Halses mit der Luft=
röhre, fängt am Kehlgange des Kopfes an und erstreckt sich bis
zur Brust. Am obern Ende ist sie etwas dicker durch den Kehl=
kopf, unter demselben gewahrt man zu beiden Seiten kleine rund=
liche Erhabenheiten, nämlich die Kropfdrüsen oder Schilddrüsen.

Je nach Geschlecht, Race und Individualität zeigt sich der
Hals verschieden, und ist die Formation von großem Einfluß auf
Gang und Gewichtsvertheilung:

Der schlanke und dünne Hals (Fig. 35) ist schwach und
entbehrt daher der
Stätigkeit in der Hal=
tung; wenn dieser
Formfehler im höch=
sten Grade ausge=
bildet ist, nennt man
einen solchen Hals
wohl auch Gänsehals
(Fig. 37).

Der verkehrte
Hals (Fig. 36) hat
an seinem oberen
oder hinteren Rande
oder Kamme eine

Fig. 35.
Schlanker Hals.

Fig. 36.
Verkehrter Hals.

mehr oder weniger starke Aushöhlung; das Pferd stellt sich bei sol=
chem Bau nur selten angenehm an die Hand, und das Mundstück
stößt sich gerne an die ersten Backzähne, wodurch die Einwirkung
auf die Laden fast ganz verloren geht.

Der verdrehte Hals hat an irgend einer Stelle eine seitliche
Ausbiegung, wodurch die richtige Wirkung der Zügel auf den gan=
zen Mechanismus des Pferdes beeinträchtigt und erschwert wird.

Fig. 37. Gänsehals.

Der Schwanenhals (Fig. 38) ist lang und schlank, nur an dem obern Theile des Kammes gebogen, geht unten etwas ausge-

Fig. 38. Schwanenhals.

schnitten in den Widerrist über, ist an den Seiten-flächen trocken, mit deut-lichen Muskelausdrücken versehen, und an der durch scharfe Drosselrin-nen getrennten Kehle an-fänglich mit einem schönen Kehlausschnitte begabt; er steigt in einer mäßi-gen Wölbung abwärts und geht mit einer sanf-ten Vertiefung in die Brust über; er zeigt einen guten Kopfansatz und hohen Aufsatz und alle Vortheile der Beweg-lichkeit, Stätigkeit und des richtigen Gleichgewichts in sich vereinigt, so daß er ohne Zweifel als die beste und schönste Halsform bezeichnet zu werden verdient,

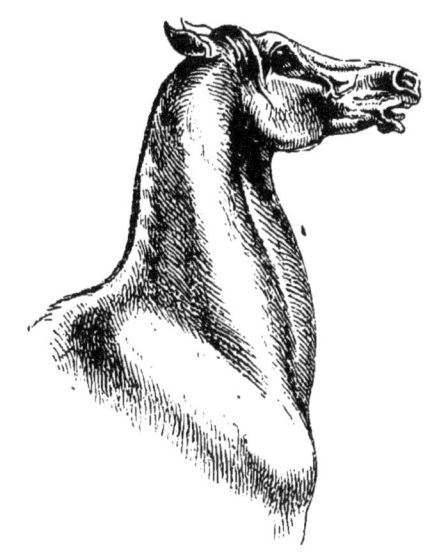

Fig. 39. Hirschhals.

meist wird er erst durch gründliche Dressur aus einem schlanken Halse (Fig. 35) herangebildet.

Der Hirschhals (Fig. 39) hat einen fast geraden oder wenig gebogenen Kamm, starke, fleischige Seitentheile und eine volle, kropfig vorwärts gewölbte Kehle; er ist zuweilen mit einem fehlerhaften Ansatz des Kopfes verbunden, wodurch er geringe Beweglichkeit besitzt; er veranlaßt gerne die sog. Sternguckerstellung. Solche Pferde tragen meist die Nase in den Wind und entziehen sich der Wirkung des Gebisses; zwar ist ihr Gang flüchtig, aber nicht ganz sicher, da sie den Boden nicht sehen. Oft findet man diese Halsbildung bei ganz edeln Pferden.

Der kurze und dicke Hals (Fig. 40) zeigt einen tiefen Ansatz, niedrigen Aufsatz und oft eine im Genick das Oberhaupt

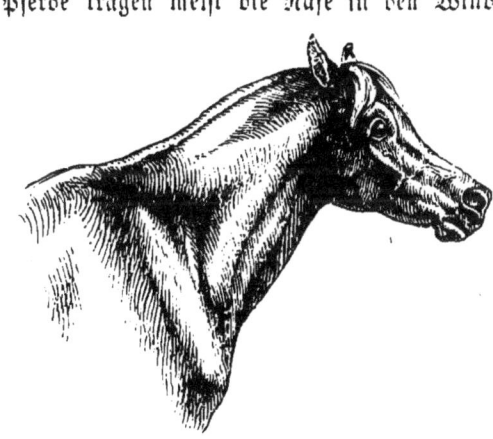

Fig. 40. Der kurze und dicke Hals.

überragende Wölbung. Er wird als Schweinehals bezeichnet, wenn diese häßliche und fehlerhafte Form zugleich mit breiter

Stellung der großen und baumelnden Ohren angetroffen wird. Diese Form ist eine Eigenthümlichkeit gemeiner Racen. Sie erschwert die Beizäumung, erleichtert die Steifungen des Genickes und belastet das Vordertheil, daher taugt sie nicht für Reitpferde, während sie beim schweren Zuge durchaus nicht stört.

Der Speckhals (Fig. 41) hat einen sehr starken, dicken, mit Fett überladenen Kamm; zeigt sich derselbe noch regelmäßig verlaufend und straff, wie dies bei besseren Halsformen der Fall ist, so nennt man es stehenden Speckhals, zum Unterschiede vom hängenden Speckhals oder Hängehals (Fig. 42), bei welchem die Schwere des mit Fett überlasteten Kammes denselben auf eine Seite neigt. Der Speckhals bedingt eine Ueberladung des Vordertheils, beschränkt die Beweglichkeit der Schulter und ist häufig die Ursache einer unangenehmen Führung. Man kann den Speckhals durch örtliches Schwitzen, sowie durch allgemeine Schweiße etwas vermindern. Man

Fig. 41. Speckhals.

Fig. 42. Hängender Speckhals.

unterstützt solche Schwitzcuren durch Aloepillen und dicke Umhüllungen des Halses während der Arbeit. — Im Allgemeinen hat der Hengst immer einen stärkern Hals als die Stute, und derselbe wächst gerne bis zum Speckhalse heran. Durch frühzeitige Castration kommt der Hals nicht zu starker Entwicklung, daher Wallachen auch meist einen schwächern, den Stuten ähnlichen Hals zeigen.

Die Stellung des Halses verändert sich oft auffallend durch die Dressur, indem das dressirte Pferd den Hals hoch, oben sanft gebogen trägt, wobei der Kopf eine der senkrechten Linie angenäherte Stellung einnimmt, während das nicht dressirte Pferd den Hals und Kopf mehr gerade nach vorwärts streckt und oben nicht abbiegt.

Ein gut gebildeter Hals soll, sowohl bei dressirten als nicht dressirten Pferden, von der Brust und dem Widerrist aus immer in einer nur mäßig schiefen Richtung in die Höhe steigen, allmälig an Breite und Dicke abnehmen, oben sanft gebogen, leicht sich mit dem Kopfe verbinden, weder steif noch schwankend sein und während der Bewegung ruhig getragen werden, während ein nur niedrig getragener, ungelenkiger, steifer, oder stets schwankender, während der Bewegung schnellender oder wackelnder Hals immer als tadelnswerth zu bezeichnen ist.

Am Halse kommen verschiedenartige Gebrechen und Mängel (Fig. 43) vor: die Genickbeule, Maulwurfsgeschwulst oder Nackenfistel ([1]), eine anfangs entzündliche Geschwulst, welche leicht in Eiterung übergeht und bösartige, hartnäckige und schwer zu heilende Hohl- und Fistelgeschwüre darstellt, oder aber verhärtet; der Mähnengrind ([2]), eine Ausschlagskrankheit am Kamm-

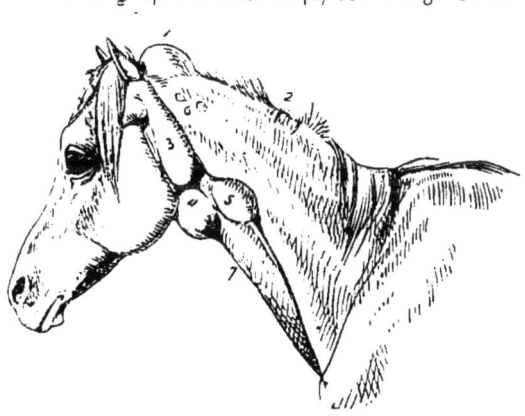

Fig. 43. Mängel des Halses.

1) Genickbeule.
2) Mähnengrind.
3) Feifelgeschwulst.
4) Kropf.
5) Aderkropf.
6) 7) Haarseil u. a. Narben.

rande des Halses, wobei die Deckhaare ausfallen und kleine, fressende Hautgeschwüre sich erzeugen; der Weichselzopf, eine aus allgemeinen Krankheitszuständen entstandene Entartung und Verfilzung der Mähne in Folge klebriger Ausschwitzung an Wurzel und Schaft der Mähnehaare; übrigens kommen auch einfache Verwirrungen und Verfilzungen aus örtlichen Einwirkungen, Unreinlichkeit 2c. vor. Anschwellungen der Ohrspeicheldrüsen (³), welche entweder entzündlich oder verhärtet sein können, wodurch die Beweglichkeit des Kopfes 2c. beeinträchtigt wird. Anschwellungen der Schilddrüsen (⁴), sogenannter Kropf, welcher, abgesehen davon, daß es ein häßliches Ansehen gibt, auch noch Athmungsbeschwerden erzeugen kann. Der Aderkropf (⁵), eine Ausdehnung der Drosselblutader, sowie die Aderfistel, ein geschwüriger Zustand derselben Ader, welcher meist durch ungeschickte Behandlung bei und nach dem Aderlassen entsteht, sind häufig von Nachtheil für die Blutcirculation; Narben am obern Theile des Halses (⁶), von daselbst gezogenen Haarseilen, von Scharfsalben u. dgl. deuten auf früher erstandene Kopf- und Augenkrankheiten, Narben am Kehlrande des Halses (⁷), auf Luftröhrenschnitt; kahle oder mit weißen Haaren besetzte Stellen am obern Theile des Halses kommen meist von Koppriemen; kahle Flecken an den Seiten von Raude, Flechten u. s. w.

Siehe diese Fehler zum Theil in Figur 11.

§. 68.
Der Widerrist.

Der Widerrist, Widerhorst, die Schuft (Fig. 44, ¹) ist der vordere gegen den Hals sich erhebende Theil des Rückgrates, der sich beiderseitig mit den Schultern verbindet. Er wird von den sehr langen, sich nach rückwärts immer mehr verkürzenden und in schräger Richtung von vorne nach hinten stehenden Dornfortsätzen des 4ten bis 10ten Rückenwirbels gebildet, über deren obere etwas verdickte Enden das nahe unter der Haut liegende runde, strangartige Nackenband hinwegläuft. Er dient den Muskeln der Schulterblätter, welch letztere mit ihren Knorpeln beinahe zur Höhe des Widerristes reichen, zur Anheftung.

Der hohe Widerrist zeigt sich durch einen mäßig tiefen

Ausschnitt vom Halse deutlich abgeschieden, erhebt sich mindestens um 1—1½ Zoll über die höchste Stelle der Kruppe und verläuft fast bis zur Mitte des Rückens; in dieser Eigenschaft verleiht er dem Rumpfe und der zu tragenden Last eine der gleichen Gewichts= vertheilung auf alle vier Füße günstige Lage, aber auch dem Wa= genpferde entschiedene Vortheile in der Bewegung und wird deßhalb als schön und gut bezeichnet.

Der scharfe Widerrist besteht darin, daß bei gut gebildetem, hohem Widerrist die Muskeln schlecht genährt, seine Seitenflächen also mager sind, so daß die Haut blos über die Knochen herge= spannt erscheint. Ein solcher Widerrist kann daher von dem Ge= schirre, Kummet oder Sattel sehr leicht verletzt werden, er findet sich selten als eigenthümliche Bildung bei sonst kräftig entwickelten Pferden, ist dagegen meist durch Krankheiten, große Anstrengung, kärgliche Ernährung und anderes Ungemach entstanden.

Der niedere Widerrist zeichnet sich durch eine unter der Norm stehende Höhe aus, indem er nicht höher, sondern tiefer als das Kreuz steht; er ist fehlerhaft, weil er der zu tragenden Last nicht die gehörige Lage verleiht, den Sattel nach vorne rutschen läßt und hierdurch das Vordertheil beschwert; in dieser Eigenschaft ist er zum Reitdienste nicht zweckmäßig, wohl aber zum Wagendienste.

Der kurze Widerrist verliert sich von der höchsten Stelle des Widerristes, dem 5ten bis 7ten Rückenwirbel, zu schnell in den Rücken, verlegt die zu tragende Last zu weit nach vorwärts, ist meist mit steilen Schultern verbunden und befähigt daher das Pferd nur wenig zum Reitdienste.

Der zu wenig markirte Widerrist zeigt eine zu geringe Abscheidung vom Halse und erscheint gleichsam als Fortsetzung des= selben, er ist meist auch zu nieder und theilt mit diesem alle Nach= theile, er gilt weder als gut noch schön; mangelt ihm dagegen nur der sanfte Ausschnitt am Kamme, der den wohlgebildeten auszeich= net, so ist dies zwar unschön aber nicht fehlerhaft.

Der fette oder runde Widerrist zeigt sich mit vielem Fett, Zellgewebe und lockerer Muskelmasse überladen, er ist ein Zeichen gemeiner Race und schlaffen Körperbaues.

Der Hengst hat immer einen höhern, stärkern und muskulösern Widerrist und bedarf daher das Geschlecht bei der Beurtheilung

des Widerrists eine besondere Würdigung; die Stuten haben dagegen wegen des natürlich stark entwickelten Beckenbaues einen verhältnißmäßig niedrigen Widerrist, ohne daß diese Bildung als
fehlerhaft bezeichnet werden dürfte. Der Widerrist ist manchfachen
Verletzungen ausgesetzt, indem durch den Druck des Kummets und
Sattels Entzündungen erzeugt werden, welche Erguß von Flüssigkeiten oder Absceßbildung bedingen, Brandflecke bilden und in weiterer Folge nicht selten hartnäckige und selbst gefährliche Leiden,
die Widerristschaden, darstellen. Bei solchen entstehen zuweilen
jauchige Zerstörung des Nackenbandes, Beinfraß an den Dornfortsätzen der Rückenwirbel, Fistelgeschwüre ꝛc., die das Pferd längere
Zeit zum Dienste untauglich machen. Nach solchen geheilten Wider-
ristschäden erzeugen sich auf dem Widerriste kahle, haarlose Narben
und weißbehaarte Flecken, und die Pferde werden durch ein solches
Leiden oft für lange Zeit mißtrauisch und bösartig gegen die Menschen, ertragen den Sattel und das Geschirr nicht mehr und versagen den Dienst.

§. 69.
Der Rücken.

Der Rücken im engern Sinne (Fig. 44, [2]) ist der obere Theil
des Pferdekörpers hinter dem Widerriste und vor den Lenden; im

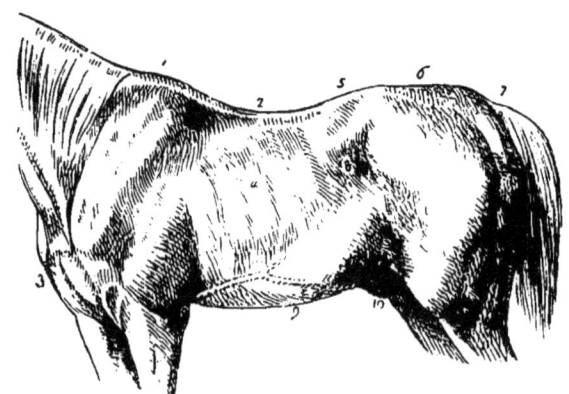

Fig. 44. Der Rumpf.

1) Der Widerrist.	5) Die Lenden.	9) Der Bauch.
2) Der Rücken.	6) Die Kruppe.	10) Der Schlauch.
3) Die Brust.	7) Der Schweif.	11) Das Geschröte.
4) Die Rippen.	8) Die Flanken.	

gemeinen Leben nennt man alles, was zwischen Widerrist und Kreuz liegt, Rücken (Rücken im weitern Sinne). Ihm dienen hinter dem Widerrist noch die übrigen 8—9 Rückenwirbel mit ihren niedrigen, immer mehr senkrecht und an den letzten von rückwärts nach vor= wärts mit der Spitze gestellten Dornfortsätzen, nebst dem darüber hinweglaufenden Nackenbande und den beiderseitig gelegenen, langen Rückenmuskeln zur Grundlage, über welche Theile die Haut so straff hergezogen ist, daß sie sich daselbst nicht mit den Fingern ergreifen und in Falten legen läßt. Er ist im natürlichen und regelmäßigen Zustande gerade, oder nur sehr wenig eingebogen, von mäßiger Länge, und beim wohlgenährten Pferde von solcher Breite, daß sich die Mitte kaum oder gar nicht scharf erhebt und mit den Seiten= theilen fast in einer Ebene liegt. Eine solche Beschaffenheit des Rückens gilt als gut und schön, denn hiebei ist die Einwirkung d. h.

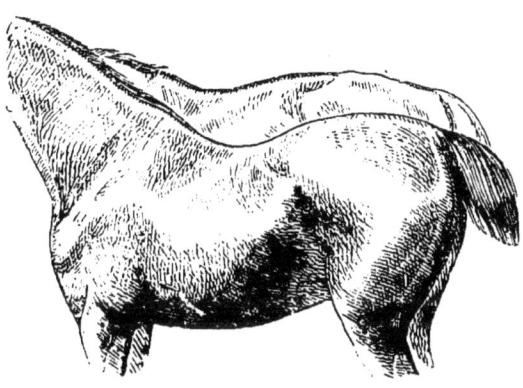

der Nachschub von der Nachhand auf die Vorhand am voll= kommensten und die Tragfähigkeit des Rückens eine gün= stige. Abweichungen von dieser normalen Richtung sind:

Der Senkrücken, tiefer Rücken, Sat= teltiefe, eingesat= telt, (Fig. 45); der Rücken verläuft, statt

Fig. 45. Senkrücken.   Fig. 46. Karpfenrücken.

gerade vom Widerrist aus mit einer mehr oder weniger starken Einbiegung bis zu den Lenden. Gewöhnlich ist bei dem Senkrücken der Widerrist hoch und der Aufsatz gut, die Bewegung angenehm aber nicht dauerhaft; der Senkrücken ist sehr selten angeborener Bildungsfehler, sondern erst erworben, entweder durch Erweichung der Knochen der Wirbelsäule nach der Füllenlähme, durch zu früh= zeitigen Reitdienst, vorgerücktes Alter oder häufige Trächtigkeit bei Stuten, Beschälen beim Hengste, extensive Fütterung der Fohlen, zu hohes Aufrichten und Aufsetzen u. s. w. entstanden.

Der Karpfenrücken oder der hohe Rücken (Fig. 46); ist
mehr oder weniger nach anfwärts gebogen, gewölbt, meist mit einem
kurzen Widerriste verbunden, lang, schmal und oben scharf, er hat
zwar beträchtliche Tragkraft, ist aber steif, daher er für den Pack=
sattel, wenn dieser so eingerichtet ist, daß er den Rückgrat nicht
verletzen kann, wohl paßt, für den Reitdienst aber nicht taugt; meist
ist diese Rückenform die Folge übermäßiger Anstrengung im Zuge
in früher Jugend bei noch fortdauerndem Weidegang.

Der scharfe oder magere Rücken, oder Eselsrücken ist
oben, statt mit den Seitentheilen eine gleichmäßige Wölbung zu bil=
den, durch die zu sehr emporstehenden Dornfortsätze scharf erhaben,
öfters mit großer Armuth der am Rücken gelegenen Muskeln ver=
bunden und kommt bei alten, abgetriebenen und abgemagerten Pfer=
den vor, selten blos in Folge zu hoher Dornfortsätze.

Der breite, gespaltene Rücken zeigt bei sehr niedrigen
Dornfortsätzen die Weichtheile des Rückens von solcher Fülle, daß
sie in der Mitte des Rückens eine vertiefte Rinne erkennen lassen;
der gespaltene Rücken wird von Vielen für stark gehalten, während
er, meist in einer Aufgedunsenheit und übermäßigen Fettablagerung
in den Muskeln begründet, diese Ansicht nicht rechtfertigt, und meh=
rentheils bei gemeineren Pferden getroffen wird.

Die Länge des Rückens verdient besondere Beachtung. Man
meint häufig den Rücken im weiteren Sinne, wenn man von einem
langen Rücken spricht und rechnet dann die Lenden noch dazu; ist
nun die Länge mehr von den Lenden abhängig als vom eigentlichen
Rücken, so ist dies unbedingt zu verwerfen; ein solcher Rücken hat
weder Kraft noch Dauer. Anders ist es dagegen, wenn die Länge
vom eigentlichen Rücken herkommt, denn dieser Theil hat durch die
Anlagerung der Rippenpaare von der Seite her eine Unter=
stützung; ist dieser etwas lang, so ist dies freilich auch nicht unbe=
dingt als gut anzusehen, wohl aber dann, wenn wie beim englischen
Vollblut die Faser sehr stramm ist. Pferde mit einem in dieser Art
langen und gut gebildeten Rücken bei wohlgeschlossenen starken Len=
den, zeichnen sich durch räumige, kräftige und daher eben so flüchtige
als ausdauernde Bewegungen vortheilhaft aus; bei dieser Bildung
stehen dann die vorderen und hinteren Fußpaare weit auseinander
und es macht das Spiel der Glieder größere Exkursionen. Hat nun

das Pferd vermöge seines edlen Bluts hinreichende Kraft, um diese, weil größeren um so anstrengenderen Actionen in guter Dauer aus=zuführen, so wird ihm die Länge seines Rückens nützen; ist aber dies nicht der Fall, so ist freilich ein langer Rücken auch im engern Sinne verwerflich. Bei langrückigen englischen Pferden hat man schon statt 18, 19 Rückenwirbel angetroffen.

Der steife Rücken läßt einen auffallenden Mangel an Bieg= samkeit erkennen und ist oft in einer Verknöcherung, der die Körper der Rückenwirbel verbindenden Faserknorpel begründet, er kommt meist bei alten Sattel= und Packpferden vor und erweist sich für den Reitdienst nur wenig geeignet. Der Rücken ist verschiedenarti= gen Verletzungen unterworfen, die durch Druck des Sattels und des Gepäcks entstehen und entweder entzündete Geschwülste, oder eiternde Wunden und Geschwüre, oder Brandflecke, oder verhärtete Erhaben= heiten, Schwielen u. dgl. darstellen; auch Spuren scharfer Einrei= bungen finden sich zuweilen vor und lassen befürchten, daß früher Schwäche im Rücken, Kreuzlähme oder eine Harnkrankheit bestand und behandelt wurde.

§. 70.
Die Brust.

An jedem Rückenwirbel sind je 2 Rippen, also 18 Paare an= gebracht, welche in tonnenförmiger Wölbung von oben nach unten laufen, sich unten durch elastische knorpelige Fortsetzungen mittel= oder unmittelbar an dem aus Knochenstücken und Knorpelmasse bestehenden Brustbeine befestigen und die Brusthöhle bilden; diese enthält die lebenswichtigen Eingeweide, Lungen, Herz, die größern Blutgefäße, viele Nerven, den Schlund und andere Theile und läßt äußerlich den vordern Theil der Brusthöhle als sogenannte Brust (Fig. 44, [3]), und die Seitenwände der Brusthöhle als Rippen oder Rippenseiten unterscheiden.

Der vordere Theil der Brusthöhle, oder die Brust ist der Theil am Pferdekörper, der vorne unter dem Halse, zwischen den Schultern liegt und sich von da zwischen den beiden Vorderfüßen hindurch bis zum Anfang des Bauches erstreckt; ihr dienen die ersten Rippenpaare und das Brustbein mit seinem Knorpel zur Grundlage, an welchem sich mehrere Muskeln befestigen, über welche die hier feinere Haut lose hergezogen ist. An der Brust unterscheidet man einen vordern oder obern Theil, die Vorderbrust, und einen hin= tern oder untern Theil, die Unterbrust. An der Vorderbrust zeigt sich in ihrer Verbindung mit dem Kehlrande des Halses eine seichte, zwischen zwei muskulösen Erhabenheiten, den sogenannten Brust= hügeln liegende Vertiefung, die Brustgrube (Fig. 47, [1]) und nach abwärts verlaufend eine seichte Vertiefung, die Brustfurche (Fig. 47, [2]). Die Unterbrust ist durch die Armgruben (Fig. 47, [3])

von den Vorderschenkeln getrennt, von faltiger Be= schaffenheit, zwischen den beiden Vorderfüßen hin= durchgehend und zu bei= den Seiten von den an den Rippen hin verlaufen= den Sporadern begränzt. Da diese Form der Brust von der Wölbung der Rippen so wie von der Anlagerung der Schul= tern abhängt, die Brust= form also sowohl für die

Fig. 47. Brust.   **Fig. 48. Löwenbrust.**

Räumlichkeit der Brusthöhle, als auch für die richtige Anlagerung der Vorderfüße von wichtigem Einflusse ist, so verdient die Brust wohl eine aufmerksame Betrachtung. Größere Rippenwölbung be= dingt auch eine weitere Räumlichkeit der Brusthöhle, eine weitere Stellung der Vordergliedmaßen. Hienach ist eine breite Brust nicht nur als schön, sondern auch als gut und vortheilhaft anzu= sehen, während das Gegentheil, eine schmale Brust, für die Ent= wicklung der Brusteingeweide und Bewegung der Gliedmaßen un= günstig ist. Als bekannteste Brustformen sind folgende zu bezeichnen:

Die Löwenbrust oder die zu breite Brust (Fig. 48) ist sowohl in einer gar zu beträchtlichen Wölbung der Rippen, als auch in einer zu weiten Stellung der Schultern begründet und zeigt an der Brust dicke und starke, mit vielem Fett durchwachsene Muskeln, so daß die ganze Brust eine starke Fleisch= und Fettmasse darstellt, an welcher weder Brustgrube, noch Brustfurche deutlich zu unter=

scheiden sind. Die Löwenbrust belastet das Vordertheil, beschränkt die Gewandtheit der Bewegung und befähigt solche Pferde wohl für langsamen Zug, aber nicht für gewandte und dauernde Bewegung; häufig bedingt eine so gar breite Brust ein Hinausdrängen der charnierartigen Ellbogengelenke, wodurch die Unterfüße bei der Bewegung nach auswärts gedreht und zum „Fuchteln" oder „Schöpfen" veranlaßt werden, auch stehen so sehr breite Pferde nicht selten unten in den Zehen eng und streifen sich besonders gerne an der Krone.

Die enge oder schmale Brust besteht in zu geringer Breite der Brust und ist in flacher Rippenwölbung und zu enger Stellung der Schultern nebst geringer Muskulatur begründet. Bei der schmalen Brust werden die Athmungswerkzeuge in ihrer Thätigkeit behindert und gewöhnlich stehen die Füße unten bodenweit, in den Ellbogen aber enge, während umgekehrt bei der zu breiten Brust häufig Bodenenge gefunden wird. Die Natur scheint durch die bodenweite meist Tanzmeisterstellung dem in der Anlage schmalen Gestelle wenigstens unten eine breitere sichere Basis geben zu wollen. Die Bewegung der Schultern an einer schmalen, also auch mehr flachen Brust ist gewöhnlich eine freiere als bei einer starken Rippenwölbung, daher finden wir bei schmaler Brust häufig einen recht

schulterfreien eleganten Tritt. Eine schmale Brust wird besonders auffallend, wenn die Thiere zugleich mager sind.

Die hohle oder Ziegenbrust (Fig. 49) besteht in einer zu beträchtlichen Vertiefung der Brustgrube, bei enger und magerer Beschaffenheit der ganzen Brust,

Fig. 49. Ziegenbruft.   Fig. 50. Habichtsbruft.

sie theilt die Nachtheile mit der vorgenannten Brustform und gilt daher, wie jene, für gleich häßlich und fehlerhaft.

Die Habichtsbrust (Fig. 50); bei dieser steht das vordere Ende des Brustbeins, namentlich der sogenannte Schnabelknorpel, zu sehr hervor, so daß die Brust an der Stelle der Brustfurche eine auffallende Wölbung nach vorwärts erhält. Dabei ist sie meist enge und mager und gilt nicht für schön und gut.

Die Hahnenbrust (Fig. 51) ist der vorigen ähnlich, doch ist

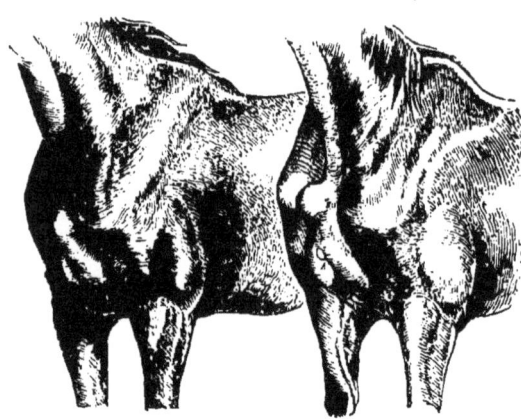

die Brust dabei breit, fleischig und stark, daher diese Form von Manchen für ein Zei= chen der Kraft und Stärke gehalten wird.

An der Brust kommt öfters eine kalte Geschwulst nach Druck und Quetsch= ung, die sogenannte Brustbeule vor (Fig. 52 a), welche in einem Balge eine eigen=

Fig. 51. Hahnenbrust.   Fig. 52. Brustbeule.

thümliche Flüssigkeit oder eine weiche, speckige oder schwammige Masse enthält, das Pferd im Zugdienste hindert; seltener aber ge= wahrt man eine heiße, sehr schmerzhafte Geschwulst, die sogenannte heiße Brustbeule, die, von heftigem, allgemeinem Fieber beglei= tet, gefährlich ist und oft in kurzer Zeit zum Tode führt. Anschwel= lungen und Entzündungen in den Armgruben entstehen durch Rei= zungen der Haut in Folge von Koth, der sich in die Falten derselben eingesetzt hat, durch den sich Pferde mit schlechter Fußstellung, feh= lerhaftem Gange u. s. w. bei heftigem und langem Laufen auf morastigen Wegen verunreinigen und wund reiben; ähnliche Reizungen entstehen öfters auch ohne Koth durch das Wundgehen bei Pferden mit schmaler Brust und schlechtem Gange. In der Brustfurche oder auch an der Unterbrust befindliche Narben (Fig. 52 b) zeugen von daselbst wegen verschiedener Krankheiten gesetzten Haarseilen und Fontanellen, müssen also zu genauer Untersuchung des allgemeinen Gesundheitszustandes auffordern.

§. 71.
Die Rippen.

Die Rippen bilden die Seitentheile des Brustkorbes (Fig. 44, [4]), sie werden vorne von den Schultern überdeckt, sind also nur von dem hintern Rande der Schultern bis in die Weichen deutlich wahrnehmbar. Auf den knöchernen Rippen und zwischen denselben liegen Muskeln, über welche die Haut ziemlich straff hergezogen ist, so daß stark gewölbte Flächen entstehen, die vom Rücken bis zur Unterbrust und zum Bauche herabreichen. Gutgewölbte Rippen müssen in einer starken Rundung von dem Rücken ausgehen und sich fast in gleicher Wölbung nach abwärts fortsetzen; hiedurch wird eine geräumige Brusthöhle gebildet und den Athmungswerkzeugen ausgedehnter Raum gewährt. Gehen dagegen die Rippen blos in einer geringen Rundung von dem Rücken aus, so nennt man sie flach oder platt, wobei der Raum der Brusthöhle zu enge wird.

Von großer Wichtigkeit ist die Tiefe der Brust.. Tief nennt man die Brust, wenn eine Linie, die man sich vom Widerrist senkrecht herunter an das Brustbein gezogen denkt, verhältnißmäßig lang ist, nieder, wenn dies nicht der Fall ist. Eine etwas schmale Vorderbrust ist für die Schnelligkeit der Bewegungen nicht gerade ungünstig, allein wenn sie dabei nicht tief ist und die Rippen zu flach sind, so ist dies gewiß verwerflich. Das beste Verhältniß ist das, wie man es bei dem arabischen und dem englischen Vollblutpferde antrifft, wo die Brust vorn nicht sehr breit ist, hinter den Ellenbogen aber der Rippenkorb bedeutend auseinandergeht und zugleich eine große Tiefe zeigt. Hier ist nicht durch eine allzuweite Schulterstellung der Beweglichkeit Eintrag geschehen, aber doch durch die Tiefe und Wölbung des Rippenkastens dem Herzen und der Lunge ein sehr freier Spielraum gegeben, was unumgänglich nothwendig ist zur Ausdauer und zum guten Athem des Pferdes. Pferde dagegen mit niederer Brust mögen noch so gut geformte Rippen haben, sie werden nicht aushalten und keine raumgreifende Bewegung haben. Die letzte Rippe soll nicht entfernt von der Hüfte sein, was bei Betrachtung der Lenden näher erörtert wird.

Während des Athmens zeigen die Rippen einige Bewegung, indem sie sich beim Einathmen erheben und die Brusthöhle durch

Ausdehnung nach beiden Seiten erweitern, beim Ausathmen sich wieder senken und die Brusthöhle hiebei verengern; diese Beweg= lichkeit des Brustkorbes ist ganz gering am vordern Theil des Brust= korbes, soweit die sogenannten echten Rippen, nämlich die vordersten 8 Paare reichen, erst die hintere Abtheilung mit den 10 falschen Rippenpaaren, welche sich mit ihren Knorpeln nur mittelbar an das Brustbein befestigen, kann sehr bemerkenswerthe Raumveränderungen der Brusthöhle veranlassen. Diese hintere Abtheilung muß, um das Athmen wenigstens in mechanischer Beziehung ungestört vor sich gehen zu lassen, uneingeschränkt durch Gurten, Geschirr, Sattel bleiben; es ist also unnatürlich, eine nach rückwärts schräg über die falschen Rippen verlaufende Gurte als Mittel gegen das Vorrutschen des Sattels anzubringen. Die natürlichste und sicherste Lage einer Gurte ist 2—3" hinter den Ellbogen, so daß das hintere Ende des Brustbeins noch die Unterlage für die Gurte bildet. Der Brust= korb fast aller Pferde ist mit einem liegenden, vorn abgestumpften Kegel zu vergleichen, der den größeren Durchmesser nach hinten, den kleinsten gegen vorn hat; so wird denn auch jede mehr nach hinten liegende Gurte neben der Belästigung für das Athmen noch die Neigung haben nach vorwärts zu gleiten, weil sie vorn einen klei= neren Umkreis zu umfassen hat als hinten, sie findet einen Ruhe= punkt erst, wenn sie am kleinsten Umkreise d. h. fast unmittelbar hinter den Ellbogen angekommen ist.

Beim ruhigen Athmen ist die Bewegung der Rippen so geringe, daß man sie fast gar nicht gewahrt, denn in solchem ruhigen Ver= halten besorgt das Zwerchfell den mechanischen Act des Athmens; nur bei Aufregungen, nach schnellem Laufen u. dgl. wird sie deut= lich sichtbar, beruhigt sich jedoch alsbald wieder und läßt sodann sich kaum mehr und nur in bestimmten Zeiträumen von 6—10 Secun= den erkennen; bei krankhaften Zuständen des Athmens aber wird sie selbst im Stande der Ruhe deutlich und häufig sichtbar und bildet wegen Mithilfe der sich stark zusammenziehenden Bauchmuskeln beim Athmen längs der Knorpeln der hintern Rippen, von den Weichen bis zur Unterbrust, in Folge des Einziehens des Bauches eine rin= nenförmige Vertiefung, die sog. Dampfschnur oder Dampfrinne.

Am untern Ende der Rippenseiten verläuft beiderseitig von hinten nach vorne unter der Haut, deutlich erkennbar, eine ästige

Blutader, die Sporader, welche man früher bei Brust= und Bauch=
leiden öffnete, um daselbst eine entsprechende Menge Blutes abzu=
zapfen. Bei wohlgenährten Pferden zeigen sich die Rippenseiten
glatt und fett, bei magern aber so beschaffen, daß man jede ein=
zelne Rippe deutlich unter der Haut erkennen kann. Die Rippen=
seiten sind mancherlei Beschädigungen bei Reit= und Packpferden

Fig. 53.
Dämpfiges Pferd mit Dampfrinne und krampfhaft
erweiterten Nüstern.

durch den Druck des Sattels ausgesetzt, indem dieser auf den obern
Bogen der Rippen Quetschungen hervorbringt, in deren Folgen
Abscesse, Geschwüre und Brandflecke entstehen und bei glücklichen
Ausgängen nur weiße Flecke zurücklassen; zuweilen zeigen sich aber
auch Vertiefungen oder harte Knoten an den Rippenseiten, die in
Folge von geheilten Rippenbrüchen entstanden; an den untern Thei=
len, am Uebergange in den Bauch, sieht man nicht selten Narben
oder weiße Stichelhaare als Spuren von Spornstichen bei trägen,
widersetzlichen und kollerigen Pferden, auf den Seitentheilen der
Rippen haarlose Stellen oder weiße Platten als Folge der Anwen=
dung von scharfen Einreibungen gegen Krankheiten der Brusteinge=
weide ꝛc.

§. 72.
Die Lenden.

Die Lenden oder auch Nieren genannt (Fig. 44, [5]), erscheinen
als die Fortsetzung des Rückens bis zum Kreuze, und sind beim
lebenden Pferde durch den Absatz an der letzten Rippe von dem
Rücken zu unterscheiden; es dienen ihnen sechs Wirbel, Lendenwirbel,
zur Grundlage, die zu beiden Seiten lange und breite Querfortsätze
haben, an denen sich sehr starke Muskeln befestigen, über welche die
Haut fest und straff hergezogen ist. Bei gutem Körperbau gehen
die Lenden in gleicher Linie von dem Rücken in das Kreuz über
und zeigen sich von ansehnlicher Breite mit schwellenden Muskeln
überwachsen, so daß sie eine kräftige Verbindung des Hintertheiles
mit dem Vordertheile darstellen. Indessen kommen doch mancherlei
Abweichungen vor: die langen Lenden zeigen die einzelnen Len=
denwirbel sehr verlängert, was eine zu lockere Verbindung mit dem
Kreuze begründet, die Kraft in diesem Theile ist dann gemindert
und eine zwar angenehme, aber keineswegs dauerhafte und kräftige
Bewegung ist die Folge; diese Schwäche kann selbst durch starke
Muskeln nicht vollständig ausgeglichen werden.

Die kurzen Lenden, die entweder in verkürzter Beschaffen=
heit oder verminderter Anzahl der Lendenwirbel begründet sind.
Eine sehr innige Verbindung des Hintertheiles mit dem Vordertheil,
beträchtliche Kraft in diesem Körpertheil und eine kräftige und dauer=
hafte, aber nicht immer angenehme Bewegung wird hiebei statt=
haben. Da sie sehr stark sind, so werden sie immer für den Reit=
dienst besonders geschätzt. An Skeleten einzelner arabischer Pferde
z. B. am Smetanka, dem Stammvater einer Familie Orloffscher
Traber, findet man nur 5 Lendenwirbel.

Die hohen Lenden zeigen eine aufwärts gekrümmte Richtung
in der Mittellinie des Rückgrates, was meist in Gemeinschaft mit
einer ähnlichen Beschaffenheit des Rückens, nämlich mit dem Kar=
pfenrücken vorkommt, in höheren Graden bildet dann die Wirbelsäule
sogar einen Höcker, Buckel; solche hohe Lenden sind kräftig, aber
meist starr.

Die tiefen abgesetzten oder niedrigen Lenden, Wolfs=
lenden, zeigen, den vorigen entgegengesetzt, eine Einsenkung vor

ihrer Verbindung mit dem Kreuze, sie sind oft zugleich schmal und lang und daher schwach.

Die schmalen Lenden, in zu schmalen kurzen oder gar ab= hängig gestellten Querfortsätzen der Lendenwirbel begründet, bieten den betreffenden Muskeln nicht hinreichenden Raum zur kräftigen Entwicklung und müssen immer als schwach bezeichnet werden.

Bei den gespaltenen Lenden ragen die Muskeln über die vielleicht auch zu niedrigen Dornfortsätze der Lendenwirbel empor und bilden so zwischen sich eine Rinne, welche Eigenschaft, wenn sie bei kräftiger, derber Muskulatur und großer Breite der Lenden be= steht, wohl als stark gelten kann und nur dann eine minder schätzens= werthe Eigenschaft ist, wenn die Muskeln schlaff und locker und die Lenden schmal sind. Bei der Bewegung sollen sich die Lenden ganz ruhig zeigen, indem Schwanken mit den Lenden beim Gehen ein Pferd der Schwäche oder einer Krankheit in diesen Theilen oder anderer Mängel und Gebrechen verdächtigt.

An den Lenden entsteht oft Steifigkeit durch Verwachsung eini= ger Lendenwirbel; Schwäche durch Schlaffheit der Knorpeln und Bän= der der Lendenwirbel und der Muskeln besonders nach heftigen Ausdehnungen, durch Schwinden und Lähmungen der Muskeln, nach Quetschungen und anderen gewaltsamen äußern Einwirkungen; Narben an den Lenden zeugen von erlittenen Verletzungen und kahle oder mit weißen Haaren besetzte Flecke von daselbst gegen verschie= dene Krankheiten angebrachten reizenden und scharfen Einreibungen oder dort stattgefundenen Geschirr= und Gepäckbrücken.

§. 73.
Das Kreuz.

Das Kreuz oder die Kruppe (Fig. 44, °) ist der etwas er= habene Theil hinter den Lenden, über den Oberschenkeln der Hinter= füße und vor dem Schweife, welchem das Kreuzbein, die an dieses sich anschließenden Beckenknochen, zunächst die Darmbeine, und die ersten 2—3 Schweifwirbel zur Grundlage dienen, an diesen Kno= chen sind mehrere starke Muskeln angeheftet, die mit der Haut fest und straff überzogen werden. Das Kreuz erscheint vorne etwas

4

breiter als hinten und fängt mit einer durch die beiden innern Win=
kel der Darmbeine gebildeten Erhabenheit gleich hinter den Lenden=
wirbeln an, erstreckt sich, verschiedenartig gestaltet, bis an die
Schweifrübe und geht zu beiden Seiten unmerklich in die Ober=
schenkel über.

Es soll an seiner höchsten Stelle um 1—1½ Zoll niedriger
sein als der Widerrist, eine möglichst gerade Richtung und kann nie
zu große Länge und Breite haben, denn immer ist ein langes und
gestrecktes Kreuz vortheilhafter, als ein kurzes, und ein breites stär=
ker, als ein schmales; doch zeigen Hengste gewöhnlich ein schmaleres
Kreuz als Stuten, daher diese auf Geschlechtsverschiedenheit be=
ruhende Beschaffenheit des Kreuzes bei Beurtheilung desselben wohl
zu berücksichtigen ist. Bei Zuchtstuten ist eine breite Kruppe strenge
zu verlangen, gewöhnlich ist eine solche Kruppe auch höher, daher
Zuchtstuten häufig überbaut erscheinen. Indessen zeigt das Kreuz
nach Länge, Breite, Richtung und Gestalt verschiedene Formen:

Das gerade Kreuz (Fig. 54) zeigt eine fast gerade Linie
von den Lenden bis
zum Schweife ohne
einen Absatz zwischen
den Lenden und dem
Kreuze; es gilt bei
den Meisten für eben
so gut als schön, weil
es nicht nur eine vor=
theilhafte Stellung
der Hinterfüße be=
günstigt , sondern
auch dem ganzen
Körper ein gefälliges

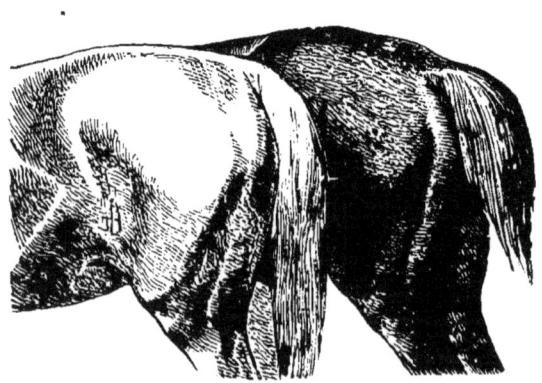

Fig. 54.   Fig. 55.
Gerades Kreuz.   Melonenförmiges Kreuz.

Aussehen verleiht; gemeiniglich ist es auch durch die günstige Anla=
gerung einer derben Musknlatur stark und begünstigt hierdurch meist
einen richtigen, gewandten, elastischen und dauernden Gang; doch
liegt in einer solchen geraden Kruppe nach der Ansicht vieler Prac=
tiker nicht die höchste Leistungsfähigkeit.

Das ovale Kreuz oder die melonenförmige Kruppe
(Fig. 55) ist ziemlich gerade und lang, aber nicht sehr breit, von

guter Verbindung mit den Lenden und von starker Muskulatur, so
daß es schön gerundet in die beiderseitigen Oberschenkel der Hinter=
füße übergeht; auf seiner Mitte befindet sich oft eine seichte, runde
Vertiefung, und dem Schweifansatze zu senkt es sich ein wenig, wodurch
es der Wölbung einer Melone gleicht. Es gilt als vortheilhaft und schön.

Fig. 56.
Kuppelkreuz.

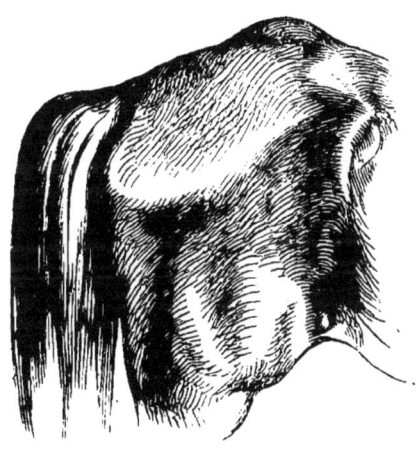

Fig. 57.
Spitziges Kreuz.

Das Hundskreuz oder
die Pinscherkruppe ist
ein gerades Kreuz, welchem
die erforderliche Länge und
oft auch Breite abgeht, es
kommt besonders bei Pfer=
deracen vor, welche in der
Veredlung begriffen sind.

Das runde Kreuz,
die kuppelförmige oder
apfelförmige Kruppe
(Fig. 56) ist nach allen Rich=
tungen gerundet und mit
einer umfangreichen, oft
aber nur schlaffen Musku=
latur ausgestattet; im letz=
tern Fall fehlt ihm die
gehörige Stärke, obgleich
es dem äußeren Ansehen
nach gefällig und im Ein=
klange mit andern Körper=
theilen sogar für schön ge=
halten werden kann.

Das Eselskreuz oder
die Maulthierkruppe,
die nach hinten sich abnei=
gende Kruppe, ist wie ge=
brochen „abgeschlagen",
ohne Rundung, dabei kurz
aber oft stark und muskulös, daher es oft kräftig, für die Dienst=
leistungen vortheilhaft, aber weniger gefällig ist.

Das hohe, spitzige Kreuz (Fig. 57) ist nicht gerade ab=

schüssig, zeigt aber ein starkes Hervorragen der beiden am Kreuz-
beine befestigten, innern Winkel der Darmbeine des Beckens, wodurch
in der Mitte der oberen Linie ein spitziger Höcker entsteht. Seiner
Richtung und Stellung nach bietet es alle Vortheile einer guten
Kruppe, und es erweist sich, da an dem stark ausgebildeten Darm-
bein eine ausgedehnte Muskulatur sich ansetzen kann, meist als stark,
wenn auch nicht als schön, dennoch findet man es nicht selten bei
hochedlen Pferdefamilien.

Das Schweinskreuz (Fig. 58) ist nach beiden Seiten gegen
die nieder gestellten Hüftknochen zu abfallend, „abgeschliffen", schmal,
mager, daher schwach, für die Stellung und Bewegung der Hintergliedmaßen fehlerhaft und häßlich.

Das gespaltene Kreuz (Fig. 59) ist dick, rund und von so
vollen, freilich oft schwammigen Muskeln überdeckt, daß diese in der
Mitte eine der Länge
nach verlaufende Rinne
bilden, wodurch es in
zwei Theile gespalten
wird; da man sich von
ihm viel Kraft und
Stärke verspricht, so
steht es, zumal beim
gemeinen Manne, in
großer Achtung, man
findet es aber, diese
Meinung nicht ganz
rechtfertigend, nur bei

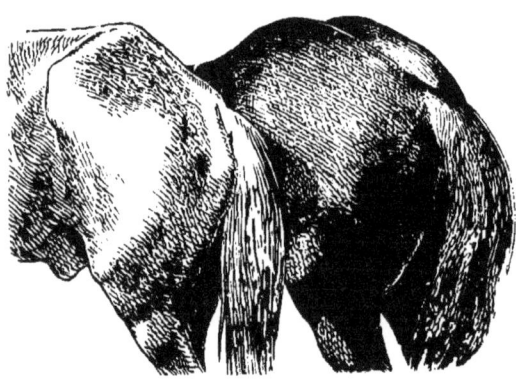

Fig. 58.　　　　　　　Fig. 59.
Schweinskreuz.　　　Gespaltenes Kreuz.

den schlafferen Racen, die freilich mit dem schweren Gewicht, das
sie ins Geschirr legen können, oft wirklich gute Dienste. im schweren
Zuge leisten. Sind solche gespaltene Kruppen nebendem, daß sie
recht breit sind, auch sehr lang, so leistet ein solches Pferd sehr gute
Dienste auch bei etwas rascher Bewegung und auf längere Dauer,
wie wir dies bei vielen Pferdeschlägen, den Percherons, den Pinz-
gauern sehen. Es geht aber dem gespaltenen Kreuz meistens die
gehörige Länge ab.

Der Winkel, welchen die Seiten-Beckenbeine (Fig. 5 b') mit den
Lendenwirbeln (Fig. 5 x) machen, ist für den Hinterfuß von eben

so großer Bedeutung, wie die Lage der Schultern für den Vorder=
fuß. Die Kürze der betrachteten, fehlerhaften Kruppenformen hängt
großentheils von einer zu abschüssigen Lage des Darmbeins ab;
hieraus aber folgt, daß die ganze Gliedmasse sich der Richtung des
Beckens accommodirt, wodurch sie in dem Maaße unter den Leib
gerückt wird, als die Kruppe abschüssig ist. Daher finden wir beim
Schweins= und Kuppelkreuz die unterständige Stellung, welche sehr
nachtheilig, belastend auf die Sprung= und Köthengelenke wirkt.

Die Stellung der Hüften oder Hüftknochen, wie die auf
den Seiten hervorstehenden äußeren Darmbeinwinkel genannt wer=
den, trägt zur Form der Kruppe wesentlich bei; wenn sie die natür=
liche Rundung derselben nicht beeinträchtigen und nirgends starke
Ecken darstellen, nennt man sie gerundete oder verdeckte Hüften.
Stehen sie dagegen zu weit hervor, bilden sie gleichsam aufwärts
gebogene Fortsätze, so heißen sie gehörnte Hüften; sind solche ge=
hörnte Hüften noch mit allgemeiner Abmagerung verbunden, so
nennt man in der Volkssprache ein solches Pferd wohl auch Kap=
penständer. Wenn die Hüften beiderseitig hervorragen und auch
die Beulen der Gesäßbeine des Beckens stark hervorstehen, so er=
scheint dies als „viereckige Kruppe".

An der Kruppe und an den Hüften kommt ein einseitiges oder
beiderseitiges Schwinden der Muskeln als Folge verschiedener Krank=
heiten, chronischer Rheumatismen, Spat, Hüftgelenklähme und dgl.
vor. Es zeigt sich dann nicht blos auffallende Magerkeit, sondern
auch beträchtliche Schwäche und Kraftlosigkeit in Stellung und Be=
wegung des ganzen Hintertheiles. Narben von Haarseilen, kahle
Flecken als Spuren scharfer Einreibungen beurkunden früher statt=
gehabte Behandlung von Hüftlahmheiten, Schwäche und Lähmung
des Hintertheiles. Die Hüften findet man zuweilen ungleich, die
eine tiefer gestellt als die andere; diese Einhüftigkeit ist meist
die Folge eines Bruches am äußeren Darmbeinwinkel; wenn solcher
frühzeitig im Fohlenalter geheilt wurde, so ist er für die Stellung
und Bewegung von keiner großen Bedeutung, stört aber das äußere
Ansehen, wenn er später erst vorkam, so bemerkt man, daß dieser
Fehler einer dauernden und anstrengenden Bewegung auffallend
nachtheilig ist, es gehen fast immer solche einhüftige Thiere, wenn
auch nicht vollständig lahm, doch ungleichmäßig; immerhin hängt die

Bedeutung der Einhüftigkeit ab von dem Grade derselben, von der Stelle wo die Hüfte oder das Becken mehr in der Tiefe gebrochen ist. Diese Einhüftigkeit ist nicht zu verwechseln mit dem einseitigen Abmagern oder Schwinden einer Hüfte, was bedenklicher ist.

§. 74.
Der Schweif.

Der Schweif (Fig. 44, [7]) ist der lang behaarte Theil am Ende des Kreuzes. Er hat zur Grundlage jene 12—14 sich all- mählig verkürzenden und dünner werdenden Wirbel, die als das Endstück der Wirbelsäule zu betrachten sind; an den Schweifwirbeln sind ringsum, oben starkfleischige, nach unten sehnige Muskeln an- geheftet, die den Schweif nach allen Richtungen bewegen. Die untere Fläche des Schweifes, der sogenannten Schweifrübe, ist mit der Haut straff überzogen und gegen vorn unbehaart, die obere und die Seitenflächen sind mit langen Haaren besetzt, die längeren Schweif- haare wachsen bis zur Mitte der Länge aus der Rückenfläche und den Seitentheilen, von da an bis zur Spitze wachsen die langen Haare überall an der Oberfläche heraus; die Schweifbehaarung ist wie auch Schopf und Mähne, nach Racen verschieden, fein und grob, schlicht oder gerollt, schwer oder leicht, dicht und locker u. s. w. Er dient zum Schutz gegen Insecten, zum Warmhalten des Afters und der Geschlechtstheile. Charakter der Mähnen-, Schopf- und Schwanzbehaarung ist gewöhnlich gleich, kommen auffallende Unter- schiede vor, so läßt sich auf Abstammung von sehr heterogenen Eltern schließen. Im Allgemeinen vererbt sich die Schweifbehaarung vorzugsweise vom Vater und kann ein eigenthümlicher Haarwuchs des Schweifes eines Deckhengstes oft noch nach 2—3 Generationen in den Descendenten erkannt werden.

Je nach seiner Verbindung mit dem Kreuze nennt man ihn

hochangesetzt, wenn er nämlich fast in gleicher Höhe mit dem Kreuze von diesem frei heraustritt, was nur bei wohlgebildetem Kreuze möglich ist;

tiefangesetzt, wenn er um ein beträchtliches niedriger als der Mittelpunkt des Kreuzes steht;

der eingestochene Schweif besteht darin, daß der Schweif

etwas niedriger als die hintere Parthie des Kreuzes aus fetten
Wülsten etwa wie an einem dick ausgestopften Wiegenpferde hervor=
geht, so daß er wie eingesteckt in der dicken Kruppe erscheint.

Bei lebhaften, munteren Pferden wird der Schweif bei der
Bewegung etwas erhoben und in einem Bogen vom Leibe abstehend
getragen; bei trägen, phlegmatischen Pferden hängt er jedoch, selbst
während der Bewegung, schlaff zwischen den Hinterbeinen herab;
bei kitzlichen und ängstlichen Pferden wird er zwischen die Hinter=
beine eingeklemmt; bei hohem Schweifansatze ist das Hochtragen
sehr begünstigt, bei niedrigem Schweifansatze dagegen erschwert, bei
einseitiger ungleicher Entwicklung der Muskeln wird der Schweif
schief getragen. Der Widerstand, den das Pferd beim Aufheben des
Schweifes zeigt, wurde seit alten Zeiten als ein Zeichen von Kraft
und Stärke nicht allein im Schweife, sondern im Kreuze und in der
ganzen Muskulatur betrachtet und deßhalb bei der Untersuchung der
Pferde, beim Einkaufe sorgfältig geprüft, so daß man ein Pferd,
das sich den Schweif leicht aufheben läßt, für schwach, ein Pferd,
das den Schweif nicht leicht aufheben läßt, für stark hält. Diese
Regel ist im Allgemeinen richtig, nur muß man eben hauptsächlich
auf das Verhalten der Muskeln Rücksicht nehmen: sind die Schweif=
muskeln derb und straff anzufühlen, gleichsam wie Bündel von Draht,
so kann daraus mit Sicherheit auf eine ähnliche kraftvolle Beschaf=
fenheit der Rückenmuskeln geschlossen werden, wie umgekehrt der
Viehmäster aus dem weichen Anfühlen dieser Theile auf Neigung
zu Fettansatz schließt. Auch darf man sich nicht dadurch täuschen
lassen, daß Stuten, namentlich kitzliche, sich nicht so gern den Schweif
aufheben lassen als Hengste und Wallachen; dieses Einklemmen ist
freilich kein gehöriger Beweis für Muskelkraft. Bei englisirten
Pferden wird immer die Anziehungskraft des Schweifes eine sehr
verminderte sein.

Da das Tragen des Schweifes auf die Schönheit des Pferdes
einen wesentlichen Einfluß hat, so war man längst schon darauf
bedacht, dasselbe da künstlich hervorzubringen, wo es die Natur ver=
sagte, Methoden, die nicht so modern sind, wie man glaubt, da das
Coupiren des Schweifes wahrscheinlich schon im alten Rom, wenig=
stens nachweisbar im 3ten Jahrhundert vorkam. Lange Schweife,
die durch ihre Schwere das Tragen derselben verhindern, werden

bis zu einer gewissen Länge durch Abschlagen verkürzt, „coupirt", und die Haare entweder gerade quer abgeschnitten oder fein zuge= spitzt. Wenn man die Spitze des Schweifes d. h. mit etwa 3—4 Wirbeln abhaut, so wird hiedurch der Schweif nicht auffallend ver= kürzt, aber doch ein besseres Tragen des Schweifes begünstigt, indem gerade an diesem Endstücke die stärkste Behaarung sitzt; durch Er= leichterung dieses Endstückes des Hebelarmes, denn als solchen muß man hier den Schweif ansehen, wird den oberen Hebemuskeln das Tragen des noch übrigen Theiles erleichtert. Man nennt diese Operation das Arabisiren, weil beim arabischen Pferde gewöhnlich die Schweifrübe von Natur etwas kurz ist oder von den Züchtern kurz gemacht wird auf die genannte Weise.

Schweife, die vermöge der überwiegenden Kraft ihrer unteren Muskeln nicht zum Tragen zu bringen sind, werden dadurch zum Tragen bestimmt, daß diese unteren Muskeln entweder durch offene, klaffende Wunden oder durch kleinere unter der Haut angebrachte Schnitte quer abgeschnitten oder gar durch Längsschnitte herausge= löst werden, was man kerben oder englisiren nennt; gewöhnlich bringt man dabei 3—4 solcher Querschnitte vom After gegen die Spitze des Schweifes an, zwingt hiedurch den Schweif zwar zum hohen, aber meist etwas steifen Tragen. Früher verkürzte man ihn zugleich auf eine durch Mode und andere Umstände zu bestimmende Länge zum Stumpfschweif, öfters bringt man aber nur einen solchen Querschnitt und zwar möglichst nahe am After an, um den Schweif nicht so hoch wie beim vollständigen Englisiren tragen zu machen und coupirt ihn nicht, oder doch nur wenig. Die Pferde= händler haben, wenn sie ihre Pferde englisirt und den Schweif in Rollen gehängt oder über Strohbausche auf den Rücken gebunden, vorzeigen, den Vortheil, daß sich hiedurch eine weniger schöne und weniger kräftige Kruppe verstecken läßt und etwaige Mängel in der Bewegung 2c. durch die noch nicht vollendete Heilung des Englisirens bemäntelt werden können. Sowohl bei den Stumpfschweifen, als auch bei den Langschweifen werden die Haare je nach Mode, An= sichten, Launen u. dgl. verschieden beschnitten und frisirt. Bei Pfer= den, die den Schweif entweder englisirt oder blos coupirt schön in einem Bogen tragen, werden die Haare lang gelassen und nur gegen das Ende zuweilen in der Art zugeschnitten, daß derselbe beim

Tragen ausgebreitet erscheint und den sogenannten Fahnen- oder Fasanenschweif darstellt; bei Pferden, die den englisirten Schweif wegen dichter und schwerer Behaarung nicht schön tragen, wurden früher die Haare kurz geschnitten, so daß sie nur die Schweifrübe überdeckten; bei Pferden, bei welchen durch brandige Entzündung nach dem Englisiren die Abnahme des Schweifes nahe am Kreuze nothwendig wurde, werden die Haare ganz kurz quer abgeschnitten, sogenannter Pinselschweif, auch geschieht dies namentlich in den Niederlanden, in Oberösterreich bei Pferden, die zum Schiffziehen gebraucht werden, wohl deßwegen, damit nicht, wenn die Pferde im Wasser gehen müssen, mit einem langen Schweif der ganze Körper mit Wasser bespritzt werde; bei manchen Pferden, zumal Wagen- pferden, wurde ehedem der Schweif absichtlich nahe am Kreuze abge- schlagen, um vermeintlich dem Pferde ein kräftigeres Hintertheil zu verschaffen. Indessen trägt bei der Beurtheilung der Schönheit eines Schweifes die Modeansicht viel bei, denn so schätzte man früher den nach aufwärts gebogenen Stumpfschwanz, sog. Waldhornschwanz, sehr hoch, während man ihn gegenwärtig nicht so hoch und mehr bogenförmig abwärts hängend getragen haben will. Bei vielen Langschweifen werden die Haare 2—3 Zoll über den Sprunggelen- ken quer abgeschnitten, englischer Schnitt, Lammschwanz, bei andern bis auf 1—1½ Zoll über den Sprunggelenken fein zugespitzt, ara- bisch zugeschnitten, und bei einzelnen läßt man die Haare bis auf die Köthen herabwachsen und sucht durch fleißiges Waschen und sorgfältiges Kämmen den Schwanz zu einer ansehnlichen Dicke und Stärke heranzuziehen, den sogenannten Schleppschweif rc. Auf solche Weise werden an dem Schweife in Anerkennung seines Ein- flusses auf das äußere Ansehen des Pferdes eine Menge, meistens ebensosehr den Zwecken der Natur als den Anforderungen eines guten Geschmackes zuwiderlaufende, sogenannte Verschönerungskünste angewendet, die anfänglich blos als Handelsvortheile von Händlern benützt, später aber zur herrschenden Mode geworden, nunmehr als zur gewöhnlichen Pferdepflege gehörig, betrachtet werden.

Am Schweife kommen außer den beabsichtigten Verletzungen beim Englisiren und Coupiren und ihren unbeabsichtigten Folgen auch noch zufällige vor, z. B. Verwundungen an der untern Fläche der Schweifrübe, nahe am After durch den, so sehr unnöthigen

Schweifriemen; außerdem treten in Folge ungünstiger Einflüsse bei und nach dem Englisiren Fisteln, brandige Zerstörungen ꝛc. ein, sowie Beinfraß, Schweifbrüche bei Gelegenheit des Ueberschlagens und hieraus entstandene Aftergelenke geben Veranlassung zum Schieftragen und Lähmung. Am Schweife zeigen sich auch bei manchen Pferden, namentlich an alten Schimmeln, schwarze Knoten oder Melanosen und andere Aftergebilde, und erscheint ein, dem äußern Ansehen sehr nachtheiliger Bildungsfehler, der Ratten=schweif, der entweder blos vorübergehend als unächter oder bleibend als ächter Rattenschweif vorkommt, und namentlich im ersten Falle häufig mit Flechtenbildung auf der Haut verbunden ist. Tiger haben häufig Rattenschweife, auch hat man die Bemerkung gemacht, daß solche Rattenschweife selten bei Pferden mit schwacher Kruppe vorkommen. Bei Rattenschweifen, sowie bei ganz kurz gestutzten Schweifen haben Händler schon falsche Schweife entweder durch Anflechten oder am Schweifriemen angebracht, und die meisten bedienen sich, um das Tragen des Schweifes auf die kurze Zeit des Musterns hervorzubringen, des Einsteckens von Pfeffer, Schnupftabak oder Ingwer in den After, was man aber daran erkennen kann, daß die Pferde mit dem Schweif zittern und ihn unnatürlich hoch tragen, auch bald misten in Folge des Reizes im After, und nachdem der reizende Stoff hiedurch beseitigt ist, wieder schlecht tragen. Bei aufgeschirrten Pferden kann durch eine besondere Vorrichtung an der Schweifwetze, welche einen rinnenförmigen Ansatz hat, ein gewisses Tragen des Schweifes künstlich vermittelt werden.

§. 75.
Die Weichen oder Flanken.

Die Weichen oder Flanken (Fig. 44, ⁸) sind die Seitenwände des Bauches, welche von den Lenden, hinter den Rippen und vor den Hüften herabreichen und von den an genannten Knochen angehefteten Bauchmuskeln und der sie überziehenden Haut gebildet werden. Je nach der Breite und Länge der Lenden, der Wölbung der Rippen und der Bildung der Hüften zeigen sie sich bald ausgefüllt oder ausgehöhlt. Wenn sie einen nur kurzen Raum zwischen Rippen und Hüfte einnehmen, so stellen sie die sog. geschlossenen

Flanken dar, wenn sie die Rippen, die Lenden, den Bauch und das Hintertheil in gleicher Rundung sehen lassen, so nennt man dies einen geschlossenen Leib, der nicht nur das äußere Ansehen gefällig macht, sondern auch die richtigste Art der Verbindung die= ser Theile bildet und für eine gute Ernährung und Ernährungs= fähigkeit spricht.

Man nennt die Flanken hohl oder vertieft, wenn sie zwischen den Rippen, den Lenden und den Hüften dreieckige Gruben, die so= genannten Hungergruben darstellen, die entweder durch schmale Lenden und hervorstehende Hüften oder durch Magerkeit in Folge anstrengender Dienstverwendung oder Krankheit oder kärglicher Er= nährung 2c. entstanden sind, und als eine das äußere Ansehen be= einträchtigende, die Gesundheit verdächtigende und geringe Kraft und Stärke beurkundende Eigenschaft sehr ungerne gesehen werden. Im Stande der Ruhe und bei mäßiger Bewegung sollen die Weichen kaum bemerkbare und immer gleichmäßige Bewegungen erkennen las= sen, indem heftigere, deutlich wahrnehmbare und ungleichmäßige Be= wegungen daselbst beim Athmen, als sogenanntes Flankenschla= gen, auf blos vorübergehende oder bleibende krankhafte Zustände der Athmungswerkzeuge hinweisen oder auch nur als Symptome bei Krankheiten anderer Körpertheile, der Baucheingeweide und selbst äußerlicher Theile anzusehen sind und deßwegen eine sorgfältige Un= tersuchung zu richtiger Beurtheilung des Gesundheitszustandes räthlich machen. In den Weichen zeigen sich zuweilen Wunden, Geschwülste und Geschwüre von verschiedenartiger Bedeutung; als bedenklichere Leiden sind zu nennen die Flankenbrüche, die in einem Austre= ten der Baucheingeweide durch eine in den Weichen in Folge gewalt= samer Einwirkung entstandene widernatürliche Bauchmuskelöffnung un= ter die zu einem Bruchsacke sich ausdehnende unverletzte äußere Haut bestehen und, zumal in den linken Weichen gefährlich werden, weil hier mehr die dünnen Gedärme liegen, welche sich leicht in der Oeffnung (im Bruchringe) einklemmen, wodurch Verstopfung, sogar Brand entsteht. —

§. 76.
Der Bauch.

Der Bauch (Fig. 44, ⁹) ist der untere und hintere Theil des Leibes, erstreckt sich von der Unterbrust zwischen den Rippen nach rückwärts bis zum Becken und den Hinterfüßen und vereinigt sich zu den beiden Seiten mit den vorerwähnten Weichen. Die Bauchwand besteht aus mehreren starken sehnenhäutigen Muskeln und der äußern Haut; sie ist innen mit einer serösen Haut, welche stets eine schlüpfrige Flüssigkeit ausscheidet, ausgekleidet und trägt zur Bildung der Bauch= höhle bei, welche verschiedene, der Verdauung, der Harnabsonderung, dem Geschlechtsleben ꝛc. dienende Eingeweide in sich enthält und von der Brusthöhle durch das Zwerchfell abgeschieden ist. Der Bauch bildet nach außen eine starke Rundung und verbindet sich ohne deut= lich wahrnehmbare Gränze mit den ihm nahe gelegenen Körpertheilen; in dieser Eigenschaft entspricht er seinen Zwecken am besten und gilt als wohlgeformt. Es lassen sich an ihm drei besondere Gegen= den unterscheiden, die durch zwei imaginaire Grenzlinien von einan= der geschieden werden, indem man sich eine Linie von der letzten falschen Rippe der einen Seite zu derselben Rippe der andern Seite und dann eine zweite Linie von einem Hüftbeinwinkel um den Bauch herum zur andern Hüfte gezogen denkt. Hienach werden die drei Regionen in folgender Weise begrenzt:

Erste Region: Brustgegend; sie stellt ein Dreieck dar, dessen beide Schenkel von der Grenzlinie der beiderseitigen Rippenknorpel dargestellt werden, die Basis des Dreiecks ruht auf der oben be= schriebenen ersten Linie, die den Bauch umkreist.

Zweite Region: Mittlere Bauchgegend; sie liegt zwischen den beiden oben genannten Kreislinien; die mittelste unterste Parthie dieser Gegend heißt die Nabelgegend, zu beiden Seiten schließen sich die Flanken an.

Dritte Region: Hintere Bauchgegend; von der zweiten gedachten Linie von vorn begrenzt, nach hinten durch die Schenkel und das Becken abgeschlossen. Die mittlere Parthie dieser Gegend heißt die Schamgegend, die an die Hinterfüße reichenden Seitentheile der hintern Bauchgegend, welche faltenähnlich erscheinen, werden noch insbesondere die Leisten genannt.

Hengste und Wallachen haben immer einen schlankern Bauch als Stuten, zumal wenn solche trächtig sind oder schon mehrere Male gefohlt haben. Als besondere Formen gelten:

Der Heubauch, er ist nach den Seiten zu stark ausgedehnt und im Verhältniß zu dem übrigen Körper zu groß und zu weit; bei manchen Pferden ist er Ursache oder Folge eines geringen Grades von Senkrücken, bei andern entsteht er dadurch, daß sie mehr mit Heu, Gras, Klee, überhaupt extensiven Futterstoffen, als mit mehr concentrirtem Kör=

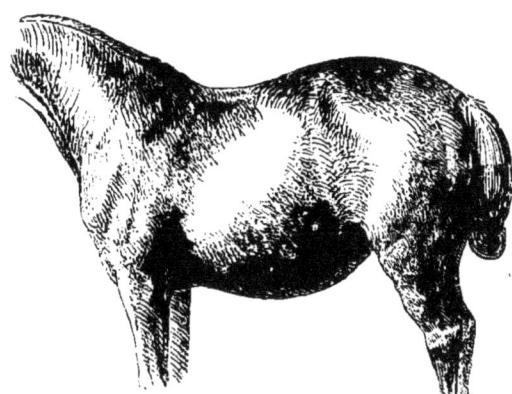

Fig. 60. Kuhbauch.

nerfutter versorgt werden; er erscheint am häufigsten bei Fohlen, Waide= pferden, Bauern= pferden u. s. w., läßt sich jedoch meist durch eine kräftigere Fütterung in weni= gen Wochen ver= bessern und beein= trächtigt mehr das äußere Ansehen als die Diensttüchtig= keit.

Der Hänge= oder Kuhbauch (Fig. 60) ist nach allen Richtungen, besonders gegen un= ten sehr stark, häufig aber nur einseitig ausgedehnt; er ent= steht bei Pferden mit Senkrücken und schlaffen Bauch=

Fig. 61. Hirschbauch.

muskeln, beträchtlicher Anfüllung der Baucheingeweide mit groben und schweren Futterstoffen, bei häufig trächtig gewesenen Stuten u. s. w. und ist ebenso häßlich als fehlerhaft.

Pferde mit Kuhbäuchen sind meist starke Fresser und nicht für schnelle Gangarten befähigt, da sie sehr leicht außer Athem kommen; auch wird eine regelmäßige Sattellage bei dieser Körperform sehr erschwert, weil die Gurten ihre Lage nicht behalten und nach vorwärts rutschen.

Der aufgezogene Bauch, Hirsch= oder Windhundbauch
(Fig. 61) ist hinten stark aufgezogen, wie eingeschnürt; er findet
sich meist bei kränklichen oder krank gewesenen Pferden, zeigt sich
aber auch häufig bei hitzigen, feurigen nicht selten auch dauerhaften
Pferden, oft bei schlechten Fressern, bei Pferden, die kärglich oder
sehr intensiv ernährt werden, z. B. bei trainirten Pferden. Er be=
einträchtigt das äußere Ansehen, verdächtigt das Pferd chronischer
Krankheiten und zeugt häufig von geminderter oder beschränkter Er=
nährung z. B. bei Koppern, bei an Herz und Lungen kranken Thie=
ren. Der Sattel gleitet gerne an ihm nach rückwärts.

Beim Athmen soll der Bauch keine starken Bewegungen er=
kennen lassen; wenn seine Mithilfe beim Athmen sehr auffallend ist,
so nennt man es Bauchblasen und ist dies ähnlich zu beurtheilen
wie bei den Flanken schon angegeben. Bei manchen Pferden hört
man häufig ein Poltern im Bauche, was entweder von großer Leer=
heit der Gedärme oder von Bildung von Gasen während der Ver=
dauung herkommt; dieses Poltern im Bauche darf natürlich nicht
verwechselt werden mit dem Poltern und Pumpen, welches man
während der Bewegung bei Hengsten und Wallachen namentlich im
Trabe hören kann, dieses ist veranlaßt durch das Hin= und Her=
schwingen der Ruthe im Schlauche. Manche Pferde zeigen sich nach
dem Füttern und Tränken sehr voll im Bauche, was namentlich bei
schnellem Fressen leicht zu krankhaften Störungen führt und daher
berücksichtigt werden muß, oder es entsteht diese Auftreibung aus
Ansammlung von Luft im Magen und den Gedärmen bei koppen=
den Pferden; bei hochträchtigen Stuten gewinnt der Bauch beträcht=
lichen Umfang, namentlich im letzten Dritttheil der Tragzeit, auch
gewahrt man, besonders beim Saufen kalten Wassers, leicht die
Bewegungen des Fohlen am Aeußern des Bauches. Man untersucht
auch den Bauch zu Ermittlung des trächtigen Zustandes, indem man
die flache Hand an die mittlere und hintere Bauchgegend, nahe vor
dem Euter andrückt, wo man im achten Monate der Trächtigkeit
das Fohlen schon deutlich fühlen kann.

Am Bauche kommt vorzugsweise bei Fohlen der Nabelbruch
vor, er ist veranlaßt durch das Austreten von Baucheingeweiden,
von Netzparthieen oder Gedärmen durch den Nabelring, unter die
zu einem Bruchsacke erweiterte Haut. Er gibt sich durch eine mehr

oder weniger große, gerundete, weiche unschmerzhafte kalte Geschwulst zu erkennen und kann, wenn sich der Inhalt festklemmt, üble Folgen haben, doch heilt er meist von selbst. Mehr an den Seitentheilen kommen auch Bauchbrüche d. h. Austretungen der Baucheinge= weide nach gewaltsamer Zerreißung der Bauchmuskeln, unter die zu Bruchsäcken ausgedehnte äußere Haut vor, welche ebenfalls als mehr oder minder große, gerundete, weiche Erhabenheiten erscheinen, beim Befühlen ganz deutlich im Hintergrunde die Bruchöffnung er= kennen lassen, und durch die Gefahr der Einklemmung bedenklich werden. Anschwellungen am Bauche von wäßriger Beschaffenheit, sogenannte Oedeme, entstehen häufig bei allgemeinen Krankheiten, bei Wasserfucht. Geschwülste anderer Beschaffenheit stellen sich meist als rein örtliche Leiden nach äußern Einwirkungen dar. In einzel= nen Fällen bringt man auch am Bauche Fontanelle gegen allgemeine Krankheiten an, deren Narben zu geschärfter Aufmerksamkeit in Untersuchung des Gesundheitszustandes auffordern dürfen.

§. 77.

Der Schlauch.

Der Schlauch (Fig. 44, [10]) ist eine wulstige Scheide in der äußern Haut, welche bei Hengsten und Wallachen die Ruthe um= gibt und unten, in der hintern Bauchgegend ihre Lage hat. Er ist mit einer faltigen feinen Haut ausgekleidet, welche an den vordern Theil der Ruthe geht und viele Talgdrüsen enthält, die eine zähe fettige Schmiere zum Schutz gegen die Schärfe des Urins absondern. Im gesunden Zustande ist der Schlauch fein, glatt und so kurz be= haart, so daß er fast nackt erscheint, bildet nach vorwärts eine Oeff= nung, durch welche nur zur Zeit der Harnentleerung, der Begattung und bei wollüstigen Gefühlen, die Ruthe hervortritt. Zuweilen trifft man an der Seite kleine Zitzen, denen des Euters der Stuten ähn= lich. In einzelnen Fällen, namentlich bei castrirten Thieren, ist er verengt, so daß die Ruthe gar nicht oder nur mit Mühe beim Uri= niren (Stallen) oder zur Begattung ausgeschachtet werden kann; solche Pferde entleeren den Harn ohne auszuschachten, wodurch leicht krankhafte Zustände der inneren Auskleidungen entstehen; häufig ist der Schlauch groß und welk, schlaff herabhängend und vorne so offen, daß die Ruthe wie beim Ruthenvorfall hervorhängt. Nicht selten ist er sowohl in Folge örtlicher Krankheit als auch im Zusammenhange mit allgemeinen Krankheiten angeschwollen. Im Innern erzeugen sich Geschwüre, die als sehr schmerzhaft die Harnentleerung und Begattung beeinträchtigen und nicht selten selbst der Ruthe gefährlich werden. Außerdem kommen Verdickung des Zellgewebes, Verhärtungen der Lymphdrüsen, schwer zu heilende Warzen, Knoten ꝛc. vor. Durch das Hervor= und Zurücktreten der Ruthe im Schlauche während lebhafter Gänge entsteht daselbst ein lautes, kluckendes, pumpendes Geräusch, das man fälschlich als ein in der Bauchhöhle erzeugtes annimmt.

§. 78.
Die Ruthe.

Die Ruthe oder das männliche Glied ist ein langer festschwammiger Körper, der im Schlauche verborgen ist, außerhalb des Beckens an den Gesäßbeinen angewachsen ist, zwischen den Oberschenkeln über dem Hodensacke nach vor= und abwärts geht und hinter dem Nabel im Schlauche endigt. Sie besteht aus dem schwammigen Gewebe und der Harnröhre und zeigt vorne eine breite Fläche, die Rose oder Eichel, in deren unterem Ende eine kleine, grubenartige Vertiefung mit der hier ausmündenden Harnröhre sich befindet. Die Ruthe wird bei der Harnentleerung nur mäßig, bei der Begattung und bei wollüstigen Trieben dagegen sehr stark aus dem Schlauche hervorgeschoben und soll sich sodann beim Hengste besonders als Begattungswerkzeug möglichst steif, gerade und rein zeigen. Eine zu beträchtliche Größe und Stärke, sowie auffallende Kleinheit, Unvermögen sich zu steifen und längere Zeit steif zu erhalten, gekrümmte und gebogene Richtung ꝛc. erschweren die Begattung und befähigen den Hengst nur wenig zum Beschäler. Die Ruthe verdient aber auch als Harnausfonderungswerkzeug sorgfältige Beachtung; manche Pferde schachten die Ruthe beim Harnen nicht aus, was Veranlassung zur Verunreinigung, Reizung ꝛc. gibt, oder sie hängt beständig schlaff oder gelähmt aus dem Schlauche hervor, Ruthenvorfall. An dem vorderen Theil der Ruthe trifft man nicht selten Anschwellungen, welche die Harnentleerung und Begattung erschweren und die Ruthe zum Hervorhängen zwingen, meist wird sie dann durch gleichzeitige Anschwellungen des Schlauches eingezwängt (spanischer Kragen), womit sehr beschwerliche, selbst gefährliche Leiden verbunden sein können. Wässerige und teigige Geschwülste bringen ähnliche Uebelstände hervor, außerdem trifft man an ihr Wunden, Geschwüre, warzige Auswüchse ꝛc.

§. 79.
Das Geschröte.

Das Geschröte (Fig. 44, [11]) ist nur beim Hengste, es ist der Hodensack mit den zwei Hoden, welche gewöhnlich erst einige Tage nach der Geburt, in einzelnen Fällen erst im zweiten Jahre aus der Bauchhöhle herunterkommen; der Hodensack wird aus der äußern Haut und mehreren innern Häuten gebildet, hat seine Lage in der hintern Bauchgegend zwischen den beiden Hinterfüßen und zeigt sich als ein durch eine sogenannte Naht in zwei Hälften getheilter sackförmiger Behälter, in welchem man die beiden eirunden Hoden, Steine, fühlt, die oben durch die Samenstränge in schwebender Lage erhalten werden. Das Geschröte zeigt sich bei kräftigen, gesunden Hengsten derb, stark an den Leib hinaufgezogen, glatt und von einer dem übrigen Körper entsprechenden Größe; bei alten, schlaffen und kränklichen Hengsten hängt es schlaff herab, läßt beim Befühlen die Hoden nicht deutlich wahrnehmen und erscheint bei manchen krankhaften Zuständen übermäßig vergrößert. Da die Hoden zur Bereitung des männlichen Samens dienen, so ist ihre Untersuchung bei Beschälhengsten von Wichtigkeit, indem sie nur im gesunden Zustande jenem Zwecke dienen können. Bei Hengsten, die nicht zur Zucht verwendet werden sollen, werden die Hoden durch eine eigene Operation, die Castration, aus dem Hodensacke entfernt und so dem Thiere das Fortpflanzungsvermögen benommen, wodurch solches zu manchen Dienstleistungen fähiger wird; vor der Castration namentlich verdient das Geschröte eine genauere Untersuchung, da jene Operation durch manche Krankheitszustände des Hodensackes gefährlich werden kann. Das Geschröte erscheint oft sehr groß und stark ohne krankhafte Veränderung und belästigt hiedurch zuweilen den

freien Gang im Hintertheile; zu klein zeigt ſich das Geſchröte öfters
bei Hengſten, ſo .baß dieſelben für Wallachen oder Spitzhengſte ge=
halten werden; oft iſt nur ein Hoden zur völligen Entwicklung ge=
langt, während der andere nur ganz klein erſcheint; obgleich dieſer
verkümmerte eine Hoden für Bereitung des männlichen Samens
meiſt untüchtig iſt, ſo wird demnungeachtet der Hengſt durch die voll=
endete Entwickelung des andern fortpflanzungsfähig. Nicht ſelten
iſt auch nur ein Hoden im Geſchröte vorhanden, der andere aber
noch in der Bauchhöhle zurückgeblieben, wodurch die Caſtration nicht
vollſtändig ausgeführt werden kann, denn ſelbſt wenn der eine im
Hodenſacke befindliche Hoden durch die Caſtration entfernt wurde,
ſondert der andere im Bauche zurückgebliebene männlichen Samen
ab und erzeugt in dem nur halb caſtrirten Pferde Begattungstrieb,
der bisweilen ſogar fruchtbare Begattung veranlaßt. Solche Pferde
heißt man Spitzhengſte, ſie zeigen ſich in Geſtalt und Benehmen
immer als Hengſte, namentlich in der Nähe roßender Stuten und
erſcheinen oft ſogar noch ungeſtümer. Da man nun bei ſolchen
caſtrirten Thieren den unvollkommenen Erfolg der Operation leicht
an der vereinzelten Narbe des Caſtrationsſchnittes erkennen kann,
ſo bedienen ſich Pferdehändler der Liſt, einen zweiten Schnitt blos
zum Schein anzubringen, um dem Spitzhengſte das Anſehen eines
vollkommenen Wallachen zu verſchaffen. Häufig verwechſelt man
den Ausdruck Spitzhengſt mit Klopfhengſt, worunter man einen ſol=
chen Hengſt zu verſtehen hat, der zwar ſeine Hoden noch hat, allein
dieſe ſind durch eine eigenthümliche Caſtrationsmethode durch das
Klopfen der Samenſtränge oder auch der Hoden ſelbſt, wie dies in
Spanien üblich, unthätig gemacht. Ein ſolches Thier erſcheint als
Hengſt, iſt aber ein Wallach oder Caſtrat.

Bei manchen Hengſten vergrößern ſich die Hoden ohne beſon=
dere Krankheit, bei alten Beſchälern ſchwinden ſie, werden welk und
endlich zur Abſonderung des männlichen Samens untüchtig, ſo daß
nunmehr alle Begattungsluſt ſchweigt. Uebrigens wird die Fähig=
keit, den männlichen Samen abzuſondern, nicht von der Größe der
Hoden bedingt und die Beurtheilung der Zeugungskraft des Hengſtes
nach der Größe der Hoden wäre daher ganz falſch.

Am Geſchröte kommen mancherlei Krankheiten vor, die ſowohl
die geſchlechtliche Verrichtung ſtören, als auch anderweitige Functionen

hindern und das gute Aussehen beeinträchtigen. Wässerige Ge= schwülste, Geschwüre, knotige Auswüchse, Wurmbeulen, Abscesse und Fisteln betreffen den Hodensack, Schwinden, Auftreibungen, Ver= härtungen, Entzündungen, Abscesse und Verwachsungen mit den Hüllen die Hoden selbst. Außerdem kommen Austretungen der Bauch= eingeweide durch den Bauchring neben dem Samenstrang in die Höhle des Hodensackes als sogenannte Brüche, Hodensackbrüche vor, diese lassen sich je nach den ausgetretenen Theilen in Hodensack= netzbrüche und Hodensackdarmbrüche unterscheiden, durch diese Brüche erscheint das Geschröte übermäßig vergrößert; nach der Aehnlichkeit mit diesen Brüchen bezeichnet man auch andere krankhafte Zustände am Geschröte: z. B. Ansammlung von Wasser in der Höhle des Hodensackes als Hodensackwasserbruch, Auftreibung der Fleischhaut des Hodensackes als Hodensackfleischbruch, Auftreibung des Hodens selbst als Hodenfleischbruch 2c.

§. 80.
Das Euter.

Das Euter ist jene gerundete Drüse, welche, von einer sehr feinen, fast unbehaarten Haut überzogen, bei den Stuten in der Mitte der hintern Bauchgegend liegt, sie ist durch eine Rinne in der Mitte äußerlich, und innerlich durch eine sehnige Scheidewand in zwei Hälften getheilt; jede derselben hat eine kleine, kegelförmige Zitze mit mehreren Ausführungsgängen. Bei noch nie zur Zucht benützten Stuten ist das Euter wenig bemerkbar und klein, bei Stuten, die schon mehrere Fohlen gesäugt haben, ist es dagegen größer, stärker und sind namentlich die Zitzen länger und stärker. Zur Zeit der herannahenden Geburt vergrößert sich das Euter, füllt sich mit Milch und läßt dieselbe entweder als dünnes, weißes Wasser oder als kleb= rige, gelbliche, harzähnliche Tropfen an den Zitzen erscheinen. In der Furche zwischen den beiden Euterhälften setzt sich nicht selten zähe Schmiere an, die durch ihre ranzige Beschaffenheit die Haut anätzt und kleine Geschwürchen u. dgl. erzeugt. Außerdem wird das Euter von Entzündungen und deren Folgen, nämlich von gänzlicher oder nur theilweiser Verhärtung, von Abscessen, Brand und dergl. betroffen; an den Zitzen kommen durch das Saugen des Fohlens

gerne Verletzungen vor, die für die Stute sehr schmerzhaft sind und
dieselbe zur Widersetzlichkeit beim Säugen reizen. Milchknoten bil=
den sich durch Ansammlungen von geronnener Milch in den Milch=
kanälen, sie bedrohen das Euter mit Verhärtung, Entzündung und
mit Bildung der sogenannten Milchsteine.

§. 81.
Der Wurf.

Der Wurf ist die Mündung der weiblichen Geschlechtsorgane,
er hat seine Lage unter dem Schweife und dem After, von welch
letzterem er durch das Mittelfleisch getrennt ist, er wird durch zwei
weiche Wülste, die sogenannten Wurflippen, zwischen denen eine
längliche Spalte ist, gebildet, und besteht aus Muskelfasern, Zellge=
webe, Talgdrüschen und der äußern Haut, welche hier in die Schleim=
haut der Scheide übergeht. Im untern Winkel des Wurfes befindet
sich ein runblicher erectiler Körper, der Kitzler oder das Schamzüng=
lein, das beim Klaffen der Wurflefzen nach der Harnentleerung und
beim Rossen äußerlich sichtbar wird. Bei jungen, kräftigen Stuten
ist der Wurf glatt, gerundet und geschlossen, bei ältern Stuten da=
gegen und solchen, die schon öfters gefohlt haben, sowie bei alten,
schwachen und schlaffen Stuten, ist er runzlich, schlaff und geöffnet,
bei einzelnen Stuten erscheint das Schamzünglein ungewöhnlich
groß, verlängert und zum Wurfe herausragend, weßhalb man solche
Stuten fälschlich Zwitter nennt. Der Wurf bildet den Eingang in
die Scheide und durch diese auch zu dem Fruchthälter, sowie auch
durch die in der Scheide ausmündende Harnröhre den Ausgang für
die Harnwerkzeuge und verdient daher als Befruchtungs=, Geburts=
und Harnweg wohl Beachtung. Im gesunden Zustande ist der
Wurf trocken und läßt beim Klaffen der Wurflefzen während und
nach der Harnentleerung die Schleimhaut der Scheide nur mäßig
geröthet und leicht von Scheidenschleim befeuchtet erkennen; in kran=
ken Zuständen erscheint dagegen nicht selten ein Ausfluß, der miß=
farbig grünlich, weißlich, stinkend und beim Abfließen über die
Schenkel ätzend scharf erscheint und bei der venerischen Krankheit,
auch bei unregelmäßiger Reinigung des Fruchthälters, namentlich
bei der im Fruchthälter faulenden Nachgeburt, bei Rotz, Wurm und

verschiedenen andern Krankheiten vorkommt; dieser krankhafte Aus=
fluß, der wenn er chronisch ist, als weißer Fluß bezeichnet wird,
ist nicht zu verwechseln mit dem natürlichen Ausfließen und Aus=
spritzen der schleimigen eigenthümlich und stark riechenden Flüssig=
keit während der Roßigkeit, die man Roßbrunst, Brunstschleim, nennt.
Außerdem wird der Wurf selbst von mancherlei Krankheiten betroffen,
von Verwundungen, die nur zufällig oder vorsätzlich beim sogenannten
Ringeln der Stuten, um diese auf der Waide gegen das Bespringen
von den mitwaidenden Hengsten zu bewahren oder durch ungeschicktes
Bespringen durch Hengste beigebracht sein können, von Geschwüren,
Fisteln, Warzen, Balggeschwülsten, Polypen u. dgl. Zuweilen zeigt
sich zwischen den Wurflippen eine rothe dickhäutige Blase, welche
durch den Vorfall der Scheide gebildet wird, sich mit dem Vorfalle
des Fruchthälters oder auch mit dem Vorfalle der Harnblase compli=
ciren kann und als ein nicht unbedenkliches Leiden zu betrachten ist.

§. 82.
Der After.

Der After ist die Ausmündung des Mastdarmes in Form einer
faltigen, rundlichen Oeffnung, welche ihre Lage unter dem Schweife
und bei Stuten über dem Wurfe hat und aus dem Schließmuskel
oder Kreismuskel und der äußern Haut besteht. Im verschlossenen
Zustande bildet er eine rundliche Erhabenheit, in deren Mitte durch
zusammengezogene Falten die verschlossene Mündung erkennbar wird;
bei der Kothentleerung wird er nicht nur geöffnet, sondern es drängt
sich auch die röthliche innere Schleimhaut des Mastdarmes in viel=
fachen geschlängelten Falten hervor, was man die Rose des Afters
nennt. Bei jüngern und kräftigen Pferden zeigt sich der After stark,
glatt und außer der Kothentleerung fest verschlossen, so daß man
mit der Hand nicht ohne Mühe die Kraft des Schließmuskels über=
winden kann; bei ältern, kränklichen Pferden ist er dagegen häufig
schlaff, nicht fest verschlossen. Bei lungenkranken, engbrüstigen,
dämpfigen Pferden schiebt sich der After während des Athmens hin
und her, bei allgemeiner Erschlaffung, bei Lungenkrankheiten und
nervösen Zuständen zieht der After bei solchen Bewegungen Luft
ein und stößt sie wieder aus, was man Afterathmen heißt; bei

sehr magern, alten und abgetriebenen Pferden ist er tief zurückgezogen, neben sich tiefe Höhlen und Gruben bildend. Jene Bewegung des Afters bei beschwerlichem Athmen erklärt sich durch die ausgedehnteren Bewegungen des Zwerchfells und der den mechanischen Akt des Athmens vermittelnden Bauch- und Rippenwandungen. Hiedurch werden die Baucheingeweide beengt, hin- und hergeschoben, so daß der Mastdarm und After, welche ja das Endstück des in der Bauchhöhle enthaltenen Darmschlauches bilden, mit hin- und hergezogen werden. Bei allgemeiner Abmagerung, mangelhafter Ausfüllung der Baucheingeweide, Erschlaffung der muskulösen Bauchwandungen, senkt sich der ganze Darmschlauch mehr nach der tiefsten Stelle der Bauchhöhle und zieht den Mastdarm und After, der in solchen Fällen auch schlaff und abgemagert ist, mit sich nach der Becken- und Bauchhöhle. Am After kommen nicht selten dicke, schwarze Knoten, warzige Auswüchse und dgl. vor, welche nicht nur die Verrichtung stören, sondern auch das äußere Ansehen mißfällig machen. Bei Waidepferden hängen bisweilen im und am After einzelne Bremsenlarven, welche aber von keiner Bedeutung sind. Beim Englisiren entstehen zuweilen Fisteln, die mehr oder weniger zu Entartungen und sonstigen Zerstörungen führen. In einigen Fällen schiebt sich auch die Schleimhaut des Afters und ein Stück Mastdarm durch den After hervor, was man Mastdarmvorfall nennt, oder es zeigen sich widernatürliche Ausflüsse von Schleim, Blut, Eiter und dgl. als Symptom bei verschiedenen Krankheiten, namentlich nach Verletzungen, Fisteln, bei der Ruhr.

Die Austreibung sehr festen Darmkothes, der Darmsteine und dgl. geht sehr schwer von Statten und zieht oft lähmungsartige Erschlaffungen nach sich, auch entsteht oft bei Ausscheidung von Eingeweidewürmern beträchtliche Reizung. Die öfter wiederholte, oft spritzende Entleerung einer grünlichen, schleimigen Jauche aus dem After gilt als Andeutung, daß das Thier mit vielen Würmern im Darmkanal behaftet ist.

§. 83.
Die Gliedmaßen.

Die Gliedmaßen sollen dem ganzen Körper zur Stütze und Fortbewegung dienen; sie werden in vordere und hintere unterschieden und nach den Seiten rechte und linke genannt. Da ihre Größe, Form, Stärke, ihr Verhältniß zum ganzen Körper die Brauchbarkeit zu den verschiedenartigen Diensten bedingt, so ist ihre Betrachtung von großer Wichtigkeit. Die Gliedmaßen sind durch ihre beständige Berührung mit dem oft so verschieden beschaffenen Boden und durch den oft so beträchtlichen Kraft= aufwand einer Menge widernatürlicher Ver= änderungen ausgesetzt, die ihre Functionen sehr beeinträchtigen können, wenn sie auch gleich wegen des geringeren, äußeren Her= vortretens den Schein der Bedeutungslosig= keit haben.

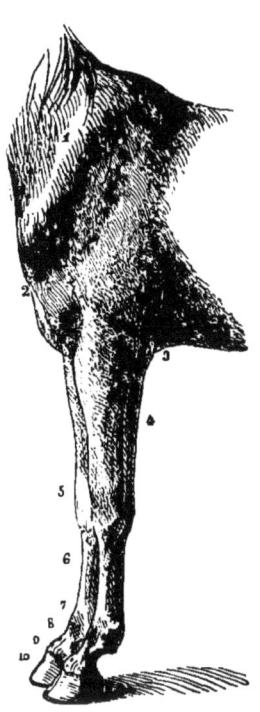

Fig. 62.
Die Vordergliedmaßen.

§. 84.
Die Vordergliedmaßen.

An den beiden Vordergliedmaßen (Fig. 62) oder Brustgliedmaßen unterscheidet man als einzelne Theile, die ihre feste, knöcherne Grundlage haben, aber durch Gelenk=Ver= bindungen große Beweglichkeit besitzen:

1) die Schulter,
2) den Bug,
3) den Ellbogen,
4) den Vorarm,
5) das Knie,

6) das Schienbein,
7) die Köthe,
8) den Fessel,
9) die Krone,
10) den Huf.

§. 85.
Die Schulter.

Schulter nennt man im allgemeinen jenen breiten, starken fleischigen Theil unter dem Widerrist, hinter dem Halse, über dem Vorderschenkel und vor den Rippenseiten. Der Schulter dient das Schulterblatt und das Oberarmbein oder Querbein zur Grundlage, welche beide Knochen durch ein freies Gelenk verbunden sind; über und unter diesen Knochen sind so viel Muskeln gelagert, daß deren äußere Flächen fast ganz überdeckt sind, und das freie Gelenk an Festigkeit gewinnt. Die Schulter liegt in einer schiefen Richtung

nach vor- und abwärts verbindet sich ohne sehr scharfe Abgränzung
vorne mit dem Halse, hinten mit den Rippenseiten und geht nach
unten in den Vorderschenkel über, zeigt sich auf der äußern Fläche
mäßig gewölbt und läßt unter der hier sehr straff anliegenden Haut
eine kantige Erhöhung, die Schulterblattgräte, wahrnehmen. Bei
einem regelmäßigen Schulterbau zeigt jede Schulter eine angemessene
Länge vom Widerrist bis zum Vorderschenkel und eine entsprechende
Breite, vom Buggelenke, der Bugspitze, bis zum Ellbogen, indem
der Winkel zwischen dem Schulterblatt und dem Oberarmbein,
gegen 90 Grade messend, weder zu weit geöffnet, noch zu sehr
beengt ist, wodurch die richtige Lage der Schulter bedingt ist. Diese
schiefe Lage der Schulter gestattet den vordern Gliedmaßen bei jedem
Schritt gut vorzugreifen und macht daher den Gang geräumig;
außerdem bricht sie den Stoß, dem das Glied bei jeder Bewegung
ausgesetzt ist, wodurch es selbst geschont und der Gang für den
Reiter angenehm wird.

Bei einem gesunden und kräftigen Pferde sind die die Schultern bedeckenden Muskeln immer derb, stark und von solch bestimmten
Formen, daß die obersten Lagen derselben, ohne mager zu sein,
deutlich unter der Haut von einander unterschieden werden können.
Dies nennt man eine trockene Schulter, eine Beschaffenheit, welche
für den Reitdienst wesentlich ist, da das Reitpferd an keinem Theil
seines Körpers mit Fleischmassen beladen sein soll. Zugleich muß
eine gute Schulter die gehörige Länge haben, um den Muskeln
den nöthigen Raum zur Anheftung darzubieten; die Länge ist aber
von der oben besprochenen Tiefe des Brustkorbes abhängig, daher
denn mit einer langen Schulter immer auch ein tiefer Brustkorb
verbunden ist. Bei magern Schultern steht die Gräte in der Mitte
des Schulterblattes stark hervor und zeigt der Bug eine zu magere,
eckige Beschaffenheit; eine solche zu magere Schulter entbehrt auch
der eine gesunde Schulter charakterisirenden Wölbung, erscheint flach,
daher sie auch platte oder kahle Schulter (Fig 63) genannt
wird. Sie darf nicht mit trockener Muskelbildung verwechselt werden,
denn jene ist meist ein Kennzeichen von Schwäche und Folge von
Krankheiten der Gliedmaßen, namentlich rheumatischer Affectionen,
welche ein Schwinden der Schultermuskeln nach sich gezogen haben.
Zeigt dagegen die Schulter zu viel schwammiges Fleisch und Fett,

namentlich oben gegen den Widerrift und unten an dem Uebergang in den Vorarm, so daß hiedurch die Vorhand überlastet wird, so bezeichnet man eine solche Schulter, als fett, überladen (Fig. 64).

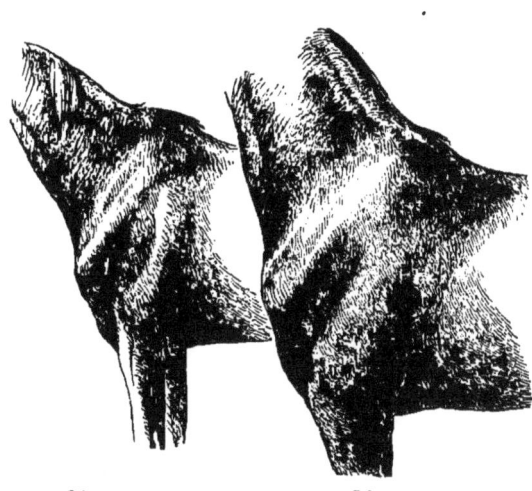

Das Schulterblatt soll nicht zu flach an der Brust anliegen, denn wenn die Lage der Schultern von der Art ist, daß ihre vordern Ränder die Brust gleichsam zwi= schen sich einzwän= gen, wenn ferner die Schulterblätter der senkrechten Linie sich zu sehr in ihrer Richtung nähern, wenn die Schulter= blattmuskeln steif und

Fig. 63.   **Fig. 64.**
Kahle Schulter.   Ueberladene Schulter.

schmerzhaft find, so daß die Schulter mit der Brust verschmolzen erscheint und das Schulterblatt in der Bewegung nicht frei ist, so ist dies eine fehlerhafte und zwar unverbesserliche Schulterbildung. Erscheint die ganze Schulter zu weit nach vorwärts gestellt, so daß die Bug= spitze über die Brust hervorragt, so bezeichnet man sie als vorge= schoben und hält sie für stumpf und ruinirt; ist dieselbe zu weit nach rückwärts gestellt, so find die Füße zu sehr unter den Leib ge= stellt und stützen den Körper nicht genugsam, was man als zurück= geschobene Schulter bezeichnet, wobei das Vordertheil gewöhnlich zu stark nach vorwärts hängt und die Vorderfüße rasch abnützt, dieser Fehler ist bei jungen, rohen Pferden zuweilen noch durch eine zweck= mäßige Abrichtung zu verbessern, wenn aber durch Krankheiten, schwere Arbeiten 2c. erworben, selten verbesserlich.

Im Vergleich zu der gegenseitigen Schulter zeigen sich die Schultern zu enge, wenn dieselben von oben bis unten nicht weit genug von einander abstehen und so nebst den übrigen Theilen der Gliedmaßen zu nahe beisammen stehen, diese fehlerhafte Beschaffen= heit hängt natürlich nicht blos von der Lage der Schultern ab, sondern mehr von einer flachen, und schmalen Brustbildung. Oft sind die Schultern zu weit, wenn sie bei einer weiten Brust auch so mit Fleisch und Fett überladen sind, daß sie von einander ab= stehen, zu weit um eine gewandte Bewegung zu begünstigen, daher Pferde von dieser Beschaffenheit der Schultern mehr zum schweren Zuge, als zu schnellen und andauernden Bewegungen befähigt er= scheinen.

Ju Absicht auf Bewegung der Schultern wird freie Bewegung zum wesentlichen Erforderniß, diese soll eine hebende und vorgreifende sein; eine sichere, raumgreifende, schöne Bewegung der ganzen Vordergliedmaße hängt wesentlich von der Schulter=Thätigkeit ab. Zu viele Beweglichkeit, namentlich in den Schultern, wie man dies oft bei sehr geschätzten Bewegungen des Pferdes, beim stechen= den Trabe und dgl. trifft, ist mehr schön als practisch und zeigt sich sogar oft als Andeutung gewisser Krankheiten der Unterfüße; zu wenig Bewegung zeigt sich in der steifen und gebundenen Schulter, wobei die Tritte kurz sind und der Gang stolpernd wird, sogenannter Stupfer; dieser letztere Fehler ist oft angeboren, meist aber erst durch heftige Anstrengungen im Dienste, durch Krankheiten u. dgl. erworben. Wenn sich die Schulter beim Nieder= treten des Fußes merklich an der Brust in die Höhe hebt, während sich die Brust gleichsam zwischen den Schultern versenkt, so beweist dies einen zu schwachen lockeren Zusammenhang der Schultern mit dem Körper und wird dieser auf Schwäche oder krankhafter Ver= änderung in den untern Schultermuskeln beruhende Fehler lockere Schulter genannt; solche Pferde sind nicht gewandt und stürzen und stolpern leicht. Kalte Schultern nennt man solche, welche anfänglich beim Beginn der Bewegung starr und steif sich bewegen und erst wenn die Thiere warm geworden sind freier und beweg= licher werden, es ist dies Folge von früherem strengem Gebrauche oder von rheumatischer Affection der Schultermuskeln, in der Ruhe geben sich dergleichen Schultern nicht selten als vorgeschobene zu erkennen. An den Schultern kommen mancherlei Krankheiten, Mängel und Gebrechen vor, die bald mehr bald weniger die Diensttauglich= keit beeinträchtigen. Als die gewöhnlichsten sind zu betrachten: Ent= zündungsgeschwülste, schwammige Geschwülste, Hautschwielen, Bälge, Ueberbeine durch den Druck von Geschirren bei anstrengendem Zuge;

Abscesse und Fisteln, Wurmknoten beim Widerristschaden in Folge von Sattelbruck. Insbesondere aber kommt eine stets bedenkliche Krankheit an der Schulter vor, nämlich die Bug= oder Schulter= lähme, welche sich als gehemmte Beweglichkeit und wirkliches Hinken zu erkennen gibt und durch Verstauchungen im Buggelenke oder Rheumatismen entsteht. Die Narben der für ihre Heilung ange= brachten Scharfsalben oder Haarseile, Brennpunkte, können hier= auf aufmerksam machen; es ist dies um so weniger zu übersehen, als diese Krankheit sich sehr leicht von Neuem einstellt und das Thier im Werthe sehr heruntersetzt; doch muß hier noch gesagt werden, daß die Befürchtung, man habe es mit einer Schulterlahm= heit zu thun, noch weit häufiger vorkommt, als dies Uebel selbst, und eben deßwegen findet man häufig auch Spuren von Curmethoden gegen Schulterlähme, welche gar nicht existirte, so daß man in manchen Fällen zu falschem Argwohn verführt werden kann.

§. 86.
Der Bug.

Der Bug ist die oben beschriebene Gelenkverbindung zwischen dem Schulterblatte und dem Oberarmbein. Im allgemeinen fordert man den Bug stark, gerundet und leicht beweglich und hält eine magere, sehr hervorragende Form desselben nicht für kräftig, sondern zu mancherlei Gebrechen geneigt. Ein zuweilen an ihm vorkom= mendes Uebel ist die Verstauchung und ihre Folgen die Buggelenk= lähme, welche oft sehr hartnäckig ist und eine entschiedene Anlage zu Rückfällen zeigt, daher sie in manchen Gegenden als Hauptmangel gilt. Indessen ist einige Vorsicht von Nöthen, um dieses Leiden von dem aus andern Ursachen entstandenen Hinken gehörig zu unter= scheiden, indem in vielen Fällen, wo Buglähme angenommen wird, der Sitz des Leidens an einem ganz andern Fußtheile stattfindet; sie ist hauptsächlich daran zu erkennen, daß das Thier die ganze Gliedmaße nicht genügend hebt, leicht anstößt, namentlich im Heraus= führen über eine hohe Schwelle; beim Zurücktreten schleift das Pferd den Fuß an dem Boden nach rückwärts, ohne ihn frei zu heben, im Gehen macht es kurze Tritte und eine mähende, nach außen kreisende Bewegung. Die Symptome der Buglahmheit treten im tiefen Boden deutlicher hervor, als auf festem, ebenem Terrain.

§. 87.

Der Ellbogen.

Der Ellbogen ist die am untern Ende der Schulter, hinten am Vorarme befindliche, straff mit der äußern Haut überzogene Erhabenheit, welche durch den nach rückwärts hervorstehenden Höckerfortsatz des Ellbogenbeins gebildet wird, an dem sich die Sehnen mehrerer Muskeln befestigen. Bei regelmäßiger Stellung der Füße steht derselbe frei vom Leibe ab, hat eine ganz gerade, parallel mit der Längenachse des Körpers verlaufende Stellung, erscheint zwar deutlich, doch nicht zu stark hervorstehend. Liegt der Ellbogen zu sehr am Leibe an, so erscheint die ganze übrige Gliedmaße nach auswärts gedreht, wird steif und erhält eine falsche sogenannte französische Fußstellung; steht derselbe aber zu sehr vom Leibe ab, so erhalten die untern Theile der Gliedmaßen eine zu sehr nach einwärts gedrehte Richtung. Diese Richtung des Ellbogens geht jedoch nicht ausschließlich von ihm aus, sondern wird vielmehr und hauptsächlich von der Stellung des Oberarmbeins bedingt. An dem Ellbogen kommt öfters eine runde Geschwulst theils durch äußere Veranlassungen, theils aus innerer Krankheitsdisposition vor, die Stollbeule, Stollschwamm, Stollbeutel; dieselbe beeinträchtigt selten die Verrichtung der Gliedmaße, jedoch immer das äußere Ansehen und den Werth des Pferdes.

§. 88.

Der Vorarm.

Der Vorarm oder Vorderschenkel ist jener Theil des Vorderfußes, der von dem Ellbogen an bis zum Knie herabreicht, dem das Vorarmbein und das Ellbogenbein zur Grundlage dienen, der an der Stelle, wo Vorarmbein und Ellbogenbein mit dem Oberarmbeine sich verbindet, ein einfaches, durch Bänder und Muskeln stark befestigtes Wechselgelenk bildet. An dem Vorarme sind mehrere Muskeln angeheftet, welche durch ihre starken Sehnen entfernte Theile des Unterfußes bewegen und von solch bestimmten Formen erscheinen, daß sie unter der straff über sie hergezogenen Haut deutlich wahrnehmbar sind; die meisten derselben sind auf der äußern, vordern

Fläche gelagert, daher diese dicker und mehr gewölbt erscheint als die innere, platt gedrückte Fläche. Der Vorarm ist oben an seiner Verbindung mit der Schulter dick, stark und breit, wird aber nach unten allmählig schmäler, so daß er an seiner Verbindung mit dem Vorderknie fast nur halb so breit wie oben erscheint. Da die Kraft der Muskeln die Kraft und Ausdauer der Bewegungen des ganzen Fußes bedingt, so erscheint auch nur ein durch starke Muskeln breiter Vorarm kraftvoll, dagegen ein schmaler, dünner und magerer Vorarm immer schwach und in den Bewegungen kraftlos. In Absicht auf seine Richtung und Stellung soll der Vorarm vollkommen senkrecht stehen, indem der ganze Fuß nur bei dieser Stellung den Körper gehörig und ohne besondere Muskelanstrengung stützen kann. In Absicht auf seine Länge soll er mit den übrigen Körpertheilen, wie auch mit den übrigen Fußtheilen in einem entsprechenden Verhältnisse stehen. Ein langer Vorarm ist immer mit einem desto kürzern Schienbeine verbunden und läßt zwar den Fuß im Gehen weit vorsetzen, aber nicht genugsam heben, und daher leicht anstoßen und stolpern; ein kurzer Vorarm, gewöhnlich mit einem langen Schienbeine verbunden, hebt den Fuß zwar hoch auf, aber nicht weit voran, macht daher den Gang zwar erhaben, aber ermübend und nicht geräumig. Im allgemeinen kann man übrigens doch sagen, daß der Vorarm nie zu lang, das Schienbein nie zu kurz sein könne, denn am Vorarm sind die lebenskräftigen, selbstthätigen Werkzeuge der Bewegung, die Muskeln angebracht, während an dem Schienbein die keiner selbständigen, Thätigkeit fähigen Vermittler der Bewegung, nämlich die Sehnen, welche die Wirkung der Muskeln auf die zu bewegenden Knochen des Unterfußes zu übertragen haben, angebracht sind. Je länger der Vorarm, um so mehr Muskelmassen können sich anlagern, und je länger die Muskeln sind, einer um so größeren Contraction also auch weitgreifenden Wirkung sind sie fähig, während lange Sehnen einen Theil der von den Muskeln auf die Knochen gerichteten Wirkung in Folge ihrer wenn auch nur unbedeutenden Elasticität verloren gehen lassen. Je länger also das Schienbein und der Unterfuß, um so ungünstiger sind die mechanischen Verhältnisse, welche ohnedies an dem Bewegungsapparat so ungünstig für Kraftersparniß gestaltet sind.

Auf der innern Fläche des Vorarms gewahrt man die Vorarmhaut=Blutader, Bugader, und hinter derselben, etwas unter der Hälfte der Länge des Vorarms eine hornige Hervorragung, die Hornwarze oder Kastanie, die bald größer, bald kleiner an=

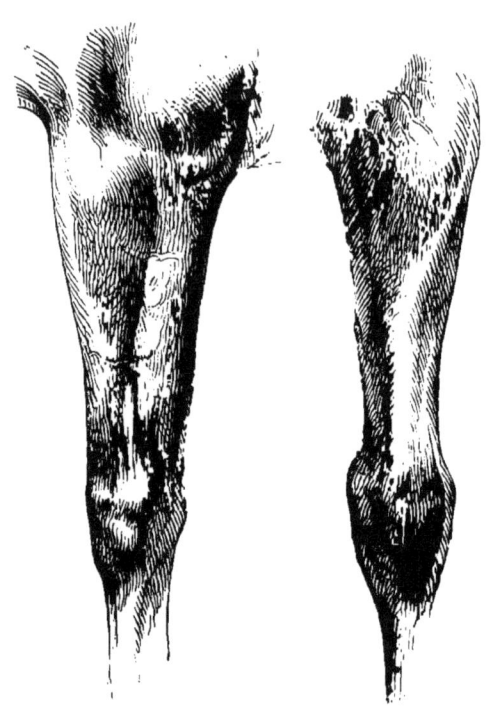

getroffen wird und bei edlen Pferden immer kleiner ist als bei gemeinen; sie wird von den Natur= forschern als eine An= deutung der mehr= fachen Gliederung des Unterfußes, etwa als Rudiment des Daumens betrachtet. In einzelnen Fällen werden diese Form= gebilde von einer jauchigen Entartung und Auflösung wie der Hufstrahl in der Strahlsäule befallen.

An den Sehnen= scheiden der am Vor= arme befindlichen Muskeln befinden sich

Fig. 65. Vorderknie.

zuweilen Erweiterungen in Folge von Anfüllung mit Sehnenfeuchtig= keit, meist befinden sie sich unmittelbar über dem Kniegelenke und werden Kniegallen genannt, die zwar nur in seltenen Fällen für die Bewegung nachtheilig werden, aber sowohl wegen ihrer zweifelhaften Heilbarkeit, als auch wegen ihrer Beeinträchtigung des äußern Ansehens als Fehler gelten. Auftreibungen der Knochen, Ueberbeine u. dgl. sind seltenere Gebrechen an diesem Fußtheile.

§. 89.

Das Vorderknie.

Das Vorderknie (Fig. 65 u. 66.) ist jenes zusammengesetzte Gelenk, das den untern Theil des Vorarmes mit dem Unterfuße oder Schienbeine verbindet; es wird aus sieben kleinen Knochen, die in zwei Reihen über einander gelagert sind, gebildet; die obere

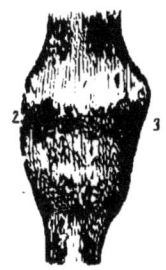

Reihe, aus vier nebeneinander gestellten Knochen bestehend, verbindet sich mit dem unteren Ende des Vorarmbeines in einem einfachen Wechselgelenke, während die zweite Knochenreihe durch mehr straffe Gelenke mit dem Schienbein nach unten, mit der ersten Reihe nach oben verbunden ist (Fig. 67). Eine Gruppe von Bändern dient diesen Gelenken zur Befestigung, die Sehnen mehrerer Muskeln nehmen ihren Verlauf über das Knie hinweg und erhalten zur Sicherung ihrer Lage und Bewegung

Fig. 66.
Vordere Ansicht.

besondere Bänder; die diesen Körpertheil überkleidende Haut erscheint etwas dicker als an andern Fußtheilen und liegt straff um das Knie an. An dem Knie unterscheidet man eine vordere Fläche (Fig. 66, ¹), die äußere Seitenfläche (²), die innere Seitenfläche (³), die hintere

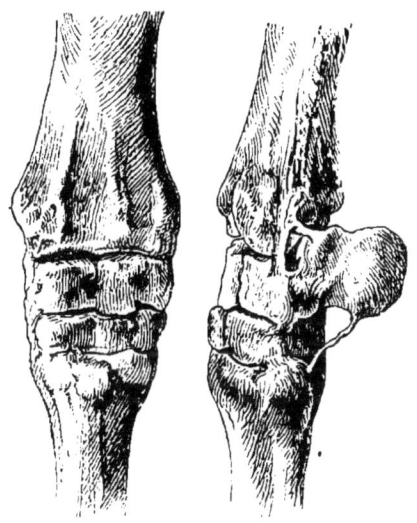

Fläche und die Kniekehle ·(Fig. 68, ⁴), welch letztere etwas vertieft und ausge=schnitten ist (Fig. 65 u. 68). Bei dem Gange zeigt sich die hauptsächlichste Bewegung zwischen dem Vorarme und der obern Reihe der Knieknochen, und dann eine weniger weitgehende Bewegung zwi=schen der ersten und zweiten Knochenreihe, zwischen dieser und dem Schienbein ist fast gar keine Beweglichkeit. Das Knie soll mit dem Vorarme fast in gleicher Linie senk=recht in den Unterfuß über=gehen und hiedurch den gan=

Fig. 67. Skelet des Vorderknie's.

zen Vorderfuß als eine säulenartige Stütze erscheinen lassen; dabei soll es eine bedeutende Breite haben und vorne platt oder doch nur mäßig gewölbt, hinten jedoch gut abgerundet sein. Von besonderer

Wichtigkeit ist die gehörige Ausbildung des Hackenbeines, welches man als Grundlage der über der Kniekehle (Fig. 68, [1]) sichtbaren Erhöhung anzusehen hat. Ueberall wo das Hackenbein nicht gehörig  entwickelt ist (Fig. 69), findet man das Knie schwach, indem weder die Muskeln des Vorarms den nöthigen Anheftungs= noch die durch die Kniekehle verlaufen= den Sehnen den gehörigen Spielraum finden. Ein in dieser Art fehlerhaftes Knie ist schlimmer als Spat und Gallen. Abweichungen von dieser Norm in ver= schiedener Art kommen vor, als:

Das runde Knie, das vorne schmal und allent=

Fig. 68.
Seitenansicht.

halben abgerundet ist, es entbehrt der festen Verbin= dung seiner einzelnen Theile, der richtigen und vor= theilhaften Anlagerung der Bänder und Sehnen und erscheint daher als schwach.

Das Bocksknie (Fig. 69), das stark nach vorwärts steht und gerundet ist, gilt als schwach; es ist oft angeboren, meist aber

Fig. 69.					Fig. 70.					Fig. 71.
Das bockbeinige und			Das schmale Knie.				Bockbeine.
ausgeschnittene Knie.

erst durch anstrengende Dienstverwendung erworben. Ist das Bocks= knie angeboren, was vom Verkäufer gewöhnlich auch vom erwor= benen versichert wird, so entscheidet das Aufheben eines Fußes, wobei der, auf dem die Last ruht, sich strecken wird, wenn der

Fehler ein erworbener; ist die Stellung angeboren, so verändert sie sich nicht, auch wenn die Körperlast darauf ruht. Oft gesellt sich zu diesem Fehler das Kniezittern, das darin besteht, daß die Pferde entweder beständig oder nach schnellem Gange auch noch in der Ruhe mit den Knieen zittern. Es ist dies zwar ein Zeichen starken Gebrauches, allein solche Pferde sind oft, wenn sonst gut gebaut und von lebhaftem Temperament, dennoch sicherer auf den Vorderfüßen, als man glauben sollte. Zuweilen ist das Bocksknie als charakteristische Erbschaft manchen Pferdefamilien eigen.

Das rückbiegige Knie (Fig. 72), das stark nach rückwärts abgebogen ist, kommt fast ausschließlich von ursprünglicher fehler= hafter Bildung, von eigenthümlicher Form der Gelenkflächen her

Fig. 72. Rückbiegiges Knie.   Fig. 73. Getrossetes Knie.

und ist nur sehr selten durch übermäßige Belastung, durch vorüber= gehende Schwäche erworben. Diese ziemlich seltene Kniestellung wird von Vielen als besonders schlimmer Fehler bezeichnet, ist aber, wenn man genau prüft, gar nicht so bedeutungsvoll. Der Theorie nach muß es freilich scheinen, daß bei dieser Form die hinten am Fuße liegenden Beugesehnen besonders stark in Anspruch genommen werden, also bald ermüden und erkranken, in der Praxis aber findet man, daß an solchen rückbiegigen Füßen nicht häufiger, ja sogar nach den speziellen Erfahrungen des Bearbeiters dieser Auflage eher weniger Fehler als an anders geformten und gestellten Vorder= gliedmaßen vorkommen. Häufig findet man solche rückbiegige Stel= lung an solchen Gliedmaßen, welche sich durch auffallend elegantes Gangwerk aus= zeichnen.

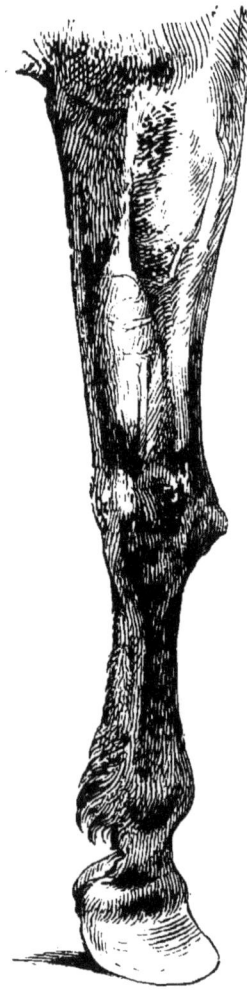

Das Ochsenknie, das dick, rund und stark nach einwärts gerichtet und dem gegen= seitigen zu sehr genähert ist, bedingt eine fehlerhafte Bewegung und ist häufig ein Zeichen gemeiner Race oder die Folge eines früher stattgehabten Knochenbruchs. Das auswärts gebogene Knie, das zwar gut gebildet sein kann, bedingt ebenfalls eine fehlerhafte Knie= und Fußstellung und Bewegung.

Das eingeschnürte oder gedrosselte Spindelbeinknie (Fig. 73), das hin= ten unter dem Hackenbeine nicht nur zu stark ausgeschnitten ist, sondern auch die Beugesehnen bis zur Köthe zu nahe am Schienbeinknochen anliegen hat, bedingt eine unfreie Bewegung und die vortheilhafte Richtung der Kraft wird benachtheiligt. Das Knie soll auf seiner vordern Fläche un= verletzt erscheinen, tiefere Verletzungen da= selbst hinterlassen haarlose Flecken; ein sol= ches sog. Glatzenknie verdächtigt ein Pferd der Unsicherheit im Gange. Dieser Verdacht ist jedoch nicht immer gerechtfertigt, weil das beste Pferd durch Nachlässigkeit des Rei= ters oder Unglück stürzen und sich diesen

Fig. 74.

Stelzfuß und Knieschaden. Makel zuziehen kann; man sehe dabei auf die Stellung und Gangart der Gliedmaßen überhaupt, zugleich unter= suche man die Vorderlippe und die Zähne, überhaupt den Kopf, weil Pferde, welche öfter gefallen sind, nicht selten hiebei diese Theile verletzen. Wenn diese Verletzungen am Knie ein Stück Haut zer=

stören, so bildet sich meist eine häßliche Narbe, in deren Umgebung das Zellgewebe, nicht selten sogar auch der Knochen aufgetrieben erscheint (Fig. 74). Greift die Verletzung bis in die Sehnenscheiden oder gar in die Gelenkkapsel ein, so daß „das Gliedwasser läuft," so ist die Beurtheilung eine sehr ungünstige. Solche Knieschäden heilen sehr schwer und ziehen durch das heftige Wundfieber oft den Verlust des Thieres nach sich, oder es entstehen Entartungen, Verwachsungen an den Gelenken und Knochen, wodurch die Gebrauchsfähigkeit des Pferdes sehr beeinträchtigt wird. Wuchernde Verdickungen der Knochen oder des Zellgewebes am Knie begründen den Knieschwamm (Fig. 75, [1]). Das eingekniffene zu stark ausgeschnittene Knie hat unmittelbar unter dem Hackenbein eine zu starke Einbiegung, das Schienbein wird aber gegen die Köthe wieder breiter, dadurch unterscheidet es sich noch zu seinem Vortheil von dem gedrosselten Knie eines Spindelbeines, welches die Beugesehne bis zur Köthe herab so schlecht angelegt hat, wodurch es noch schwächer ist als das eingekniffene.

Fig. 75.
Fehler am Knie.

In der Kniekehle kommen nicht selten Rothlaufentzündungen und deren Folgen, quer gehende Schrunden und Risse als Erscheinungen einer der Mauke ähnlichen Krankheit der sogenannten Raspe ([2]) vor, welche Spannung, Schmerz und Hinken verursacht und sehr hartnäckig ist. An der äußern Seite des Kniegelenkes erscheinen rundliche, weiche Geschwülste, die Vorderkniegallen ([3]) als Erweiterungen des Kapselbandes und Anfüllung mit Gelenkschmiere, welche anfänglich blos das äußere Ansehen beeinträchtigen, bei größerer Ausdehnung und nach übermäßigen Reizungen aber der Bewegung nachtheilig werden. Die weiter nach oben vorkommenden Sehnengallen sind schon bei dem Vorarm besprochen.

§. 90.
Das Schienbein.

Das Schienbein ist der unter dem Kniegelenke und über dem Fessel befindliche Theil des Fußes, dem das Schienbein und die beiden Griffelbeine zur Grundlage dienen, an welchem vorne die Streckſehnen und hinten drei Beugeſehnen herablaufen; es iſt mit der hier ſehr ſtraff anliegenden Haut überzogen. Wenn alle Theile deutlich unter der Haut von einander unterſchieden werden können, ſo nennt man das Schienbein trocken, wie von Draht geflochten, was ſowohl für ſchön als gut gehalten wird. Seine Länge und Breite muß mit dem übrigen Fuße in richtigem Verhältniſſe ſtehen:

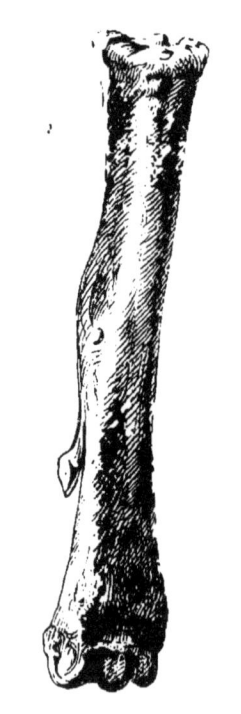

lang findet man es meiſt bei kurzem Vor-arme, kurz dagegen bei langem Vor-arme. Ein zu ſchmales Schienbein, ver-bunden mit einem runden und ſchmalen Knie, begründet die ſogenannte Spin-delbeinigkeit, wobei das Schienbein wie eine rund gedrehte Spindel oder Spuhle (daher auch Spüllbeinigkeit öſter-reich.) erſcheint und keine Ausdauer und Reſiſtenz bei Strapazen erwarten läßt. Ein zu breites Schienbein kann nicht wohl vorkommen, wenn auch der Unterfuß plump, ſchwer erſcheint. Die Richtung des Schienbeins muß der des Knies und Vorarmes gleich, ſenkrecht ſein; ſteht es von dem Knie an zu weit nach rückwärts, ſo ſtützt es den Vorderfuß nicht, wie bei der Bockbeinigkeit hinreichend gezeigt wurde; ſteht es dagegen vom Knie an zu weit nach vorwärts, ſo begründet es den Fehler der Rückbiegigkeit, ſteht es vom Knie an zu ſehr nach einwärts, ſo bildet es den Zehen-treter, ſteht es dagegen vom Knie an zu ſehr nach auswärts, die ſog. Bodenweite.

Fig. 76.
Starke Knochenauftreibung am Schienbein.

An der innern Seite des Schienbeins kommen ſehr häufig, ſeltener an der vorderen und äußeren Fläche kleine oder größere Hervorragungen (Fig. 76) des Knochens, ſogenannte Ueberbeine (Fig. 77) vor, welche oft beträchtliches Hinken verurſachen, oft aber auch ohne alle Bedeutung ſind und zuweilen, beſonders wenn ſie ſehr frühe bei jungen Thieren entſtehen, allmälig wieder verſchwinden, später entstanden jedoch Zeitlebens verbleiben. Sie sind bedenklich, wenn sie nahe am Knie- oder Köthengelenk ihren Sitz haben, deren Bewegung sie alsdann beeinträchtigen, oder aber wenn sie nahe an den Sehnen, sei es nach vor- oder rückwärts, liegen, welche sie reizen. Eine Verdickung des Schienbeins an der Vorderfläche deutet auf Anschwellung der Strecksehne. Was die Beugesehnen betrifft, welche an der hintern Seite des Schienbeins ein dreifaches, straffes Band darstellen, so sollen sie trocken und fest sein und sich deutlich durch zwei leicht erkennbare Rinnen vom Schienbeine und unter einander abscheiden. Die Trennung derselben vom Schienbein ist für die kraftvolle Bewegung von äußerster Wichtigkeit und zwar soll diese schon bei dem Austritt der Sehne aus dem Kniegelenk deutlich zu erkennen sein. An den Knochen gleichsam angeklebte

Sehnen sind zugleich ein Zeichen gemeiner Race. An den Beugesehnen kommt öfters auch eine Anschwellung vor, welche sich vom Knie an im ganzen Verlaufe bis zur Köthe herab erstreckt, oft aber auch nur auf eine kleinere Stelle beschränkt ist, anfänglich fast immer heftiges und schmerzhaftes Hinken verursacht und als Sehnenklapp (Fig. 78) bezeichnet wird. Dieses Leiden besteht anfänglich in Entzündung, welche später in Verwachsung, Verdickung, Verhärtung, sogar Verknöcherung und anderweitige Entartung der Sehnen übergeht und für die Stellung und Bewegung des

Fig. 77.
Ueberbein.

Fig. 78.
Sehnenklapp.

ganzen Fußes sehr nachtheilige Folgen hat. Außerdem wird die Haut am Schienbein in Folge von Erkältung und Nässe von einer eigenthümlichen Krankheit, dem sogenannten Wolfe, befallen, welche gewöhnlich als Entzündungsgeschwulst erscheint, mit allgemeinem Fieber verbunden ist, die Haut an den ergriffenen Stellen lederartig abgestorben erscheinen läßt und sehr schmerzhaftes Hinken verursacht. Es ist dies eine Art Mauke, die sogenannte ausfallende. Verkürzungen der Beugesehnen als Folge von Sehnenkrankheit beschränken

die Bewegung in hohem Grade und begründen häufig den soge=
nannten Bockfuß, in höherem Grade den Stelzfuß. Am Schien=
beine kommen auch Knochenbrüche vor; hier ist jedoch noch am ehesten
Heilung möglich wegen der Zulässigkeit eines angemessenen Verbandes.

§. 91.
Die Köthe.

Die Köthe (Fig. 79) stellt die Verbindung des Schienbeins
mit dem Fesselbeine und den beiden Gleichbeinen in einem einfachen
Wechselgelenk dar, welche Knochen durch Bänder und die Sehnen=
äste eines Muskels, in ihrer Lage erhalten, von den Sehnen meh=
rerer Muskeln umgeben und von der hier sich etwas verdickenden Haut
umhüllt werden. Sie soll eine stark hervortretende, gesunde Ent=
wicklung der Knochenenden ohne krankhafte Auftreibung zeigen; eine
kleine, schmale Köthe beurkundet ein schwaches Gelenk, das bei den
großen Ansprüchen an dieses Gelenk die Diensttauglichkeit des Pferdes

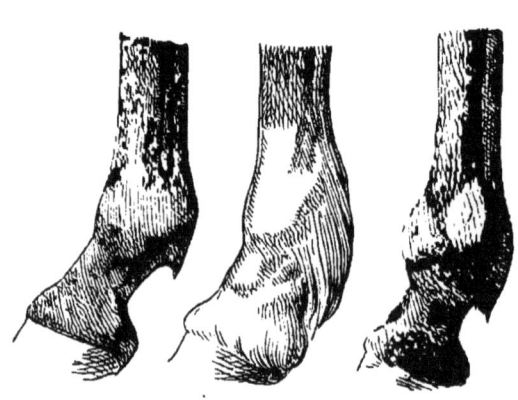

Fig. 79.   **Fig. 80.**   **Fig. 81.**

Die Köthe.   Der Köthenbehang.   Flußgalle.

für anstrengende und
dauernde Dienste nicht
verbürgt und zu man=
cherlei Mängeln und
Gebrechen führt. An
der Rückseite der Köthe
befindet sich ein Bü=
schel längerer Haare,
die sogenannte Haar=
zotte, der Köthenzopf,
der bei feinern und
edlern Pferden gar
keine stärkeren Haare
oder nur wenige kurze
Haare zeigt, bei gemei=
nen Pferden aber aus einem dicken Büschel langer und grober Haare
besteht, die von solcher Beschaffenheit schon weiter oben unter dem
Knie an der hintern Seite des Schienbeins zu treffen sind und den
sogenannten Behang (Fig. 80) darstellen. In der Mitte der
Rückseite der Köthe, unter der Haarzotte versteckt, ist ein kleines,

zugespitztes Stück Horn an der Haut befindlich, das als Sporn bezeichnet wird und der Hornwarze analog ist. Da die mit solchen groben Haaren behangene Köthe vorzugsweise bei gemeinen, rauh gehaltenen Pferden vorkommt, also jedem Pferde ein unedles, miß= fälliges Ansehen verleiht, so werden diese Haare von Pferde= händlern abgeschoren, darauf mit Bimsstein geglättet und gespitzt, um die Zustutzung unbemerkbar zu machen. Lobenswerth ist dieses Ausscheeren des Behangens an der Köthe, dem Schienbeine und dem Fessel aus Reinlichkeitsrücksichten bei Pferden, die viel auf morasti= gen Straßen zc. zu gehen haben, weil hierdurch die schädliche Ein= wirkung des Kothes auf die Haut abgehalten wird. Doch wird durch das Abscheeren des Behangs das natürliche Ausfallen dieser Köthenhaare unterdrückt, und bei edeln Pferden, wo der Behang im Juni gewöhnlich vollständig sich abstößt, wird nun durch die Stoppeln der abgeschnittenen Haare ein unedles Ansehen veranlaßt.

Eine rauhe Haltung, rücksichtsloses Aussetzen der Thiere gegen Kälte und Nässe vermehrt den Köthenbehang, denn die Natur will die gefäß= und nervenreiche Theile des Unterfußes durch die dichtere Behaarung gegen mechanische Einflüsse, sowie gegen Kälte und Nässe schützen. Die Köthe beugt sich bei der Bewegung in der Art, daß der Fessel mit den übrigen Gliedern nach rückwärts sieht und erst beim Auftreten seine nach vorne gerichtete Stellung wieder ein= nimmt. Da eine ungestörte Beweglichkeit der Köthe ein Haupt= erforderniß ist, so müssen jene Erweiterungen des Kapselbandes am Köthengelenke, welche man Köthengallen (Fig. 81, [1]) nennt, als Fehler angesehen werden. Sie kommen meist vorn und zur Seite vor, erzeugen anfänglich, so lange nur unverändertes Glied= wasser in ihnen enthalten ist, geringe oder gar keine Beschwerden, können aber später, wenn dasselbe in Folge hinzugetretener Ent= zündung verdichtet und verschiedentlich entartet ist, große Stö= rungen verursachen. Hinter und über der Köthengelenkgalle kommt die Sehnengalle oder Flußgalle als Erweiterung der Sehnen= scheide der Beugesehne, und Anfüllung mit Sehnenfeuchtigkeit vor, begründet jedoch weniger Beschwerlichkeiten im Gange, wie die vorige. An der vordern Fläche der Köthe kommt eine Erweiterung und Anfüllung der Sehnenscheiden oder des Kapselbandes selbst als sogenannte Vorderköthengalle (Fig. 81, [2]) vor, welche nicht allein störend für die Beweglichkeit dieses Gelenkes werden kann, sondern auch sehr mißfällig und häßlich ist. Da dieses Gelenk bei den verschiedenen Gangarten so vielfach in Anspruch genommen wird, so ist es auch manchsachen Leiden, namentlich Verstauchungen und Verrenkungen ausgesetzt, in deren Folge entzündliche Anschwellungen, die oben genannten Gallen und Störungen der Diensttanglichkeit entstehen; an der innern Fläche der Köthe erscheinen Verwundungen und Verletzungen durch Streifen, in deren Folge oft häßliche Auftreibungen, Narben und kahle Flecken zurückbleiben. Dieser Fehler ist um so schlimmer, als er sich durch die Ermüdung des Pferdes steigert und oft Hinken und Fehltritte verursacht. Man untersuche genau, ob das Streifen von fehlerhafter Gangart oder schlechtem Beschläge herrührt. Verdickungen der Haut und große Narben sprechen für Hartnäckigkeit des Uebels. Junge Pferde streifen sich aus Ungeschick oder Schwäche, bei ihnen verliert sich das mit dem Alter und bei durch reichliches, gutes Futter gesteigerten Kräften.

Auf der vordern Fläche der Köthe erscheinen gleichfalls kahle Flecken als Spuren von Stürzen u. dgl. und zuweilen eine widernatürliche Erhabenheit, durch die Verdickung der Strecksehnen entstanden; sie ist bei der sogen. Köthenschüssigkeit (Fig. 82) besonders deutlich und öfters auch mit Verdickung der nächst liegenden Theile verbunden. Bei sehr abgetriebenen Pferden trifft man Steifigkeit in der Bewegung der Köthe; auch gehört Verwachsung des Köthengelenkes, welches Stelzfüßigkeit zur Folge hat, nicht zu den Seltenheiten. Steifigkeit und Abnutzung in der Köthe gibt sich dadurch zu erkennen, daß keine elastische Durchbiegung der Köthe

Fig. 82.   Fig. 83.
Köthenschüssigkeit.   Maute.

beim Auftritt des betreffenden Fußes zu Stande kommt, entweder tritt die Köthe gar nicht durch, oder sie knickt vor dem schwachen Durchtreten ein wenig nach vorwärts und dann erst nach rückwärts, kurz, die Gliedmaße zeigt bei jedem Auftreten eine Neigung, die Köthe nach vorn „schießen" zu lassen. Zuweilen trifft man die Haut entartet, verdickt, mit Aftergebilden, Geschwüren u. dgl. besetzt, bei Mauke (Fig. 83) oder mit dem an dem Fuße sich mehr nach oben ausbreitenden Straubfuße und andern ähnlichen Krankheiten, welche sowohl die Verrichtung dieser Körpertheile stören, als auch das äußere Ansehen beeinträchtigen.

§. 92.
Der Fessel.

Der Fessel ist jenes Fußglied unter der Köthe, das schief von seiner gelenkigen Verbindung mit dem Schienbein nach vor- und abwärts bis zur Krone reicht, und so gestellt sein soll, daß es mit dem horizontalen Boden einen Winkel von 45° bildet. Ihm dient das Fesselbein zur Grundlage. An demselben verlaufen vorne die

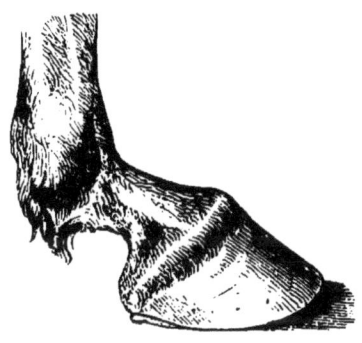

Fig. 84. Langer und weicher Fessel.

Streckselne, hinten die Beugsehnen und zur Seite Sehnenäste, welche sich mit der innersten Streckselne vereinigen; außerdem befinden sich daselbst mehrere Bänder, auch lockeres Zellgewebe, durch welches sich die Haut mit den ebengenannten Theilen verbindet. Seine Länge soll mit den übrigen Fußgliedern in einem solchen Verhältnisse stehen, daß er $\frac{1}{3}$ des Schienbeines beträgt; übersteigt die Länge des Fessels dieses Verhältniß, so ist er zu lang, und wird nicht mit Unrecht für schwach gehalten, erreicht der Fessel aber diese Länge nicht, so gilt er für zu kurz, zeigt zu geringe Nachgiebigkeit und ist hiebei zu mancherlei Gebrechen disponirt. Der Fessel soll eine solche Richtung haben, daß eine mitten durch die Köthe senkrecht geführte Linie hinter und an den Ballen den Boden berührt; berührt diese Linie mehr hinter den Ballen den Boden, so ist der Fessel zu tief gestellt, er gibt dann beim Niedertreten des Fußes zu viel nach, was Weichtreten oder Durchtreten

(Fig. 84) in einem besonders auffallenden Grade, Bärentatzig=
keit, Bärenfüßigkeit (Fig. 85) genannt wird. Fällt dagegen
oben gedachte Linie noch in den Ballen, so ist der Fessel zu gerade
gestellt, hochgefesselt (Fig. 86) und steht zuweilen beinahe senk=
recht; steht der Fessel wirklich senkrecht, ist er zugleich in der Köthe
in Folge von Verwachsungen des Gelenkes, von Entartungen der
Beugesehnen mehr oder weniger steif, so nennt man dies Stelzfuß,
steht er aber nicht nur senkrecht, nimmt er beim Auftreten im Gehen
eine nach vorne geneigte Richtung an, dann begründet er den für
die Diensttauglichkeit so großen Fehler der Ueberstützigkeit oder
Köthenschüssigkeit. Im Normalzustande sollen die Fesseln, von vorne
gesehen, senkrecht und parallel stehen; weichen die beiden Fessel
unten von einander ab, so heißt diese Stellung die französische
oder Tanzmeisterstellung; steht der Fessel zu weit nach einwärts
mit seinem unteren Ende, so nennt man dies Zehentreterstel=
lung. Diese Abweichungen in der Richtung des Fessels werden
zum Theil durch die Stellung des ganzen Fußes bedingt.

An dem Fessel kommen mancherlei Gebrechen, als Verdickungen
des Zellgewebes, Auftreibungen der Knochen, bald vorübergehend,
bald bleibend vor, durch welche die Beweglichkeit in diesem Körper=
theile gehemmt wird, dies ist namentlich bei dem sogenannten
Fesselleiste (Fig. 87), jener Knochenauftreibung mit Gelenkver=
wachsung der Fall. Zuweilen kommen am Fessel auch unbedeuten=
dere Knochenauftreibungen vor, ähnlich den Ueberbeinen am Schien=
beine, welche den Gebrauch des Gliedes gar nicht beeinträchtigen.
Solche Auswüchse sitzen dann in der Mitte und seitlich am Fessel=
bein, gewöhnlich an der Stelle, wo naturgemäß Rauhigkeiten zur
Anheftung der Sehnenausläufer am Knochen sich vorfinden. An
der Rückfläche des Fessels erscheinen Schrunden und Querrisse mit
Ausschwitzung einer scharfen, ätzenden Flüssigkeit, man nennt dies
aufgesprungene Fesseln. Manke ist eine anfänglich die Haut nur
oberflächlich, meist mehr nach hinten betreffende Krankheit, welche
sich aber unter ungünstigen Umständen leicht weiter ausbreitet, die
Haut entartet, und sodann den Igelsfuß, Straubfuß darstellt,
der den ganzen Fessel einnehmen kann, und darin besteht, daß durch
krankhafte Ausschwitzungen die Haare büschelweise wie zu Stacheln
zusammenkleben und sich in die Höhe stellen. Nicht selten gewahrt

man hinten am Fessel Schrunden und schwielige Auftreibungen von Verwundungen durch die Halfterkette, in welcher sich Pferde ver= fangen haben, was sehr gefährlich werden kann, in der Regel aber

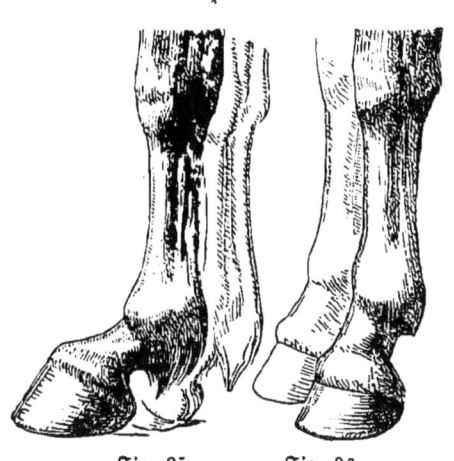 

Fig. 85.   Fig. 86.   Fig. 87.
Bärentatzig.   Hochgefesselt.   Knochenpräparat eines stelz=
füßigen Fessels mit Leist=
oder Ringbein.

durch die sich bildende Wulst mehr dem äußerlichen Ansehen nach= theilig wird. Zuweilen bleiben auch nach der Mauke die häßlichen Feigwarzen zurück und geben dem Fessel ein mißfälliges Ansehen. Auch der Fessel ist wegen seiner ungeschützten Lage Brüchen beson= ders ausgesetzt, welche bei Möglichkeit, einen ordentlichen Verband anzubringen, unter günstigen Umständen Heilung zulassen, meist aber einen Leist zur Folge haben, in Folge der Kallusbildung, oft sogar am anderen nicht gebrochenen Fuße, als Folge der übermäßigen Anstrengung während der durch 4 — 6 Wochen sich hinziehenden Heilung.

§. 93.

Die Krone.

Unter Krone versteht man die mäßige Erhabenheit, welche in einem Kreisbogen sich an den untern Theil des Fessels anschließt, hinten in den Ballen und nach unten in den Huf übergeht; ihr dient zur Grundlage die obere Hälfte des Kronbeins, das durch Bänder sowohl mit dem Fesselbeine, als auch mit dem Strahl=

und Hufbeine gelenkig verbunden ist; über diesen Knochen verläuft
vorne die Streckſehne, hinten die Beugeſehne und über dieſen be=
findet ſich ein lockeres mit vielen Nerven·und Gefäßen durchwobenes
Netz, die Fleiſchkrone, die in einer eigenen, rinnenförmigen
Vertiefung des Hufes aufgenommen, in dieſen mit vielen wärzchen=
artigen Verlängerungen ſich einſenkt, um die Ernährung des Hufes
zu vermitteln; die Haut über der Krone iſt mit wenigen längern,
ſtraffen Haaren beſetzt, welche über den Saum des Hufes herab=
hängen. Bei geſunden Pferden erkennt man die Krone blos als eine
mäßig gerundete Erhabenheit, die über den Saum des Hufes herumlauft
und hinten ohne ſcharfe Begränzung in die Ballen übergeht; bei
manchen Pferden bildet ſie dagegen einen dicken, runden Wulſt, die
ſogenannte fette Krone und bei andern Pferden erſcheint ſie ſo=
gar vertieft, eingefallen, was beides für fehlerhaft gehalten wird,
namentlich letztere Erſcheinung deutet auf Krankheit des Hufes hin,
in Folge deren die Krone ſchwindet. Wegen des Nervenreichthums
der Fleiſchkrone zeigt die Krone eine größere Empfindlichkeit gegen
Drücken und Befühlen als der Feſſel und die übrige Umgebung,
daher man ſie zur Ermittelung der Senſibilität im ganzen Orga=
nismus prüft; indeſſen iſt eine geringere Empfindlichkeit dieſes
Theiles noch nicht entſchieden als Beweis geſtörten Bewußtſeins zu
betrachten, denn matte, ſchwache und ſonſt kranke Pferde dulden
das Treten auf die Krone ſo gut als Dummkoller. An der Ver=
bindung der Krone mit dem Feſſel zeigt ſich zuweilen eine krankhafte
Auftreibung der Knochen und Verwachſung des Gelenkes, der Leiſt
oder die Schaale (Fig. 87 u. 88, [1]), welche oft blos auf eine Stelle ſich
beſchränkt, zuweilen aber rings um den Feſſel geht und in dieſem
Falle als Ringbein bezeichnet wird; bei dieſem Fehler iſt die
Beweglichkeit im Unterfuße immer gemindert und meiſt auffallendes
Hinken vorhanden. Außerdem zeigt ſich die Haut an der Krone
bei ausgebreiteter Mauke geſchwürig, entartet, mit geſteiften Haaren
beſetzt, Igelsfuß, Straubfuß. Vorne auf der Krone, aber auch zur
Seite, entſtehen leicht Verletzungen durch das Auftreten mit den
ſpitzigen oder ſcharfen Stollen eines neuen Beſchlägs, Winterbeſchlägs
u. dgl., die Kronentritte (Fig. 88, [2]), welche oft als oberfläch=
liche Beſchädigungen ohne Bedeutung ſind, zuweilen aber, wenn
tiefgehend, gefährlich werden können. Bei verſchiedenen Hufkrank=

heiten erscheint auch die Krone krankhaft ergriffen: so bei Ver=
knöcherungen der Hufknorpel aufgetrieben und hart; bei der Knorpel=
fistel (Fig. 89, [3]) aufgetrieben, weicher und sehr schmerzhaft, nicht
selten mit Fistelöffnungen versehen, und die Krone vom Hufe ge=
trennt; entzündlich angeschwollen bei heftigen Entzündungen der im

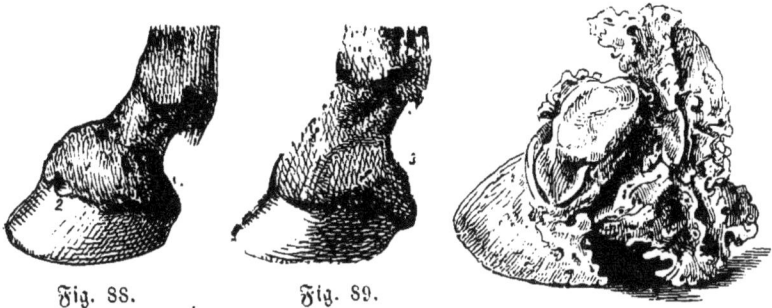

Fig. 88.   Fig. 89.
Krankheiten der Krone.   Fig. 90. Hufknorpel=Verknöcherung.

Hufe eingeschlossenen Weichtheile, Rehe und andern Leiden. In ein=
zelnen Fällen kommen auch Verknöcherungen und auffallende Wuche=
rungen am Hufknorpel vor (Fig. 90), welche von außen deutlich
bemerkbare Formveränderungen der Krone und des Ballens, sowie
einen sehr schmerzhaften Gang bedingen. Beim Strahlkrebs dehnt sich
die eigenthümliche Entartung der Weichgebilde des Strahles gewöhn=
lich bis über Ballen und Krone aus.

§. 94.
Der Huf.

Der Huf ist jener äußerste Theil des Pferdefußes, durch
welchen der letztere mit dem Boden in Berührung tritt. Das
Hufbein, das nach oben mittelst eines Wechselgelenkes mit der Krone
in Verbindung steht, wird mit seinen weichen Ueberzügen von einem
hornigen Schuh eingeschlossen. Dieser Hornschuh besteht aus drei
deutlich unterscheidbaren Theilen: aus Wand (Fig. 91, I), Sohle
(Fig. 92, II) und Strahl (Fig. 92, III). Die eingeschlossenen Theile
sind: Das Hufbein, das Strahlbein und ein Theil des Kronbeins
sammt den am Hufbeine sich festsetzenden Streck= und Beugesehnen,
die Fleischkrone, Fleischwand, Fleischsohle, Fleischstrahl und Ballen,

nebst Gefäßen und Nerven. Die Wand (¹) geht in einer etwas
schiefen Richtung von der Krone bis zum Boden, steht oben durch den
Saum (¹) mit der Krone in Verbindung. An ihr unterscheidet
man die Zehe (²), neben dieser die Seitenwand (³), (äußere und
innere), hinter dieser die Trachten= oder= Fersenwand (⁴), der
untere mit dem Boden in Berührung stehende Rand heißt Trag=
rand (⁵); hinten biegt sich die Wand um und bildet die sogenannten
Trachtenwinkel (⁶) welche, sich umbiegend, neben dem Strahle
fast bis zur Spitze desselben fortlaufen; diese umgebogenen Theile
werden Eckstreben (⁷) benannt, sie lassen zugespitzte Räume übrig,
in welchen die spitzigen Winkel der Hornsohle aufgenommen werden.
Die Hornsohle (II) ist die etwas ausgehöhlte Hornplatte unten
am Hornschuh, welche dem Boden zugekehrt, erst beim Aufheben
des Fußes wahrgenommen werden kann; sie ist von den Wänden
und den Eckstreben und dem Strahle begrenzt und verbindet sich
mit den erstern durch eine schmale weißgraulische oder gelbliche,
weichere Hornsubstanz, welche eine weiße Linie (⁸) unten neben

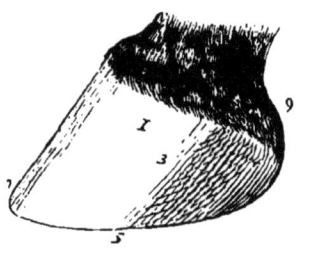
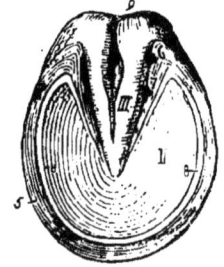

Fig. 91.　Seitenansicht.　　Fig. 92.　Untere Ansicht.

dem Tragrande darstellt, dieselbe ist in einer Breite von 1½ — 2
Linien erkennbar namentlich auf einer frischen Schnittfläche an der
Sohle, sie ist die Fortsetzung einer inneren blätterigen Schichte der
Hornwand. Der vordere Theil der Hornsohle ist breit, mehr platt
und gerundet, der hintere Theil in zwei spitzige, dreieckige Fort=
sätze, die Sohlenwinkel, gespalten, welche zwischen sich einen
tiefen, nach vornen zugespitzten Einschnitt für die Aufnahme des
Strahles enthalten. Der Hornstrahl (III) ist ein weicherer,
horniger, pfeilförmig gestalteter Körper, der in seiner Mitte eine
tiefe Furche hat, die die beiden vorne zusammenlaufenden Schenkel

von einander trennt, im Querschnitte betrachtet stellt er drei elastische Falten dar, die sich durch den Druck des Körpers beim Auftreten des Fußes abflachen. Ueber dem Strahle befinden sich zwei weichere, runde Erhabenheiten, welche durch eine tiefe Spalte von einander getrennt sind und Ballen ([9]) heißen; sie sind nur theilweise von einer dünnen, weichen Hornmasse umschlossen, welche als Fortsätze des Strahles und der Fersenwände zu betrachten sind.

Bei einem guten Hufe ist die Wand an der Zehe von der größten Dicke und Stärke, nach hinten allmälig sich verdünnend, die innere Wand ist immer schwä=

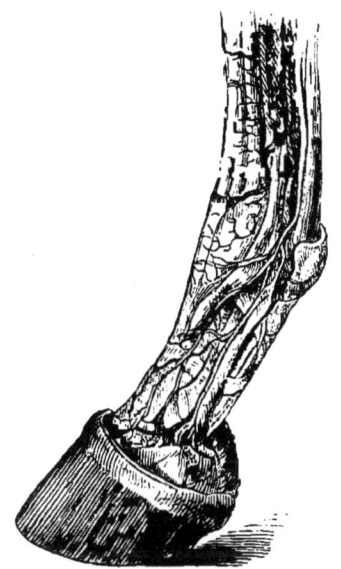

cher als die äußere. Die Wand muß glatt, mit einem mattglänzen= den Ueberzuge, einer Fortsetzung des Oberhäutchens der Lederhaut, versehen sein. Ihre Richtung soll von der Art sein, daß die Zehen= wand mit dem Tragrande der Wand die Hälfte eines rechten Winkels bilde; die Trachten sollen in ihrer Höhe $1/3$ der Zehenwand betragen. Die Hornsohle soll fest, ausgehöhlt sein, allenthalben mit den Wänden in der innigsten Verbindung stehen. Die Sohlenwinkel sollen nicht tie= fer als die Eckstreben stehen, und der Hornstrahl breit, stark und un=

Fig. 93.
Köthe, Fessel und Huf mit den Sehnen und Blutgefässen nach Abnahme des Hornschuhes.

versehrt sein. Der Huf ist gewöhn= lich schwärzlichgrau oder gelblich= röthlich, oder aus diesen beiden Farben gemischt gestreift; das Horn sei zähe, fest, und die ganze Masse zusammenhängend; jede Abweichung von dieser Beschaffenheit gilt als Fehler und bildet für sich allein oder im Zusammenhang mit andern die verschiedenen Hufgebrechen.

Was den Mechanismus des Hufes betrifft, so ist dieser eigenthümlicher Art. Die innere Fläche der Hufwand steht mit der blättrigen Fleischwand in innigster Verbindung, ebenso die Horn= sohle mit der Fleischsohle, der Strahl mit dem Fleischstrahl (Fig. 93).

Im Innern der Trachtenwände sind zwei flügelförmige Knorpeln, welche bis gegen die Ballen hin reichen, und über dem Fleisch= strahl ist ein derbes, elastisches Gewebe, der Zellstrahl. Unmittel= bar über diesem Zellstrahl liegt das Strahlbein, welches nach hinten das Hufbein=Kronbein=Gelenk schützt und eine Rolle bildet, über welche die Beugesehne des Hufbeines geht. Sobald das Pferd den Huf auf den Boden setzt, hat das Hufbein und das Strahlbein die Tendenz, tiefer in den Hornschuh sich hinabzubegeben, und es würde ein mehr oder minder heftiger Druck auf die empfindlichen Fleischtheile geschehen, wenn nicht die Elasticität derselben und die der Hornwand selbst dieses verhinderte. Die Hornwand nämlich be= wegt sich am meisten an den Trachtentheilen, weniger an den Seiten= theilen und am wenigsten an der Zehe beim Niedertreten des Fußes — nach außen, namentlich an ihrem oberen Rande, und gestattet dadurch dem Gelenk des Kron= und Hufbeines freien Spielraum. Die in diesem Augenblick über das Strahlbein scharf hergespannte Beugesehne drückt auf den ungemein elastischen Zellstrahl, und dieser wird durch den Hornstrahl federnd in seiner Lage erhalten, da dieser aus weicherem, aber elastischem Horn besteht und drei Falten darstellt, welche sich auf einen Druck abflachen. Die Knorpeln, welche zur Seite stehen, schützen die Fleischwand ebenso vor Druck, wie der elastische Hornstrahl den Fleischstrahl schützt. Die nach oben gewölbte Hornsohle setzt dem Huf= beine einen etwas derberen Widerstand entgegen, welcher hier noth= wendig ist, da die Spitze des Hufbeines bei dieser herabsteigenden Be= wegung den Drehpunkt bildet. Hieraus ergeben sich die wichtigsten Regeln für die Behandlung des Hufes von selbst: die Eckstreben als die natürlichen Druckfedern der Hufwand dürfen nicht niederer ge= schnitten werden als der Tragrand, die Hornsohle, als ein festes Gewölbe darf durch Auswirken nicht geschwächt werden, und der Strahl, welcher lediglich die elastische Unterlage für das Kronhuf= beingelenk bildet, und nach dem Beschlagen mit dem Boden in der Regel nicht mehr in Berührung kommt, auch nicht nothwendig in Be= rührung zu kommen hat, soll durch mäßiges Beschneiden oder voll= ständige Schonung so stark erhalten werden, daß er einen festen Keil bildet und noch zuweilen den Boden betrete, schwächt man ihn durch Auswirken, so verliert er einen großen Theil seiner Federkraft. Diese federartige Einrichtung des Hufhorns, so wie die schiefe Stellung der

Fessel tragen am meisten zu Abwendung gefährlicher Erschütterungen beim Gebrauche des Pferdes bei.

Im Verhältnisse zu den übrigen Fußtheilen erscheint der Huf oft zu groß, indem er nicht nur beträchtlich hoch, sondern auch breit gestellt in den Wänden und in der Sohle ist und so auch eine ziemliche Schwere besitzt; zuweilen ist er aber auch zu klein, indem er einen sehr kleinen Umfang seiner Wände und eine geringe Breite seiner Sohlenfläche zeigt, wodurch er dem Fuß eine zu schmale Unterlage darbietet. Als Hufformen, welche wegen ihres störenden Einflusses auf Stellung und Bewegung auch Huffehler heißen, sind folgende zu bezeichnen:

Der schmale oder Eselshuf (Fig. 94) ist durch hohe Seiten=wände, verlängerte Zehe, enge Ballen, sehr hohle Sohle und kleinen,

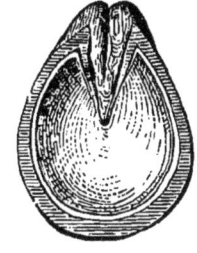

Fig. 94. Eselshuf.   Fig. 95. Zwanghuf.   Fig. 96. Platthuf.

magern Strahl charakterisirt; er findet sich öfters bei edlern Racen, ist aber zu manchen Hufgebrechen geneigt.

Der Zwanghuf (Fig. 95) hat enge, zusammengezogene Fer=senwände, kleine Ballen, tief ausgehöhlte Sohle und engen, schmalen, oft kranken Strahl, er ist seltener angeboren, sondern meist erworben und durch die Störung im Gange und durch häufige Verschlimme=rung des Zustandes ein sehr bedenklicher Huffehler, namentlich auf hartem Boden veranlaßt Zwanghuf häufig Lahmgehen oder blöden Gang.

Der Flach= oder Platthuf (Fig. 96) ist durch zu schiefe, weit auseinander gehende Wände, oft umgebogene, niedere Trachten, weiche, große Ballen, flache Sohle und breiten, weichen Strahl ausgezeichnet, er ist oft anererbt, wenn auch nicht angeboren und

als Merkmal mancher Pferdeschläge, doch immer als ein Fehler zu
betrachten.

Der Vollhuf (Fig. 97) hat eine nach abwärts gewölbte
Sohle, flache, niedrige, dünne Wände und bald sehr schmalen, bald
weiten, vollen Strahl, wodurch der Huf statt mit dem Tragrande
der Wände, mit der Sohle auftritt und so ganz den nachtheiligen

Fig. 97. Vollhuf.   Fig. 98. Fehlerfreies Hufbein.

Einwirkungen des Bodens ausgesetzt ist. Er zeigt sich oft nur ein=
seitig, zuweilen aber erstreckt sich die fehlerhafte Wölbung der
Sohle über den ganzen Huf. Es stellt diese Hufform um so
mehr einen bedeutungsvollen Fehler dar, als sie nicht blos als
Formfehler, sondern meist als Merkmal einer unheilbaren, krankhaften
Entartung des Hufbeines anzusehen ist, wie es bei Fig. 98 auf der
einen Seite zu erkennen. Stets erfordert er eine große Vorsicht und
Sorgfalt im Beschlage und verursacht meist Lahmgehen.

Der Bockhuf (Fig. 99) hat hohe, steile Seiten= und Fersen=
wände, eine abgekürzte aufrechte Zehe, meist wulstige Krone, tief

ausgehöhlte Sohle und schwa=
chen Strahl, er ändert die
Stellung des ganzen Fußes, be=
dingt zu aufrechte Fesselstellung,
vorgebogene Kniee ꝛc. Häufig
ist er erst die Folge verschiede=
ner Krankheiten am Fuße, meist
aber angeboren und ererbt.

Fig. 99. Bockhuf. Fig. 100. Schiefer Huf.

Der schiefe Huf (Fig. 100) zeichnet sich durch einseitig von
der Normalstellung abweichende Wände aus, so daß die eine oder

die andere derselben zu sehr auswärts gerichtet ist, und der Huf wie zur Seite gekrümmt erscheint; diese Hufform ist entweder blos vorübergehend, indem bei Waidepferden die zu stark gewachsenen Wände eine solche fehlerhafte Richtung gewinnen, die aber durch Sorgfalt im Ausschneiden und Beschlagen wieder gehoben werden kann, oder bleibend, indem bei Fohlen schon eine abweichende Rich= tung in den untern Fußgliedern diese fehlerhafte Gestalt des Hufes bedingt, so daß bei dem Beschlage keine Nachhülfe möglich oder er= folgreich erscheint; oft ist dieser Formfehler auch Folge der üblen Gewohnheit des Webens, wobei die Pferde abwechselnd ihre Rumpf= last auf die innere Wand bald des rechten, bald des linken Fußes werfen.

Andere Abweichungen gründen sich auf die verschiedenartige Textur der Hornsubstanz; so unterscheidet man:

den weichen Huf mit auffallender Weichheit der Hornmasse, die sich sehr leicht schneiden und von den Nägeln leicht durchdringen läßt, aber wegen zu geringer Festigkeit den Nägeln zu wenig Halt gewährt, durch Nässe und Feuchtigkeit in kurzer Zeit zu mürbe wird.

Den spröden Huf, mit auffallender Härte und Brüchigkeit des Hufhornes, namentlich an den Wänden, welche beim Einschlagen der Nägel aussplittern, so daß sich das Eisen nicht, oder doch nur nothdürftig darauf befestigen läßt:

Den Huf mit schwachen, dünnen Wänden, welche unter äußeren mechanischen Einwirkungen leicht nothleiden. Uebrigens ist die Dichtigkeit des Hufhorns nach Alter, Race, Körperbeschaffen= heit, Lebensart, Dienstverwendung, Wartung und Verpflegung sehr verschieden; so sind die Hufe neugeborener Fohlen sehr weich, bei alten Pferden hart und spröde, bei einigen Racen, namentlich den in warmen, trockenen Gegenden gezogenen, trocken, fest und zähe, bei andern, namentlich bei den in niedern, sumpfigen Gegenden ge= zogenen, weich und nachgiebig, bei kräftigen, trockenen Pferden sehr stark, dicht und von beträchtlicher Dauerhaftigkeit, bei schwammigen, weichen Pferden weich, lockern Gefüges und zerbrechlich, bei Pferden, die viel im Stalle gehalten werden, trocken und spröde, bei Pferden dagegen, die viel im Felde arbeiten müssen, fest und zähe.

Am Hufe kommen als krankhafte Zustände vor:

Der Ringhuf (Fig. 101) ausgezeichnet durch mehrere bald

größere, bald kleinere Erhabenheiten (Ringe), welche in gleicher oder ungleicher Entfernung ziemlich gleichlaufend mit der Krone von der einen Tracht bis zur andern über die Wände verlaufen und zwischen

sich entsprechende Vertiefungen zeigen, so daß die Wände nicht glatt, sondern rauh und wie mit Reifen umgeben erscheinen. Solche Ringe entstehen durch Unterbrechung des Wachsthums der Hornfasern der Wand bei ungleichmäßiger Ernährung und Pflege, durch Krankheit, sie stellen für sich allein kein bedenkliches Uebel dar,

Fig. 101.　Ringhuf.

aber sie sind eben meist die Kennzeichen krankhafter Zustände in den Weichtheilen des Hufes.

Der Knollhuf, Rehhuf (Fig. 102) gibt sich zu erkennen durch eine eingebogene Zehenwand, eingezogene Seitenwände, durch hohe,

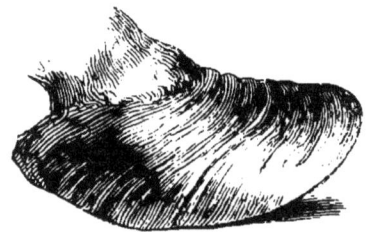

Fig. 102.　Knollhuf.　　　　Fig. 103.　Durchschnitt des Knollhufs.

verlängerte und etwas verbogene Trachten, und starke, ungleich verlaufende an den Trachten auseinandergehende Ringe an den Wänden, die, wenn sie noch rauh und höckerig sind, den Igelhuf, Austernhuf darstellen; dieser Huf ist immer das Ergebniß lange andauernder Hufkrankheiten, namentlich der Rehe und da er kaum einer Verbesserung, fähig, so muß er als eine den Werth des Pferdes fast auf nichts reducirende Hufdeformation angesehen werden.

Das Wesen dieser Krankheit zeigt sich besonders deutlich durch den Querdurchschnitt eines Knollhufes (Fig. 103), an welchem einmal die Spitze des Hufbeins in der Art gesenkt erscheint, daß das Hufbein mit seinem scharfen Rande auf der dünnen, wenig schützenden Hornsohle anliegt, was den starken Schmerz erklärt, welchen Pferde mit Knollhufen im Momente des Auftretens zeigen; dann läßt sich in der Zeichnung bemerken, wie die Höhlung, welche durch Ab= lösen der Zehenwand von dem Zehentheil der Sohle entstanden ist, durch eine weiße Masse, d. h. durch eine Wucherung der Substanz der weißen Linie ausgefüllt ist.

Der Hornspalt ist eine Trennung der Wand nach dem Verlaufe der Hornfasern, welche entweder von der Krone nach ab= wärts, Kronspalt (Fig. 104), oder vom Tragrande nach aufwärts, Tragrandspalt (Fig. 105), oder von der Krone bis zum Trag= rande herab, durchlaufender Hornspalt, vorkommen kann.

Hornriß oder Hornritze nennt man eine solche Spaltung, welche nur oberflächlich ist auf der äußersten Schichte der Wand. Wenn sie aber bis auf die Fleischtheile in die Tiefe sich erstreckt, so nennt man es einen durchdringenden oder durchgehenden Horn=

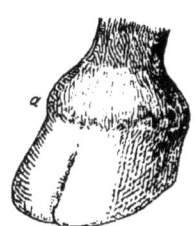 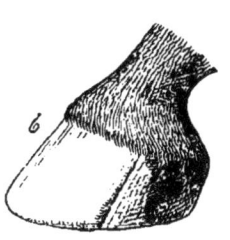

Fig. 104. Kronspalt. Fig. 105. Tragrandspalt.

spalt. Je nach der Stelle, an der er vorkommt, unterscheidet man Ochsenspalt, wenn er an der Zehenwand sich befindet (Fig. 104, a), wenn an den Seitenwänden, äußern und innern Seitenspalt (Fig. 105, b), wenn an den Fersenwänden, als äußern und innern Fersenspalt. Je nachdem seine Ränder von einander klaffen und Fleischtheile bloß liegen, bezeichnet man ihn als offenen, oder wenn die Ränder dicht an einander stehen, oder sogar über einander liegen, als geschlossenen Hornspalt. Nach der Richtung benennt man ihn gerade, wenn er ganz im Verlaufe der Hornfasern beharrt, krumm, gezackt, gesplittert, wenn er mehr oder weniger von dieser Richtung abweicht, die Ränder zerbröckelt, auf verschiedenartige Weise abgeblättert oder schwielig =verdickt sind.

· Bei durchgehenden Hornspalten, wobei die Fleisch=Blätterwand des Hufes bloß liegend gereizt wird, in Folge dessen entartet, ent= stehen bei der Heilung des Hornspaltes oft Wucherungen in der

Hornwand, sogenannte Hornsäulen, welche dann die darunter liegen=
den Weichtheile quetschen, Lahmheit verursachen, auch wenn die
Hornwand von außen wieder vollständig geschlossen ist (Fig. 106).

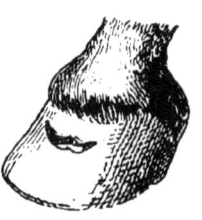

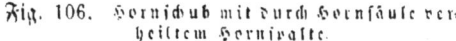

Fig. 106. Hornschub mit durch Hornfäule ver=
heiltem Hornspalte.
Fig. 107. Hornkluft.

Die Hornkluft (Fig. 107) ist eine Trennung der Wand der
Quere nach, welche entweder ein tiefe Grube oder eine breitere
oder schmälere Spalte darstellt; sie entsteht meist durch eine Ver=
letzung an der Krone, Kronentritt, in Folge der Ablösung des Sau=
mes von der Krone. Solche Klüfte schieben sich mit dem wachsenden
Hufhorne allmälig weiter in die Wand herab, und können, wenn
ganz herabgewachsen, durch das Ausschneiden des Hufes gänzlich
beseitigt werden; sie kommen meist an der Zehenwand, doch auch
an den Seitenwänden, selten an den Fersenwänden vor.

Die hohle Wand besteht in einer tiefern oder seichtern
Lostrennung der Wand von der Sohle, im Bereiche der weißen
Linie, zum Theil bis in die Fleischtheile hinauf, häufig in Folge
fehlerhaften Beschläges, nicht selten ist Lahmgehen und Schwie=
rigkeit in Befestigung des Eisens die Folge.

Steingallen heißt man die durch Druck erzeugten rothen,
blauen oder schwärzlichen Flecken im Hufhorn, unter denen man Eiter,
Blut oder Blutwasseransammlungen, Trennungen der Sohle, meist in
den Sohlenwinkeln, verbunden mit mehr oder weniger heftigem Hin=
ken, findet. Je nachdem die Einwirkung war, ist nur Blut aus=
getreten, das sodann in den Hornröhrchen stockt und das rothe
und blaue Mahl, die trockene Steingalle darstellt. Bei
schon erfolgter Trennung der hornigen von den fleischigen Theilen
mit Erguß einer größern Menge von Blut oder Blutwasser wird
sie nasse Steingalle genannt; wenn bei fortschreitendem Grade

der Entzündung Eiter und Jauche sich bildet, so nennt man sie
eiternde Steingalle.

Die Strahlfäule (Fig. 108) ist eine eigenthümliche Ent=
artung des Strahles, wobei aus dem Spalt desselben eine schwärz=
liche oder grauliche, höchst übelriechende Feuchtigkeit ausschwitzt und
dem Strahle ein zernagtes, gleichsam wurmstichiges Aussehen ver=
leiht. Betrachtet man einen Huf mit starker Strahlfäule von hinten,

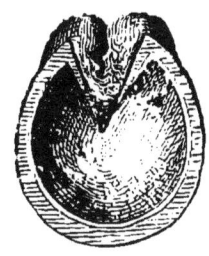

so sieht man, ohne den Huf aufheben zu
müssen, den mangelhaften Zustand, wie bei
Fig. 109, oft auch wird man schon aus der
Ferne diesen Fehler durch den übeln Ge=
ruch, den ein solcher kranker Strahl ver=
breitet, gewahr.

Der Strahlkrebs ist ein bösartiges,
fressendes Geschwür des Fleischstrahles mit
Zerstörung und Ablösung des Hornstrahles,
das nicht nur das äußere Ansehen verun=
staltet, sondern auch die Diensttauglichkeit
des Pferdes in hohem Grade beeinträchtigt
und sehr schwer zu heilen ist.

Fig. 108. Strahlfäule.

Mehr zufällige Krankheiten des Hufes
und der in ihm eingeschlossenen Theile sind
Verletzungen der im Hufe eingeschlossenen
Weichtheile beim Beschlagen, der Stich, wo=
bei ein einzuschlagender Nagel statt die Horn=
wand zu durchbringen, seine Richtung nach
innen nimmt und die Fleischtheile verletzt,
aber durch den zuckenden Schmerz sogleich zum
Wiederherausnehmen desselben mahnt, so daß

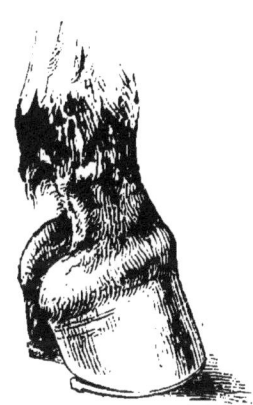

Fig. 109. Stelzfuß.

man es meist nur mit vorübergehender Reizung zu thun hat, die
selten schlimmere Folgen hat. Die Vernagelung, wenn der
einzuschlagende Nagel von seiner Richtung so sehr abweicht, daß er
den Fleischtheilen zu nahe kommt und sie entweder wirklich ver=
wundet, oder durch beständigen Druck quetscht, so daß man die
fehlerhafte Lage des Nagels entweder gleich oder erst später ent=
deckt. Man unterscheidet frische, blutende oder veraltete,
eiternde Vernagelung.

Der Nageltritt ist, wenn das Pferd zufällig mit den von dem Eisen etwa nicht beschützten Theilen, mit Sohle oder dem Strahle, in einen am Boden liegenden Nagel, Knochen oder Holzsplitter, Dorn, Glassplitter u. dgl. tritt, und dieser bis zu den Fleischtheilen dringt. Ent-zündungen der im Hufe einge-schlossenen Fleischtheile kommen vor bei sogenannter Verbällung, entzündlicher Rehkrankheit rc. Eiterbildungen im Hufe in Folge von Vernagelung, Quet-schung u. dgl.; Fistelgeschwüre er-geben sich durch eiternde Steingallen, durch Vernagelung und andere Verletzun-gen; man nennt sie Huffistel, Kron-fistel, Knorpelfistel.

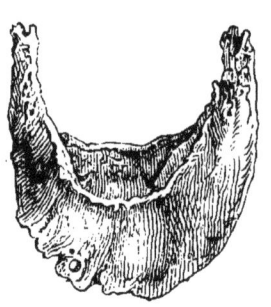

Fig. 110.
Fehlerhaftes Hufbein.

Auftreibung und Verknöcherung des Hufbeinknorpels (Fig. 110 und 90) kommen vor in Folge von Entzündung, Bein-fraß des Hufbeines und des Hufbeinknorpels bei Vereiterungen im Innern des Hufes; Lostrennung der fleischigen Theile von den hornigen, entweder bloß an einzelnen Stellen, oder im ganzen Um-fange, wodurch der Hornschuh ganz verloren gehen kann, was Aus-schuhen genannt wird, und bei der Rehe, Hufentzündung rc. vor-kommen kann. In Folge krankhafter Zustände bilden sich mancher-lei Entartungen, wulstige Erhabenheiten am Aeußern der Wände, äußere und innere Hornsäulen, d. h. wulstige Narben im Innern durch Verschmelzung vieler Hornblättchen, Hornblättchenbruch; mangelhaftes Wachsthum des Hufhornes, entweder im ganzen Hufe oder nur an einzelnen Theilen führt zu Abweichungen in der Ge-stalt zu ungleichmäßiger Abnutzung, widernatürlicher Verkürzung und mancherlei Nachtheilen für Stellung und Bewegung. Ueber-mäßiges Wachsthum ist zuweilen an der Zehenwand erkennbar, und erfordert öftere Beschneidung des Hufes. Durch anhaltende Ein-wirkung von Nässe und Jauche entsteht zu große Erweichung, sogar faulige Auflösung der Hornmasse, Textur und Form des Hufes wer-den allmälig abgeändert.

§. 95.

Die Hintergliedmaßen.

An jeder Hintergliedmaße
(F. 111) unterscheidet man:

1) den Oberschenkel oder Hanke.
2) die Leiste oder das Knie-
scheibengelenk,
3) den Unterschenkel,
4) das Sprunggelenk,
5) das Schienbein,
6) die Köthe,
7) den Fessel,
8) die Krone,
9) den Huf.

Alle diese Theile haben
für die Stellung und Be-
wegung des Hintertheiles
sogar des gesammten Kör-
pers große Bedeutung, und
rechtfertigt sich eine genaue
Untersuchung, um so mehr,

Fig. 111. Die Hintergliedmaßen.

da an ihnen so manche Mängel und Gebrechen vorkommen.

§. 96.

Der Oberschenkel.

Der Oberschenkel, die Hinterbacken, fälschlich auch Lenden genannt (Fig. 111, ¹) bilden den dicken und starken Theil des Hinterfußes, welcher sich von der Kruppe bis zum Unterschenkel erstreckt;
ihm dient zur Grundlage das Oberschenkelbein oder Backbein, das
als der stärkste Knochen an den Gliedmaßen oben durch einen
runden Knopf in der Pfanne des Beckens nach Art eines Nußge-
lenkes eingesetzt ist, und das sogenannte Hüftgelenk oder die Hanke
bildet; es hat starke Bänder, besitzt eine sehr ausgedehnte Beweglichkeit und begünstigt durch sehr hervorstehende Fortsätze die Anheftung vieler und starker Muskeln. Das Backbein ist zu den Darm-
beinen und Seitenbeckenbeinen in einem Winkel von 90—95° ge-

stellt. Nach unten steht es mit seinen Knopffortsätzen mit dem Unterschenkelbein in Verbindung und bilden diese Knochen in Gemeinschaft mit der Kniescheibe das eigentliche oder hintere Kniegelenk, das durch die Gelenksknorpel und starke aber nachgiebige Bänder sehr beweglich ist. An dem Oberschenkel finden sich viele und starke Muskeln, welche die Hintergliedmaße am Rumpfe bewegen. Das Oberschenkelbein hat eine schiefe Richtung von hinten und oben nach vorne und unten; es bildet an seiner Verbindung mit dem Unterschenkel einen stumpfen Winkel von 120—125°. Da sowohl von der richtigen Stellung des Oberschenkelbeines, als auch von der Stärke und Beschaffenheit der an ihm sich anheftenden Muskulatur die Kraft des Hintertheiles bedingt wird, so fordert man, daß der Oberschenkel breit, gerundet und fleischig sei, und so stehe, daß eine von dem hintern Ende der Kruppe d. h. vom Gesäße aus gezogene senkrechte Linie die Hacke oder Ferse des Sprunggelenks noch berühre und einige Zoll hinter den Ballen des Hufes in den Boden einfalle; oder man denkt sich von der hintern Ecke des Hüftfortsatzes aus eine senkrechte Linie, diese soll vom untern Ende des Oberschenkels und vom obern Ende des Unterschenkelknochens, also vom Kniegelenke gerade noch berührt werden; diese Linie soll endlich gerade vor der Zehe des Hinterhufes in den Boden senkrecht einfallen. Durch Abweichungen von dieser Richtung entstehen mancherlei Störungen in der Stellung; denn weicht der Oberschenkel zu weit nach vorwärts ab, so wird die Gliedmaße zu sehr unter den Leib gestellt, tritt er zu weit nach rückwärts, so steht die Gliedmaße zu sehr hinter dem Leibe. Für den Reitdienst hat die erstere Stellung mancherlei Vorzüge, für den Wagendienst dagegen paßt mehr die letztere Stellung.

Der Oberschenkel soll breit sein, also eine starke Muskulatur zeigen, weil dies Kraft und Ausdauer in der Bewegung verkündet, dabei sollen aber die einzelnen Muskellagen außen unter der Haut deutlich von einander unterschieden werden können und derb und fest sein. Bei zu armer Muskulatur, in Folge kärglicher Ernährung und Krankheit, erscheint die jedem Beschauer mißfällige und für Kraftentwicklung nachtheilige Vertiefung und Aushöhlung unter der Hüfte, hinter dem Bauche und über der Leiste, sowie eine tiefe von der Kruppe aus bis fast zum Unterschenkel reichende Furche am hintern Rande des Oberschenkels zwischen den beiden Kreuzsitzbeinmuskeln des Schenkels und dessen Köpfen. Bei manchen Pferden wird durch eine starke Muskelmasse der Oberschenkel hinten stark gerundet und ein deutlich begränzter Uebergang in den Unterschenkel hervorgebracht, was einige als dicke Hinterbacken bezeichnen und für ein sehr günstiges Zeichen für Kraft und Stärke des Hinter= theils halten; es ist namentlich erwünscht, wenn bei der Betrach= tung von hinten die Muskulatur der Hinterbacken in der Höhe des Kniegelenkes breiter erscheint, als die Hüfte. Bei andern Pferden ist die Muskelmasse weniger umfangreich, zeigt aber durch Derbheit und Festigkeit beträchtliche Stärke; bei solchen geht der Oberschenkel fast in gerader Linie vom Gesäße aus in den Unterschenkel über, und läßt auch auf der äußern Fläche den Uebergang des Ober= schenkels in den Unterschenkel nur allmälig und ohne scharfe Be= gränzung vorgehen, was man als Ochsenschenkel bezeichnet. Dicke Hinterbacken eignen sich, wenn zugleich die Hose nicht schmal ist, zu kraftvollen Anstrengungen, bei denen, wie beim langsamen Zug, wenig Schnellkraft verlangt wird; Ochsenschenkel dagegen besser für Bewegungen, bei denen man die Elasticität des Sprunges in Anspruch nimmt. Schmale, magere Schenkel heißen Windhund= oder Fuchslenden; hinterständige Schenkel mit beinahe lothrecht stehendem Backbein nennt man Frosch= oder Hasenlenden; sie bedingen einen unangenehmen schleppenden stupfenden Gang. Auf der innern Fläche des Oberschenkels zeigt eine zu dicke Muskelmasse den Nachtheil einer zu heftigen Reibung mit dem gegenseitigen Oberschenkel, und schmerzhaftes Wundwerden bei anhaltenden Be= wegungen. Dagegen ist ein zu weites Abstehen der beiden Ober= schenkel an ihren innern Flächen, und eine zu tiefe, bis hinauf aus Becken reichende Spaltung der beiden Hintergliedmaßen, durch fehler= hafte Stellung oder durch große Magerkeit bedingt, häßlich und ein Zeichen von Kraftlosigkeit.

An der äußern Fläche des Oberschenkels, namentlich auf der linken Seite, werden die Brandzeichen für Bezeichnung der Ge= stütsabkunft, des Remontirungsjahres bei der Kavallerie rc. ange= bracht, solche aber auch betrügerischer Weise nachgemacht, um dem Pferde einen bessern Ruf zu verschaffen.

Am Oberschenkel kommen zuweilen sehr gefährliche Verstauch= ungen im Hüftgelenke vor, welche ein bedeutendes Hinken, die so=

genannte Hüftlahmheit begründen. Vollkommene Verrenkungen
gehören zu den seltenen, aber auch zu den gefährlichern Uebel=
ständen. Die Masse des Oberschenkels trifft man nicht selten in
auffallendem Grade vermindert durch den Schwund, der, meist ein=
seitig, die beiden Oberschenkel von auffallender Ungleichheit erscheinen
läßt und entweder durch allgemeine Krankheiten oder krankhafte Zu=
stände einzelner Theile des betreffenden Fußes, z. B. in Folge von
Spat, Leisten, Huftrankheit ꝛc. entsteht. Narben von Verwundungen,
Eiterbändern, scharfen Einreibungen ꝛc. zeugen von erstandenen
Krankheiten des Oberschenkels, welche aufmerksame Beachtung ver=
dienen. Eine schmerzhafte, heiße Geschwulst an der innern Fläche
des Oberschenkels, sogenannter Einschuß, breitet sich schnell über
den ganzen Oberschenkel aus, bildet Eiter und bringt oft größere
Zerstörungen hervor. Brüche am Oberschenkelbein sind stets un=
heilbar, weil sie keine gehörige Einrichtung und keinen festen Ver=
band. zulassen.

§. 97.

Die Leiste oder Kniescheibe.

Die Leiste oder Kniescheibe erscheint als rundliche Erhabenheit,
da, wo der Oberschenkel mit dem Unterschenkel verbunden ist; nach
innen schließt sie sich mit einer Hautfalte an den Bauch an. Sie
macht sich durch ihr Vor= und Rückwärtsgleiten bei der Bewegung
kenntlich, und besteht aus einem abgerundeten, kleinen Knochen, der
durch Muskeln, Sehnen und Bänder befestigt, zugleich ihnen als
Rolle dienend, bei den Bewegungen in einer besonderen Rinne an
dem Gelenke auf= und abwärts gleitet. Sie muß gerade nach vor=
wärts gestellt sein, eine mäßige Rundung zeigen, und sich deutlich
unter der Haut bemerkbar machen. An der Kniescheibe selbst kommen
nicht selten Ausrenkungen auf die innere oder äußere Seite vor,
und begründen während ihres Bestehens eine totale Lähmung des
ganzen Hinterfußes, den sogenannten Ramp oder Rampf, der
zwar leicht zu heben ist, aber sich sehr gerne wiederholt. Als Er=
weiterung des das Kniegelenk umschließenden Kapselbandes und
Ueberfüllung mit Gliedwasser ist die Leistengelenkgalle anzu=
sehen, welche oft einen beträchtlichen Umfang gewinnt und die Be=
weglichkeit beeinträchtigt. Verwundungen an der Leiste sind beson=

ders bei eindringender Gelenkverletzung sehr gefährlich, Brüche der Kniescheibe sind aber ganz unheilbar.

§. 98.
Der Unterschenkel.

Der Unterschenkel, die Hose, ist der dünnere und schmälere Theil des Hinterfußes unter dem Oberschenkel und über dem Sprung= gelenke, der in schiefer Richtung von vorne nach hinten und abwärts liegt, und mit dem Sprunggelenke in einem Winkel von 150°—155° verbunden ist. Dem Unterschenkel dient das große und das kleine Unterschenkelbein zur Grundlage, welch ersteres mit dem Oberschen= kelbeine durch das Leistengelenk und mit dem Sprunggelenke durch das Rollbein in Gelenkverbindung steht. Das kleinere Unterschenkel= bein ist nur ein ganz kleiner unbedeutender Knochen. An diesen Knochen heften sich mehrere starke Muskeln an, die besonders die äußere Fläche stark gewölbt erscheinen lassen, hinten am Unterschen= kel bilden die Sehnen einiger Muskeln einen starken, gespannten Sehnenstrang, die sogenannte Achillessehne, die durch eine seichte Vertiefung von dem übrigen Schenkel abgeschieden erscheint und durch ihre Lage die Breite des Unterschenkels bestimmt; an der in= nern Fläche des Unterschenkels läuft die sogenannte Schrankader, die innere große Hautvene, nach aufwärts. Alle diese Theile sind mit der äußern Haut straff überzogen, jedoch so, daß sowohl die Mus= keln, als auch die vorerwähnte Schrankader sich deutlich wahrneh= men lassen.

Die Stellung des Oberschenkels bestimmt auch die Stellung des Unterschenkels, denn bei einer zu wenig schiefen Stellung des Ober= schenkels wird der Unterschenkel zu schief und weit nach rückwärts gestellt, erscheint zu lang, bildet dann nicht selten mit dem Sprung= gelenke eine zu starke Biegung, und begründet die sogen. Säbel= beinigkeit; bei einer zu schiefen Stellung des Oberschenkels da= gegen kommt der Unterschenkel zuweilen zu senkrecht zu stehen, und bildet mit dem Sprunggelenke eine zu geringe Biegung. Die Länge des Unterschenkels ist von großem Einfluß auf die Leistungsfähigkeit des Pferdes; ist er kurz, aber sehr muskulös, so befähigt er zu einer höhern Aktion, aber nicht zu großer Schnelligkeit; ist er dagegen lang, so taugt er besonders für den Rennvienst, allein er muß zugleich muskulös sein, denn ist dies nicht der Fall, so verspricht er keine Ausdauer. An dem Unterschenkel erscheinen als Gebrechen und Mängel: die Sehnengalle (Fig. 112 a) an der Achillessehne,

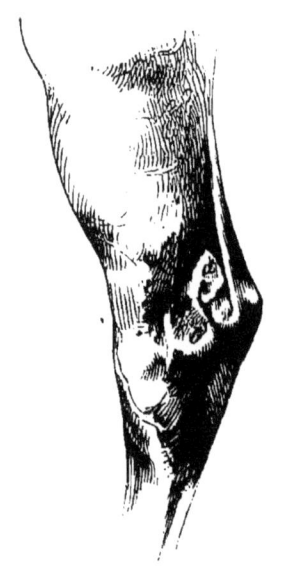

dann kommt zwischen ihr und dem übrigen Unterschenkel auf der äußern Fläche eine Galle von bald größerem, bald geringerem Umfange, die Fersengalle oder äußere Sprunggelenkgalle (Fig. 112 b) vor, welche nicht blos das äußere Ansehen des Pferdes beeinträchtigen, sondern nach Umständen selbst der Beweglichkeit nachtheilig werden. Nicht zu verwechseln ist diese äußere Galle mit der natürlichen Ausbuchtung des Kapselbandes, welche man bei jedem Pferde an dieser Stelle wahrnehmen kann, diese vermeintliche Galle verschwindet alsbald, wenn man den Fuß aufhebend im Sprunggelenke beugt.

Anschwellungen, Auftreibungen, Verhärtungen und andere Entartungen an der Achillessehne können schmerzhaftes Hinken erzeugen. Verwundungen durch Schläge von andern Pferden sind dann

Fig. 112.
Sprunggelenk mit Galle.

besonders gefährlich, wenn sie innen an der Stelle sich vorfinden, welche den Knochen, schwach geschützt durch Weichtheile, nur von der Haut bedeckt erscheinen lassen. Geschwülste und Knoten an der innern Fläche kommen vor bei der Wurmkrankheit, Brüche des Unterschenkelbeins lassen selten Heilung zu.

§. 99.

Das Sprunggelenk

ist jenes Gelent, das den Unterschenkel mit dem Unterfuße verbindet, und unter dem großen Unterschenkelbeine und über dem Schienbeine und den beiden Griffelbeinen gelegen ist. Es besteht aus sechs kleinen Knochen (Fig. 113), welche je zwei neben einander in drei Reihen über einander gelagert sind. Blos zwischen dem großen Unterschenkelbeine und Rollbeine besteht ein bewegliches Charniergelenk, die übrigen Sprunggelenksknochen bilden unter sich und mit dem Schienbeine

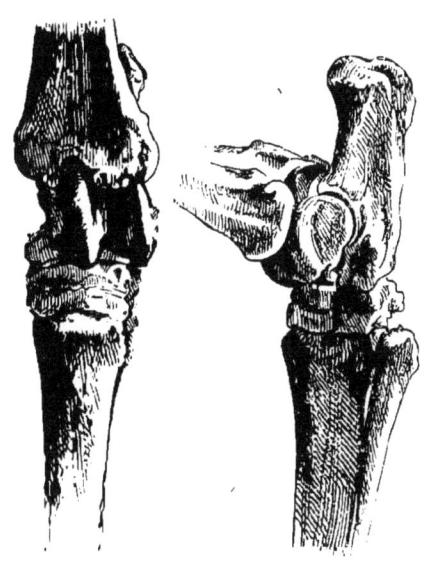

und den beiden Griffel= beinen straffe Gelenke, besitzen viele Bänder, welche dem ganzen Sprunggelenk eine be= trächtliche Festigkeit ver= leihen. Die hintere Fläche oder Kante des Sprunggelenkes ist von einem breiten, bandar= tigen Gebilde überklei= det, über welches die Beuge=Sehnen hinweg= laufen; durch sogen. Spannbänder u. Schei= den werden diese Seh= nen in ihrer Lage er= halten, ohne in ihrer Beweglichkeit beschränkt

Fig. 113. Skelet des Sprunggelenks.

zu sein. Das Sprungelenk ist straff von der Haut überzogen; wenn unter derselben alle Theile in ihren richtigen Formen genau wahrzunehmen sind, so nennt man es trocken.

Am Sprunggelenke lassen sich folgende Flächen und Erhaben= heiten unterscheiden: die vordere Fläche oder die Sprungge= lenksbeuge (Fig. 114), welche mehr nach einwärts eine seichte Vertiefung, die sogenannte Pfanne zeigt; die äußere Fläche (Fig. 115), welche stark gewölbt erscheint; die innere, mehr platte Fläche (Fig. 116), welche oben von dem innern Knöchel des untern Endes des großen Unterschenkelbeines überragt wird, und nach unten die Hornwarze zeigt. Die hintere Fläche (Fig. 117), welche mehr eine schmale aber in ganz gerader Linie verlaufende Kante darstellt, und einen starken Fortsatz, die Ferse, Spitze oder Hacke am obern Ende erkennen läßt, an welchem sich die Achillessehne festsetzt. Die Breite des Sprunggelenkes wird theils von seiner

Verbindung mit dem Unterschenkel, theils von der Stellung und
Länge des Fersenbeins bedingt; verbindet sich nämlich das große
Unterschenkelbein unter einem engen Winkel mit dem Rollbeine des
Sprunggelenkes, oder ist das Fersenbein sehr lang, oder steht es
weit nach rückwärts, ragt stark über das Sprunggelenk empor, so
erscheint letzteres breit; verbindet sich aber das große Unterschenkelbein in einem sehr stumpfen Winkel mit dem Rollbeine, und ist das
Fersenbein kurz, steht es also nur wenig hervor, so erscheint das
Sprunggelenk schmal. Die Breite des Sprunggelenkes hat einen
wichtigen Einfluß auf die Kraft des Hinterfußes, weßhalb man
immer ein breites Sprunggelenk höher schätzt als ein schmales, das
jedoch für große Schnelligkeit vortheilhaft sein kann. Obgleich bei
einer kräftigen Beschaffenheit der Sprunggelenksknochen das Sprunggelenk umfangreich erscheint, so ist doch ein dickes Sprunggelenk nicht

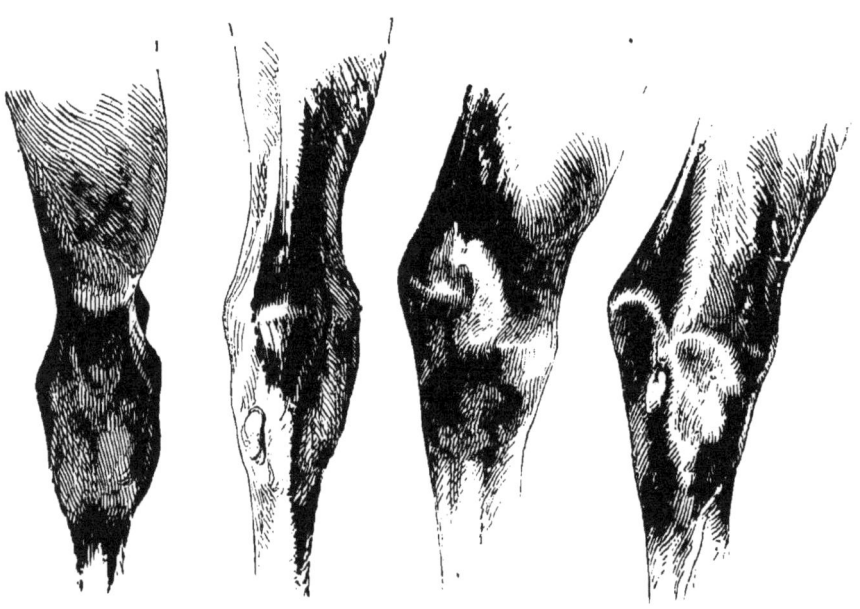

Gesunde Sprunggelenke.

Fig. 114.   Fig. 117.   Fig. 115.   Fig. 116.

immer Bürge für die Stärke dieses Körpertheils, weil dies sehr oft
durch eine lockere, schwammige Beschaffenheit der Knochen und des
Zellgewebes begründet wird, wie man dies bei gemeinen Pferden

so häufig gewahrt; bei Fohlen zeigt sich im allgemeinen das Sprung=
gelenk immer dick und stark, und man will aus dieser Beschaffen=
heit auf die künftig zu erlangende Größe und Stärke schließen.
Das Sprunggelenk muß, von hinten betrachtet, bei einer regelmä=
ßigen Stellung des ganzen Hinterfußes mit diesem in gerader Rich=
tung stehen, weicht es von dieser ab, und läßt die Fersen einander
zu nahe stehen, so wird hiedurch die **Kuhhessigkeit** begründet;
weicht es aber in entgegengesetzter Richtung ab und läßt die Fersen
zu weit von einander abstehen, so entsteht die **Faßbeinigkeit**
oder Sprunggelenkweite. Diese beiden Uebelstände in der Stel=
lung der Sprunggelenke beruhen jedoch nicht immer in der Be=
schaffenheit des Sprungelenkes, sondern vielmehr in dem Baue des
Beckens, des Kniegelenkes, in der Stellung der Oberschenkel. An
der innern Fläche des Sprunggelenkes befindet sich, ähnlich wie an
der innern Fläche des Vorderschenkels, eine Hornwarze, Kastanie,
welche bei edlern Pferden nur klein und wenig hervorragend, bei
gemeinern Pferden dagegen groß, zapfenartig hervorragend getroffen
wird. Das Sprunggelenk ist in Folge der vielfachen Anstrengungen,
die es bei dem Nachschub des ganzen Rumpfes und der Vorhand
durchzumachen hat, vielfachen krankhaften Veränderungen unterworfen,
daher es die größte Aufmerksamkeit verdient. Als die bemerkens=
werthesten Fehler gelten:

Die **Sprunggelenkgalle**, eine Erweiterung des Kapsel=
bandes am Sprunggelenke mit Anhäufung von Gelenkschmiere. Sie
kommt an dem Sprunggelenk an verschiedenen Stellen vor:

als **Fersengalle** (Fig. 118) in jener Vertiefung zwischen
dem Fersenbeine des Sprunggelenkes und dem untern Ende des
Unterschenkelbeines; sie ist entweder **einfach**, blos auf der äußern
oder innern Seite bemerkbar, oder auf beiden Seiten zugleich be=
merkbar **durchgehend**; sie tritt, wenn sie von außen gedrückt wird,
desto stärker auf der innern Seite hervor.

Die **Buggalle, Pfannengalle, Wasserspat** (Fig. 119)
sitzt in jener Vertiefung im Buge der vordern Fläche am innern
Rande des Sprunggelenkes; wenn diese krankhafte Ansammlung der
Gelenkschmiere so groß ist, daß sie auch auf der äußeren Fläche des
Sprunggelenkes die unter Fig. 112 besprochene Ausbuchtung des

Kapselbandes in abnormer Weise ausdehnt, daß auch hier eine Galle erscheint, so nennt man dies Kreuzgalle, auch diese beiden Gallen stehen in solchem Verkehr untereinander, daß man die eine vorübergehend verstreichen und die anderseitige hiedurch vergrößern kann.

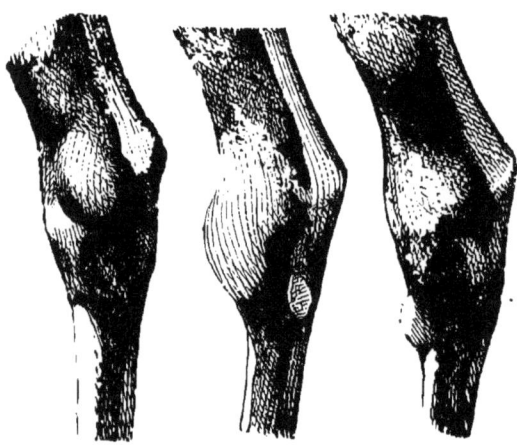

Fig. 118.	Fig. 119.	Fig. 120.
Ferſengalle.	Pfanngalle.	Schienbeingalle.

Eine kleine Art der Gallen kommt zuweilen außen am Sprunggelenke vor, wo dasselbe in das Schienbein übergeht, jedoch ohne nachtheilige Folge für die Beweglichkeit (Fig. 120). Endlich kommen noch auf der innern Fläche des Sprunggelenkes an verschiedenen Punkten kleine, unbedeutende Gallen vor, die gewöhnlich nicht mit besondern Namen bezeichnet werden, und auch keinen nachtheiligen Einfluß auf die Funktion des Sprunggelenkes ausüben. Diese sämmtlichen Arten von Sprunggelenksgallen stellen sich als weiche, elastische Geschwülste verschiedenen Umfanges dar, welche anfänglich, und so lange sie noch klein und weich, von keiner weitern Bedeutung sind und nur das äußere Aussehen stören, dagegen später bei beträchtlicher Zunahme, und namentlich bei Entzündung und Verhärtung die Bewegung beeinträchtigen, Steifigkeit erzeugen und selbst kleinere oder größere, den Knochen ähnliche harte Stücke, sog. Gelenkmäuse bilden, die sodann die Beweglichkeit in hohem Grade stören. Bei Fohlen kommen oft Buggallen vor, welche sich im Verlaufe der Entwicklung des Thieres von selbst verlieren, wenn die Fohlen nicht angestrengt werden. Die Sprunggelenkgalle wird zuweilen durch scharfe Einreibungen und Pflaster, durch das Brennen mit dem glühenden Eisen behandelt, daher Narben an diesen Stellen häufig auf sie aufmerksam machen.

Die Piephacke (Fig. 121 a u. b) ist eine durch wiederholte

Quetschung, durch Reiben, Stoßen, Anschlagen an die Stallwände, durch Ablagerungen ꝛc. entstandene, rundliche, mehr oder weniger weiche Geschwulst auf der Ferse des Sprunggelenkes, von verschiedener Größe, anfangs warm und entzündet, später kalt und mehr

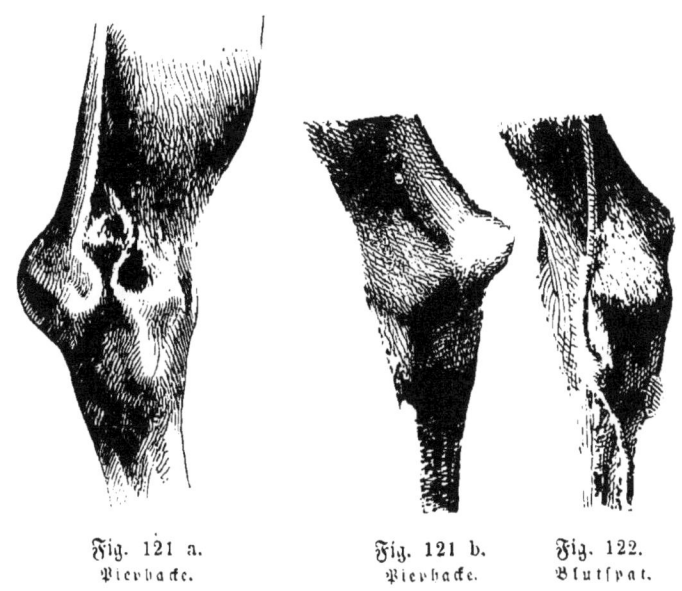

Fig. 121 a.   Fig. 121 b.   Fig. 122.
Pierbacke.   Pierbacke.   Blutspat.

verdichtet und schwer zu vertreiben; sie hindert nur anfänglich die Beweglichkeit des Sprunggelenkes, erscheint aber später mehr als ein Schönheitsfehler, sie kommt sehr oft bei den Pferden in Gestüten unter den jungen Abtheilungen vor, in Folge der häufigen Balgereien der jüngern Thiere, namentlich der Hengste. .

Der Blutspat (Fig. 122) ist eine Erweiterung der vom Schienbeine aus innen und vorne über das Sprunggelenk an die innere Fläche des Unterschenkels aufwärts steigenden Schrankader, Schenkelhautvene, ein Aderkropf; er erscheint meist an der Pfanne des Sprunggelenkes in der Form einer mehr oder weniger großen, rundlichen, weichen Geschwulst, und stört in der Regel die Beweglichkeit des Sprunggelenkes nicht, er wird am besten erkannt, wenn man den Blutlauf in dieser Ader unterdrückt, und zwar über dem Aderkropfe, in welchem Falle derselbe sehr deutlich anschwillt.

Die Raspe (Fig. 123) ist eine in der Beuge des Sprung-

gelenkes sitzende, der Mauke ähnliche Ausschlagskrankheit mit quer=
laufenden Schrunden und tiefen Hautrissen, die, wenn veraltet,
schwer zu heilen ist und meistens sichtbare Verdickungen oder doch
gesträubte Haare zeigt, bei beträchtlicher Ausdehnung und Entartung
der Haut wird zuweilen die Beweglichkeit des Sprunggelenkes ge=
stört, man verwechsle diese Hautkrankheit nicht mit den Folgen me=
chanischer Verletzung beim Schlagen über Strang und Lattirbaum
oder gar mit den Folgen scharfer Einreibungen und des Glüheisens,
welche gegen Gallen, Spat angewendet wurden.

Der weiche Spat (Fig. 124) ist eine weiche, rundliche Ge=
schwulst auf der innern Fläche des Sprunggelenkes, und besteht in

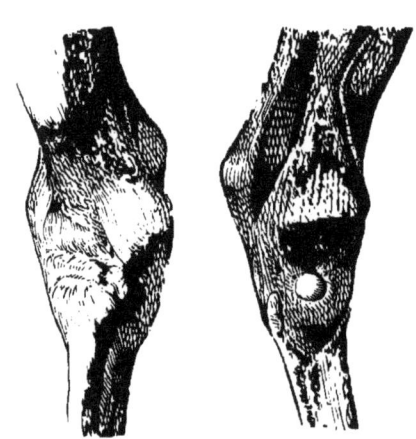

Erweiterung der von einer
Schichte des Kapselbandes für
einen Sehnenast des Backbein=
muskels des Schienbeines ge=
bildeten Sehnenscheibe mit An=
füllung von Sehnenfeuchtigkeit,
ist bald nur von ganz geringem
Umfange und keiner Bedeu=
tung für die Beweglichkeit des
Sprunggelenkes, bald aber von
größerem Umfange und in die=
sem Falle nicht bedeutungslos.

Der ächte Spat, Bein=

Fig. 123. Raspe.   Fig. 124. Weicher Spat.   spat, ist ein Knochenleiden,
das als eine harte, größere oder
kleinere Erhabenheit auf der innern Fläche des Sprunggelenkes, an
dessen Uebergang in das Schienbein vorkommt. Er beruht in einer
Auftreibung einzelner oder mehrerer Sprunggelenkknochen, und Ver=
wachsung derselben unter sich mit dem Schienbeine und dem innern
Griffelbeine. Anfänglich veranlaßt er meist Hinken, später gewöhn=
lich nur eine gewisse Steifigkeit und geminderte Beweglichkeit im
Sprunggelenke. Wenn dieses Gelenkleiden an dem bei der Bewe=
gung minder betheiligten obern Ende des Schienbeins und innern
Griffelbeins mehr nach rückwärts, als eine nur wenig hervorstehende
Erhabenheit ohne Hinken und Lahmgehen vorkommt, so nennt man
es Untersatz und hält es für weniger bedeutend; wenn ein

beträchtliches Hinken im Sprunggelenke, wie beim Spate, ohne jene äußerlich wahrnehmbare Erhabenheit, bemerkt wird, aber doch eine Entartung der Gelenkflächen angenommen werden kann, die äußerlich nicht bemerkbar, so nennt man es un sichtbaren Spat, der oft erst später eine äußerliche Auftreibung der Knochen hervortreten läßt; er ist für die Diensttauglichkeit sehr benachtheiligend; wenn aber

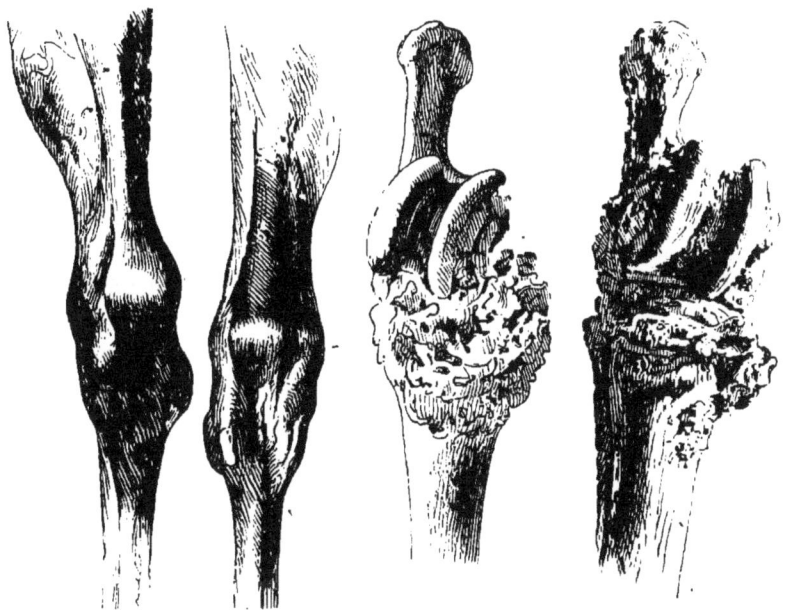

Fig. 125.
Linkes und rechtes Sprunggelenk
mit Spat.

Fig. 126.
Knochenpräparat von spatkranken
Sprunggelenken.

eine Auftreibung der Knochen des Sprunggelenkes und Hinken deut= lich bemerkbar ist, nennt man es schlechtweg Spat (Fig. 125). Wenn sich die Knochenauftreibung beinahe auf alle Sprunggelenks= knochen erstreckt, heißt man sie Kurbe (Fig. 126).

Das am Spate leidende Pferd hinkt, nachdem es längere Zeit gestanden, am stärksten, geht nach einiger Zeit besser, fängt aber nach heftigen Anstrengungen wieder zu hinken an; das Hinken beim Spate ist eigenthümlicher Art, denn das spatige Pferd beugt den kranken Fuß nicht genugsam im Sprunggelenke, tritt nicht weit genug vor, und macht daher mit dem kranken Fuße immer zu kurze Schritte,

kommt zu spat, woher man das Wort „Spat" leiten will, welcher
Name gerne allen Arten von Abnormitäten des Sprunggelenkes,
welche Lahmgehen oder „Spatgehen" verursachen können, beigelegt
wird, so nennt man ja die Aderfistel Blutspat, eine innere Sprunggelenkgalle Wasserspat, das Rehbein Rehspat, Hasenhacke Hasenspat ꝛc. Der ächte Spat ist immer für die Bewegung des Pferdes
von Bedeutung, diese hängt aber nicht sowohl von der Größe, als
vielmehr von dem Sitze des Uebels ab; je mehr er nämlich an den
bei der Bewegung vorzugsweise betheiligten Partieen des Sprunggelenkes und des Schienbeines vorkommt, desto mehr beschränkt er
die Beweglichkeit, daher ein Spat, der weiter nach vorwärts sitzt,
immer bedenklicher ist, als einer, der weit rückwärts sitzt. Die Erkenntniß des Spates ist im Allgemeinen leicht, bei den vielen Abweichungen in der Form des Sprunggelenkes und den oft nicht sehr

deutlich sich ausspre-
chenden Arten des
Spates jedoch wieder
schwierig. Um das
Sprunggelenk wegen
Spat zu untersuchen,
prüft man dessen in-
nere Fläche durch
Vergleichung mit
dem gegenseitigen,
indem man von vorne
zwischen, und auch
seitlich von den Vor-
derbeinen hinsieht
(Fig. 127), genau
auf jede Ungleichheit

Fig. 127.   Fig. 128.

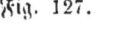

Der Spat.

in den beiden Sprunggelenken achtet, dann auch von hinten zwischen den
Hinterbeinen hindurch nach vorne sieht (Fig. 128), auch hier die innern
Flächen der beiden Sprunggelenke genau vergleichend. Jede Ungleich-
mäßigkeit und zu starke Erhöhung auf der inneren Fläche muß Verdacht
erwecken. Endlich muß man auch durch Befühlen die Art und Beschaffenheit der Ungleichheiten ermitteln, zuletzt die Beweglichkeit der
Sprunggelenke bei den verschiedenen Gangarten prüfen; jedes hinkende

Antreten des Fußes nach einigem Stillestehen darf zu strengerer Untersuchung veranlassen. Diese besteht aber darin, daß man dem Pferde den verdächtigen Fuß aufhebt, ihn im Sprunggelenke scharf biegt, und etwa eine Minute lang also hält, läßt man sodann das Pferd von der Stelle aus im Trab weggehen, so wird sich das eigenthümliche, zuckende Hinken, die Spatlahmheit deutlich zeigen. Der geringste Spat muß als bedenklich erscheinen, indem selbst ein scheinbar unbedeutender Spat, der noch nicht von Hinken begleitet ist, später doch heftiges Hinken verursachen kann. Der Spat ist stets unheilbar, insofern man den Knochenauswuchs nicht heilen kann, wohl aber in manchen Fällen das Hinken. Der Spat kommt meist nur an einem Sprunggelenke, zuweilen aber auch an beiden vor, und im letztern Falle glauben Manche, daß hiebei ein Pferd nicht hinke, was sich aber darauf gründet, daß die Vergleichung der Beweglichkeit zwischen einem spatkranken und einem gesunden Gliede mangelt, was bei dem einseitigen Spate die Erkenntniß mehr erleichtert; Pferde, die an beiden Sprunggelenken Spat haben, gehen mit beiden Füßen gleich steif, mit den Hinterfüßen weit und beugen die Füße beim Vorsetzen nicht, oder doch nur unbedeutend. Nicht zu verwechseln mit spatigen Sprunggelenken sind die „scharf markirten" Sprunggelenke, welche ohne irgend eine krankhafte Entartung einen stark abfallenden Uebergang von der inneren Fläche des Sprunggelenkes zu dem Schienbeine zeigen; man findet solche eckige in höherem Grade „stark abgesetzte" Sprunggelenke oft bei einer sehr kräftigen Entwicklung des Skelets. Die Knochen der edelsten Racen zeigen oft so stark proncirte Fortsätze und Gelenkköpfe, daß ängstliche Fehlersucher häufig verführt werden, eine solche natürliche Bildung für etwas Abnormes zu erklären. Als eine Art des Spates wird der Ochsenspat betrachtet, welcher in harten Erhabenheiten auf beiden Flächen des Sprunggelenkes, jedoch ohne krankhafte Knochenauswüchse, sondern nur in häßlich starker Ausbildung der Knochen des Sprunggelenkes besteht, und in der Regel kein Hinken verursacht.

Das Rehbein (Fig. 129), ist gleichfalls eine Knochenwucherung, welche als eine scharf markirte Erhabenheit auf der äußern Seite des Sprunggelenkes zwischen diesem und dem Schienbeine vorkommt. Es stellt das Rehbein eine scharfe Ecke am Uebergang der Sprunggelenkknochen in das äußere Griffelbein dar; das Rehbein beeinträchtigt blos bei seiner Entstehung die Beweglichkeit, später aber ist kein Hinken zu bemerken, ist also mehr ein Schön=heitsfehler als ein Gebrauchsfehler.

Die Hasenhafe, der Hasenspat (Fig. 130) ist eine Aufreibung an der hintern Fläche des Sprunggelenkes unten an der

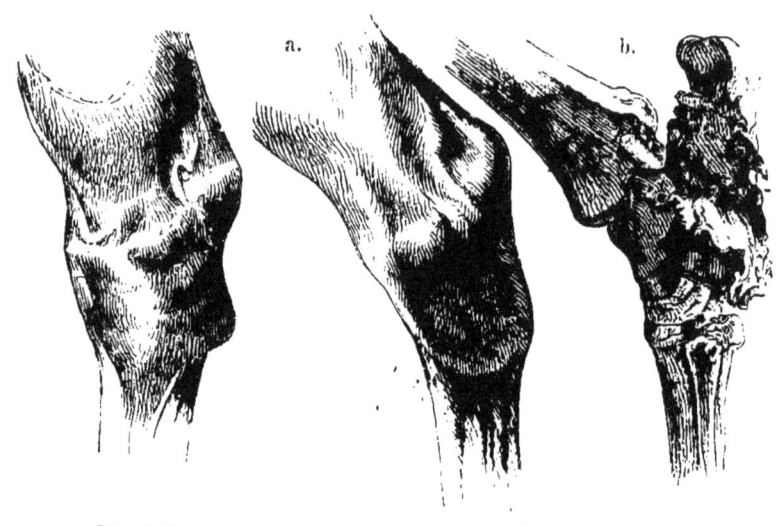

a.   b.

Fig. 129.   Fig. 130.
Rehbein.   a. Hasenbacke und b. Sprunggelenkpräparat mit
                 sehr starker Hasenbackenbildung.

Verbindungsstelle des Fersenbeins mit den übrigen Sprunggelenk=knochen und dem Schienbein; sie ist im Anfange durch eine Krank=heit der weichen Theile der Sehnen und Bänder veranlaßt, betrifft erst im weitern Verlaufe die Knochen; sie entsteht durch gewaltsame Ausdehnung der Bänder, der Sehnenscheiden und der Sehnen, welche Entzündung, Verdichtungen, Verhärtungen und endlich Ver=knöcherungen dieser Theile veranlaßt, dies verursacht zwar anfäng=lich schmerzhaftes Hinken, bedingt aber später nur selten bedenkliche Störung in der Beweglichkeit, ist daher minder bedeutungsvoll als der Spat, aber ebenso erblich wie dieser.

Anschwellungen im ganzen Sprunggelenke kommen mehr zu=fällig und vorübergehend vor, sie sind entweder Entzündungsge=schwülste in Folge äußerer Einwirkungen, von Schlägen, Stößen rc. und lassen in der Regel bei zweckmäßiger Behandlung vollständige

Heilung zu, oder es sind sogenannte, Oedeme, wassersüchtige Ge=
schwülste von dem Unterfuß erst auf das Sprunggelenk ausgebreitet,
welche sich mehr auf die äußern Theile, Haut und Zellgewebe be=
schränken und sehr häufig als Erscheinungen allgemeiner Krankheiten
vorkommen. Zuweilen namentlich bei Fohlen entstehen solche An=
schwellungen durch die innere Entartung der Knochen bei der soge=
nannten Füllenlähme und sind in solchem Fall bedenklicher. Zu=
weilen kommen am Sprunggelenke schwielige Verdickungen als Folge
mechanischer Verletzungen der Haut vor, welche für sich allein als
die geringfügigsten der am Sprunggelenke vorkommenden Gebrechen
zu betrachten sind. Wenn ein Sprunggelenk von verschiedenen
Mängeln afficirt ist, ohne daß sich der eine oder andere der eben
besprochenen Fehler bestimmt ausspricht, so benennt man ein also
entartetes Sprunggelenk zuweilen mit dem gelinden Ausdruck: „vol=
les" Sprunggelenk. Als milden Ausdruck, um das Vorhandensein
krankhafter oder abnormer Zustände des Sprunggelenkes anzudeuten,
gebraucht man häufig das Wort „unreines" Sprunggelenk.

§. 100.
Das Schienbein.

Das Schienbein des Hinterfußes ist ganz gleich construirt wie
das am Vorderfuße, dagegen ist es um ¼ länger als jenes, er=
scheint daher vorne schmäler; von der Seite betrachtet ist es breiter
und steht nicht vollkommen senkrecht, sondern etwas schief, unten
nach vorwärts gerichtet. Die Abweichungen in der Stellung, in
so ferne sie vom Schienbein ausgehen, sollen unten betrachtet
werden.

Das Schienbein des Hinterfußes zeigt seltener Ueberbeine und
Sehnenklapp, dagegen häufiger wässerige Anschwellungen, wird auch
viel mehr von nässenden Hautgeschwürchen am hintern Rande be=
fallen, außerdem kommen auch Knochenbrüche, Verletzungen der
Haut vom Streifen, Schlagen häufiger vor. Zuweilen findet man
in Folge des Ueberköthens Anschwellungen der Streckfehne vorn
am Schienbeine vor, was aber wenig Nachtheile für die Bewe=
gung hat.

§. 101.

Die Köthe

ist die Gelenkverbindung des Schienbeines mit dem Fesselbeine und den beiden Gleichbeinen, ist auf dieselbe Weise zusammengesetzt, wie

am Vorderfuße, doch zeigt sie sich etwas stärker und bildet mit dem Fessel einen et= was stumpfern Winkel, nämlich von 145 bis 150°, während dieser Winkel am Vorderfuße nur 135—140° beträgt. Er wird wesentlich von der Stellung der obern Theile des Hin= terfußes bestimmt, so sieht man ihn meist bei Pferden, die stark im Sprunggelenke ge= bogen sind, stumpfer, und bei Pferden, welche sehr gerade im Sprunggelenke stehen, enger, ebenso bei kuhhessiger Stellung stärker, bei dem zu weit hinter den Leib gestellten Fuße ist dieser Winkel offener, so daß solche Pferde

Fig. 131.
Köthengalle.

hiedurch sogar eine Anlage zur Ueberstützigkeit beurkunden. Das Ueberköthen kommt an der hintern Köthe viel eher vor, auch Ver= wundungen durch Streifen bemerkt man häufiger, ebenso auch die Köthengallen (Fig. 131).

§. 102.

Der Fessel.

Der hintere Fessel zeigt dieselbe Zusammensetzung wie der vordere, nur ist er etwas kürzer und weniger schief gestellt. An ihm kommen Verletzungen durch Hängenbleiben in der Halfterkette, Leisten, Ringbeine viel häufiger vor, was oft sehr nachhaltige Uebelstände, Lahmheiten ꝛc. begründet; auch die Mauke gehört zu den am Hinter= fuße sehr häufig vorkommenden Leiden, was schon durch die häufigere Verunreinigung durch nasse Streu u. s. w. erklärlich wird.

§. 103.

Die Krone.

Die hintere Krone, ganz von derselben Zusammensetzung wie die vordere, zeigt einen geringern Umfang, ist aber immer etwas dicker und wulstiger; sehr häufig sind an ihr die Verletzungen durch Kronentritte, die wegen der übeln Gewohnheit des Schilderns, zumal bei geschärftem Winterbeschläge, besonders häufig an den vordern Theilen dieser Krone veranlaßt werden, die Knochenauftreibungen und Gelenkverwachsungen, Leist, Schale und Ringbein kommen an ihr nicht selten vor; wegen des feuchtern Standes und der hierdurch so sehr begünstigten Verunreinigung der Hinterfüße breitet sich die Mauke auch leicht auf die Krone aus, und führt zu mancherlei Entartungen, Straubfuß, Igelfuß u. dgl., auch wird zuweilen eine bösartige, fressende Flechte an der Krone getroffen, welche nicht selten zu beträchtlichen Entartungen führt.

§. 104.

Der Huf.

Der hintere Huf zeigt in Vergleichung mit dem Vorderhufe eine auffallende Abweichung in Gestalt und Beschaffenheit. Er ist im Ganzen kleiner, seine Wände sind höher, mehr senkrecht gestellt, an der Zehe weniger gerundet, die Seitenwände nach hinten zu mehr auseinander gehend, weiter, die Ballen höher, derber und weniger gerundet, die Sohle tiefer ausgehöhlt, der Strahl kürzer, stärker gespalten und die Schenkel desselben breiter, die ganze Hufmasse weicher, geschmeidiger und die Gestalt mehr länglich und an der Zehe zugespitzt; die Wände besitzen vorne an der Zehe die geringste, hinten gegen die Trachten zu die größte Dicke und Stärke. Auf diesem von dem vordern Hufe verschiedenen Baue beruht denn auch der nöthige Unterschied des Beschläges, denn während bei dem vordern Hufe das Eisen vornen an der Zehe, als dem stärkern Huftheile, die Nagellöcher für die Befestigung des Eisens haben muß, soll das Eisen für den Hinterhuf mehr nach rückwärts gelocht sein, um es an den stärkeren Seitenwänden befestigen zu können. Auch bringt man an den hintern Eisen Stollen und Kappen häufiger an, und in Absicht auf Form zeigt das hintere Eisen eine vorne mehr zugespitzte, hinten weiter auseinandergehende Gestalt, gegenüber dem stärker gerundeten vorderen Eisen. Der hintere Huf ist auch zäher, dauerhafter, widerstandsfähiger gegen die Einwirkungen des Bodens, daher man in manchen Gegenden, und namentlich bei der landwirthschaftlichen Beschäftigung u. s. w. die Pferde oft lange an den Hinterhufen unbeschlagen läßt, ohne eine das Hufhorn zu sehr benachtheiligende Abnützung, Aussplitterung und anderweitige Beschädigung befürchten zu müssen. Im allgemeinen ist der hintere Huf weniger krankhaften Veränderungen unterworfen, und platter und voller Huf kommt fast nie, Steingalle und Hornspalte selten, Rehhuf, Ringhuf, Knollhuf, Zwanghuf u. dgl. auch nicht häufig vor; dagegen bemerkt man den zu spitzigen Huf, einen stumpfen Huf, die Hornkluft, schmalen Strahl, die Strahlfäule und den Strahlkrebs u. dgl. hier weit häufiger als am vordern Hufe.

Vierter Abschnitt.
Stellung und Bewegung des Pferdes.

---

§. 105.

Die Stellung eines Pferdes bedingt hauptsächlich seinen Gang, dieser aber die Diensttauglichkeit und den Werth des Pferdes. Bei der richtigen Stellung hat das Pferd sämmtliche Gliedmaßen senkrecht unter dem Körper, so daß dieser auf jenen wie auf 4 Säulen ruht. Von vorne betrachtet sollen die Hinterfüße von den vordern, und von hinten betrachtet sollen die Vorderfüße von den hintern Füßen gedeckt erscheinen, außerdem soll bei seitlicher Betrachtung immer der eine Fuß den andern seitlichen, benachbarten decken. Bei dieser Betrachtung muß sich auch ergeben, daß jeder Fuß unter Voraussetzung gesunder Beschaffenheit und regelmäßiger Gestaltung ruhig unter dem Körper weile, sich nicht der Belastung entziehe, zittere, oder wohl gar eine dem natürlichen Zustande zuwiderlaufende Richtung annehme. Jede Abweichung gilt als ein Fehler, der nicht nur für die Gestalt des Pferdes, sondern auch für die Bewegung erheblich sein und die Diensttauglichkeit zweifelhaft machen kann.

Wenn das Pferd ruhig steht, so belastet es seine Vorderfüße mehr als das hintere Fußpaar, wegen des Gewichts des Halses und Kopfes. Nur in einer künstlich herbeigeführten Stellung mit sehr erhobener Vorhand wird jeder Fuß gleichmäßig zur Unterstützung des Körpers beitragen. Bei der Dressur gewöhnt man die Pferde daran, sich vor dem Aufsteigen des Reiters so zu stellen, daß die Vorderfüße über den gewöhnlichen Stand vorwärts, die Hinterfüße über den gewöhnlichen Stand rückwärts zu stehen kommen. Es hat diese Stellung zum Zweck, die Steifung des Rückens beim Auf= steigen unmöglich zu machen, auch den Rücken zu erniedrigen, um bequemer aufsteigen zu können. Doch ist dieses Verfahren ganz zu verwerfen bei Pferden, welche stätig beim Anreiten sind, einen weichen Rücken haben und empfindlich gegen das Reitergewicht sind, denn durch das Strecken wird der Rücken zu sehr durchgebogen, wobei er an Tragfähigkeit verliert und empfindlich wird. Bei Fehlern in der Bildung der Glieder, oder bei großer Ermüdung, bei Schmerzen in den Sehnen, Muskeln und Gelenken pflegen die Pferde ihre Füße öfters abwechselnd vorzusetzen, was man Schildern nennt.

§. 106.

Vom Schwerpunkt und vom Gleichgewicht.

Unter Schwerpunkt versteht man denjenigen Punkt eines Körpers, um welchen alle Theile sich gegenseitig balanciren. Bei lebenden Körpern ist der Schwerpunkt niemals mit Sicherheit anzu= geben, weil schon die Bewegungen, welche das Leben mit sich bringt, wie das Athmen und die Bewegung des Darminhaltes den Schwerpunkt, wenn er gewonnen wäre, immer wieder verrücken. Um hierin ein wenigstens annäherndes Resultat zu erlangen, haben Morris und Baucher folgenden Versuch angestellt. Sie stellten ein symmetrisch gebautes Pferd von ruhigem Temperament mit den Vorder= und Hinterfüßen auf je eine Brückenwaage und ermittelten hiedurch wie viel Gewicht unter verschiedenen Verhältnissen auf die Vorhand und wie viel auf die Hinterhand komme. Die Resultate waren, in Kilogrammen ausgedrückt, folgende:

Zuerst wurde das Pferd mit gewöhnlicher, eher niedriger als

erhabener Stellung des Kopfes auf die Waagen gestellt und dann
verhielt sich das Gewicht also:

Vorhand.	Hinterhand.	Summe des Gewichtes.	Mehrbelastung der Vorhand.
210	174	384	36

Das Athmen und die Bewegung der Gedärme machten ein
Hin- und Hergehen von 3 — 5 Kilogramm aus. Brachte man die
Nasenspitze bis zur Bugspitze herab, so zeigte sich eine Mehrbelastung
der Vorhand von 8 Kilogramm in der Art:

Vorhand.	Hinterhand.	Summe des Gewichtes.	Mehrbelastung der Vorhand.
218	166	384	52

Bei Erhebung des Kopfes so weit bis die Nasenspitze in der
Höhe des Widerristes war, kamen 10 Kilogramm auf die Hinterhand zurück:

Vorhand.	Hinterhand.	Summe des Gewichtes.	Mehrbelastung der Vorhand.
200	184	384	16

Nachdem nun Baucher das Pferd bestiegen und eine schul-
gerechte Stellung angenommen hatte, zeigten sich folgende Gewichtsverhältnisse:

Vorhand.	Hinterhand.	Summe des Gewichtes.	Mehrbelastung der Vorhand.
251	197	448	54

Der Reiter wog 64 Kilogramm und hatte daher 41 auf die
Vorhand und 23 auf die Hinterhand verlegt; durch Zurücknehmen
des Körpers vermochte er 10, und durch Beizäumen des Kopfes
weitere 8 Kilogramm auf das Hintertheil zu bringen, wobei sich
folgende Gewichtsverhältnisse ergaben:

Vorhand.	Hinterhand.	Summe des Gewichtes.	Mehrbelastung der Vorhand.
233	215	448	18

Man ersieht aus diesen sehr lehrreichen Versuchen, die wir
absichtlich genauer entwickelten, welch' außerordentlichen Einfluß die
Stellung des Kopfes des Pferdes und die Haltung des Reiters
auf die Vertheilung des Gewichtes, oder mit andern Worten, auf
die Lage des Schwerpunktes haben; ferner aber, daß unter allen
Umständen im Stehen die Vorhand mehr belastet ist als die
Hinterhand.

Wollen wir uns hienach eine Vorstellung machen, wo ungefähr
der Schwerpunkt des Pferdekörpers zu suchen sei, so werden wir

nicht sehr irren, wenn wir ihn zwischen dem hintern Ende des Brustbeines, dem Schaufelknorpel und dem diesem in senkrecht aufsteigender Linie entsprechenden Rückenwirbel annehmen.

Ein Perpendikel, welchen wir uns von dem Schwerpunkte an gegen den Boden gezogen denken, heißt die Schwerlinie und diese wird im Stehen des Pferdes den Boden nahezu im hintern Drittheil des vordern Dreieckes berühren, welches dadurch gebildet wird, wenn wir die vier Hüfe des Pferdes als die Endpunkte eines Parallelogrammes annehmen, durch dieses die Diagonalen ziehen und dasselbe hiedurch in ein vorderes, ein hinteres und zwei seitliche Dreiecke eintheilen.

Wir müssen hier gewiße Ausdrücke erklären, welche wir der größeren Kürze und Verständlichkeit wegen gebrauchen, wenn von den Füßen die Rede ist. Die beiden Vorderfüße nennen wir das vordere, die beiden Hinterfüße das hintere Fußpaar, den rechten Vorderfuß und rechten Hinterfuß das rechte, den linken Vorderfuß und linken Hinterfuß das linke Fußpaar, endlich den rechten Vorderfuß und linken Hinterfuß das rechte, und den linken Vorderfuß und rechten Hinterfuß das linke Diagonalfußpaar.

Da die vier Füße die unterstützenden Säulen des Pferdekörpers bilden, so wollen wir das oben erwähnte Parallelogramm das Unterstützungsparallelogramm nennen. Dieses Parallelogramm verwandelt sich bei den meisten Gangarten allerdings in ein Rhomboid, wir fürchten aber nicht mißverstanden zu werden, wenn wir den Ausdruck Parallelogramm beibehalten.

Nun ist klar, daß der Schwerpunkt eines Körpers, wenn er auch wegen innerer Bewegungen wechselt, nicht deßhalb wechseln kann, weil die Unterstützungsweise verändert wird, daß aber der Perpendikel, welchen wir die Schwerlinie nennen, unter Umständen auf sehr verschiedenen Punkten den Boden treffen wird, je nachdem die Neigung des Pferdekörpers zu der Ebene des Unterstützungsparallelogrammes verschieden ist. Ebenso ist klar, daß das Gewicht, welches die Füße zu tragen haben, um so gleichmäßiger vertheilt sein wird, je mehr das Ende der Schwerlinie sich dem Durchschneidungspunkte der Diagonalen nähert, so wie, daß im Gegentheil das vordere oder das hintere, das rechte oder das linke Fußpaar um so mehr belastet werden wird, je mehr sich die Schwer-

linie einer der Gränzlinien des Unterstützungsparallelogrammes
nähert. Fällt aber das Ende der Schwerlinie über diese Gränz=
linie hinaus und wird nicht unterstützt, so stürzt das Thier zu Boden
wegen mangelnder Unterstützung.

Da, wie aus dem Gesagten erhellt, der Schwerpunkt stets
seinen Sitz wechselt, so kann man unter Gleichgewicht nicht das
verstehen, daß alle Theile in einem festen Gleichgewicht gegen den=
selben stehen, denn dieses ist rein unmöglich und wäre absolute
Ruhe. Auch kann beim Gehen von eigentlichem Gleichgewicht nicht
die Rede sein, denn es ist klar, daß jeder in Bewegung befindliche
Körper gerade durch die Bewegung selbst unaufhörlich seinen Schwer=
punkt ändert und das Gleichgewicht aufgeben muß. Gleichwohl
ist bei der Bewegung des Pferdes und beim Reiten in den hippo=
logischen Schriften immer vom Gleichgewicht die Rede. Untersuchen
wir, was man sich darunter denken kann und soll.

Die Längenachse des Pferdekörpers, welche im, Stehen mit
dem Boden parallel ist, verändert bei den verschiedenen Gangarten
und Bewegungen ihre Richtung, indem sich beim Gehen das Pferd
hebt und senkt, wie dies am auffallendsten bei erhabenen, sprung=
ähnlichen Gangarten, wie beim Galop oder bei eigentlichen Sprüngen
wahrgenommen wird. Ebenso verändern die Querachse und die
Diagonalachse des Pferdekörpers ihre im Stehen mit dem Boden
parallele Richtung, je nachdem das rechte oder linke Fußpaar
oder Diagonalfußpaar abwechslungsweise dem Körper zur Unter=
stützung dienen. Die Schwankungen, welche hiedurch entstehen,
haben nun gewisse Exkursionen der Schwerlinie zur Folge, welche
je nach der Größe der Neigung der erwähnten Körperachsen mehr
oder minder beträchtlich sind. So wird z. B., wenn ein Pferd
steigt, die Schwerlinie in dem hintern Dreieck des Unterstützungs=
parallelogrammes den Boden berühren und sich je höher die Er=
hebung geschieht, um so mehr der Basis dieses Dreiecks nähern.
Beim Ausschlagen geschieht das Gegentheil. Bei Sprüngen, welche
ein wiederholtes Steigen und Ausschlagen sind, wird aber die
Schwerlinie mehr oder minder regelmäßige Pendelschwingungen
machen, je regelmäßiger oder unregelmäßiger diese Bewegungen
ausgeführt werden. Und ähnlicher Weise muß man bei jeder Be=
wegung gewisse Excursionen der Schwerlinie annehmen, welche sich

immer wiederholen. Wir wissen aber, daß das Pferd fällt, sobald
diese Bewegung des Schwerpunktes das Unterstützungsparallelo=
gramm überschreitet; auch ist klar, daß die Bewegung um so an=
strengender, abnützender und um so unsicherer sein wird, je näher
während derselben die Schwerlinie den Gränzen des Unterstützungs=
parallelogrammes kommt. Im Gegentheil aber wird die Bewegung
um so leichter für die Glieder und um so sicherer sein, je weniger
der Schwerpunkt sich jenen Gränzen nähert. Allein die vollkom=
menste Sicherheit in jeder Gangart, seien die Schwingungen der
Schwerlinie groß oder klein, wird offenbar dadurch erreicht, wenn
sich deren Excursionen immer wieder auf das Genaueste compen=
siren, so daß sie weder nach vorn, noch nach hinten, noch zur Seite
den Gränzen des Unterstützungsparallelogrammes zu nahe kommen.

Wenn dies der Fall, so wird das Gewicht des Schwerpunktes
immer möglich nahe dem Mittelpunkt des Parallelogramms sein, und
die vier Füße werden möglichst gleichmäßig beim Tragen der Last in
Anspruch genommen; man sagt dann, das Pferd sei im Gleichgewicht.

Daß die natürliche Haltung des Kopfes und des Halses, die
Stellung und Setzung der Glieder, die Bewegung derselben hiebei
von wesentlichem Einfluß seien, ist einleuchtend, allein eben so wahr
ist, daß wenige Pferde die nöthigen Eigenschaften von Natur be=
sitzen, und daß die meisten daher durch die Kunst der Dressur und
durch Uebung sie zu erwerben haben, was man das ins Gleichgewicht
Setzen nennt.

Wenn aber das Pferd einen Reiter trägt, so ändern sich die
Verhältnisse des Schwerpunktes wesentlich ab. Der Schwerpunkt
des Reiters ist in dessen Nabelgegend; daher stellt seine Schwerlinie
einen längeren Perpendikel dar als die des Pferdes, welcher daher
größere Exkursionen zu machen geneigt sein wird, als die letztere.
Vergleichen wir die oben angeführten Zahlenverhältnisse, so geht
aus diesen hervor, daß der Körper des Reiters unter allen Um=
ständen verhältnißmäßig mehr Gewicht auf das Vordertheil bringt
als auf das Hintertheil des Pferdes, wie aus der Vergleichung
beider Totalgewichte mit dem auf die Vorhand kommenden Unter=
schiede ersichtlich ist. Hieraus wird einleuchten, wenn wir folgern,
daß die gemeinsame Schwerlinie des Pferdes und des Reiters im

Stehen nahezu in die Mitte des vorderen Dreiecks des Unterstützungs=
parallelogrammes fallen wird.

Viele bekannte praktische Regeln beim Reiten ergeben sich
hieraus von selbst. Es ist natürlich, daß die erwähnte Richtung
der gemeinschaftlichen Schwerlinie auf die Vorhand sehr ungünstig
wirken muß, daher es auch eine hauptsächliche Aufgabe für den
Reiter ist, sein Pferd auf die Hinterhand zu setzen, oder mit andern
Worten, es zu veranlassen, daß es die Hinterfüße weit genug unter
den Leib bringe, um diese dem Punkte zu nähern, wo die Schwer=
linie den Boden berührt, wodurch mehr Gewicht auf das Hintertheil
übernommen wird. Ferner muß der Reiter seinen Sitz so einrichten,
daß bei den natürlichen Bewegungen des Pferdes seine Schwer=
linie mit der des Pferdes parallele Exkursionen bilde, was nur
durch natürliches Gefühl und Uebung zu erreichen ist. Jede Ab=
weichung hievon wird das Pferd in seiner Bewegung stören. Eine
solche Störung darf aber und muß sogar dann eintreten, wenn das
Pferd Bewegungen macht, welche die Aufhebung des Gleichgewich=
tes oder einen Sturz zur Folge haben, alsdann muß der Reiter
seinen Sitz so einrichten, daß die Exkursionen seiner Schwerlinie von
denen der Schwerlinie des Pferdes in dem Maße divergiren, daß
der Durchschnitt der Differenz sich der senkrechten Linie nähert; er
wird also z. B. beim Steigen seinen Schwerpunkt vorwärts, beim
Ausschlagen rückwärts zu verlegen haben, um diese störenden Ab=
weichungen im Gleichgewichte des Pferdes zu corrigiren. Daß die
größere Länge der Schwerlinie des Reiters dieses einerseits erleich=
tert, andererseits aber erschwert, bedarf keiner näheren Ausführung;
die praktischen Consequenzen dieser Prinzipien zu verfolgen, ist hier
nicht der Ort. Aber auch die Packung des Reitpferdes ist, wie aus
dem Gesagten hervorgeht, von großer Wichtigkeit für das Gleich=
gewicht. Es ist klar, daß je mehr Gegenstände nach vorn gepackt
werden, um so größer die Belastung des Vordertheils sein wird
und kann daher als Regel der Grundsatz gelten, daß bei richtiger
Packordnung die zu packenden Gegenstände so zu vertheilen sind,
daß sie sich am Mittelpunkt des Sattels möglichst gegenseitig com=
pensiren.

§. 107.
Von der Stellung der Vorderfüße.

Bei regelmäßiger Stellung müssen die Vorderfüße, von vorne betrachtet, von der Brust bis zum Boden in gleich weiter Entfernung von einander abstehen.

Die enge Stellung (Fig. 132), wobei die Vorderfüße von der Brust bis zum Boden zu nahe beisammen stehen, hat den Nachtheil einer zu schmalen Brustbildung. Das Unterstützungsparallelogramm wird dadurch zu schmal, die Sicherheit leidet darunter, und wegen der Annäherung der Extremitäten streift sich das Pferd leicht.

Die weite Stellung (Fig. 133); hiebei stehen die Vorderfüße von der Brust bis zum Boden zu weit von einander ab. Die Unterstützungsbasis wird hier allerdings breiter, und das Pferd kann sich nicht streifen, allein die Bewegung wird schwankend, schwerfällig. Für den schweren Zug ist diese Bildung als nicht ungünstig anzusehen, weil sie immer mit einer großen Massenentwicklung verbunden ist.

Fig. 132.
Zu enge Stellung.

Fig. 133.
Zu weite Stellung.

Wenn man sich von der Bugspitze bis zur Zehe eine senkrechte Linie gezogen denkt, so soll diese alle Theile und Gelenke des Fußes in der Mitte durchschneiden; Abweichungen hievon sind:

Die in den Knieen zu enge Stellung (Fig. 134) Knieenge, Kniebohrer, wird dadurch erzeugt, daß die Vorderschenkel gegen einander nach einwärts gerichtet und die Kniee zu nahe zusammen gestellt sind, wodurch auch die Unterfüße zu enge

gestellt werden; noch fehlerhafter ist es aber, wenn die Unterfüße
von ihrer geraden Richtung abweichen und unten zu weit von ein=
ander entfernt stehen.

Diese Stellung gibt zum Streifen der Kniee aneinander Ver=
anlassung, was große Unsicherheit zur Folge hat.

Die in den Knieen zu weite Stellung, Knieweite
(Fig. 135), entsteht, wenn die Vorderschenkel unten nach auswärts

Fig. 134.   Fig. 135.   Fig. 136.   Fig. 137.
Kniecnge.   Knieweite.   Zehentreter.   Tanzmeister.

gerichtet sind, so daß die Kniee weit von einander abstehen. Ge=
wöhnlich sind dabei die Unterfüße einander zu sehr genähert und
die Pferde streifen sich leicht an der Köthe oder Krone.

Die mit den Hufen zu enge Stellung (Fig. 136),
Bodenenge, Zehenenge, Zehentreter, bei derselben sind die
Vorderfüße unten zu sehr gegen einander gerichtet, so daß sich die
Hufe zu nahe stehen; oft bezieht sich diese abweichende Richtung
nur auf die untern Fußglieder, so daß blos die Fessel und die Hufe
mit ihren Zehen zu sehr gegen einander gerichtet sind; oft aber ist
dieser Fehler schon in der unregelmäßigen Stellung der ganzen Glied=
maße begründet, so daß die Hufe zu der regelwidrigen Stellung
gleichsam nachgezogen werden. Die Hauptlast wird dadurch auf die
äußere Hufwand verlegt.

Die mit den Hufen zu weite Stellung (Fig. 137), Bodenweite, Zehenweite; bei dieser sind die Füße unten zu weit auseinander gerichtet, so daß die Hufe zu weit von einander abstehen; oft zeigt sich dabei die Stellung der Füße schon von der Brust aus enge, sie heißen dann Schrannenfüße, Stuhlfüße; wenn aber die Füße blos an den untern Gliedern weit auseinander gestellt nur mit den Fesseln und Zehen auswärts gerichtet sind, so heißt man diese Stellung Tanzmeister, französisch Stehen. Die Hauptlast wird dadurch auf die innere, ohnehin schwächere Hufwand verlegt, was ein größerer Nachtheil ist als der vorige, und Veranlassung zu Hornspalt geben kann.

Diese beiden Stellungen der Vorderfüße sind für die ganze Haltung und Bewegung des Pferdes einflußreich. Das mit den Hufen zu enge gestellte Pferd hat eine Anlage zum auswerfenden Gange und zum Kreuzen, das mit den Hufen zu weit auseinander gestellte Pferd hat dagegen eine Anlage zum Streifen; beide Gangarten sind aber durch ihre Unsicherheit nachtheilig. Wenn man also diese Stellungen

Fig. 138. Vorgestreckt.   Fig. 139. Unterständig.

der Vorderfüße bemerkt, so muß man mit desto größerer Sorgfalt die Bewegung des Pferdes in allen Gangarten prüfen.

Wenn man sich eine senkrechte Linie von dem hervorragendsten Punkte der Schulterblattgräte, also vom Drehungspunkte des Schulterblattes aus gezogen denkt, so soll diese den Vorarm, das Knie, Schienbein und Köthe mitten durchschneiden und unmittelbar hinter dem Ballen des Hufes in den Boden einfallen. Abweichungen von dieser Regel sind folgende:

Vorgestreckt (Fig. 138) nennt man die Stellung, wenn die Vorderfüße zu sehr nach vorwärts gestellt werden; oft ist dies nur an einem, oft aber bei beiden Füßen der Fall, und verräth, wenn es außer dem Dienste geschieht, Gebrechen in den Schultern oder den Hufen, weßhalb man sich über die Ursachen genaue Aus= kunft verschaffen muß. Bei dieser Stellung wird allerdings das vordere Fußpaar etwas entlastet, dies kann aber nur auf Kosten der Hinterfüße und namentlich der Sprunggelenke geschehen. Der Fuß stützt sich hauptsächlich auf die Ballen, welche stark mitge= nommen werden, wodurch häufig Steingallen entstehen. Selten ist übrigens diese Stellung angeboren, sondern kommt bei Pferden vor, die an der Rehe oder überhaupt am Hufe leiden und deßhalb unfähig sind sich auf die Zehe gehörig zu stützen.

Unterständig oder überhängig (Fig. 139) nennt man die Stellung, wenn die Vorderfüße zu sehr nach rückwärts gestellt sind, wodurch die Vorhand mit ihrem ganzen Gewicht auf die Vorder= füße drückt. Durch diese Stellung wird auch übermäßig viel Ge= wicht von der Nachhand auf das Vordertheil übernommen, hiedurch entsteht starke Abnützung und unsicherer Gang der Vorderfüße, was um so nachtheiliger wirkt, als der Fessel eine aufrechtere Stellung erhält, wodurch die Bänder und Sehnen desselben, namentlich die Streckschnen, sehr angestrengt werden. Beim Gehen kann sich das Pferd, wenn es auch wollte, nicht Zeit nehmen, den Fuß gehörig zu erheben und auszugreifen zu lassen, da es den ohnehin vorn über= ladenen Körper rasch zu unterstützen trachten muß, daher macht es kurze Schritte, stolpert und stürzt leicht. Es ist begreiflich, daß ein also gebautes Pferd zum Reitdienste untauglich ist, dagegen paßt es eher zum Zug und namentlich zum langsamen und schweren, da es sich hiebei auf das Kummet stützen kann. Diese Stellung können wir auch häufig als ein Kennzeichen schmerzhafter Zustände in den Hinterfüßen ansehen, welche vom Thiere dadurch erleichtert werden wollen, daß die Vorderfüße der Schwerlinie möglichst angenähert werden, um die Unterstützung des Schwerpunktes so viel als mög= lich allein zu besorgen.

Vorbiegig oder in den Knieen stehend (Fig. (140) sind die Vorderfüße, wenn dieselben, statt senkrecht gestellt zu sein, mit den Knieen zu sehr nach vorwärts gebogen sind; zuweilen ist diese

Stellung ein angeborener Bildungsfehler und wird als Bock=
beinigkeit bezeichnet; meist ist sie jedoch durch heftige Anstren=
gung, krankhafte Veränderungen einzelner Fußtheile, namentlich der
Sehnen und Ge=
leuke ꝛc. erwor=
ben, und ent=
weder nur an
einem Fuße oder
an beiden vor=
handen. Es ist
augenfällig, daß
jede Abweichung
von der geraden
Linie die natur=
gemäße, säulen=
artige Unterstü=
tzung schwächt.
Besonders feh=
lerhaft ist die
erworbene Bock=

Fig. 140. Vorbiegig.   Fig. 141. Rückbiegig.

beinigkeit; die angeborene kann in ihren Nachtheilen durch ein aus=
gezeichnetes Hintertheil und große Muskelkraft ausgeglichen werden.

Rückbiegig, einbiegig (Fig. 141) nennt man die Stel=
lung, wenn die Vorderfüße in den Knieen zu weit rückwärts ge=
bogen sind. Dieser Bildungsfehler ist sehr selten und meistens
angeboren, hat aber gewöhnlich nicht die Nachtheile, die man von
dieser Stellung so oft behauptet. Die Theorie hält diese Stellung
für die eminenteste Veranlassung zu Zerrung der Kniegelenksbänder,
wodurch wiederholtes und schwer zu beseitigendes Lahmgehen er=
zeugt werde.

Zu gerade, aufrecht in der Köthe nennt man die Stel=
lung, wenn die Fessel zu senkrecht und in fast gleicher Richtung
mit dem Schienbein stehen; neigt sich dabei der Fessel sogar noch
weiter vorwärts, so heißt sie köthenschüffig, überköthend,
überstützig. Dieser Fehler entsteht oft durch Leiden der Sehnen,
der Köthe, des Hufgelenkes und durch schmerzhafte Zustände der
Weichtheile des Hufes. Oft ist es aber angeborener Bildungsfehler.

Unsicherheit im Gange ist die gewöhnliche Folge. Es geht die na=
türliche Elasticität des Unterfußes ganz oder theilweise verloren,
und die Vorderfüße sind starken Erschütterungen und Prellungen
ausgesetzt, was ihren Ruin noch mehr herbeiführen muß.
Durchtreten, Weichtreten nennt man die Stellung,
wenn die Fessel eine zu schiefe Richtung annehmen, so daß die
Köthen fast den Boden berühren, was man sodann Bärentatzig=
keit heißt. Solche lange Fessel verleihen zwar Weichheit im Tritte,
gewähren aber wenig Ausdauer und strengen das Pferd übermäßig
an. Sie sind nur bei sonst sehr straffer Faser und vorzüglicher
Race und kräftiger Ernährung günstiger zu beurtheilen.

§. 108.
Von der Stellung der Hinterfüße.

Von hinten betrachtet sollen beide Hinterfüße in möglichst
gleicher Entfernung von dem Becken bis zum Boden herabsteigen;
von der Seite betrachtet dagegen so in Winkeln über einander ge=
stellt sein, daß bei jedem Hinterfuße eine senkrechte Linie von der
Mitte des Hüftgelenkes aus, hinter dem Leistengelenke über die
vordere Fläche des Sprunggelenkes, mitten durch die Köthe-verlau=
fend, gerade hinter den Ballen die Erde berühre, oder daß eine
andere senkrechte Linie von der hintern Ecke der Hüfte über die
Kniescheibe gezogen, gerade vorne in der Mitte der Zehe auf den
Boden falle. Jede Abweichung von dieser Richtung gilt als unvor=
theilhaft oder als Fehler.
Die zu enge Stellung (Fig. 142), bei welcher die beiden
Hinterfüße vom Becken bis zum Boden zu nahe beisammen stehen
und so der Stützung des Körpers zu geringen Raum bieten, ist
meist in zu schmaler Bildung des Beckens begründet, oft aber nur
vorübergehend durch zu große Magerkeit erzeugt. Im ersten Falle
ist sie ein bleibender Fehler und hat Unsicherheit des Ganges und
Streifen zur Folge, im zweiten hören diese Nachtheile bei reichlicher
Fütterung bald auf, aber in beiden Fällen ist sie dem äußern An=
sehen nachtheilig; sie kommt häufiger bei Hengsten und Wallachen
als bei Stuten vor.
Die zu weite Stellung (Fig. 143), bei welcher die beiden

Fig. 142.
Zu enge Stellung.

Fig. 143.
Zu weite Stellung.

Hinterfüße vom Becken
bis zum Boden zu
weit von einander ab=
stehen, ist in zu wei=
ter Beckenbildung be=
gründet, oft aber bei
großer Fleischmasse der
Oberschenkel oder bei
hoher Trächtigkeit und
andern Umständen blos
scheinbar und vorüber=
gehend vorhanden,
sie schadet der Ge=
wandtheit des Ganges.
Häufig trifft man diese
Stellung bei großen,
schweren Pferden an.

Die zu enge
Stellung im
Sprunggelenke
(Fig. 144), kuhhef=
fige Stellung, bei
welcher die Unterschen=
kel unten zu sehr nach
einwärts gerichtet sind,
so daß sich die Sprung=
gelenke mit den Fersen
fast berühren, während
die Unterfüße weit von
einander abstehen; sie
ist in der Regel an=
geboren, sehr selten
durch Stallerziehung
und karge Fütterung

Fig. 144.
Kuhhessig.

Fig. 145.
Faßbeinig.

erworben. Kuhheffige Pferde sind troß dieses Fehlers oft gewandt,
schnell und ausdauernd.

Bei der zu weiten Stellung im Sprunggelenke, Faß=

beinigteit (Fig. 145), haben die Unterschenkel eine auffallende Richtung nach auswärts, so daß die Sprunggelenke zu weit von einander abstehen und die Unterfüße an den Hüfen sich einander zu sehr nähern. Auch diese Stellung schadet der stützenden Kraft der Füße, wird der Gewandtheit und Sicherheit des Ganges nachtheilig und gibt zum Streifen Veranlassung, auch leidet die innere Fläche der Sprunggelenke sehr, so daß Spat gerne bei solcher Stellung sich ausbildet.

Die zu enge Stellung in den Köthen, engköthig, bei welcher die Köthen nahe beisammen stehen; sie betrifft entweder blos die Köthen und läßt die Fessel und Hufe wieder weiter von einander abstehen, oder sie erstreckt sich auf den übrigen Unterfuß, ist aber in jedem Falle eben so häßlich als fehlerhaft.

Die zu weite Stellung in den Köthen, weitköthig, bei welcher die Hinterfüße an den Köthen weit von einander ab= stehen; sie kommt zuweilen bei Fußkrankheiten, z. B. beim Spat, einseitig vor, wird aber vorzugsweise bei regelwidriger Stellung des ganzen Hinterfußes 2c. getroffen und theilt die Nachtheile mit dieser.

Die unterständige Stellung der Hinterfüße (Fig. 146) besteht darin, daß dieselben entweder schon mit den obern Theilen, oder blos mit den untern Theilen zu weit nach vorwärts unter dem Bauche stehen, so daß das Hintertheil stark nach rückwärts über= hängt; diese Stellung ist seltener in einem Bildungsfehler des Beckens begründet, als vielmehr durch Anstrengungen, krankhafte Beschaffenheit der Fußglieder 2c. erworben. Bei dieser Stellung wird, wie bei der vorgestreckten, übermäßig viel Gewicht auf das Hintertheil verlegt, daher die Sprunggelenke stark mitgenommen werden. Der so zu stark unter den Leib gestellte Hinterfuß kann nicht gehörig Raum greifen und wirkt mehr um die Maschine zu erheben, als vorwärts zu schieben.

Die rückständige oder gestreckte Stellung (Fig. 147), zeigt die Hinterfüße meist schon in ihren obern Theilen zu sehr nach rückwärts hinter den Leib stehend, viele Pferde nehmen diese Stel= lung durch Dressur an und stehen beständig auch im Stalle so, andere nehmen sie dagegen in ermüdetem Zustande der Hinterfüße an und mehrere zeigen diese Stellung in Folge krankhafter Zustände, daher man die Ursache dieser Stellung mit großer Sorgfalt zu ermitteln hat, um ihre Bedeutung richtig beurtheilen zu können. Diese Stellung bringt zu viel Gewicht auf die Vorderfüße; ist sie nur in geringerem Grade vorhanden, so wird durch sie der Körper leichter nach vorn geschoben und sie nützt daher der Zugdienstleistung, bei höherem Grade aber werden die Füße nicht hinreichend unter den Leib gebracht und das Pferd hat, wie man zu sagen pflegt, wenig Folge, was für Reitpferde besonders nachtheilig ist.

Fig. 146. Unterständig.   Fig. 147. Rückständig.

Säbelbeinig (Fig. 148) nennt man die Stellung, wenn die Hinterfüße in den Sprunggelenken zu stark gebogen, mit den Schienbeinen zu weit nach vorwärts gerichtet einen zu kleinen Winkel bilden. Meist ist dies ein angeborener Bildungsfehler, oft aber

Fig. 148. Säbelbeinig.   Fig. 149. Stuhlfüßig.

erst bei Stallerziehung, auf kümmerlichen Waiden, durch zu frühzeitige Dienstverwendung rc. erworben; über ihre Bedeutung herrschen sehr verschiedene Ansichten, einige halten sie für ganz fehlerhaft, andere dagegen für minder bedeutend; in höherem Grade vorhanden, ist sie gewiß der Stellung und richtigen Bewegung in ähnlicher

Weise nachtheilig, wie die unterständige Stellung. Der Vortheil dieser Stellung besteht darin, daß die Hinterfüße schon von selbst der Schwerlinie sich sehr annähern, man braucht also nicht mehr viel Mühe, um das Pferd ins „Gleichgewicht" zu stellen, was für ein Reitpferd so wichtig ist.

Der Nachtheil aber besteht darin, daß so gebogene Sprung= gelenke mehr angestrengt werden, also auch mehr nothleiden, z. B. eher Hasenhacke bekommen, als Sprunggelenke mit einem mehr offenen Winkel.

Die zu gerade Stellung in den Sprunggelenken (Fig. 149), stuhlfüßig, bei welcher die Unterschenkel zu sehr einer senkrechten Linie sich nähern, sich also in zu stumpfen Winkeln mit den Sprunggelenken verbinden, ist in der Regel als Bildungsfehler angeboren und weder schön noch gut; es gilt von ihr, was oben von der zu geraden Stellung der Vorderfüße gesagt wurde. Bei den so gerade gestellten Gliedmaßen und Gelenken ist die Erschütte= rung für letztere viel empfindlicher, als wenn der Stoß durch einen schärferen Winkel mehr gebrochen würde, daher an solchen Sprung= gelenken gerne Gelenkentzündungen, Spat, Ueberbeine sich ausbilden.

Die zu gerade, aufrechte Stellung in den Fesseln (Fig. 150), bei welcher die Schienbeine in zu stumpfen Winkeln mit den Fesseln verbunden sind und letztere zu steil, fast senkrecht stehen. Erscheint die Köthe sogar stark nach vorwärts gebogen, so nennt man dies vorderköthig, überköthend und köthen= schüssig. Dieser Uebelstand ist bei manchen Fußstellungen ange= boren, oft aber erst erworben, am häufigsten trifft man sie bei der rückständigen Stellung des Hinterfußes, und in Folge sehr starken Gebrauches namentlich auf abschüssigen Wegen.

Das Durchtreten (Fig. 151), hinterköthig, heißt es, wenn die Fessel zu tief gestellt sind, in zu engen Winkeln mit den Schienbeinen in Verbindung stehen und beim Auftreten der Füße zu tief gegen den Boden sich niederbiegen; diese Stellung kommt am häufigsten bei der zu geraden Stellung der Sprunggelenke vor und besteht nicht selten in so hohem Grade, daß die Köthen den Boden berühren, dies wird als Bärentatzigkeit bezeichnet; sie ist fast immer angeboren, oder bei Aufzucht auf feuchten Waiden anerzogen, in einzelnen Fällen durch Sehnenverletzungen veranlaßt.

Fehler in der Bewegung und Stellung entgehen bei der Pferde= beurtheilung leicht; um von den übrigen Körpertheilen nicht beirrt oder durch ihre Schönheit bestochen und so im Urtheil gestört

Fig. 150. Vorderföthig.   Fig. 151. Hinterföthig.

zu werden, gewöhne sich der weniger Geübte daran, durch Vorhalten der Hand das zu musternde Pferd zu verdecken bis auf die Beine und man wird alsdann weit mehr für die Mängel der letzteren einen Blick haben.

§. 109.
Von der Bewegung des Pferdes.

Das Pferd nützt zumeist durch seine Bewegung, weßhalb diese die eingehendste Beachtung verdient. Obgleich sich manche Pferde von nicht ganz regelmäßigem Körperbau mit Kraft, Gewandtheit und Aus= dauer bewegen, so hängt doch gewöhnlich die richtige Bewegung von einem regelmäßigen Körperbaue und von guter Stellung ab. Die Muskeln sind die Werkzeuge der Bewegung, die Knochen erscheinen als die bewegten Theile, die Gelenkverbindung der Knochen unter einander bedingt die Räumlichkeit, Krafterparniß, Richtung, Schnellig= keit und Sicherheit der Bewegung; kräftige Muskulatur, mechanisch vortheilhaft construirtes Knochengerüste, gesunde Gelenke erscheinen als wesentliche Erfordernisse einer guten Bewegung. Sämmtliche Muskeln, welche der Ortsbewegung dienen, stehen unter dem Gebote des Willens im normalen Zustande, zum Zwecke der Bewegung zieht sich nämlich der Muskel zusammen, verkürzt sich, verändert hiedurch die Stellung jener Knochen, an welchen er sich entweder mit seiner Masse oder durch Sehnenhäute oder durch Sehnenstränge befestigt, selbst an sehr entfernte Stellen des Körpers mit diesen sehnigen Ausläufern vorgreifend. Sowie jene Zusammenziehung aufhört, oder sowie ein noch stärker gegenwirkender Muskel in Thätigkeit tritt, erfolgt die Rückkehr des bewegten Knochen in die frühere oder in eine andere Lage, so daß während der Bewegung ein ununterbrochenes Spiel der Muskeln als Zusammenziehung und Ausdehnung besteht, welche, je länger sie unbehindert vor sich geht, die Ausdauer der Bewegung begründet. Das Gefüge, Länge und Durchmesser des Muskels, vortheilhafte Anheftung und Befestigung desselben und der die Bewegung bestimmende Willen des Thiers begründen die Kraft der Muskelbewegung, Muskelkraft; ungetrübte Ausführung der Bewegung durch leichte Beweglichkeit der Gelenke begründet die Gewandtheit der Bewegung, lange Muskeln bedingen wegen der Möglichkeit einer größeren Verkürzung, ein ergiebigeres Raumgreifen; dicke Muskeln begründen Kraft und Ausdauer.

§. 110.

Von großem Einfluß für die Bewegung ist die Race. Bei Pferdeschlägen, welche erst in der Veredlung begriffen sind, trifft man oft ein Mißverhältniß des Vordertheils zum Hintertheil in der Art an, daß das kraftlosere Hintertheil dem Vordertheil gar nicht entspricht. Solche Pferde, vorn wie ein Löwe, hinten wie ein Hase, zeigen stets einen Mangel an Uebereinstimmung in Bewegung des Vorder- und Hintertheiles und keine Ausdauer. Minder nachtheilig ist es, wenn das Hintertheil stärker ist als das Vordertheil, da von diesem hauptsächlich der Nachschub ausgeht und ein guter Reiter durch Benützung der Kräfte im Hintertheil den Mängeln der Vordertheile abhelfen kann. Pferde von guter Race erlangen die volle Kraft der Bewegung erst nach dem 6ten Jahre und behalten sie bei bis zu ihrem 18ten ja 20sten Jahre. Obgleich nun von der Stellung, Kraft und Race die Bewegung des Pferdes abhängt und wir schon durch das Exterieur auf Güte oder Mängel schließen können, so gibt uns doch nur das Gefühl beim Reiten ganz sichern Aufschluß. Da die Bewegung in einem Vorwärtsschieben durch die Hinterschenkel und in einem fortwährenden Stützen durch die Vorderschenkel besteht, so wird bei gehöriger Uebereinstimmung beider Kraftäußerungen der Reiter sowohl die eine als auch die andere gleich kräftig wahrnehmen, ohne dadurch unangenehm erschüttert zu werden. Je freier dabei die Bewegung der Schulter ist, je mehr das Pferd mit dem Vorderfuß über der Erde hinschwebt und dabei vorgreift, je genauer sich dabei Vorder= und Hinterfüße decken, je kräftiger das Hintertheil das Vordertheil fortschiebt, ohne dabei eine starke Biegung im Sprunggelenk zu machen, je williger das Pferd in alle Gangarten übergeht, den Kopf beizäumt, den Hals schön trägt und mit geradem Rücken und hochgetragenem Schweif wie auf Stahlfedern einhertritt, je kräftiger und doch dabei angenehm elastisch sein Wurf in jeder Gangart für den Reiter ist, je gleichmäßiger das Tempo seiner Gänge, je regelmäßiger sein Tritt und je freier seine Bewegung: desto mehr Leistungsfähigkeit hat es.

Die Größe ist von Einfluß auf die Bewegung in so ferne große Pferde wegen der großen Exkursionen ihrer Glieder in der Regel keine so angenehme Bewegung haben als kleinere. Von großem Einfluß ist auch der Charakter des Pferdes, da ein williges, folgsames Pferd immer angenehmere Bewegungen haben wird als ein träges, sich zurückhaltendes oder gar widerspenstiges. Viele Biegung in den Gliedmaßen ist unter gleichen Nebenumständen mit wenig Ausdauer, wenig Aktion mit größerer Ausdauer verbunden.

§. 111.

Die Bewegungen des Pferdes zeigen Verschiedenheiten in der Reihenfolge der einzelnen Füße, in Schnelligkeit und Kraftaufwand; hiedurch werden die verschiedenen Gangarten begründet, welche man in natürliche und erworbene zum Theil künstliche abtheilt, erstere sind solche, welche das Pferd in seinem Naturzustande sich selbst überlassen annimmt, letztere solche, welche das Pferd erst im Dienste des Menschen durch die Dressur sich angewöhnt.

Zu den natürlichen Gangarten gehört Schritt, Trab, Galop; zu den erst erworbenen mehr oder wenig regelmäßigen Gangarten ge= hören: der Antritt, der Paß, der Halbpaß, der fliegende Paß. Ge= wöhnlich rechnet man sie zu den fehlerhaften Gangarten, da sie aber für manche Zwecke nützlich und erwünscht sind, so darf man sie nicht unbedingt zu den fehlerhaften Gangarten zählen.

Bei jeder Gangart müssen wir zweierlei Zeiträume unterscheiden: 1) den, wo der Fuß den Körper unterstützt und am Boden ist, 2) den, wo der Fuß in der Luft sich befindet und sich bewegt. Jeder dieser beiden Zeiträume zerfällt wieder in zwei Tempos: der erste in das Niedersetzen, was der Augenblick ist, wo der Fuß den Boden berührt, und das Stützen, während das Gewicht des Körpers auf ihm ruht und dieser durch die Thätigkeit des Fußes vorwärts bewegt wird; der zweite in das Heben, wo der Fuß den Boden verläßt und in seinen Gelenken gebogen wird, und in das Strecken, wo er sich ausstreckt, um Raum zu greifen.

Bei jeder Bewegung muß, noch ehe die Glieder anfangen vorzugreifen zuerst der Schwerpunkt nach vorwärts verlegt werden, um ihn an die Grenze des Unterstützungs=Parallelogramms vorzu= schieben, wodurch das während des Stehens stattfindende Gleichge= wicht unterbrochen wird. Die Glieder bewegen sich dann abwechs= lungsweise vorwärts, um dem drohenden Falle vorzubeugen, und dies um so schneller, je mehr dieser Fall droht, daher muß bei Gangarten, welche der Schwerlinie große Exkursionen erlauben, wie beim Paß, beim Halbpaß und Galop der Wechsel der Unterstützung durch die Füße rasch und ungehindert sein. Das gedachte Vorwärts= gehen des Schwerpunktes findet jedoch nicht von der Mittellinie des Körpers gradaus statt, sondern es nähert sich jener bald dem einen, bald dem andern seitlichen Fußpaar und zeigt wiederum außer diesen seitlichen Exkursionen ein Steigen und Fallen, das nun so mehr hervorspringt, je erhabener die Gangart ist, wie besonders beim Galop und schwimmenden Trabe.

Der größeren Deutlichkeit halber beginnen wir mit den leichter zu erklärenden Gangarten und verlassen deßhalb die gewöhnlich üb= liche Anordnung, wo mit dem Schritt angefangen wird.

§. 112.

Der Paß.

Der Paß ist eine Gangart von zwei Tempos und zwei Huf=
schlägen, wobei das rechte und das linke Fußpaar abwechselnd den
Körper stützt und wieder vorgreift. Das Pferd bewegt seine Füße
gerade so, wie zwei Menschen, welche voreinander gehen und gleichen
Schritt halten. Dies wird durch folgendes Schema klar, wo die
vollen Nullen die auf dem Boden befindlichen, die leeren, die in
der Luft schwebenden Füße darstellen.

Der Raum, den jedes Fußpaar beim Vorgreifen zurücklegt, be=
trägt etwa ein Drittheil über die natürliche Entfernung des Vorder=

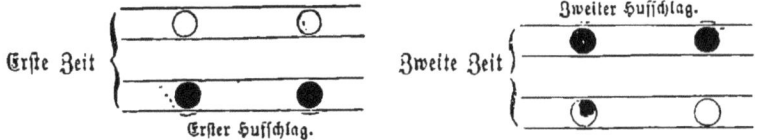

fußes vom Hinterfuß, daher der Hinterfuß beim Niedersetzen ziem=
lich vor der Fußtapfe des Vorderfußes den Boden berührt (Fig. 152).
Es liegt auf der Hand, daß bei dieser Art der Unterstützung des

Fig. 152. Der Paß.

Körpers die Schwerlinie große Schwankungen macht, daher die
Folge der Hufschläge schnell und die Erhebung der Füße vom Boden

gering ist. Deßhalb ist diese Gangart zwar räumend und für
schwache Reiter angenehm, aber keineswegs sicher, wenn nicht das
Terrain sehr günstig d. h. eben ist; Pferde mit schwachem Rücken
und einem beladenen Vordertheil haben Neigung zu Paß. Das Kameel
und die Giraffe, welche natürliche Paßgänger sind, haben diese Anlage
vermöge ihrer eigenthümlichen Körperbildung. Es ist der Paß meist
erst aus einem übereilten Schritt entstanden, namentlich besteht
hiezu die Neigung, wenn Kraft und Temperament das Pferd nicht
bestimmen aus dem beschleunigten Schritt in reinen Trab überzugehen.

§. 113.
Der Trab.

Der Trab ist eine Gangart von zwei Zeiten und zwei Huf=
schlägen, bei welcher das rechte und das linke Diagonalfußpaar ab=
wechselnd den Körper stützt und wieder vorgreift. Dies geschieht
in der Weise, daß z. B. durch das rechte Diagonalfußpaar der erste,
durch das linke der zweite Hufschlag gebildet wird, indem die dia=
gonalen Füße zu einer und derselben Zeit den Boden berühren.

Beim kurzen Trab wird soviel Raum gegriffen, daß der Hinter=
fuß dicht hinter die Fußtapfen des Vorderfußes eintritt (Fig. 153);
beim Mittel=Trabe prägen das linke und das rechte Fußpaar dem

Boden nur eine Doppelfußtapfe auf. Beim gestreckten Trabe wird
die Fußtapfe des Hinterfußes vor der des Vorderfußes gebildet.
Hier beobachtet man nach jeder Zeit einen Moment, wo das Pferd
alle vier Füße in der Luft hat, was man am Besten in einer Lage
beobachtet, wo das Auge auf dem Niveau des Terrains ist, auf
welchem sich das Pferd bewegt (Fig. 154). Der Schwerpunkt fällt
bei dieser Gangart immer auf die Diagonale zwischen den den
Boden berührenden Füßen und nähert sich daher dem Rande des
Unterstützungsparallelogramms weit weniger als beim Paß, daher

diese Gangart außerordentlich viel Sicherheit gewährt und das Pferd
gut im Gleichgewicht erhält, jedoch ist bei ihr die Einwirkung auf

Fig. 153. Kurzer Trab.

Fig. 154. Gestreckter Trab.

den Reiter stark. Beim starken Trab durchmißt das Pferd in jeder
Zeit das Doppelte des Raumes von dem Vorderfuß einer Seite zu

dem Hinterfuß derselben. Der Trab, bei welchem der Hinterfuß weit hinter dem Fußtapfen des Vorderfußes zurückbleibt und somit nicht viel Raum greift, nicht ausgiebig ist, heißt kurz. Bei dem Trabe erfolgt auch durch zu starkes Vorgreifen der Hinterfüße oder noch häufiger durch verzögertes Heben der Vorderfüße ꝛc. das sogenannte in die Eisen schlagen, Einhauen, Greifen, indem der Hinterfuß mit der Zehe seines Hufes, resp. Hufeisens, die Vorderfüße so berührt, daß sie entweder an dem Zehentheil des Eisens selten an dessen Stollen oder an den Ballen des Vorderfußes anschlagend, den ebenso für das Ohr unangenehm klappenden Ton, als auch durch verschiedenartige Verletzungen gefährlichen Uebelstand hervorbringt, was besonders bei jungen, unkräftigen, müden, fehlerhaft gebauten, unzweckmäßig beschlagenen und schlecht geführten Pferden vorkommt.

§. 114.

Der Schritt

ist eine Gangart, welche sehr schwer zu beobachten und eben deßwegen bildlich und in Worten schwer darzustellen. ist, so daß in der That fast immer eine falsche Darstellung gegeben wird. Auch die früheren Auflagen dieses Werkes sind von diesem Vorwurf nicht freizusprechen. Unter den plastischen und bildlichen Darstellungen der Pferde, so weit solche in weiteren Kreisen bekannt geworden sind, existirt kein einziger richtiger Schrittgang. Herausgeber glaubt daher Künstlern und Pferdefreunden, sowie auch Hippologen von Fach einen Dienst zu erweisen, wenn er hier den Versuch macht, den Schritt in seinen einzelnen Tempis genau zu analysiren. Vor allem muß ich aber hier hervorheben, daß Herr Oberst v. Hamel in Stuttgart bei Gelegenheit seiner mündlichen Besprechungen über die plastischen Arbeiten des Hofbildhauer v. Hofer in Stuttgart mich mehrfach auf die früheren allgemeinen Mißgriffe bei Darstellung des Schrittganges der Pferde aufmerksam gemacht hat. Vielfache Beobachtungen überzeugten mich von der Richtigkeit dieser Behauptungen, und so gebe ich nun die von der bisherigen abweichende Auffassung des Schrittganges, unterstützt durch das Talent der Münchener Künstler L. Voltz und E. Adam, welche die eingedrückten Holzschnitte nach meiner speciellen Weisung ausgeführt haben. Halten wir das schon in der Einleitung zu den Gangarten Gesagte fest, namentlich daß man bei der Bewegung jedes einzelnen Fußes, vier Akte: das Beugen, Strecken, Setzen und Sitzen unterscheiden könne, und nehmen wir als Merkmal des Schrittes an, daß abwechselnd die diagonalen und dann die gleichseitigen Füße in der Bewegung sich folgen, ferner daß die Bewegungsakte dieser genannten Fußpaare im richtigen Schritt n i e g l e i c h z e i t i g geschehen, sondern so nach einander, daß man nie einen Doppelhuffschlag, sondern zwei einfache Huf= schläge nach einander also im Ganzen vier hört, so läßt sich die Schrittgangart leicht analysiren und dann richtig darstellen.

Der Schritt ist also nach der angedeuteten Art der Fußbewe= gung eine Abwechslung von Paß und Trab, wenigstens was die Fußfolge und Fußtapfenbildung betrifft, aber es bilden die vier Füße in gleichen Zwischenräumen wenigstens bei regelmäßigem Schritt vier einzeln zu hörende Hufschläge und zwar ruhen, wenn die Bewegung eine langsame ist, immer drei Füße auf dem Boden, meistens wird jedoch der Schritt so lebhaft ausgeführt, daß zwei Füße vom Boden sich abwälzend in der Luft sind, so daß nur zwei Füße den Körper stützen, allein die Füße in der Luft bewegen sich nie gleichzeitig, sondern der eine Fuß des betreffenden Paares ist immer um einen oder zwei Bewegungsakte hinter dem anderen verspätet; je nach der Stellung, Haltung und Thätigkeit des Pferdes kommt diese Verspätung im ersten oder zweiten Takte am Vorder= oder am Hinterfuß des betreffenden Fußpaares vor. Das Wesent= lichste in der ganzen Darstellung des Schrittes ist aber, daß der Körper stets auf einem gleichseitigen Dreieck ruht, von dem ein seitliches Fußpaar die Grundlinie bildet.

Suchen wir das Gesagte durch die Holzschnitte deutlich zu machen. Fig. 155 und 161 ist richtig dargestellter Schritt, wie er bis jetzt meines Wissens noch nicht bildlich oder plastisch dargestellt wurde, nur etwa in einzelnen Bildern mehr unbewußt das Richtige treffend.

Nehmen wir diese Darstellung als das erste Tempo, so ge= stalten sich in weiterer Folge die Fußsetzungen und Hufschläge in folgender Weise. Die ganz schwarzen Nullen zeigen die stützenden Füße (Akt des Sitzens) an, die halbschwarzen stützen zwar auch noch, sind aber schon im Abwälzen (Beugen oder Niedersetzen, Setzen)

begriffen. Es zeigt sich durch diese Darstellung deutlich, wie stets
die drei Füße am Boden eine dreieckige Unterstützungsfläche be=
schreiben.

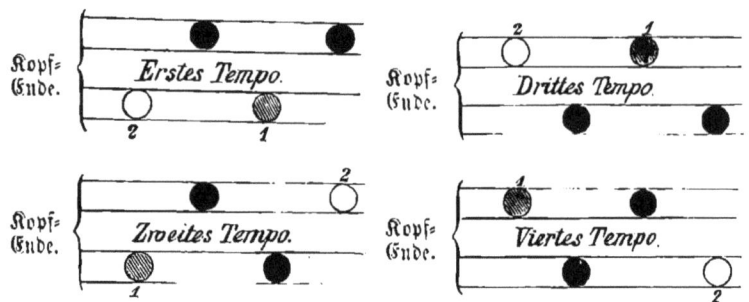

Wird bei lebhaftem Temperament, bei übermäßigem Antreiben
des Schritts durch den Reiter oder bei körperlicher Disposition,
z. B. bei weichem Rücken, die Folge der beim Schritte sich secun=
direnden Fußpaare (die mit 1 und 2 in dem Schema angedeutet

Fig. 155. Richtiger langsamer Schritt. Erstes Tempo.

sind) so sehr beschleunigt, daß sie in ihrer Action nicht mehr 1 oder
2 Bewegungsacte auseinander bleiben, wenn also im ersten Tempo
anstatt daß der linke Vorderfuß sich streckt, während der linke
Hinterfuß sich setzt, diese beiden Füße sich gleichzeitig beugen, strecken,

setzen und sitzen, so haben wir den Paß, wie Fig. 157 darstellt;
hier ist der Vorderfuß vorausgeeilt, der rechte Vorderfuß sollte noch

Fig. 156. Richtiger langsamer Schritt. Viertes Tempo.

Fig. 157. Uebereilter Schritt. Uebergang zum Paß.

unmittelbar vor dem vortretenden rechten Hinterfuß sitzen, während
derselbe sich vorstreckt, denn beim natürlichen Schritt schiebt der Hin-

terfuß den gleichseitigen Vorderfuß gleichsam vom Boden weg und tritt unter den Huf des sich abwälzenden Vorderfußes noch in dessen Tapfe. Wir finden die Neigung zum Uebergang in Paß aus dem Schritte besonders bei Pferden, die eine mehr kräftige Vorhand und eine mehr schwache Nachhand haben, die gute Vorhand begünstigt eben das rasche Heben und Vereilen der Vorderfüße. Kommt nun aber im zweiten Tempo eine Beschleunigung der in Action befindlichen zwei Füße, so wird der in der Luft befindliche rechte Hinterfuß zu rascherem Vorgreifen sich bestimmen lassen zugleich mit dem linken Vorderfuß niederzutreten; es kann dies auch stattfinden, da der Körper durch das diagonale andere Fußpaar getragen wird, er berührt gleichzeitig mit dem linken Vorderfuß den Boden, kann aber

Fig. 158. Ganz kurzer Trab aus übereiltem Schritt.
(wie häufig der Schritt fälschlich dargestellt wird).

natürlich nicht in die Fußtapfe des gleichseitigen eben stützenden (rechten) Vorderfußes eintreten, bleibt also zurück, daher räumt ein aus übereiltem Schritt hervorgegangener Trab (Hundetrab) nicht so sehr, wie der Paßschritt. Wir finden dieses übereilte Vortreten mit dem Hinterfuß am meisten bei Pferden mit lebhaftem Temperament und gutem Hintertheil, das energisch vorschiebt.

Jn obenstehender Figur 158 ist ein solcher aus übereiltem Schritt entstandener Trab dargestellt; der linke Hinterfuß ist voreilig aus dem stützenden Zustande zum Acte der Beugung überge-

gangen und macht nun wie beim Trab gleichzeitig mit dem Vorder=
fuß das Beugen, Strecken, Setzen 2c., jedoch ist nun auch das
stützende Dreieck verloren und der Körper diagonal unterstützt.

In dem ganz natürlichen langsamen Schritt, wie er in Fig. 159
gezeichnet ist, sehen wir die Grundlage für die eben besagte Trab=

Fig. 159. Langsamer Schritt. Erstes Tempo.

action, hier findet, wie es im Tempo 2 ausgedrückt ist, die Haupt=
unterstützung durch ein diagonales Fußpaar statt, der linke Vorder=
fuß und der rechte Hinterfuß sind das sich bewegende Fußpaar, weil
das Pferd nicht munter weit unter den Leib getreten ist mit dem
linken Hinterfuß, so beeilt sich der linke Vorderfuß zu wenig, er
braucht ihm nicht aus dem Wege zu gehen, und der rechte Hinter=
fuß, welcher sich gerade abwälzen will, wird fast gleichzeitig mit
jenem sich beugen und strecken 2c. Immerhin ist auch hier ein Dreieck
zur Unterstützung, nur kein gleichseitiges, sondern ein verschobenes,
und zwar in der Art, daß die breitere Grundfläche unter das Hinter=
theil kommt, so daß dieses besser unterstützt ist, wie das Vorder=
theil, das bei solchem Schritte überlastet wird, woraus Unsicherheit
entsteht, während in Fig. 155 durch das gleichseitige Dreieck eine
ziemlich gleichmäßige Unterstützung für Vorder= und Hintertheil ge=
wonnen ist.

Noch ist für die richtige Darstellung und Beurtheilung des Schritts zu bemerken, daß die sich abwechselnd diagonal, dann gleich= zeitig folgenden Füße gewöhnlich in der Art die Reihe einhalten, daß bei Action des diagonalen Fußpaares der Vorderfuß den Vor= tritt vor dem diagonalen Hinterfuß hat, bei der Action der gleich= seitigen Füße hat aber der Hinterfuß den Vortritt vor dem gleich= seitigen Vorderfuß um 1 — 2 Tempi; bei trägem Schritt mit viel Uebergewicht auf der Vorhand, wobei dann Fallen und Stolpern leicht vorkommt, ist die Reihenfolge zuweilen umgekehrt; nämlich der Vorderfuß greift vor, ehe der Rumpf durch den untertretenden Hinterfuß gehörig unterstützt ist.

Fig. 160. Falsch dargestellter Schritt.

Betrachten wir nun Fig. 160, welche nach der Auffassung der meisten Künstler den Schrittgang darstellt, so müssen wir zugestehen, daß das Bild einen guten Eindruck macht, einen bessern wie etwa Fig. 161 oder gar Fig. 159, allein die Darstellung ist durchaus unrichtig, es ist weder Schritt (Figur 161) noch Trab noch Paß. Um Darstellung 160 als Trab bezeichnen zu können, fehlt die Gleich= zeitigkeit der Bewegungstempi in dem rechten hier gerade agirenden Diagonal=Fußpaare. Um mehr Leben in die Schrittdarstellung zu bringen, zeichnen manche Künstler den Schritt wie in Fig. 158 oder wie beim kurzen Trabe zu sehen, allein dies ist eben kein Schritt, sondern Trab.

Betrachten wir die Zeichnung 160 genau, so ergibt sich, daß die Unterstützung der Rumpflast eine höchst unzweckmäßige ist. Die

Fig. 161. Lebhafter Schritt. Erstes Tempo.

rechte Längshälfte kann in dem langsamen Gange durch den so weit zurückbleibenden rechten Hinterfuß nicht gehörig gestützt werden, die Natur sucht immer die Stützung im Mittelpunkt der Last zu bewerk= stelligen, der rechte Hinterfuß muß also vorher unter den Leib treten, ehe der rechte Vorderfuß vorgreift, die durch die drei stützenden Füße gebildete dreieckige Unterstützungsfläche ist so schmal und gestreckt, daß der Körper in Fig. 160 unsicher stehen würde. Um diesen Schritt in einen richtig gezeichneten zu verwandeln, müssen die beiden Hinter= terfüße gerade in der Stellung gewechselt sein, der linke Hinterfuß müßte zurückstehen und der rechte unter den Leib getreten sein, oder der rechte Vorderfuß müßte anstatt des linken im Stützen sich befin= den, damit der linke Vorderfuß sich schon abwälzen und dem nach= schreitenden linken Hinterfuße Platz machen kann.

Mögen diese Auseinandersetzungen dazu beitragen, daß in Zu=

kunst die bildlichen Darstellungen des Schrittganges nicht ausschließlich nach dem Gefühl und Geschmack der Künstler und nach
subjektiven Ansichten, sondern naturgetreu in richtigem Verständniß
gegeben werden.

Aus der Art und Folge wie die Füße sich vom Boden erheben,
und sich auf ihn stützen, ist zu entnehmen, daß die Körperlast nicht
jeder Zeit gleich günstig unterstützt ist und sich nicht gleichmäßig
ruhig verhält, dadurch werden die Tempi ungleich und man kann
dieselben in kurze und lange, oder in schwache und starke in Betreff
der Stützung des Körpers unterscheiden. So oft die Füße einer
Seite zugleich auf dem Boden sind, wie in dem ersten und dritten
Tempo, so sind diese Tempi kurz und der Hufschlag des zweiten
und vierten Tempo, wo das Pferd jedesmal durch ein Diagonalfußpaar unterstützt ist, dehnt sich länger aus.

Es hängt dies mit der Stützung des Schwerpunktes und mit
der Richtung des Falles der Rumpflast zusammen, welche abwechselnd
auf ein seitliches und ein diagonales Fußpaar verlegt wird. Ruht
die Last auf einem seitlichen Fußpaar wie in den oben besprochenen
ungeraden Tempis, so ist dies ungünstig für die Unterstützung, es
droht der Fall nach der nicht unterstützten Seite, daher diese Tempi
kürzer sein müssen, als diejenigen (in obiger Zeichnung geraden
Tempi), in welchen die Last auf ein Diagonalfußpaar verlegt ist,
was für die Sicherheit günstig ist und kein Haschen nach Unterstützung erfordert.

Die Raumgewinnung im Schritt ist sehr verschieden; tritt das
Pferd mit den Hinterfüßen nur hinter die Spuren der Vorderhufe,
so ist der Schritt kurz und langsam, treten die Hinterhufe aber in
die Spuren der Vorderhufe, so ist es ein guter Schritt. Beim Ge-
schwindschritt, aber auch beim langsamen, jedoch gedehnten gestreckten
Schritt, z. B. auf der Waide, kann man häufig finden, daß der
Hinterfuß sogar noch um einige Zoll über die verlassene Spur des
Vorderhufes vorantritt.

In letzterem Falle können nicht drei Füße zugleich, sondern
nur zwei Füße, und zwar muß ein gleichseitiges aber nicht ein diagonales Fußpaar den Körper unterstützen, während das andere Paar
vorgreift, aber immer in verschiedenen Akten der Bewegung der
einzelnen Füße, denn nie ist beim Schritt die Bewegung der Fuß-

paare eine ganz gleichzeitige; sobald dies der Fall wird, so haben wir Trab oder Paß.

Mit jedem Schritt kann das Pferd höchstens einen Raum über= schreiten, welcher gleichkommt der Dimension vom Boden bis zum Ellbogen beim langsamen Schritt, beim raschen Schritt der Dimen= sion vom Boden bis zum Widerrist. Wenn das Pferd gewöhnlich mit dem Hinterfuß nicht mehr die Fußtapfe des Vorderfußes erreicht, so gebraucht man den Ausdruck: das Pferd hat keine Folge. Zu stark ist die Folge, wenn die Hinterfüße die Vorderfüße, welche zu langsam die Tapfe verlassen, noch berühren und treffen, sei es am Huf oder Hufeisen.

Fehlerhaft ist es, wenn ein Pferd mit den Vorderfüßen weiter oder enger, als mit den Hinterfüßen, also nicht gleich weit geht.

Im Schritt wird dem Körper die sicherste Unterstützung geboten und bei der geringen Consumtion der Muskelkraft ist auch in dieser Gangart die Leistungsfähigkeit am größten, sowohl was die Zeit, als auch das Gewichttragen betrifft, dagegen wird im Vergleich mit andern Gangarten im Schritt am wenigsten Raum in einer ge= wissen Zeit überschritten.

Beim Waiden, das meistens im Schrittgange geschieht, müssen die meisten Pferde, um das Futter vom Boden aufnehmen zu können, mit dem einen Vorderfuße weit ausschreitend vorgreifen, den andern stützenden und zurückbleibenden Vorderfuß etwas im Knie beugen, um den Rumpf und mit ihm das Maul dem Boden genügend anzunähern. Nur ganz günstig organisirte Pferde mit langer Halsung, wie wir sie nur bei hochedeln Pferden finden, können im Stehen und bei zusammengestellten Vorderfüßen den Boden mit dem Maule zum Zweck des Fressens oder Saufens erreichen.

§. 115.

Der Galop.

Der gewöhnliche Galop, Gäh=Lauf oder Gäh=Lop, oder Schnell= lauf ist eine Gangart mit drei hörbaren Hufschlägen, der Schul= galop mit vier und der Rennlauf mit zwei Hufschlägen, aber diese zwei und der zweite Hufschlag im gewöhnlichen Galop sind Doppel= hufschläge.

Fig. 162.   Galop links.

Fig. 163.   Künstlicher Galop rechts.

Beim gewöhnlichen Galop wird in der ersten Zeit von der
Ruhe ausgehend, der Pferdekörper durch zwei Hinterfüße und einen
Vorderfuß, in der zweiten durch beide Hinterfüße und in der dritten

nur noch durch einen Hinterfuß unterstützt, während er in der vierten
mit allen vier Füßen in der Luft ist. Diese Gangart hat noch das
Eigenthümliche, daß die Längenachse des Körpers mit der Längen=
achse des zurückzulegenden Weges meist einen Winkel bildet, so daß
beim Galop rechts das rechte, und beim Galop links das linke
Fußpaar vorgreift. Halten wir der Deutlichkeit der Darstellung
halber den Moment fest, wo alle vier Füße in der Luft sind, so
nehmen wir nachher beim natürlichen Galop rechts folgende
Reihenfolge der Zeiten und Hufschläge beim Aufsprunge wahr.

Den ersten Hufschlag bildet der rechte Vorderfuß, den zweiten
das linke Diagonalfußpaar, den dritten der linke Hinterfuß.

Hiebei findet das Eigenthümliche statt, daß jeder Fuß nur
während einer Zeit dem Körper zur Stütze dient, die drei an=
deren Zeiten in der Luft verweilt und zwar eine derselben zum
Heben und Biegen, zwei derselben zum Raum greifen und strecken
verwendet, daher diese Gangart wegen der Kürze der Unterstützung
schnell sein muß und wegen des starken Raumgreifens ergiebig.

Beim versammelten Galop rechts geschieht der Aufsprung in fol=
gender Art: In der ersten Zeit faßt der linke Hinterfuß den Körper

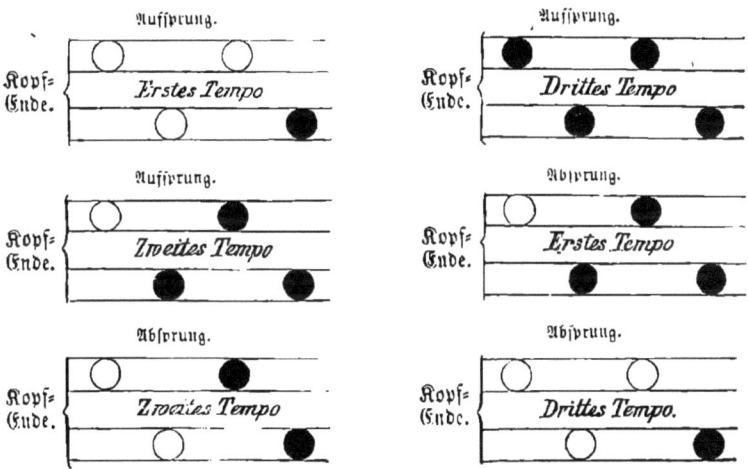

auf und bildet den ersten Hufschlag, das linke Diagonalfußpaar ist im
Strecken und Setzen begriffen, der rechte Vorderfuß im Heben und
Biegen. In der zweiten Zeit stützt das linke Diagonalfußpaar den
Körper und bildet den zweiten Hufschlag, der rechte Vorderfuß ist

im Strecken und Raumgreifen begriffen, der linke Hinterfuß im
Heben und Biegen. In der dritten Zeit stützt der rechte Vorder=
fuß den Körper und bildet den dritten Hufschlag, das linke Dia=
gonalfußpaar ist im Heben und Biegen begriffen, der linke Hinter=
fuß im Strecken und Raumgreifen. In der vierten Zeit ist der
rechte Vorderfuß im Heben und Biegen begriffen, das linke Dia=
gonalfußpaar im Strecken und Raumgreifen, der linke Hinterfuß im
Strecken und Setzen. Beim Galop links geschieht die Reihenfolge
in ähnlicher Weise: zuerst der rechte Hinterfuß, dann das rechte
Diagonalfußpaar, dann der linke Vorderfuß, dann die Pause.
Sprengt das Pferd aus dem Stehen im Galop an, so setzt es
beim Galop rechts den linken Hinterfuß vor, bildet den ersten Huf=
schlag, erhebt dann das linke Diagonalfußpaar und den rechten
Vorderfuß zugleich und fällt in die beschriebene Reihenfolge ein.

Es wird häufig behauptet, der Galop sei eine angreifendere
Gangart als der gestreckte Trab und dieser Satz wird durch fol=
gendes zu beweisen gesucht. Da beim Galop nicht jene Symmetrie
in den Bewegungen der Glieder sei wie bei andern Gangarten,
so sei die Anstrengung derselben nicht die gleiche; so werde z. B.
im Galop rechts das linke Diagonalfußpaar weniger angestrengt
als die beiden andern Diagonalfüße, deren jeder in seiner Zeit
allein den Körper unterstützen müsse ꝛc., auch wird dabei manches
Beispiel von Pferden angeführt, welche durch den Galop ruinirt
worden seien. Allein hiebei muß man im Auge haben, welche
wichtige Rolle die Stellung des ganzen Pferdes beim Galop spielt.
Dabei hat man noch zu bedenken, daß der Angelpunkt der ganzen
Bewegung (immer den Galop rechts angenommen) nicht der linke,
sondern der rechte durch den linken Vorderfuß unterstützte Hinterfuß
ist, was jedem klar ist, der weiß, daß die Volte rechts nur im Galop
rechts ausgeführt werden kann. Hierauf ist klar, daß beim Galop
mehr als bei jeder andern Gangart der Schwerpunkt in die Mitte
des Leibes gebracht wird, folglich das größtmöglichste Gleichgewicht
bewahrt wird. Daß man ein Pferd ruinirt, welches man stets auf
einer Hand galopirt, ist aus der verschiedenen Aktion der beiden
Körperhälften an sich klar, man würde es auch ruiniren und viel=
leicht früher, wenn man es im Trab immer auf einer Hand die
Volte ritte. Allein wegen der Stetigkeit des Gleichgewichtes ist

der Satz erklärlich, den alle praktische Reiter aufstellen, daß der Galop das Pferd weniger anstrenge als der Hirschtrab. Diesen Vortheil gewährt er aber nur, wenn er richtig geritten wird; im andern Falle treten die oben erwähnten Unrichtigkeiten in der Vertheilung des Gewichtes auf die Füße und deren Folgen in vollem Maße ein.

Dies führt uns zu der Betrachtung des falschen Galops. Der falsche Galop findet in doppelter Weise statt, er heißt schlecht= hin falsch, wenn das innere Seitenfußpaar, also auf der rechten Hand das rechte, nicht vor dem äußern vorgreift. Hiedurch wird das Unterstützungsparallelogramm aus der oben geschilderten Lage gebracht und die Folge davon ist ein Hin= und Herschwanken des Schwerpunktes, wodurch Unsicherheit entsteht und das Pferd ruinirt wird.

Er heißt falsch übers Kreuz, wenn die Fußfolge in der Art abgeändert ist, daß das Pferd mit den Vorderfüßen rechts galopirt, mit den Hinterfüßen links, oder vorn mit dem linken, hinten mit dem rechten vorgreifend galopirt.

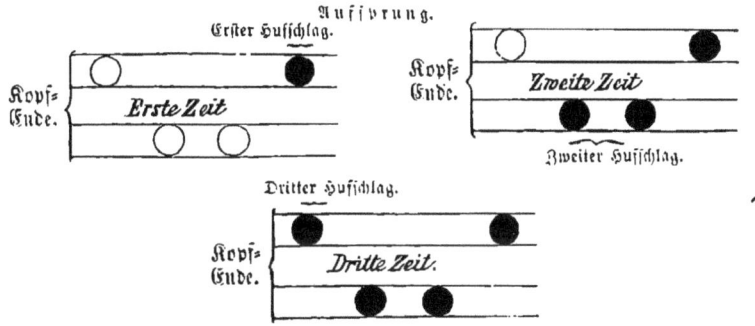

1) linker Hinterfuß, 2) rechtes Diagonal=Fußpaar, 3) linker Vorderfuß, 4) Pause. Daß hier an ein richtiges Festhalten des Gleichgewichtes nicht zu denken ist, ist klar; auch ist deßhalb kein Pferd im Stande, diese fehlerhafte Gangart lange fortzusetzen.

Beim gewöhnlichen Galop überdeckt das Pferd mit seinen ge= streckten Füßen gegen zwei Pferdelängen, beim beschleunigten mehr, beim verhaltenen weniger; beim regelmäßigen Galop greifen aber die Vorderfüße so viel Raum als die Hinterfüße und letztere treten nur wenig über die Fußtapfen der Vorderfüße hinaus; dieses Ueber= schreiten der Hinterfüße ist beim gestreckten Galop beträchtlicher.

Der Redopp oder Schulgalop (Fig. 164) ist eine künst=

liche, sehr verkürzte Gangart, mit der Galop=Fußfolge, nur mit dem Unterschied, daß in der zweiten Zeit im Galop rechts der rechte Hinterfuß vor dem linken Vorderfuß aufschlägt, wodurch diese Zeit eigentlich in zwei zerfällt. Diese Theilung rührt von der starken Erhebung des Vordertheils her, vermöge deren das Pferd mehr Zeit

Fig. 164. Redopp.

auf das Heben und Biegen, als auf das Strecken und Setzen ver= wendet. Durch den Redopp wird das Pferd immer sehr angestrengt, weil viel Gewicht auf Hanken und Sprunggelenke geworfen wird; diese Gangart gewinnt wegen ihrer Erhabenheit eben so viel an Eleganz, als sie an Schnelligkeit verliert.

Der Rennlauf oder die Carriere ist die rascheste und schnellste Bewegung des Pferdes, es ist aber irrig anzunehmen, es sei eine Reihe von Sprüngen, welche durch das hintere und vordere Fußpaar mit je einem Hufschlag ausgeführt werden, denn man vernimmt deutlich vier Hufschläge und eine Pause, also fünf Zeiten. Wenn das Pferd ziemlich versammelt geritten wird, so bilden sich die vier Hufschläge nicht wie in der Zeichnung angegeben, sondern folgendermaßen: 1) linker Hinterfuß, 2) rechter Hinterfuß, 3) linker

Vorderfuß, 4) rechter Vorderfuß und folgen mit der äußersten Schnel=
ligkeit auf einander. Während diese vier Hufschläge geschehen,

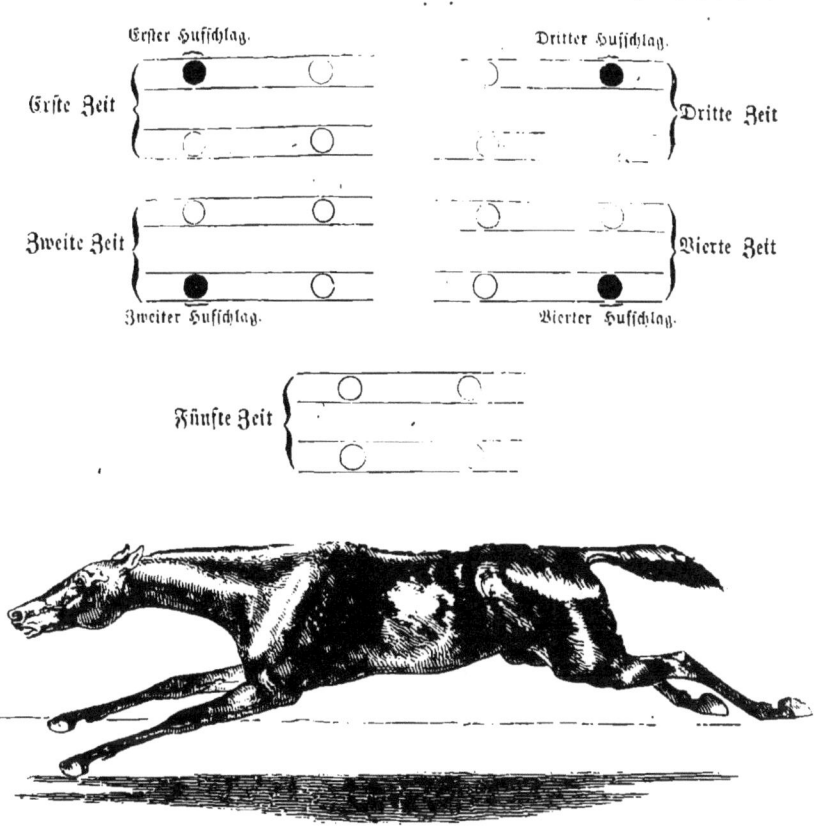

Fig. 165. Rennlauf.

kommt das Pferd in die größtmöglichste Streckung, indem es mit
den Hinterfüßen stark ausstreicht und mit den Vorderfüßen so stark
als möglich vorgreift. Unmittelbar nachher, in der fünften Zeit,
verkürzt das Pferd so sehr als möglich seinen Rücken, indem es die
Vorderfüße biegt und die Hinterfüße vorstreckt, um Raum zu greifen,
so daß die nächsten Fußtapfen dieser vor die vorhergehenden jener
zu liegen kommen. Der Schwerpunkt, welcher allerdings vermöge
der Reihenfolge der Füße von einer Seite zur andern geworfen
würde, bleibt vermöge der Kraft der Trägheit wegen der ungemeinen

Schnelligkeit der Bewegung nahezu in der Mittellinie des Körpers und ist daher, so lange die Bewegung in gerader Linie geht, in einer dem Gleichgewichte sehr günstigen Lage. Doch wird man immer eine Neigung zum Abweichen von der geraden Linie nach der vorgreifenden Seite hin wahrnehmen. Der Körper des Pferdes ist bei dieser Gangart nicht erhaben, sondern niedriger als bei jeder andern, der Kopf und Hals möglichst ausgestreckt und das ganze Pferd mehr am Boden gestreckt (ventre à terre). Durch diese Gangart wird in möglichst kurzer Zeit ein beträchtlicher Raum überschritten, allein das Pferd hält sie nur kurze Zeit aus.

§. 116.
Antritt, Halbpaß, Dreischlag.

Der Antritt ist eine Gangart, bei welcher das Pferd vier Hufschläge hören läßt, welche in der nämlichen Ordnung folgen, wie beim Schritt. Das Unterscheidende dabei ist, daß diese Gangart eine ganz andere Cadenz hat als der Schritt; während nämlich beim Schritt immer die Zeit die längere ist, wo die Diagonalfußpaare den Boden berühren, so ist dagegen beim Antritt der Zeitraum der längste, wo die seitlichen Fußpaare auf der Erde sind. Daher kann man auch diese Gangart als einen Trab mit getheiltem Hufschlag der Diagonalfußpaare ansehen, bei welchem der Vorderfuß seinen Hufschlag gebildet hat, während der ihm diagonale Hinterfuß im Begriff ist, den seinigen zu geben. Da hiebei keine merkliche Erhebung vom Boden stattfindet und doch viel Raum gewonnen wird, so ist diese Gangart schwachen Reitern angenehm. Sie kommt bei Pferden mit sehr beladenem aber muskulösem Vordertheil vor.

Der Halbpaß ist ein getheilter Paß in der Art, daß anstatt zwei, vier Hufschläge gehört werden, indem der Hinterfuß seinen Hufschlag immer vor dem Vorderfuß derselben Seite hören läßt. Man kann ihn als einen sehr beschleunigten Schritt ansehen, welcher dem Paße ähnlich wird. Diese Gangart ist zwar wie die vorige sanft, aber ein Zeichen mangelnder Energie, der Vorderfuß greift fast gleichzeitig mit dem Hinterfuße derselben Seite vor.

Was den fliegenden Paß, Mittelgalop, Dreischlag betrifft, so entspringt er entweder aus dem Trab oder aus dem Paß und besteht darin, daß einer der Hinter= oder Vorderfüße seinen Hufschlag voreilig macht, der Doppelhufschlag eines Diagonalfuß= paares trennt sich in zwei einzelne Hufschläge, wodurch ein Drei= schlag nach Art des Dreschens entsteht. Man sieht diese Gangarten bei abgenützten aber hitzigen Pferden, oder wenn sie mit Fußge= brechen behaftet sind. Häufig werden diese falschen Gangarten mit dem Ausdrucke bezeichnet: das Pferd galopirt vorn und trabt hinten oder umgekehrt.

Der Sprung (Fig. 166) wird gewöhnlich nicht zu den Gang= arten gerechnet, verdient aber dennoch hier besprochen zu werden. Der Sprung ist eine schwingende Bewegung, welche vom Hinter= theile ausgeht, nach welcher die Rumpflast naturgemäß von den Vorderfüßen wieder aufgefangen wird. Während des Momentes, in welchem der ganze Körper über der Erde schwebt, werden ent=

Fig. 166 a. Höhesprung.

weder nur die beiden Vorderfüße (a), oder nur die beiden Hinter= füße (b) oder alle vier Füße an den Körper angezogen, letzteres nennt man Hirschsprung (c). Natürlicher und sicherer ist es aber, wenn die Füße ausgestreckt wie bei einem Rennsprung oder Galop= sprung vom Pferde gehalten werden (d). Obgleich in der Reitkunst

Fig. 166 b. Naturgemäßer Aufſprung.

Fig. 166 c. Herſchirrung.

darauf hingearbeitet wird, daß Pferd so zu stellen und zu gewöhnen, daß es wie bei versammeltem Galop nach dem Sprunge zuerst auf die Hinterfüße aufspringt, so ist dies bei höheren und weiteren

Fig. 166 d. Weitsprung.

Sprüngen nur bei großer Kraft, sehr gutem Rücken und bei sehr guten mechanischen Verhältnissen der Gliedmaßen ausführbar, nicht einmal ganz vortheilhaft für die Conservirung der Gliedmaßen, denn die mehr elastischen Vordergliedmaßen können die Gewalt des Stoßes mehr brechen als die Hintergliedmaßen, die sehr gut durch Uebung und Natur gebogen sein müssen, um den Aufsprung nicht zu erschütternd auf Roß und Mann wirken zu lassen. Vor jedem Sprunge athmet das Thier ein, und stellt Rücken und Hintertheil fest, setzt die Hinterfüße nahe zusammen und biegt sich bei natürlichem Sprung mehr in den Sprunggelenken, bei größerer Ausbildung und Uebung bei natürlich starkem Hintertheil mehr in den Hanken und Kniegelenken, um dann durch Streckung der zusammengeschobenen Gelenke den Rumpf vorwärts zu schnellen. Die Höhe und Weite des Sprunges richtet sich nach der Biegung in diesen Gelenken und nach der Kraft bei der Entfaltung dieser Gelenkwinkel. Nach dem Sprunge athmet das Thier wieder aus.

Bei b fällt die Last zu ausschließlich. beim Aufsprung auf das Vordertheil.

Bei d nehmen unmittelbar nach den Vorderfüßen die Hinter= füße Antheil am Auffassen der Last.

Bei c nehmen alle vier Füße nach dem Aufsprung die Rumpf= last auf sich.

Bei a wird das Hintertheil zuerst den Rumpf auffangen, die Vorderfüße gebrauchen zur Streckung so viel Zeit, daß sie erst nach den Hinterfüßen den Boden erreichen.

§. 117.
Fehler in der Bewegung.

Bei der Bewegung soll das Pferd die schon im Stande der Ruhe als regelmäßig bezeichnete Stellung und vollkommen gerade Richtung des Körpers beibehalten,' weil nur unter dieser Voraussetzung jeder einzelne bei der Bewegung in Anspruch genommene Fuß die richtige Unterstützung gewähren kann. Als eine unter Umständen absichtlich oder nothwendig herbeigeführte Abweichung von dieser Norm erscheint diejenige schiefe Richtung des Körpers, wobei das Hintertheil mehr auf die eine Seite ausfällt, so daß der eine Hinter= fuß beim Vorsetzen zwischen die Spuren der Vorderfüße eintritt, während der andere Hinterfuß nach außen neben die Spur seines gleichseitigen Vorderfußes niedergesetzt wird, wobei sich die Füße nicht mehr decken. Diese schiefe Richtung des Pferdekörpers sieht nicht nur bei der Betrachtung des Pferdes, von vorne oder hinten schlecht aus, sondern ist auch bedeutungsvoll, wenn sie nicht durch absichtliche Einwirkung, sondern durch eine Schwäche im Hintertheil hervorgebracht wird. Anderweitige Abweichungen sind:

Das Fuchteln, Auswerfen (Fig 167), eine Bewegung der Vorderfüße, wobei dieselben hoch gehoben, mit den Unterfüßen stark gebogen und mit der Sohlenfläche nach auswärts gerichtet werden, wobei auch die Fessel und Hüfe stark bewegt werden; da dieser fuch= telnde Gang nicht nur nicht geräumig ist, sondern auch die Pferde sehr bald ermüdet, zum Streifen und Loswerden der Eisen Veran= lassung gibt, so wird er mit Recht getadelt, obgleich er von Manchen

als schön bezeichnet wird und bei Paradepferden, namentlich bei Ca=
rossiers beliebt sein kann. Er ist häufig bei gemeinen schweren
Pferden. —

Das Kreuzen (Fig. 168), eine Bewegung der Vorderfüße,
wobei die Hufe in ihrer Richtung sich kreuzend vorgesetzt werden, so

Fig. 167. Fuchteln. Fig. 168. Kreuzen.

daß die Fußtapfen fast hintereinander gebildet werden. Hiedurch
wird häufig Streifen, Anstoßen u. dgl. hervorgebracht und der
Gang unsicher und stolpernd.

Das Schlenkern, eine Bewegung der Vorderfüße, wobei
dieselben entweder von den Schultern oder erst von dem Knie an so
stark nach vorwärts greifen, daß die Fessel und Hufe nicht gebeugt,
sondern mit dem Schienbeine in gleicher Richtung vorgestreckt werden,
letztere mit den Sohlenflächen sogar nach vorwärts sehen. Dieser
Gang ist zwar sehr räumig, bestechend für den Laien, aber ungemein
ermüdend und belästigend für den Reiter, kraftverschwendend für
das Pferd.

Das Schleifen oder Schleppen, eine Bewegung sowohl
der Vorderfüße, als auch der Hinterfüße, wobei dieselben in den
Gelenken zu wenig gebogen, sondern ganz nahe am Boden hinge=
schleppt und nur sehr wenig vorgesetzt werden, so daß man zuweilen

einen holpernden Ton von dem am Boden aufstreifenden Zehentheil
des Hufes hören kann. Dieser selten räumige und auf manchem
Boden unsichere Gang kommt besonders bei Pferden mit verschie=
denen Fußgebrechen vor; oft betrifft dieser Fehler nur einen Fuß
und macht sodann den Gang hinkend. Pferde mit diesem fehler=
haften Gange sind leicht an der Beschaffenheit ihrer Eisen zu
erkennen, indem diese besonders stark abgenützt erscheinen, nament=
lich vorn am Zehentheil, hauptsächlich kommt dieß vor an den
Hinterfüßen, bei jungen schwachen Pferden, so daß der Fehler nicht
unheilbar ist; oft ist dieser Gang nur Folge großer Ermüdung.

Hoch, erhaben (Fig. 169) nennt man den Gang, wenn die
Vorderfüße mehr als nöthig ist, gehoben und im Knie und Fessel
stark gebogen werden, dabei wenig vorgreifen, so daß sie fast wieder
auf derselben Stelle, die sie eben verlassen, auftreten; dieser Gang
ist nicht geräumig und durch unnützen Kraftaufwand für das Pferd
sehr ermüdend; er findet sich bei fehlerhaften Verhältnissen der

Fig. 169. Erhaben.   Fig. 170. Schleichend.

Fußbildung bei kopfkranken und augenschwachen, blinden Pferden
u. dgl.; es wurde jedoch dieser Gang bei den früheren Zuchten zu
Gunsten der Schulreiterei besonders erstrebt.

Nieder, schleichend (Fig. 170) nennt man den Gang,

wenn sowohl die Vorder= als auch die Hinterfüße nur wenig ge=
hoben werden, dabei aber weit vorgreifen und namentlich im Trabe
fast ganz gerade und ohne Beugung der einzelnen Glieder vorwärts
gestreckt werden. Obgleich diese Gangart dem Gange der edelsten
Pferde gleicht, so hat sie doch auch Nachtheile, indem sie Unsicher=
heit bedingt, namentlich auf unebenem Terrain und in langsamen,
nachlässigen Gangweisen.

Das Tappen ist eine Bewegung der Füße, wobei dieselben
stark, schwerfällig und plump niedergesetzt werden, oft sich noch auf
dem Boden drehen. Da nicht nur durch das zu heftige Niedersetzen
Erschütterungen in den Gelenken und in sämmtlichen Fußtheilen
hervorgebracht werden, sondern auch durch das Drehen mit dem
fest aufgedrückten Hufe auf dem Boden die Eisen aus ihrer Be=
festigung kommen, so erzeugt diese Gangart mancherlei Fußleiden
und namentlich Hufgebrechen, Verlust der Eisen.

Das Wanken, Schwanken, eine Bewegung der Vorderfüße,
wobei dieselben so auftreten, daß der Körper abwechslungsweise
bald auf die linke, bald auf die rechte Seite geneigt wird, welchem
Neigen zuweilen auch der Kopf und der Hals folgt; sie ist meist
in beträchtlicher Schwere der Vorhand, breiter Brust, fleischigen,
fetten Schultern, ungelenkiger Bewegung der Vorderschenkel und zu
tiefem Treten des Unterfußes begründet und macht den Gang müh=
sam, beschwerlich und mißfällig.

Das Walzen, Schwiken, eine der vorigen ähnliche Be=
wegung der Hinterfüße, wobei dieselben so auftreten, daß die oberen
Theile, die Kruppe rc. abwechselnd rechts oder links geneigt werden;
sie ist meist in beträchtlicher Schwäche der Lenden und des Kreuzes,
zuweilen aber auch in fehlerhafter Stellung der übrigen Theile des
Hinterfußes begründet und ebenso häßlich als fehlerhaft oft Symptom
einer Beschädigung des Rückenmarks, oder allgemeiner Schwäche.

Der weite Gang, das Kratteln, eine Bewegung der Hinter=
füße, wobei dieselben zu weit auseinander gerichtet sind, namentlich
in den Sprunggelenken; sie ist nicht immer durch fehlerhafte Stellung
der Hinterfüße oder krankhafte Beschaffenheit der Gelenke begründet,
also nicht unter allen Umständen ein Fehler, allein immer unschön.
Man findet einen solchen weiten Gang häufig bei sehr kräftigen und
energisch gehenden Thieren, häufiger bei Hengsten als bei Stuten.

Der enge Gang, eine Bewegung der Hinterfüße, wobei die= selben entweder von oben an oder nur an den unteren Theilen der Hinterfüße zu nahe an einander bewegt werden, so daß sie den Gang schwankend und unsicher machen, oder wohl gar an einander anstreifen, über einander kreuzend vorgesetzt werden.

Der lange Gang, wobei die Hinterfüße so stark vorgreifen, daß sie mit ihren Hufen die Fußtapfen der Vorderfüße weit über= schreiten und an diese, wenn sie sich nicht rasch genug heben und vorgreifen, anschlagen, wodurch das sogenannte Einhauen, Schmieden, in die Eisen schlagen, entsteht; eine Abart von diesem Gange ist der gedehnte Gang oder Wolfsgang, bei welchem die Hinter= füße übermäßig stark nach rückwärts gestreckt und nachgeschleppt werden; er entsteht entweder durch fehlerhafte rückständige Stellung der Hinterfüße, oder durch allgemeine Schlaffheit, Rückenschwäche.

Der kurze Gang, eine Bewegung der Hinterfüße, wobei dieselben zu wenig Raum überschreiten; man sagt auch von einem solchen Pferde, es habe keine Folge.

Der Hahnentritt, Zuckfuß, eine Bewegung der Hinter= füße, wobei dieselben im Sprunggelenke nicht nur stark, sondern fast krampfhaft zuckend gebogen werden; zuweilen ist dieser Zustand blos an einem, oft aber an beiden Füßen zu treffen; da man oft beobachten kann, daß der Hahnentritt blos bei den ersten Tritten sich zeigt, beim weitern Gehen aber verschwindet und zuweilen mit dem Spate gleichzeitig vorkommt, so hat man eine besondere Art des Spates, den unsichtbaren Spat als Ursache angesehen und das Leiden auch als Hahnenspat, bezeichnet. Der Hahnentritt kommt häufig bei Pferden mit schmaler Hose vor und ist, wenn nicht in rheumatischer Affection, in Schwäche des Backferseubeinmuskels begründet. Der Beweis dafür liegt im Folgenden. Wenn man, wie bei der nächstfolgenden Figur an einem Sprunggelenke die Muskeln wegpräparirt und nur dessen besondere Bänder stehen läßt und es dann gleichmäßig zu biegen versucht, so ist dies kaum auf die Hälfte möglich, indem dann das Gelenk plötzlich zusammen= schnappt. Dies rührt erstens daher, daß das Rollbein nicht kreis= rund ist, sondern nach vorn und unten den Abschnitt eines größeren Kreisbogens beschreibt als nach oben und hinten, zweitens daher, daß die Seitenbänder a ihre Anheftung unterhalb des Mittelpunktes jenes Bogens haben, daher sie in der geraden Stellung gespannt sind, in der gebogenen nachlassen. Diese Einrichtung hat nebenbei gesagt, den Vortheil, daß das Pferd ohne Muskelanstrengung auf den Sprunggelenken ruhen kann. Nun muß aber jenem plötz= lichen Zusammenschnappen der mit seiner Sehne, der Achillessehne, am Fersenbein sich festsetzende Backfersenbeinmuskel entge= genwirken, und ist dieser atrophisch oder mit krankhafter Schwäche behaftet, so ist klar, daß die zuckende Bewegung die Folge ist, welche wir unter dem Namen Hahnentritt beschrieben haben.

Fig. 171.
Sprunggelenksbänder.

Zuweilen ist auch eine Abnützung in den Gelenkknorpeln, welche das Sprunggelenk, namentlich die Gelenkfläche des Rollbeines auskleiden, die Ursache eines Schmerzes, wel= cher das Glied durchzuckt im Momente des Beugens, oder eine unregelmäßige Form der Gelenkfläche ist der Grund der übermäßigen Beugung, in letzterem Falle ist der Hahnentritt natürlich bei jeder Biegung des Sprung= gelenkes und zwar an beiden Füßen zu bemerken. Endlich gibt es noch eine rein im Nervensystem liegende Ursache des Hahnentrittes, indem entweder die in den betreffenden Muskeln verlaufenden Nerven allein, oder die Centraltheile des Nervensystems, nämlich Gehirn, Rückenmark etwa in Folge von Kopfkrankheit gereizt, überhaupt krankhaft afficirt sein können, so daß man in einzelnen Fällen den Hahnentritt als Symptom eines Rückenmarkleidens oder auch des Kollers ansehen kann, bei welch letzterem ohnedies manche Pferde einen tappenden Gang annehmen.

§. 119.

Künstliche Gangarten.

Durch die Dressur des Reitpferdes werden die Gangarten so abgeändert, daß sie als ganz besondere Arten der Fortbewegung

betrachtet werden müſſen, die weniger in der Natur liegen,
ſondern vielmehr durch ſyſtematiſche Abrichtung dem Pferde an=
erzogen wurden, ſowohl um das Pferd durch dieſelben ſo zu
zähmen, daß es ſich dem Willen des Reiters bei allen Anfor=
derungen willig unterordnet und fügt, theils um ihm nach herr=
ſchenden Begriffen diejenige Stellung und Bewegungsfähigkeit zu
verleihen, die für beſondere Zwecke nothwendig erſcheint. So
großen Antheil bei dieſer Abrichtung des Pferdes auch der Reiter
hat, indem er die ſchwierige Aufgabe hat, ſeinen Willen dem
Pferde verſtändlich zu machen und es zur Befolgung deſſelben zu
beſtimmen, ſo großen Antheil hat aber auch das Pferd durch ſeinen
Bau und durch ſeine intellectuellen Kräfte. Dieſe künſtlichen Gänge
werden theils mehr, theils weniger noch jetzt auf Reitbahnen aus=
gebildet, wodurch letztere den Namen Schulbahnen verdienen.

Piaffre, Piaffe, „der ſtolze Tritt" (Fig. 172) beſteht in einer
ſchwunghaften und erhabenen Bewegung nach Art des Trabes alſo
mit gleichzeitiger Hebung des diagonalen Fußpaares, ohne daß der

Fig. 172. Piaff.

Schwerpunkt des Körpers von hinten nach vorwärts verſchoben
wird, daher denn auch keine Ortsveränderung ſtattfindet, es iſt dieß
diejenige Bewegung des Pferdes, bei welcher der Rumpf im Zu-

stande des Gleichgewichtes vollständig verharrt. Bei langsamer Ausübung des Piaffre, treten die Füße in der Reihenfolge der Schrittbewegung, wobei man vier Hufschläge hört. Dieser Schultritt soll mit vieler Aktion und Grazie, mit guter Biegung in den Hanken, wobei die Hufe immer wieder in ihre eignen Spuren auf derselben Stelle treten, ausgeführt werden, der Körper soll ganz gerade gestellt, in der Vorhand gut aufgerichtet sein.

Passage, spanischer Tritt (Fig. 173). Ein durch die Reitkunst ausgebildeter, kurzer oder Mitteltrab, bei welchem jedoch

Fig. 173. Spanischer Tritt.

die Füße ein besonderes Tempo, nämlich unmittelbar nach dem Beugen, also ein fünftes Tempo sich schwebend erhalten. Als regelmäßige und richtige Passage kann nur diejenige Gangart anerkannt werden, bei welcher die diagonalen Füße ganz gleichzeitig abgemessen, graziös und in hoher zugleich energischer Aktion sich bewegen. Bei diesem Schulgange soll ein Fuß vor dem anderseitigen nur wenig vorgreifen, und der Hinterfuß mit starker Hankenbiegung zu gleicher Höhe sich erheben wie der Vorderfuß.

Künstliche Modificationen des Galops sind:

Passade heißt die kurze, durch eine ganze Wendung (Um=

kehren) bedingte Wechslung im Galop von einer Hand auf die andere, indem das Pferd mit dem Vordertheile um das Hintertheil die Wendung macht und dann mit dem andern gleichseitigen Fuß= paare wie zuvor vorgreift, also etwa statt rechts links anspreugt.

Terre à terre ist eine galopartige Bewegung in zwei Tempos, das Pferd hebt die Vorderbeine zugleich und setzt à tempo dieselben nieder, ebenso die Hinterfüße, jedoch mit nur ganz unbe= deutender Raumgewinnung, trotzdem daß die Bewegung dabei sehr lebhaft ist.

Pirouette ist eine Uebung im Galop, wobei das Pferd einen so kurzen Kreis galopirt, daß die Croupe das Centrum bildet und der hintere innere Fuß den Stützpunkt abgibt, um welchen sich der ganze Körper dreht.

Vorbereitungen zu Galopübungen oder Sprüngen sind folgende sogenannte Schulen über der Erde, oder erhabene Schulen:

Fig. 174. Pefade.

Pesade (Fig. 174). Man versteht hierunter das ruhige Er= heben und Schweben der Vorhand mit angezogenen Vorderfüßen

auf den in den Gelenkwinkeln, namentlich in dem Hüftgelenk ge=
hörig durchgebogenen Hintergliedmaßen. Diese künstliche Schule
unterscheidet sich von dem gewöhnlichen Steigen dadurch, daß bei
letzterem die Biegung in den Gelenken sehr gering ist, daß die
ganze Gliedmaße sich mehr streckt und den Rumpf erhebt, daher
auch die Neigung zum Ueberschlagen bei dem Steigen; zugleich
fuchtelt bei letzterem das Pferd mit den Vorderbeinen in der Luft
herum.

Ballotade (Fig. 175) nennt man die Uebung, bei welcher

Fig. 175. Ballotade.

das Pferd aus der Pesade sich mit den Hinterfüßen vom Boden ab=
schnellt und mit denselben, nachdem es die hinteren Hufeisen ge=
zeigt hat, fast auf derselben Stelle wieder auftritt.

Die Croupade (Fig. 176) ist eine solche Balotade, bei
welcher das Pferd sich in die Höhe schnellt, mit angezogenen Füßen
und nach dem Abschnellen mit den Hinterfüßen Raum greift, ohne
jedoch den ganzen Körper vorwärts zu schnellen.

Capriole (Fig. 177) entsteht dadurch, daß das Pferd aus
der Pesade so mit den Hinterfüßen sich vom Boden abschnellt, daß
es Zeit gewinnt, vor dem Wiederanspringen mit diesen Füßen auf
denselben Punkt, wo sie gestanden hatten, so hinten auszustreichen,
daß man die Hufeisen an den gestreckten Hinterfüßen noch in senk=
rechter Richtung von hinten bemerken kann. Bei einer richtigen

Fig. 176. Croupade.

Fig. 177. Carriole.

Capriole muß sich der Rumpf in der Luft ganz horizontal stellen, es darf die Kruppe nicht höher kommen wie der Widerrist. Beim Hintenausschlagen roher oder unartiger Pferde stemmen sich die

Vorderfüße auf dem Boden fest und Wirbelsäule und Hintertheil werden durch die Muskeln des Halses und des Rückens gehoben, während bei der kunstgerechten Capriole das Losschnellen und Streichen von der Hanke und den Lendenmuskeln ausgeht.

Alle diese vier Schulen erfordern eine sehr bedeutende natürliche und durch Uebung noch vermehrte Kraft und Biegsamkeit des Hintertheiles, und außerordentliche Straffheit des Rückens.

Die Lançade ist ein von der gut durchgebogenen Hanke ausgehender Sprung nach vorwärts auf die Vorderfüße.

Die Courbette. Courbettiren heißt die Uebung, bei welcher das Pferd in dem Augenblicke, als es nach einer niedern Pesade oder Levade zur Erde gekommen ist, sich alsbald aufs Neue erhebt, indem es mit den Hinterfüßen hinter die Fußtapfen der Vorderfüße einsetzt und so einen niederen Sprung bildet und ihn wiederholt.

Fünfter Abschnitt.
Von der Beurtheilung des Pferdealters.

§. 119.

Das Alter des Pferdes bestimmt dessen Tauglichkeit zu gewissen Zwecken, die Dienstdauer, somit einen großen Theil seines Werthes, daher die Mittel, das Alter der Pferde zu bestimmen, in der äußeren Pferdekenntniß eine wichtige Rolle spielen. Als Beweis dafür, wie maßgebend die Altersperiode für die Diensttauglichkeit des Pferdes sein kann, mögen nebenstehende Knochenpräparate von einem Unterfuße gelten. Das größere Präparat (Fig. 178) stellt das untere Ende des Schienbeins, das Fessel-, Kron- und Hufbein eines Pferdes dar, alle die einzelnen Knochen dieses Präparates sind aus einer festen, zusammenhängenden Masse gebildet, während das kleinere Präparat (Fig. 179) von demselben Körpertheile eines jungen Fohlens ist, aber die betreffenden Knochen erscheinen aus mehrfachen Stücken zusammengefügt. Das Ende des Schienbeines besteht aus einem

besondern Knochenstück, der Anfang des Fessel= und Kronbeins eben=
falls. Diese unvollkommene Ausbildung der einzelnen Knochen des

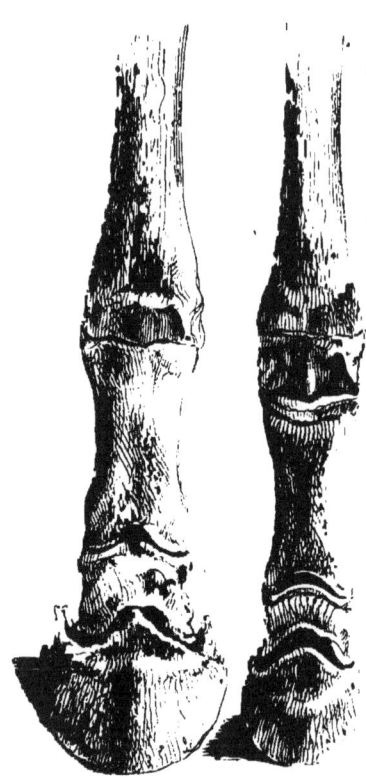

Skelets ist so lange wahrzunehmen,
bis der Zahnwechsel, nämlich das
Nachschieben der Pferdezähne be=
ginnt. Selbstverständlich ist also, daß
das Skelet eines Fohlen sehr leicht
in Folge seiner unvollkommenen
Verknöcherung und seiner mangel=
haften Festigkeit den Anstrengungen
eines auch noch so leichten Dienstes
nicht gewachsen ist und daß, wenn
man diese Unvollkommenheit nicht
durch Schonung berücksichtigt, ge=
rade an diesen noch weichen Stel=
len, wo ohnedies eine gesteigerte
Lebensthätigkeit zu Gunsten der
Verknöcherung sich geltend macht,
gar zu leicht eine abnorme Bil=
dungsthätigkeit und in deren Folge
Wucherungen, Knochenauswüchse ver=
anlaßt werden. Man hat zwar
manche Kennzeichen, die Altersperio=
den, ungefähr zu unterscheiden, allein
da sich dieselben durch eine Reihe

Fig. 178.   Fig. 179.
Fuß eines ausgewach- Fohlenfuß.
senen Pferdes.

von Jahren hinziehen, so entbehrt
man doch bei oberflächlicher Betrach=
tung der genauern Bestimmung nach Jahren. Obwohl manche das
Alter aus den Runzeln in der Haut, am After, in der Färbung der
Haare und dgl. beurtheilen wollen, so zeigt sich solches Verfahren
doch so wenig begründet, daß es nicht der näheren Erwähnung werth
ist; die sicherste Art, das Alter richtig zu erkennen, ist und bleibt
die Betrachtung der im Laufe der Zeit sich einstellenden Verände=
rungen des Gebisses namentlich an den Schneidezähnen des Hinter=
kiefers.

§. 120.

Das männliche Pferd, der Hengst und Wallache, hat 40 Zähne in dreierlei Arten als: 12 Schneidezähne, 4 Hackenzähne und 24 Backzähne; das weibliche Pferd, die Stute, hat blos 36 Zähne, nämlich 12 Schneidezähne, 24 Backzähne. Außer diesen Zähnen finden sich zuweilen noch kleinere an der Reihe der Backzähne anstehende schwächere Zähne, Ueberzähne, Wolfszähne, oder Andeutungen von Hackenzähnen bei Stuten u. s. w., welche aber nie gezählt werden.

Die Schneidezähne (siehe §. 57) werden zwar bei Beurtheilung des Pferdealters vorzugsweise in Betracht gezogen, namentlich die Veränderungen auf deren Reibefläche, da indessen hier manche Ab= weichungen vorkommen, so ist die Betrachtung der Richtung der Zähne vom Profil gesehen, die Beobachtung der Hackenzähne in Beziehung auf Gestalt und Größe, die Beschaffenheit des Zahn= fleisches und der Zunge, die Anwesenheit von Zahnstein und noch Manches andere von praktischem Nutzen. Die Backzähne werden als der Besichtigung nur schwer zugänglich, gewöhnlich nicht mit in Rechnung gezogen. Im Allgemeinen verdient noch bemerkt zu werden, daß die Bestimmung des Alters auf das Jahr hin gewöhnlich von keinem praktischen Werthe ist, denn bei gleich guter Dienstfähigkeit ist es völlig gleichgültig, ob man ein Pferd für 9= oder 10jährig, ein anderes für 12= oder 13jährig annimmt. Das aber ist wesent= lich, daß man nicht ein 14jähriges Pferd als 9jährig, oder ein 18jähriges als 12jährig kauft.

§. 121.
Ausbruch der Zähne im ersten Jahr.

Zuweilen schon vor der Geburt, meistens aber 6—10 Tage nach derselben erhält das Fohlen in jedem Kiefer 2 Schneidezähne, nämlich die mittelsten oder Zangen (Fig. 180, a), die des Vorder= kiefers brechen zuweilen zuerst durch, nach einigen Tagen folgen die des Hinterkiefers, meistens aber kommen zuerst die des Hinterkiefers zum Vorschein und die des Vorderkiefers folgen. Mit 4—6 Wochen reihen sich an diese Zangen die 4 Mittelzähne (Fig. 181, b), 2 in jedem Kiefer an. Mit 6 Monaten haben die Zangen und

Mittelzähne so ziemlich ihre richtige Höhe und Stellung angenom=
men, die Kiefer sind etwas mehr in die Länge gewachsen; das Zahn=
fleisch ist lebhaft geröthet und man bemerkt, daß die Eckzähne

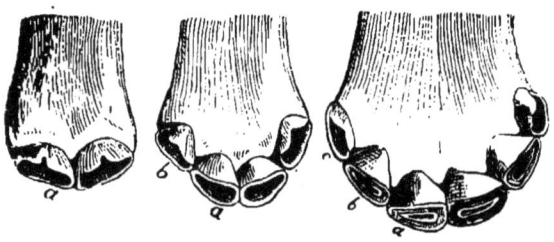

Fig. 180.　　　Fig. 181.　　　　Fig. 182.
Sechs Tage.　Sechs Wochen.　　Ein Jahr.

zum Durchbruch kommen. Mit etwa 9 Monaten ist dies in der
Art geschehen, daß sie verglichen sind, d. h. daß sich ihre gegen=
seitigen Reibeflächen berühren. Die Zähne haben hiebei eine fast
senkrechte Stellung gegen einander und sind von dem schön rosen=
rothen Zahnfleische fest umschlossen, welches wie auch der Gaumen
von noch weicher Textur ist.

Mit einem Jahre sind alle Fohlenzähne vorhanden und die
Eckzähne (Fig. 182, c) auch an dem hinteren tiefer stehenden Rande
verglichen also mit den übrigen in gleiche Höhe gewachsen.

Die Backzähne werden in kleiner Anzahl schon mit zur Welt

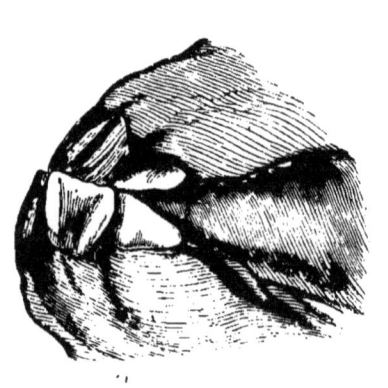

Fig. 183. Neun Monate.

gebracht, indem das neuge=
borene Fohlen in jeder Reihe
jeden Kiefers die 3 vorder=
sten Backzähne zeigt. Noch
vor Ablauf des ersten Jahres
bricht neben den mit zur
Welt gebrachten Backzähnen
jederseitig in jedem Kiefer ein
weiterer, vierter Backzahn
hervor und vermehrt durch
diese 4 weiteren Zähne die
Anzahl der sämmtlichen
Zähne auf 28.

Mit Ausnahme der 4 letzterwähnten vierten Backzähne sind
sämmtliche Zähne Milchzähne.

§. 122.

Unterschied zwischen Milchzähnen und Pferdezähnen.

Der Milchzahn, Fohlenzahn (Fig. 184) ist blos für das Fohlenalter bestimmt, kleiner, kurzer und schwächer. Der Milchschneidezahn
hat eine deutlich abgegrenzte Krone a, welche über das Zahnfleisch
hervorragt, ebenfalls einen deut-
lich unterscheidbaren Hals b, welcher vom Zahnfleische umgeben
ist und eine kurze, schwache
Wurzel c, mit welcher er in der
Zahnhöhle des Kiefers steckt.
Die Krone eines solchen Milch-
schneidezahnes ist meist glänzend
weiß, doch zuweilen auch braun,
gelb, röthlich, zeigt auf der
vorderen Fläche, Lippenfläche

Fig. 185.
Pferdezahn.

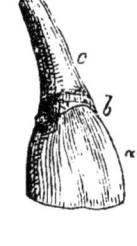

Fig. 184.
Fohlenzahn.

viele kleine faltenartige, sehr seichte Vertiefungen und eine nur
schmale Reibefläche, die jedoch auch mit einer Kunde versehen ist.

Der Pferdeschneidezahn (Fig. 185) ist lang, gebogen, oben
breit gedrückt, nach unten sich keilförmig verschmälernd, hat keine
deutlich sich aussprechende Abgrenzung zwischen Krone, Hals und
Wurzel, ist an dem über das Zahnfleisch hervorragenden Theil
häufig schmutzig, gelb, selten ganz weiß und mit einer oder zwei
der Länge nach verlaufenden Rinnen versehen, der Schneidezahn
zeigt auf seiner Reibefläche anfänglich tiefe Einstülpungen oder
Trichter, später ringförmige, mäßige Erhabenheiten und in den
letzten Lebensperioden glatte, abgeschliffene leere Flächen. Sämmtliche Schneidezähne, sowohl Milch- als Pferdezähne haben nämlich
auf ihrer Reibefläche, also da, wo sie mit den gegenüber stehenden
in Berührung stehen, so lange sie noch unangegriffen sind,
trichterförmige Vertiefungen, welche nichts anders als Einbiegungen
der Glassubstanz in das Innere des Zahnes sind. Diese Kunden betragen an den Milchzähnen nur 2 — 3 Linien in der Länge und
ungefähr 1—2 Linien in der Breite, bei den Pferdezähnen sind sie
im Vorderkiefer 6—8, im Hinterkiefer 3 Linien tief. Diese Ver-

tiefungen sind namentlich beim Ausbruche der Zähne am stärksten, zeigen sich geschwärzt und heißen Kunden, Bohnen oder Marken, verschwinden allmählig durch Abreibung und bilden hiedurch für einige Zeit einen Anhaltspunkt zur Beurtheilung des Pferdealters.

§. 123.
Die Abnützung der Milch-Schneidezähne.

Durch die Abreibung verlieren die Milchschneidezähne schon im sechsten Monate an der Tiefe ihrer Kunden und zeigen mit dem achtzehnten Monate namentlich an den Zangen und Mittelzähnen fast ganz geebnete Reibeflächen mit kaum bemerkbaren Vertiefungen in der Mitte, während die erst später hervorgebrochenen Eckschneide= zähne noch deutliche Vertiefungen zeigen. Gegen das Ende des zweiten Jahres zeigen sich die Reibeflächen der Zangen so sehr ob= gerieben, daß sie eine glatte Fläche ganz ohne Kunden zeigen, auch die Mittelzähne sind so weit abgenützt, daß kaum eine Kundenspur erkennbar wird; dagegen besteht in den Eckzähnen noch eine Kunden= spur, deßwegen kann das zweijährige Gebiß von einem, dem der Unterschied zwischen Milchzähnen und bleibenden oder Pferdezähnen nicht bekannt ist, für ein sieben= bis achtjähriges angesehen werden, eine Täuschung, welche bei sehr entwickelten zweijährigen Fohlen und bei Stuten um so eher möglich ist, da noch kein Pferdezahn vorhanden, der durch Vergleichung die Sache augenfälliger macht, und bei den Stuten der Hackenzahn, welcher auch die Altersbe= stimmung unterstützt, fehlt.

Die über das Zahnfleisch hervorragenden Kronen der Milch= schneidezähne erheben sich immer mehr, werden nur lose vom Zahn= fleische umschlossen, wackeln und verkünden so den nahen Ausfall, so daß es nur eines geringfügigen Umstandes bedarf, sie zum Ab= fallen zu bringen, wie z. B. beim Fressen harter Körner, Nagen an der Krippe, Anstoßen mit den Zähnen an harten Gegenständen u. s. w., in der hiedurch entstandenen Zahnlücke gewahrt man je= doch meist schon den nachwachsenden Ersatzzahn. Gegen das Ende des zweiten Jahres bricht auch hinter jedem vierten Backzahne der fünfte hervor, so daß das Pferd nun 32 Zähne besitzt.

§. 124.

Periode des Zahnwechsels.

Der Zahnwechsel wird dadurch zu Stande gebracht, daß sich in den Zahnwurzelhöhlen (Alveolen) des Kiefers unmittelbar hinter den Wurzelenden der Milchzähne neue Zahnkeime, Zahnbläschen bilden, diese verhärten allmählig, nehmen die Gestalt einer anfäng= lich noch hohlen Zahnkrone an, die nun weiter einen wachsend steten Druck auf die Wurzeln der Milchzähne ausübt, in Folge dessen die Substanz des Zahnknochens aufgesaugt wird und die Zahn= wurzeln schwinden. Je mehr der Ersatzzahn an Umfang und Härte zunimmt, um so mehr schwindet die Milchzahnwurzel, so daß zuletzt nur noch die Krone derselben übrig bleibt. Hieraus erklärt sich, daß nach dem Abreißen der noch allein mit dem Zahnfleisch ver= bundenen Krone gewöhnlich' schon die Krone des Ersatzzahnes sicht= bar ist. Solche frisch hervorgebrochene Zähne sind anfänglich in ihrer Wurzel noch nicht ganz ausgebildet, ihre Wurzel ist nämlich noch kurz, hohl und mit vielen Nerven und Blutgefässen und einer gallertigen Substanz ausgefüllt. Erst nach Jahren wird die Wurzel der Ersatzzähne vollständig massiv, d. h. mit Knochensubstanz ausge= füllt und es bleibt nur ein kleiner Canal zur Aufnahme zweier Blutgefässe und eines Nervenfadens. Bei den Milchzähnen, die anfänglich auch hohle Wurzeln haben, findet sehr bald eine Aus= füllung statt, und zur Zeit des Abschiebens sind die Wurzeln der Milchzähne ganz verknöchert.

Gewöhnlich wechseln in der Mitte des dritten Jahres die Zangen (Fig. 186), d. h. die Milchzangenzähne fallen aus und werden durch die nachfolgenden Pferdezangenzähne ersetzt. Meist gewahrt man das Ausfallen der Zangenzähne zuerst im Vorder= kiefer, doch zuweilen auch zuerst im Hinterkiefer; es besteht also hierin keine ganz bestimmte Ordnung. Hiebei nimmt der dem Aus= fallen nahe Zahn eine trübere, dunklere Färbung an und der Rand des Zahnfleisches röthet sich. Diese Röthe unterscheidet sich von einer künstlichen, durch scharfe Stoffe hervorgebrachten eben dadurch, daß sie nur auf den Rand des Zahnfleisches beschränkt und dieses auf leichten Druck nicht nur nicht empfindlich ist, sondern das Foh=

len einen solchen gern leidet. Später röthet sich das Zahnfleisch mehr und am Hals der Zähne zeigt sich ein gelber Niederschlag, auch beginnen diese zu wackeln. Endlich geschieht der Wechsel nicht sowohl durch Ausfallen des Zahnes im eigentlichsten Sinne, son=dern dadurch, daß er ausgebissen wird, wobei hernach das Zahn=fleisch etwas blutet. In der Zahnlücke bemerkt man nun den scharfen Rand des bräunlich aussehenden Pferdezahnes.

Um diese Zeit, zuweilen auch später, werden die vordersten Milch=backzähne gewechselt, indem sie auch bis auf die Kronen geschwunden ausfallen und allmälig durch die bleibenden Backzähne ersetzt werden, ein halb Jahr später geht dieser Wechsel auch an den zweiten Milchbackzähnen vor, so daß zwischen dem zweiten und dritten Jahre 12 Zähne, nämlich 4 Schneide= und 8 Backzähne, gewechselt werden, welchen Vorgang man als den ersten Bruch bezeichnet, welcher, da er so viele Zähne betrifft, für die Gesundheit des jungen Pfer=des gefährlich werden kann. Zum deutlicheren Verständniß des Zahnwechsels möge die beigedruckte Figur 188 dienen.

Fig. 186.					Fig. 187.
Drei Jahre.				Vier Jahre.

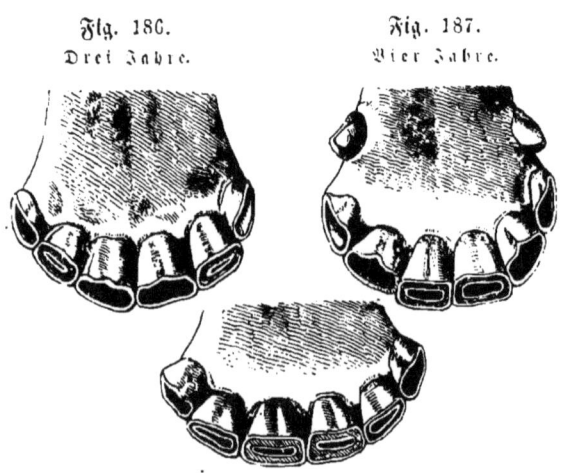

Fig. 188.   Fünf Jahre.

Mit zurückgelegtem dritten Jahre sind die Ersatzzangen ver=glichen und beginnen in Reibung zu treten; die Kunde ist breit und hat scharfe Ränder.

In seltenen Fällen kommt schon mit dem dritten Jahre der Hackenzahn zum Vorschein, meistens aber kann er unter dem Zahn=

fleische gefühlt werden und zwar deutlicher am Vorderkiefer als am
Hinterkiefer, obgleich er an dem letzteren meist früher zum Aus=
bruch kommt. Mit 3½ Jahren werden die Milchmittelzähne ab=

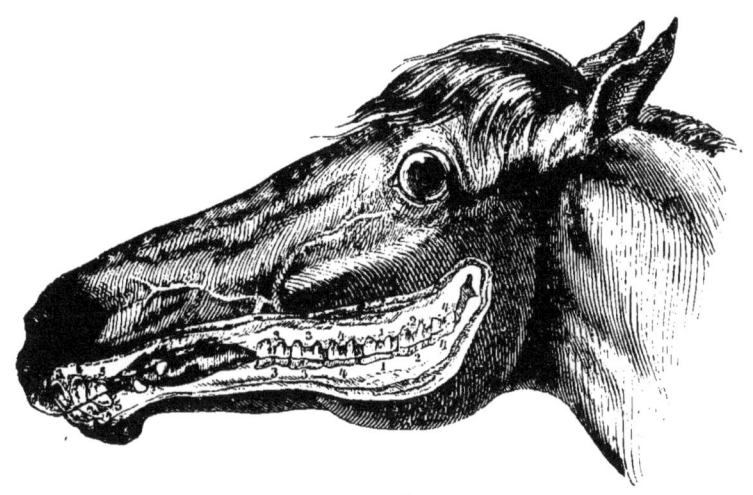

Fig. 189. Zahnwechsel.
(Die Zahlen bedeuten das Jahr des Ausbruchs der Pferdezähne.)

gestoßen, sie sind mit 4 Jahren durch Pferdezähne ersetzt (Fig. 187);
der Wechsel geschieht in der Art, daß meistens mit 6—7 Monaten
nach dem dritten Jahre, selten früher, zuerst das untere Milchmit=
telzahnpaar kurz darauf das obere gewechselt wird.

Gegen das vierte Jahr sind die Pferde=Mittelzähne zwar in
Reibung, aber noch nicht gänzlich verglichen. Dies ist in soferne
wichtig zu beobachten, als Pferde mit solchem Gebiß oft für voll=
vierjährig oder darüber angesehen und verkauft werden. Erst mit
vollendetem vierten Jahre sind die Mittelzähne so an den Rändern
abgerieben, daß eine Fläche in der Umgebung der Bohne gebildet
ist d. h. die Reibefläche ist verglichen. Die hier gegebene Figur 189
zeigt das Gebiß eines Pferdes, welchem zu Erreichung von 4 Jahren
einige Wochen fehlen. Außerdem geht zwischen dem dritten und
vierten Jahre noch folgendes vor sich. Mit 3 Jahren hat das
Fohlen in beiden Kiefern auf jeder Seite 5 Backzähne, wovon nur
der dritte ein Milchbackzahn ist. Kurz nach dem Hervorwachsen des

des Pferde-Mittelzahnes, also um das vierte Jahr, werden die dritten Milchbackzähne gewechselt und zu gleicher Zeit brechen die sechsten Backzähne hervor. Man kann daher den Abschluß des vierten

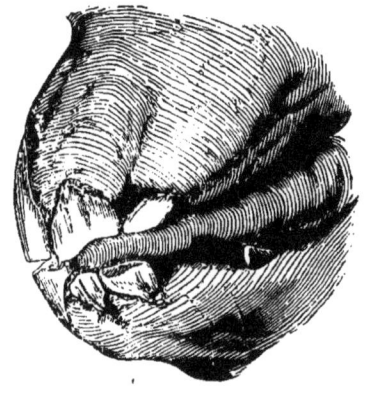 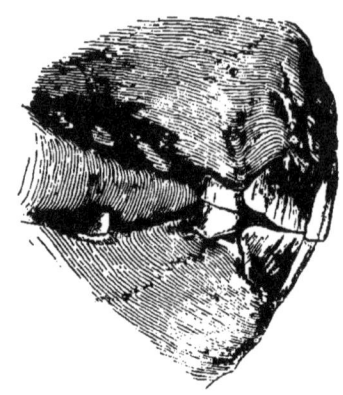

Fig. 190. Drei ein halb Jahr.   Fig. 191. Gegen das vierte Jahr.

Jahres, abgesehen von allen andern Veränderungen, sicher daran erkennen, daß das Pferd alle seine Backzähne, d. h. 6 in jeder Seite jeden Kiefers hat, was mit dem Maulgatter zu untersuchen ist. Mit 4 Jahren sind die Kunden der Zangen in voller Reibung

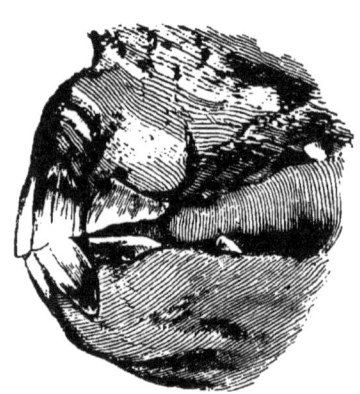

begriffen, während die Kunden der Mittelzähne erst in Reibung kommen und deren hinterer Rand meistens noch tiefer steht, als der vordere. Meistens ist der hintere Hackenzahn im Ausbrechen begriffen, jedoch ist dies kein sicheres Merkmal, da die Hackenzähne oft erst später kommen.

Mit 4½ Jahren wechseln nun endlich auch die Milcheckzähne (Fig. 192), nicht selten bricht erst jetzt der sechste Backzahn in jeder

Fig. 192. Gegen das fünfte Jahr.

Reihe jeden Kiefers hervor und kommen die Hackenzähne beim Hengste zum Vorschein, so daß sich diese Periode durch den Wechsel von 4 Schneidezähnen, durch das Hervorbrechen von 4 Backzähnen und beim Hengste noch durch das Hervorbrechen von 4 Hackenzähnen auszeichnet, wodurch die Zahl der Zähne vervollständigt ist. Die Erscheinungen, unter welchen der in dieser Zeit zu einer kleinen Krone abgeriebene und geschwundene Milcheckzahn gewechselt wird, sind den oben beschriebenen analog. Gegen das fünfte Jahr hat das Pferd zwar gewöhnlich alle seine bleibenden Zähne, aber die Eckzähne sind noch nicht völlig verglichen; für das vollendete fünfte Jahr ist das völlige Verglichensein dieser Zähne entscheidend. Mit Beendigung dieser Periode, der letzte Bruch genannt, wird das Pferd als abgezahnt bezeichnet. Wenn man in dieser Periode die Stellung der Schneide-Zähne genau betrachtet, so findet man, daß diese Zähne mit ihren Kronen den Abschnitt eines kleinen Kreises darstellen, je älter das Pferd wird, desto flacher stellt sich dieser Kreisabschnitt dar, bis am Ende die Zähne eine nahezu gerad= linige Stellung annehmen.

§. 125.
Die Kunden-Periode.

Wenn am Ende des dritten Jahres der Pferde=Zangenzahn in der Zahnlücke ganz emporgehoben und mit den übrigen Schneide= zähnen sich in gleiche Reihe gestellt hat, so tritt er mit dem ge= genseitigen in Reibung; dasselbe geschieht mit Ende des vierten Jahres auch an den Mittelzähnen und endlich mit Ende des fünften Jahres an den Eckzähnen. Durch die hiebei sich ergebende gegen= seitige Abreibung wird nach einer allgemeinen Annahme alljährlich von einem Zahne 1 Linie abgerieben, da nun die Krone des erst mit Ende des dritten Jahres in Reibung tretenden Zangenzahnes gewöhnlich eine 3 Linien tiefe Kunde hat, so wird dieselbe mit Ende des vierten Jahres in Folge dieser Abreibung nur noch 2 Linien tief sein, nach Ablauf des fünften Jahres nur noch eine Linie Tiefe zeigen, nach Ablauf des sechsten Jahres dagegen ganz verschwunden sein, daher verschwundene Kunden in den Zangen das zurückgelegte sechste Jahr andeuten (Fig. 193). Da ferner der erst nach Ablauf des vierten Jahres in Reibung tretende Mittelzahn gleichfalls eine 3 Linien tiefe Kunde besitzt, so wird dieselbe nach Ablauf des fünften Jahres nur noch 2 Linien tief, nach Ablauf des sechsten Jahres nur noch 1 Linie tief, nach Ablauf des siebenten Jahres dagegen verschwunden sein, daher Zangen und Mittelzähne ohne Kunden das zurückgelegte siebente Jahr andeuten (Fig. 194). Da nun endlich der nach Ablauf des fünften Jahres in Reibung

Fig. 193. Sechs Jahr.　　　Fig. 194. Sieben Jahr.

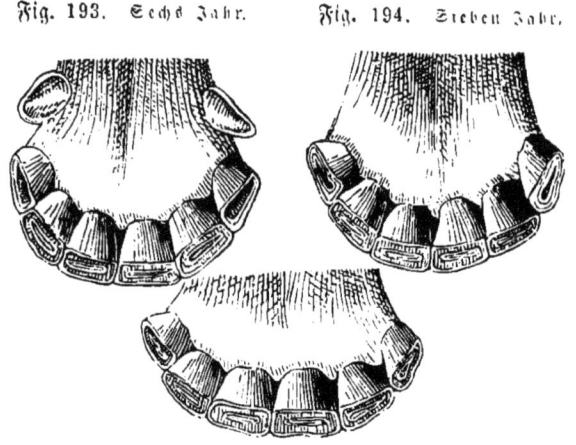

Fig. 195. Acht Jahr.

tretende Eckzahn eine 3 Linien tiefe Kunde hat, so wird dieselbe nach Ablauf des sechsten Jahres nur noch 2 Linien tief, nach Ablauf des siebenten Jahres nur noch 1 Linie tief und nach Ablauf des achten Jahres verschwunden sein, so daß das Fehlen der Kunden auf sämmtlichen Schneidezähnen des Hinterkiefers das zurückgelegte achte Jahr andeutet. Es hat also mit 8 Jahren die Kunden-Periode an den Schneidezähnen des Hinterkiefers ihr Ende erreicht (Fig. 195).

Die Kunden in den Schneidezähnen des Vorderkiefers sind noch einmal so tief als die der Schneidezähne des Hinterkiefers, sie betragen nämlich durchschnittlich 6 Linien Tiefe, und verlieren sich entsprechend später, also wenn die Kunden der gegenüberstehenden Schneidezähne im Hinterkiefer schon seit 3 Jahren verschwunden sind.

Mit dem vollendeten fünften Jahr sind alle bleibende Schneidezähne völlig entwickelt und verglichen; das ganze Gebiß zeigt seine vollkommenste Entwicklung und Ausbildung, denn auch die Eckzähne schließen genau auf einander. Indessen ist der hintere Rand der-

selben noch etwas unter dem Niveau der Reibefläche. Etwas später
zeigen die Eckzähne nur geringe Abreibung, der hintere Kundenrand
tritt in Reibung und ihre hintere Ecke ist abgerundet; zugleich haben

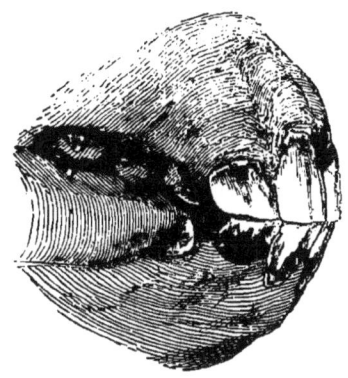 

Fig. 196. Fünf Jahre vorüber.   Fig. 197. Sechs Jahre vorüber.

sie noch jene bräunliche Färbung, welche alle jungen Zähne charak=
terisirt. Nach erreichtem sechsten Jahre beginnt der hintere Rand
der Eckzähne eben zu werden, die Ränder der Hackenzähne sind
noch scharf und nach innen etwas concav. Die Zähne haben ihre
Stellung in der Art verändert, daß sie gegen das fünfte Jahr ge=

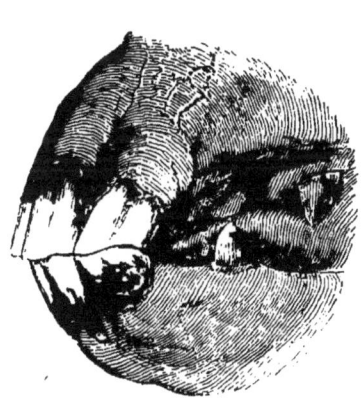  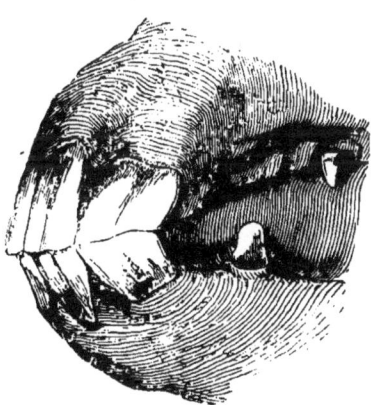

Fig. 198. Sieben Jahre vorüber.   Fig. 199. Acht Jahre vorüber.

halten eine seichtere Bogenlinie bilden. Nach erreichtem siebenten
Jahre zeigen sich folgende Veränderungen: die Zähne sind weißer

geworden, die Hackenzähne sind vollständig entwickelt und die Eck=
zähne treffen in einer Weise auf einander, welche bereits beträcht=
liche Abreibung andeutet; während das Zahnfleisch sich im fünften
Jahre rundlich an den Zahn anschließt, wird hier der Anschluß be=
reits eckig, der hintere Rand des Oberkiefer=Eckzahnes zeigt eine
leichte Krümmung nach unten, aus welcher später der Einbiß wird,
die Ränder der Hackenzähne sind zuweilen schon etwas abgerundet.
Nach erreichtem achten Jahre schließt sich das Zahnfleisch an den
Eckzahn völlig viereck an, das Zahnfleisch ist überhaupt härter und
unempfindlicher geworden, was dem Maule ein festeres, derberes
Ansehen gibt. Der Rand des Hinterkiefers ist, verglichen mit früher,
schärfer geworden und die Wangen sind flach. Die bräunliche Fär=
bung der Zähne ist beinahe verschwunden und hat einer mehr gelb=
lichen Platz gemacht, nur an den Eckzähnen findet man Spuren
davon; an dem oberen Eckzahne entsteht jene Kerbe, welche man
den Einbiß nennt. Er verschwindet wieder nach 3 Jahren.

<h2 style="text-align:center">§. 126.</h2>

<h3 style="text-align:center">Die quer-ovale Periode.</h3>

Jeder Pferdeschneidezahn hat eine kegelförmige Gestalt und er=
scheint oben breit, unten zugespitzt; da nun der Schneidezahn durch
die Abreibung alljährlich verkürzt wird, so erfolgt daraus auch noth=
wendiger Weise eine Veränderung in seinen Breiteverhältnissen und
eine Verschiedenartigkeit in der Gestalt seiner Reibeflächen, was sich
in etwas längeren Zeitabschnitten in ganz auffallendem Maaße er=
kennbar macht. Nach einer allgemeinen Annahme erscheinen nach
dem Verluste von 6 Linien in der Länge des
Zahnes oder nach der Abreibung innerhalb
6 Jahren die Reibeflächen schon so auffallend
verändert in ihrer Form, daß sie, verglichen
mit ähnlichen Formen, durch entsprechende Be=
nennungen deutlich bezeichnet werden können.
Mit dem Verschwinden der Kunden an den
Zangen zeigen deren Reibeflächen eine quer
ovale Gestalt (Fig. 200) von etwa 6 Linien

Fig. 200.
Neuntes Jahr.

in der Breite und 3 Linien in der Tiefe, es treten also die Zangen
des Hinterkiefers nach dem sechsten Jahre in diese ovale Periode

und verbleiben 6 Jahre, somit bis zum zwölften Jahre darin, die
Mittelzähne treten mit dem siebenten Jahre in dieselbe und ver=
bleiben bis zum dreizehnten Jahre darin, endlich treten mit dem achten
Jahre die Eckzähne in sie und verbleiben gleichfalls sechs Jahre lang
bis zum vierzehnten Jahre darin, so daß die ovale Periode an allen
Schneidezähnen des Hinterkiefers vom sechsten bis zum vierzehnten
Jahre dauert, diese Periode tritt bei den Schneidezähnen des Ober=
kiefers, wegen der größeren Tiefe der Kunden um 3 Jahre später ein,
also mit 9 Jahren und dauert bis zum siebenzehnten, auch erhalten sich
die Kundenspuren besonders deutlich und lange an diesen obern Zähnen.

Da man in dieser Periode, sowie auch in den folgenden bei
Beurtheilung des Pferdezahnes hauptsächlich auf die Gestalt der
Reibefläche angewiesen ist, die Abreibung aber in dieser Hinsicht
größere Abweichungen darbietet, als in den früheren Perioden, so
ist eine so sichere Bestimmung des Alters wie früher nicht mehr
möglich. Es ist nur eine annähernde Schätzung möglich, bei welcher
noch andere Umstände mit in Rechnung gezogen werden müssen.
Hier gilt nun Folgendes.

Im, neunten Jahre sind die Kunden entweder ganz verschwun=
den oder so klein, daß sie nur noch Kunden=Spuren genannt werden kön=
nen; der Einbiß ist an den oberen Eckzähnen deutlich wahrzunehmen.

Im zwölften Jahre haben die Zähne jene Beißzangen=Stel=
lung gegen einander verloren,
welche sie noch im achten Jahre
hatten, und haben dunkel gefärbte
Rinnen, sie bilden im Profil
gesehen einen ziemlich spitzen Win=
kel und zeigt das ganze Schneide=
zahngebiß nicht mehr jene halb=
mondförmige Stellung, wie frü=
her, sondern nähert sich bereits
mehr der geraden Linie. Der
obere Hackenzahn ist häufig stark
abgenützt, nicht sowohl vom
Kauen, als von dem Spiel der

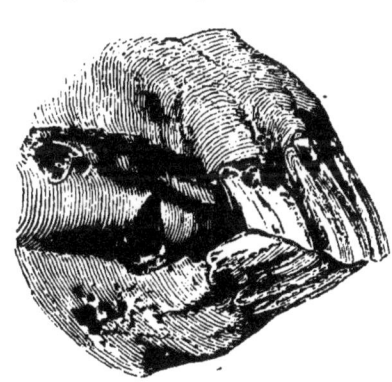

Fig. 201.   Zwölftes Jahr.

Zunge und von der Zäumung, während der untere häufig lang und
an seinem Zahnfleischrand von Zahnstein umgeben ist. Auch verliert

schon die Zunge an lebenskräftiger Derbheit und schiebt sich daher
in dem offenen Raume zwischen Schneidezähnen und Backzähnen
öfter heraus; der Hinterkieferrand ist scharf und die Backen sind
mehr flach.

§. 127.

Die rundliche Periode.

Nach der Abreibung von 6 Linien an der Länge eines Pferde=
schneidezahnes ist die Tiefedimension auf der Reibefläche der Breite
mehr gleich geworden und es entsteht hiedurch die Form eines
ziemlich gleichseitigen Dreiecks, was man aber rundliche Reibefläche
oder Form nennt (Fig. 202), deren Breite etwa 5, die Tiefe 4 Linien

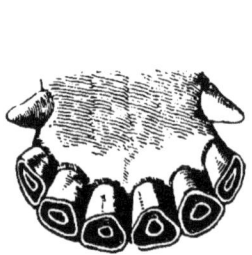

Fig. 202.
Dreizehntes Jahr.

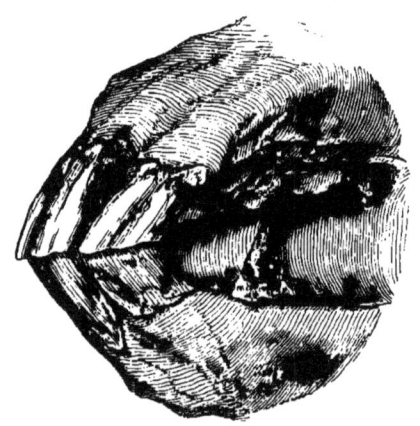

Fig. 203. Sechszehntes Jahr.

mißt; diese Periode beginnt an den Zangen mit dem dreizehnten
Jahre, dauert abermals 6 Jahre, also bis in's achtzehnte Jahr,
an den Mittelzähnen von dem vierzehnten bis in's neunzehnte Jahr,
an den Eckzähnen von dem fünfzehnten bis in's zwanzigste Jahr,
so daß diese Periode am Gebiß vom dreizehnten bis zum Ablaufe
des zwanzigsten Jahres dauert.

In diese Periode fällt auch das Verschwinden der Kunden=
spuren. Auf den Reibeflächen zeigen sich nämlich nach dem Ver=
schwinden der eigentlichen Kunden ovale oder ringförmige Zeichnungen
von Erhabenheiten der Glassubstanz, die eine seichte, wenig oder
gar nicht gefärbte Vertiefung umgeben; sie sind nichts anderes

als die Ueberreste der Kunden und zeigen sich in der ovalen Periode länglich und schmal, in der rundlichen Periode dagegen klein, rund. In der Regel sind sie nach dem fünfzehnten Jahre vollständig ver= schwunden. Zwischen dem 13. und 15. Jahre bildet sich dann am oberen Eckzahn abermals ein Einbiß. Nach dem Verschwinden der Kundenspuren, aber auch schon etwas vorher, dann hinter der Kundenspur liegend erscheint ein kreideweißer, oder ein bräunlicher, gelblicher, nicht scharf begrenzter Fleck, der als die Andeutung der nunmehr geschlossenen mit Knochensubstanz ausgefüllten Höhle der Wurzel des Schneidezahnes zu betrachten ist; wo diese Erscheinung hervortritt, gilt sie unbedingt als Zeichen eines sehr vorgerückten Alters. Um diese Zeitperiode hat nun auch der Zahnschmelz seine perlenartig weiße Farbe verloren; die Hackenzähne beider Kiefer sind stumpf, mit Zahnstein überkrustet, bald sehr kurz, bald sehr lang, und haben eine entschiedene Richtung nach auswärts ange= nommen; die Zunge ragt zwischen den Laden außerordentlich hervor und wenn man das Maul öffnet, fließt ziemlich Speichel aus; der Rand des Hinterkiefers ist scharf und etwas zurückgezogen, während die Schneidezähne sich mehr der horizontalen Richtung nähern; vom Profil gesehen, nimmt man im Hinterkiefer die Zangen kaum wahr, was von der gestreckten, mehr horizontalen Stellung der Zähne herrührt. Mit dem zwanzigsten Jahre hat sich die Ge= stalt des Gebisses insofern verändert, als man von vorn die unteren Zähne nur unvollkommen wahrnehmen kann; dies rührt daher, daß die Zähne eine noch mehr horizontale Richtung angenommen haben und sich unter einem sehr spitzen Winkel treffen. Die Zähne haben breite, tiefe und dunkelgefärbte Rinnen; zwischen den oberen Schneide= zähnen sind Zwischenräume, innerhalb deren sich oft Futterstoffe anhäufen, die eine schwarze Färbung annehmen. Der obere Hacken= zahn ist bräunlich und beinahe bis auf das Zahnfleisch abgenützt, der untere ist lang und von Zahnstein umgeben, oder beide sind nur noch rundliche Knöpfe. Die Zunge schiebt sich stark zwischen den Laden vor, die Maulschleimhaut erscheint arm an Gefässen, eingetrocknet und runzlich. Der Rand des Hinterkiefers ist sehr zurückgezogen und seine Seiten sind flach und verschmälert. Hier beginnt offenbar der Nachlaß der Natur, welcher sich in der folgenden Periode fortsetzt.

§. 128.

Die dreieckige Periode.

Nach einem weiteren Verlust von 6 Linien an der Länge des Schneidezahnes hat die Breite der Reibefläche noch mehr ab= und die Tiefe zugenommen, so daß die Form eines gleichseitigen Dreiecks, dessen Basis an dem Lippenrande der Reibe=

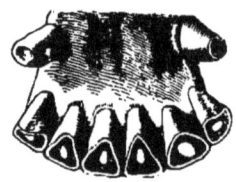

fläche liegt, entsteht (Fig. 204). Die Breite mißt etwa 4, die Tiefe 5 Linien. Diese Form tritt an den Zangen mit 18 Jahren ein, dauert abermals 6 Jahre lang, also bis zu 24 Jahren, beginnt an den Mittelzähnen mit 19 und dauert bis zu 25 Jahren, fängt an

Fig. 204.
Achtzehntes Jahr.

den Eckzähnen mit 20 Jahren an und dauert bis zu 26 Jahren, so daß die ganze dreieckige Periode vom achtzehnten bis in's sechsundzwanzigste Jahr an den Schneidezähnen andauert.

§. 129.

Die verkehrt ovale Periode.

Nach einer abermaligen Abreibung von 6 Linien hat sich die Breite so vermindert, dagegen die Tiefe so vermehrt, daß ein noch

·Fig. 205.
Vierundzwanzigstes Jahr.

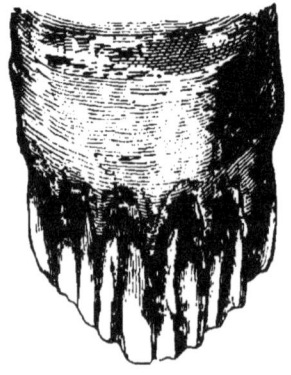

Fig. 206. Dreißigstes Jahr.

höheres gleichseitiges Dreieck, welches man aber verkehrt ovale Reibe= fläche nennt, sich bildet (Fig. 205), die Breite dieser Fläche mißt

etwa 3, die Tiefe 6 Linien. Sie beginnt an den Zangen mit 24 Jah=
ren, an den Mittelzähnen mit 25 Jahren und an den Eckzähnen mit
26 Jahren und dauert die ganze übrige Lebenszeit, also unbestimm=
bare Jahre hindurch, tritt jedoch um so deutlicher hervor, je älter
das Pferd wird. Alle die genannten Reibeflächenformen und Perioden
sind natürlich nicht scharf abgegrenzt, sondern sie gehen ganz all=
mählig in einander über, auch sind die Formen oft abweichend nach
Individualität des Pferdes, so daß es auch unmöglich wird, das
Alter auf das Jahr hin genau zu erkennen, ja sogar man kann oft
in Verlegenheit kommen, wenn man entscheiden soll, welcher Periode
diese oder jene Reibefläche eines Zahnes angehört, man muß daher
das Auge dazu einüben, die verschiedenen Formen richtig zu bestimmen
und sich begnügen, das Alter auf 2—3 Jahre hin constatiren zu können.

In dem höheren Alter treten die oben bei Betrachtung des
zwanzigsten Jahres näher berührten Veränderungen in verstärktem
Maaße hervor. Man kann die unteren Schneidezähne nicht sehen,
wenn man nicht dem Thiere den Kopf erhebt, was daher kommt,
daß die Zähne sehr horizontal liegen. Dabei ist der Winkel, unter
welchem sich die Schneidezähne treffen, sehr spitzig, die Abreibung
geht oft in unregelmäßiger Art vor sich, die schlaffe Zunge tritt
oft zwischen den Laden hervor, namentlich bei allgemeiner Ab=
schwächung des Thieres durch viele Leistungen und geringes Futter.

§. 130.
Abweichungen von den besprochenen regelmäßigen Veränderungen im Gebiß.

Eine besondere Beschaffenheit und Stellung der Zähne, Füt=
terungsart, zufällige ungünstige Einwirkungen und namentlich
mechanische Eingriffe aus betrügerischen Absichten u. s. w. können
Abweichungen von der Regel veranlassen.

Schon bei dem Ausbruche der Milchzähne bemerkt man zu=
weilen Regelwidrigkeiten, indem manches Fohlen schon fast alle
Schneidezähne zur Welt bringt, wogegen andere nach mehreren
Wochen noch keine Schneidezähne haben, oder es kommen deren
mehrere zugleich hervor und täuschen in der richtigen Beurtheilung
dieses so jugendlichen Alters. Am häufigsten ist jedoch der Zahn=

wechsel Regelwidrigkeiten unterworfen, denn zuweilen erfolgt der
Zahnwechsel ungewöhnlich frühe, zuweilen sehr verspätet, nicht selten
kommen Zangen und Mittelzähne gleichzeitig zum Wechsel; in manchen
Fällen wechseln auch die Eckzähne zu frühe, d. h. zugleich mit den
Mittelzähnen, häufig werden aber auch von Züchtern und Händlern
die Milchschneidezähne ausgezogen, um das Vorschieben der Pferdezähne zu beschleunigen und dem Pferde ein älteres Ansehen zu verschaffen. Wenn diese Beschleunigung des Zahnwechsels durch recht-
zeitiges Ausziehen der Milchzähne consequent getrieben wird, so
kann ein 4jähriges Pferd leicht zu einem 5jährigen gestempelt werden; hier kann den Käufer nur das fohlenmäßige Ansehen des Kopfes
und die Untersuchung der Backzähne leiten. Durch zu starke Abreibung findet zu frühes Erlöschen der Kunden statt, dies geschieht
am häufigsten an den Zangenzähnen, seltener an den Mittelzähnen.
Durch zu geringe Abreibung bleiben die Schneidezähne zu lang,
nicht immer in Folge regelwidriger Stellung der Zähne, oder wegen
besonders compakter Substanz derselben, sondern mehr wegen einer
die Zähne zu wenig abnützenden Fütterungsart u. s. w.; hierdurch
wird die richtige Beurtheilung des Alters gestört.

Um nun auch in solchen Fällen das Alter der Pferde einigermaßen bestimmen zu können, wird dem nach der Reibefläche sich er-
gebenden Alter die Zahl der die Normallänge übersteigenden Linien
des zu langen Zahnes beigezählt und so, wenigstens annähernd, das
wahre Alter des Pferdes ermittelt; zeigt z. B. ein Pferd an seinen
Schneidezähnen eine ganz quer-ovale Form der Reibeflächen und
ein Verhältniß der Breite zur Tiefe wie 6 zu 3 rc. ein Alter von
10 Jahren, die Zähne wären aber um 4 Linien zu lang, so würde,
jede Linie der übermäßigen Länge als ein Jahr gerechnet, das Pferd
als 14jährig zu beurtheilen sein. Schwieriger ist die Beurtheilung
bei schiefer Abreibung der Zähne, wo nämlich die Zähne der einen
Seite zu lang, die der andern Seite zu kurz erscheinen, im Allgemeinen gilt jedoch für sie auch das angegebene Verfahren. In
beiden Fällen halte man sich zugleich an die oben aus einander gesetzten Merkmale, welche aus der Profilansicht des Gebisses abgeleitet
werden können. Pferde z. B. mit Abweichungen in den Formen der
Reibeflächen, starker Abrundung in Folge des Krippesetzens, Barren-
wetzens, ungleicher, einseitiger Abreibung rc., überhaupt mit Schwierig-

keiten in Ermittlung des Alters nennt man Falschmerker, Zweifler, besonders ist diese Bezeichnung gebräuchlich, wenn bei solcher unregelmäßigen Abreibung noch Kunden auf den Reibeflächen einiger Zähne stehen geblieben sind, welche das ältere Pferd jünger erscheinen lassen. Solchen Unregelmäßigkeiten in der Abreibung sind besonders die Eckzähne unterworfen, welche oft schon in früheren Jahren eine dreieckige Form an ihren Reibeflächen erkennen lassen und alle Kunden und Kundenspuren verwischt zeigen, so daß man sie bei Beurtheilung des Alters gar nicht zu Rathe ziehen und blos die Zangen und Mittelzähne bei der Schätzung benützen kann.

Das Doppelgebiß besteht darin, daß die Milchzähne nicht aus= fallen, sondern eine doppelte Zahnreihe bilden, es erschwert nicht minder die richtige Ermittelung des Alters auch deßhalb, weil man in Zweifel ·geräth, zu bestimmen, ob die Milchzähne länger stehen geblieben, oder die Pferdezähne zu frühe ausgebrochen seien. Eine solche Doppelreihe kommt nie oder doch nur äußerst selten am ganzen Schneidezahngebiß vor, in den meisten Fällen zeigt sich dies nur an einzelnen Zähnen, namentlich an den Mittelzähnen und Eck= zähnen; ich habe ein vollständiges Doppelgebiß, durch ein Abbrechen des Körpers der Hinterkinnbacke im Fohlenalter veranlaßt, bei einem 8jährigen Pferde beobachtet.

Zuweilen fehlt im Gebisse ein Schneidezahn, so daß blos 5 Zähne zu zählen sind, ohne daß gerade immer ein Zahn durch Ausfallen verloren gegangen wäre, zuweilen zeigt sich auch eine Ueberzahl derselben;· gleichermaßen trifft man öfters einen Schnei= dezahn hinter die Reihe gesetzt und nahe an den Eckzahn gestellt. Endlich trifft man das Gebiß mangelhaft durch Zahnlücken, wobei entweder der natürlich ausgefallene Milchzahn durch keinen Pferde= zahn ersetzt wurde, oder der Pferdezahn durch äußere Gewaltthä= tigkeiten ausgestoßen oder ausgeschlagen, oder wohl nur abgebrochen wurde; in solchen Fällen schließt sich gewöhnlich die Zahnhöhle des Kiefers durch Ablagerung von Knochenmaterie und durch über= wachsendes Zahnfleisch und die noch übrigen Zähne der Reihe rücken allmählig gegen einander, so daß zuletzt die Zahnlücke fast ganz verschwindet, wenigstens nicht mehr der Größe des verlorenen Zahnes in ihrer Weite entspricht. Auch ist die ganz besondere Ab= rundung (Fig. 207), Abnutzung und theilweise Zerstörung der Reibe=

flächen der Schneidezähne (Fig. 208), durch Krippenbeißen, Barren=
wetzen, Koppen u. s. w. hieher zu zählen. An solchem Gebiß wird
zwar die Erkenntniß des Alters erschwert, aber zugleich weist es
den Beschauer auf die genannten Fehler des Pferdes deutlich hin.

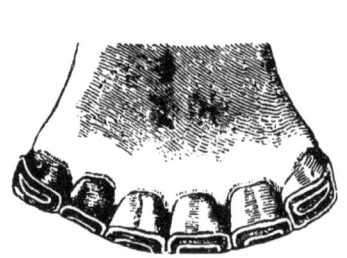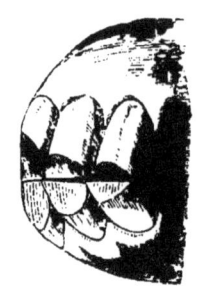

Fig. 207. Krippenseter.   Fig. 208. Barrenwetzer.

Veränderungen an den Zähnen werden häufig geflissentlich
und aus betrügerischen Absichten vorgenommen, um dem älteren
Pferde ein jüngeres Aussehen zu verschaffen, indem man auf der
Reibefläche eines Schneidezahnes, dem die natürliche Kunde sogar
die Kundenspur längst fehlt, eine künstliche Kunde mit dem Grab=
stichel eingräbt und mit einem spitzigen, glühenden Eisen braun oder.

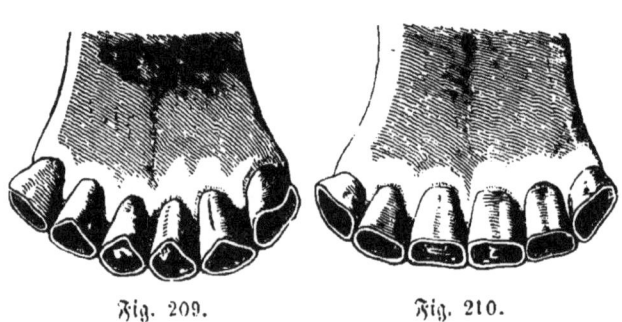

Fig. 209.   Fig. 210.
Gitschen   und   Mallauchen.

schwarz brennt, welche Operation man Gitschen oder Mallauchen
(Fig. 209 u. 210) nennt. Dieser Betrug ist leicht zu entdecken,
wenn man die Form der Reibefläche genau in's Auge faßt, ferner
wenn man die falsche Kunde mit einer natürlichen vergleicht, letztere
ist, abgesehen von ihrer Form, stets mit einem weißen, glänzenden

Ring von Glassubstanz umgeben, welcher immer der falschen, noch so künstlich nachgeformten Kunde fehlt. Wenn man endlich die Länge und Stellung des Zahnes betrachtet, so erscheint der natürlich kundende Zahn etwas gebogen aufwärts gerichtet, während der falsch kundende Zahn des ältern Pferdes mehr gerade nach vorwärts gestreckt steht. Schwieriger ist die Erkenntniß dieses Betrugs bei solchen Zähnen, wo man die noch vorhandene Kundenspur benützte und den Raum zwischen dem Elfenbeinring tiefer ausgrub und ausbrannte, allein auch hier führt die Kleinheit und Unregelmäßigkeit der gemallauchten Kunde, die zu starke Abnützung, die Stellung und Richtung der Zähne u. s. w. zur sichern Erkenntniß. Bei zu langen Zähnen, die als Zeichen des vorgerückten Alters allgemein gelten, soll auch das Absägen angewendet werden, allein der hiedurch errungene Vortheil ist nur gering, denn das weite Abstehen der Zähne, die veränderte Form der Reibeflächen, ihre schmalen Kronen zeigen das vorgerückte Alter noch viel deutlicher an, als die zu langen Zähne, welche immerhin auf ihren Reibeflächen eine jugendlichere Periode als die abgesägten zeigen müssen.

Um die Untersuchung der Zähne zu erschweren und um namentlich die genaue Unterscheidung künstlicher Kunden von den natürlichen zu verhindern, machen Pferdehändler die gemallauchten Pferde durch verschiedene Mißhandlung absichtlich kopfscheu, maulscheu, bringen sie auf Märkten durch speichelreizende Mittel zum Schäumen im Maule u. s. w., um bei Besichtigung des Maules und der Zähne die Reibeflächen und Kunden nicht klar erscheinen zu lassen. Es darf daher bei Handelspferden solche Kopfscheue schon Verdacht erregen, daß an den Zähnen mancherlei meist die Altersbestimmung Erschwerendes vorgenommen worden sei. Um die Abnützung der Zähne, namentlich der Kunden zu verzögern, werden in die Kunden zuweilen Stahl= oder Eisenstückchen eingekeilt, welche die Abnützung als harte Körper verhindern.

Die Beurtheilung des Alters setzt eine Gewandtheit im Umgange mit Pferden sowie eine sichere Kenntniß in der Zahnlehre voraus, um mit flüchtigem Blicke sogleich die Erscheinungen an den Zähnen zu sehen und die widernatürlichen oder künstlich nachgemachten Zustände unterscheiden zu können. Wer sich ein richtiges Urtheil über das Alter der Pferde verschaffen will, muß sich deßhalb eine große Uebung

durch die Besichtigung recht vieler Pferde zu verschaffen suchen, denn
hierin nützt die Praxis außerordentlich viel. Das zweckmäßigste
Verfahren bei Untersuchung der Schneidezähne besteht darin, daß
man durch den Besitzer das Pferd am Nasenbande der Halfter
festhalten läßt, dann lege man die linke Hand flach auf den Nasen=
rücken des Pferdes, greife seitlich zwischen den Lippen und den zahn=
losen Partien der beiden Kiefer mit der rechten Hand in das Maul
ein, erfasse die Zunge, ziehe sie seitlich heraus und sperre das
Maul des Pferdes dadurch auf, daß man den Knöchel des Zeige=
fingers gegen den Gaumen des Pferdes stemmt, so kann man sich
nun das Maul des Pferdes weit geöffnet erhalten, denn die nach
der linken Seite herausgezogene Zunge macht es dem Pferde unmög=
lich zu beißen. Mit der linken Hand kann man nöthigenfalls den
Schleim und Speichel, welcher sich an die Zähne angelegt hat und
die Formen der Zähne und Reibeflächen verdeckt, abwischen, um eine
recht deutliche Anschauung zu gewinnen.

Bei Pferden die man nicht kennt, oder die man ihrem ganzen
Benehmen nach als unartig zu fürchten hat, ist es sehr anzurathen,
daß man sich seitlich und nicht gerade vor dem Kopfe aufstelle, so
daß man nicht so leicht von dem mit den Vorderfüßen hauenden
Pferde getroffen werde, dieses Hauen ist besonders zu fürchten bei
Stuten, dann bei Hengsten und ist so gefährlich wie das Beißen. —
Die beste Uebung in Beurtheilung des Pferdealters aus den Zähnen
verschafft man sich in größeren Ställen, in Gestüten u. dgl., wo
man nicht nur Gelegenheit zur Vergleichung findet, sondern auch
in den Nationales das Alter aufgezeichnet somit Gelegenheit zur
Prüfung seiner Wahrnehmungen und Ansichten trifft. Sehr nützlich
zur Einübung der Lehrsätze ist ferner die Betrachtung der Zähne
an macerirten Kiefern, wenn auch nicht ausreichend zur Gewinnung
praktischer Fertigkeit, weil die Betrachtung und Beurtheilung eines
Gebisses am lebenden Pferde mancherlei Schwierigkeit hat, und weil
an macerirten Kiefern die Beschaffenheit des Zahnfleisches nicht mehr
zur Beurtheilung des Alters mit hereingezogen werden kann.

Am lehrreichsten sind immer noch diejenigen macerirten Kiefer=
präparate, bei denen Oberkiefer und Unterkiefer auf einer Unter=
lage so einander gegenüber gestellt sind, wie es bei Lebzeiten des
Thieres durch Kieferbildung und Zahnstellung bedingt war.

Benennung der Zähne	Ausbruch der Milch-Zähne	Ausfall der Milch-Zähne	Eintritt der Erfaßzähne in die Reihe	Abnußung der Kunden	Anfang und Ende der Perioden.				Ein Einbiß hat sich gebildet
					Quer-oval.	Rundlich.	Dreieckig.	Verkehrt oval.	
Zangenzähne, obere . .	0—7 Tage	2 1/2 J.	3 J.	9 J. J.	6—12 J.	12—18 J.	18—24 J.	24—x J.	
„ untere . .	0—6 Tage	2 1/2 J.	3 J.	6 J. J.					
Mittelzähne, obere . .	8 Wochen	3 1/2 J.	4 J.	10 J. J.	7—13 J.	13—19 J.	19—25 J.	25—x J.	
„ untere . .	8 Wochen	3 1/2 J.	4 J.	7 J. J.					
Eckzähne, obere . . .	6—9 Mon.	4 1/2 J.	5 J.	11 J. J.	8—14 J.	14—20 J.	20—26 J.	26—x J.	mit 9 u. 14 J.
„ untere . . .	6—9 Mon.	4 1/2 J.	5 J.	8 J. J.					
Hakenzähne, obere . . .	4 — 6								
„ untere . .	4 — 5								
Erster Backzahn	vor der Geburt	2 1/2—3 J.	im 4ten J.						
Zweiter Backzahn	vor der Geburt	3—3 1/2 J.	im 3ten J.						
Dritter Backzahn	vor der Geburt	4—4 1/2 J.	im 6ten J.						
Vierter Backzahn	1 J.								
Fünfter Backzahn	2 J.								
Sechster Backzahn	4 — 5								

Schneidezähne.

Sechster Abschnitt.

Betragen der Pferde.

––––

§. 131.

Da das Pferd während seiner Dienstleistungen in stetem Um=
gange mit Menschen steht, so ist sein Betragen gegen diese durchaus
nicht gleichgültig, indem Gesundheit und Leben des Menschen hievon
abhängt. Das Betragen des Pferdes wird zum großen Theil durch
das dem Pferde angeborene Temperament oder die Gemüthsbe=
schaffenheit bestimmt und man unterscheidet solcher Temperamente
beim Pferde vorzugsweise folgende:

Das feurige, lebhafte (sanguinische) Temperament zeigt eine
vorwaltende Erregbarkeit, die ein Pferd zu beträchtlicher Kraftan=
strengung verleitet, für welche sein Kräftevorrath für längere Dauer
nicht gewachsen ist. Es gibt sich zu erkennen durch Anhänglichkeit
an den Menschen und andere Thiere, Gelehrigkeit, Munterkeit, Lust
zu leichter Bewegung, jedoch Abneigung gegen anstrengende nicht
häufig abwechselnde Geschäfte, gegen öfteres ruhiges Stehen, wenig
Lust zu stetem und schwerem Zuge, Unzuverlässigkeit bei heftigen,
große Beständigkeit erfordernden Anstrengungen, wie z. B. beim
Ziehen großer Lasten über steile Berge u. s. w., durch rasches
Fressen, große Körperwärme, Blutreichthum zc.; so wünschenswerth
diese Eigenschaften des Pferdes auch für den Reitdienst sind, so wenig
taugen sie für Pferde des schweren Zuges.

Das träge, langsame (phlegmatische) Temperament charak=
terisirt sich durch geminderte Erregbarkeit, gelassenes Benehmen,
durch langsamere Bewegungen, Beharrlichkeit bei anstrengenden,
nicht zu vielen Kraftaufwand fordernden Arbeiten, Zuverlässigkeit
im schwerem Zuge, langsameres Fressen, wäßriges, langsam durch
die Adern laufendes Blut und große Anlage zu Fettansatz.

Das reizbare, leidenschaftliche (cholerische) Tempera=
ment veranlaßt das Pferd leicht zum Zorne, zum Eigensinne und

zur Widersetzlichkeit, es gibt sich zu erkennen durch große Leiden=
schaftlichkeit bei Befriedigung seiner Begierden und durch Zurück=
halten seiner Kräfte, daher es in seinem Benehmen oft dem trägen
und phlegmatischen Temperamente zu gleichen scheint, dagegen bei
der geringsten Anmahnung sogleich in Zorn entbrennt, seinem eigenen
Willen folgt, sich keineswegs ungewöhnlichen und unbilligen Zu=
muthungen widersetzt und daher blos bei sehr rücksichtsvoller Be=
handlung Zuverlässigkeit in seinem Dienste zeigt. Das Fressen ge=
schieht meistens rasch unter neidischem Umsichblicken und Abtreiben
der zudringlichen Nachbarn; Pferde dieses Temperaments legen meist
die Ohren, beißen und schlagen gerne, sehen immer mehr mager
aus, haben jedoch viele Kräfte, die sie indessen nur nach Laune dem
Menschen zur Verfügung stellen.

Das schüchterne, furchtsame, ängstliche (melancholische)
Temperament charakterisirt sich beim Pferde durch ängstliches, furcht=
sames Benehmen, Mißtrauen gegen ihm gemachte Zumuthungen,
Verdrossenheit im Geschäfte, Verhalten seiner Kräfte bei Bewegungen,
daher es nur immer das verrichtet, was man von ihm fordert.
Solche Pferde sind schreckhaft bei den geringsten Veranlassungen,
haben in Folge dessen Neigung zum Durchgehen, zur Widersetzlich=
keit aus Angst, sind langsame gleichgültige Fresser, zeigen verlang=
samte Ab= und Aussonderungen u. s. w., daher bei seiner Pflege
und Fütterung Vorsicht nöthig ist.

Zu einem gutartigen Charakter des Pferdes gehört vorzugs=
weise Anhänglichkeit an den Menschen, Bereitwilligkeit, sich dem
Willen des Menschen zu fügen, Gelehrigkeit bei Abrichtung zu den
verschiedenartigen Dienstleistungen, Beharrlichkeit bei den Anstren=
gungen des Dienstes, Unverdrossenheit bei mancherlei ihm wider=
fahrenden Unannehmlichkeiten, Muth und Standhaftigkeit bei ihm
drohenden Gefahren, Sanftmuth, Vertrauen im Umgange mit dem
Menschen und andern Thieren u. s. w. Zum bösartigen Charakter
dagegen zählt man Widersetzlichkeit gegen die Forderungen, Eigensinn
bei der Abrichtung, Stetigkeit im Dienste, sich äußernd durch Stehen=
bleiben, Zurückweichen, Ausschlagen, Steigen u. s. w., Scheue,
Schüchternheit bei den geringsten Veranlassungen, Bosheit und
Tücke im Umgange mit Menschen und Thieren und Unbezähmbar=
keit bei Befriedigung seiner Begierden. Zum großen Theile kann

man schon in Blick, Geberde und Stellung den Charakter eines
Pferdes wahrnehmen.

Das lebhafte, feurige Pferd hält Kopf und Hals hoch, spitzt
die Ohren, blickt mit klaren, weit geöffneten Augen umher, zeigt
weit geöffnete Nasenlöcher, wiehert bei Annäherung anderer Pferde
und duldet gerne Liebkosungen vom Menschen.

Das träge, langsame Pferd steht schläfrig mit gesenktem Kopfe
und Halse, hängenden Ohren, halbgeschlossenen Augen, mattem
Blicke, wenig geöffneten Nasenlöchern, schlaff herabhängenden Lippen,
stark gegen den Boden gestemmten Füßen, unaufmerksam und gleich=
gültig gegen alles, unempfindlich für die ihm vom Menschen ge=
spendeten Liebkosungen, geduldig bei der ihm zugefügten Unbill u. s. w.

Das reizbare, leidenschaftliche Pferd erhebt Kopf und Hals
nur mäßig, nimmt leicht eine zum Widerstande gerichtete Stellung
an, zeigt ein lebhaftes Spiel der Ohren, die es einzeln oder zu=
sammen bald vorwärts stellt, bald rückwärts legt, hat einen scharfen,
stechenden Blick, meist weit geöffnete Nasenlöcher, fest verschlossenes
Maul, zurückgezogene Hinterlippe, legt die Ohren tief zurück bei
der Annäherung eines Menschen oder eines Thieres, weist die
Zähne und rüstet sich bei Annäherung oder Berührung zum Beißen
oder Schlagen, ist nur empfänglich für Liebkosungen ihm bekannter
Menschen, futterneidisch im Stalle gegen andere Pferde und feind=
selig gegen ihm unbekannte Menschen und Thiere.

Das ängstliche, furchtsame Pferd verhält sich meist ruhig, in
sich gekehrt mit vorgestrecktem Kopfe und Halse, etwas rückwärts
gerichteten oder scharf auf jedes Geräusch gespitzten Ohren, weit
aufgerissenen Augen, mattem Blicke, weit geöffneten, etwas ver=
zogenen Nasenlöchern, immer zum Sprunge fertiger Stellung, miß=
trauisch gegen Liebkosungen, laut schnaubend bei Annäherung ihm
unbekannter Gegenstände und mit eingeklemmtem Schweife sogleich
das Weite suchend, durchgehend, ängstlich im Umgange mit andern
Pferden und von solchen leicht beim Fressen abzutreiben, beim Ge=
schäfte irre zu leiten u. s. w.

Das Benehmen des Pferdes zeigt sich übrigens auch nach
Lebensalter, Geschlecht, Dienstverwendung, Fütterung, Gewohnheit,
Behandlung, Localität und anderen Lebensverhältnissen verschiedenartig;.
so erscheint das Fohlen immer mehr schüchtern als das vollkommen

ausgebildete Pferd, das alte Pferd verdrossen, der Hengst immer feuriger, lebhafter, die Stute erregbarer und der Wallache träger, gleichgültiger, das dressirte Reitpferd klüger, erfahrener, das schwere Zugpferd gelassener, das Pferd, das stets bei mehreren andern im Stalle war, sehnsüchtiger nach Gesellschaft ꝛc.

§. 132.

Von den üblen Gewohnheiten der Pferde im Stalle und beim Dienste.

So anerkennenswerth die Diensttreue und Ausdauer des Pferdes im Allgemeinen ist, so finden wir doch bei jedem, sei es von edler oder gemeiner Race, von feurigem oder phlegmatischem Temperament, durch Dressur herangebildet oder roh, die Tendenz gegen den Willen des Reiters oder Lenkers sich zu stemmen und es ist daher Aufgabe jeden Reiters und Wagenlenkers, solche egoistische Bestrebungen seiner untergebenen Pferde zu bekämpfen. Werden diese nicht täglich und bei jeder Uebung niedergehalten, so macht sich die Oppo=sition geltend und daraus entstehen die mannigfaltigen Untugenden im Dienste. Aber auch in den Zeiten der Stallruhe ist das Pferd zu Untugenden und Unarten geneigt, welche theils als Spielerei, theils als Widersetzlichkeit auftreten und denen in vielen Fällen noch schwerer zu begegnen ist, als den vorigen.

Wir betrachten zuerst die während des Dienstes vorkommenden übeln Gewohnheiten.

Hieher gehören alle jene Untugenden, welche ihren Grund in den Steifungen verschiedener Skeletparthieen haben und die das Pferd in der Absicht veranlaßt, die Zügel unwirksam zu machen und dadurch über den Willen des Reiters zu siegen. Das Nicken mit dem Kopfe, das Aufwärtsschlagen mit dem Kopfe, das Sterngucken, das Verkappen, das Drängen in die Zügel sind ebenfalls Bewegungen; welche das Pferd in der Absicht unternimmt, der Zügelwirkung zu spotten. Nur das Drängen in die Zügel kann krankhafter Natur sein, indem es theils von Kopf=leiden, theils von Schwäche oder Schmerz im Hintertheile, nament=lich Sprunggelenksfehlern, herrührt. Sind dergleichen krankhafte Ursachen nicht vorhanden, so hilft gegen diese Untugenden die systematische Dressur auf der Reitbahn. In der angegebenen Rich=

tung krankhafte, sowie rohe Pferde haben auch die üble Gewohnheit,
daß sie nicht zurücktreten wollen; hier müssen Nebenumstände
entscheiden, ob die Sache Krankheit ist oder Widersetzlichkeit. Die
bereits genannten Fehler sind bei vielen rohen Pferden häufig und
verlieren sich bei rationeller Dressur. Das Steigen, wobei sich
die Pferde aus Widersetzlichkeit oder Scheu schnell erheben, ist für
den Reiter sehr gefährlich, und namentlich dann, wenn das Pferd
ein schwaches Hintertheil hat. Belastung des Vordertheils, sobald
man die Intention zum Steigen bemerkt, ist das beste Mittel, dem
Pferde diesen Fehler abzugewöhnen; wie überhaupt der Reiter in
der Art, wie er sein Gewicht auf das Pferd wirken läßt, ein Haupt-
mittel hat, um Steifungen und daraus entspringenden Unarten zu
begegnen. Weit schwerer ist dem Bocken zu begegnen, das ein
abwechselndes Steigen und Ausschlagen ist, wobei das Pferd den
Rücken in die Höhe schnellend krümmt, während es Hals und Ganaschen steift, und oft so lange fortfährt, bis der Reiter abgeworfen ist.
Die Sprünge des Bockens geschehen oft so rasch und mit solcher
Gewalt, daß der geübteste Reiter gezwungen ist, seinen Sitz auf-
zugeben und herabzuspringen, um nicht herabgeworfen zu werden.
Consequentes Schulen des Pferdes auf der Reitbahn und besonders
in der Uebung Schulter herein, sowie Anwendung dieser Stellung,
sobald man ihm anmerkt, daß es bocken will, sind die Mittel,
welche hiegegen zu gebrauchen sind. Unangemessene, unvorsichtige
und rohe Anwendung von Sporen und Peitsche, verbunden mit
falschen Zügelhülfen sind die Veranlassungen zum Schlagen nach
dem Sporn, nach dem Strang, zum Zurückkriechen hinter
dem Zügel, zur Unruhe beim Aufsitzen. Pferde, welche
erregbaren und furchtsamen Gemüthes sind, nehmen den Eindruck
von Hülfen, welche sie nicht verstanden und von Strafen, deren
Gerechtigkeit sie nicht eingesehen haben, so empfindlich auf, und solche
Eindrücke wurzeln so fest in ihrem Gedächtnisse, daß es schwer ist,
sie von ihrem einmal gefaßten Argwohn zurückzubringen. Bei allen
Fehlern, welche, wie die genannten, hieraus entstanden sind, ist
nur durch Geduld, Ruhe und Güte etwas auszurichten; sie werden
durch brüske Behandlung stets schlimmer. Das Schlagen nach dem
Strang und wenn Dinge, wie der Mantelsack die Kruppe berühren,
so wie das Schlagen nach dem Sporn kommt zuweilen von Kitz-

lichkeit her, namentlich bei rossigen Stuten; die Unruhe beim Auf=
sitzen ist zuweilen nicht sowohl Folge von Mißhandlung, als viel=
mehr begründet durch einen weichen Rücken, oft auch durch die
Gewohnheit mancher Reiter, ihren Pferden vor dem Aufsitzen etwas
zu geben, wie Zucker ꝛc., wo sie, wenn hieran gewöhnt, den fol=
genden Besitzer, der hievon nichts weiß, nicht aufsitzen lassen wollen,
ehe sie ihren Zucker haben.

Das Zungenstrecken und Stangenfassen rührt häufig von
der Zäumung her, wenn ersteres nicht Folge von Halblähmung der
Zunge ist. Gegen das Zungenstrecken helfen Vorrichtungen an dem
Mundstück des Gebisses, sog. Zungenspiele, oder ein ovales Blech,
bewegliche Drahtbögen, welche die Zunge verhindern, sich vorzu=
schieben. Gegen das Stangenfassen sind das beste Mittel Stangen
mit rückwärtsgebogenen Hebeln oder Fangriemchen an denselben.

Scheuen und Durchgehen sind Fehler, welche dem Reiter
Unannehmlichkeit und dem Fahrenden Gefahr bringen können. Die
Scheu ist in den meisten Fällen, wie schon oben bemerkt wurde, in
Kurzsichtigkeit begründet und veranlaßt, wenn nicht richtig behandelt,
das Pferd, leicht in den zweiten Fehler, das Durchgehen zu ver=
fallen, sie hat außerdem auch ihren Grund in Stallmuth, in sensi=
blem Gehör, Feuerscheu, und endlich in nervöser Reizbarkeit. So
gibt es Pferde, welche ganz rasend werden, wenn sie einen Eisen=
bahnzug sehen, ein Papier fliegen sehen oder es knistern hören,
viele, welche vor Eseln, vor Schweinen, andere, welche vor Rindern
scheuen, auch vor Fässern, Schiebkarren, Güterwagen mit einer
Bläue (Tuchdecke), andere fürchten das Feuer, die Schmiede. Man
thut sehr unrecht, ein Pferd dafür zu strafen, daß es scheu wird,
wenn man weiß, daß das Scheuen aus Furcht geschieht, denn es
ist ja ganz widersinnig, die Furcht vor einem ungewohnten Gegen=
stand durch Strafen austilgen zu wollen. Man lehre das Pferd
den Gegenstand seiner Furcht genauer kennen, gewöhne es in dessen
Nähe ruhig zu sein und wende Strafen nur dann an, wenn es sich
dieser Lection widersetzt oder, nachdem es sie verstanden, rückfällig
wird. Besondere Aengstlichkeit läßt sich schwer besiegen, man ver=
setze das Pferd in eine Lage, wo es stets mit dem gefürchteten
Gegenstand, wie z. B. Papier, in Berührung kommt und übe
durch andere Lectionen überhaupt dessen Gehorsam.

Die Stätigkeit ist das Gegentheil des Durchgehens, hat aber einerlei psychologischen Grund. Es ist in erster Linie Wider= setzlichkeit gegen den Herrn und zwar eine eigensinnige, trotzige. Die Beseitigung dieser beiden Untugenden ist nur durch Beharrlich= keit möglich und erfordert einen tüchtigen, couragirten, namentlich aber auch einen denkenden Reiter. Hat die Stätigkeit sich zur fixen Idee gesteigert, so ist die Heilung sehr schwierig und unsicher, die Hauptsache ist, wie bei der Behandlung aller Irren, auch hier Uebung des Gehorsams in allen andern Dingen und dann Be= handlung der Untugend.

Was nun die üblen Gewohnheiten des Pferdes im Stalle be= trifft, so sind diese folgende:

Das Maulschlagen besteht darin, daß die Pferde außer der Futterzeit beständig die Lippen aneinander schlagen; öfters geht diese Unart dem Koppen, namentlich dem Luftkoppen voran.

Das Speichelschlürfen, Sürfeln besteht darin, daß die Pferde den Maulspeichel zwischen den Lippen aus= und einschlürfen, wie wenn sie Wasser tränken.

Das Barrenwetzen ist eine Unart, bei welcher die Pferde bei geöffneten Lippen mit den festgeschlossenen Schneidezähnen immer in und an der Krippe hin und her reiben und sich damit oft die Zähne bis zur Mißgestalt, namentlich wenn sie an steinernen Krippen stehen, abreiben; sehr häufig geht auch dieser Fehler dem eigentlichen Koppen voran.

Beim Krippenbeißen beißen die Pferde mit weit geöffnetem Maule bei Gelegenheit des Putzens, des Sattelns 2c. in den Rand der Krippe oder in die Leitern der Raufen; es ist auch öfters der Anfang des Koppens.

Das Nagen ist eine üble Gewohnheit der Pferde, wobei sie fast alle Gegenstände benagen und namentlich die hölzernen Krippen, Raufen, Lattirstangen u. s. w. verderben.

Das Lederfressen besteht in einer besondern Lust, Leder vom Geschirr, Sattel und Zeug, Halfterriemen, Gurten, Teppiche an sich oder an den nebenstehenden Pferden zu zernagen und sogar zu fressen.

Das Koppen, Köken, Krippensetzen ist eine häßliche, zuweilen nachtheilige Gewohnheit der Pferde, wobei dieselben den Kopf in

eigenthümlicher abgebogener Stellung und Bewegung, die Kehle
krampfhaft zusammenziehend einen lauten Ton (Rülps), wobei entweder
Luft verschluckt oder aus dem Magen ausgestoßen wird, vernehmen
lassen; je nachdem die Pferde hiebei den Kopf auf einen festen
Gegenstand, Krippe, Raufe, Lattirstange, angespannte Halfterkette,
selbst auf das eigene Knie stützen, oder ohne Aufsetzen, koppen,
gleichsam nach der Luft schnappen und beißen, unterscheidet man sie
als Krippensetzer, Aufsetzkopper oder Luftkopper. Sehr
häufig findet man bei Koppern schlechte Verdauung, eine Anlage
zu Koliken und dgl. als Ursache und als Folge des Koppens. Ob
beim Koppen atmosphärische Luft in den Magen eingepumpt oder
Gase die sich im Magen erzeugen aus ihm ausgetrieben werden,
kann keine Streitfrage sein, wenn man sich daran erinnert, daß
der Magen durch den an seinem Schlundende befindlichen Muskel
hermetisch verschlossen ist und die Erfahrung der in Folge des
Koppens entstehenden Windkoliken vor Augen hat. Man kennt
gegen dieses sonderbare Luftschlucken nur in dem Falle ein wirk=
sames Mittel, wenn dabei aufgesetzt wird. Dieses besteht darin,
daß man dem Pferd die Krippe auf den Boden setzt und es so an=
bindet, daß es die Lattirstange oder den Kastenstand nicht erreichen
kann; es ist ihm so unmöglich zu koppen. Gegen das Luftkoppen hilft
ein gut angelegter Koppriemen, oder das Einlegen eines dicken hohlen
Mundstückes, die verschiedenen Kopphalfter, z. B. mit den Halbkugeln,
mit der Krücke, mit den Zacken, haben sich als unpraktisch erwiesen.

Das Halfterabstreifen besteht darin, daß die Pferde na=
mentlich zur Nachtzeit das Halfter, wenn es nach gewöhnlicher
Art auch gut angelegt ist, durch geschickte Wendungen des Kopfes
und Halses abstreifen, lose im Stalle umherlaufen, hiedurch nicht
nur die Ruhe im Stalle stören, sondern sich und andere Pferde
Beschädigungen durch Schlagen u. dgl. aussetzen, oder durch Ueber=
fressen an den im Stalle aufbewahrten Futtervorräthen Schaden
nehmen. Hiegegen ist das Sperren des Pferdestandes mittelst einer
Kette, eines Seils oder einer Stange anzuwenden, oder es muß
das Genickstück des Halfters mit einem besonderen Halsriemen oder
einer Halsschelle von Eisen in Verbindung gesetzt werden.

Das Aderbeißen besteht darin, daß die Pferde juckende
Hautstellen beißen, so daß sie oft stark bluten; dies wird von

manchen Pferdekennern als ein instinktmäßiges eigenes Ueberlassen
betrachtet, zeigt aber bei genauer Untersuchung stets eine sehr thätige
sogar empfindliche reizbare Haut, Hautausschläge, Knoten u. dgl.
als Ursache.

In die Halfterkette hängen ist eine üble Gewohnheit,
wobei die Pferde so weit, in ihrem Stande zurück weichen, daß
ihnen die stark angespannte Halfterkette zum Stützpunkt dient; sie
wird besonders gefährlich, wenn es bis zum Zurückreißen im
Stande sich steigert, wodurch Ueberschlagen, Stürzen u. s. w. vorkommt, wenn die Halfterkette bricht. Auch hiegegen ist das oben erwähnte Sperren des Pferdestandes anzuwenden.

Ueber die Halfterkette treten ist eine üble Gewohnheit,
wobei die Pferde so lange die Vorderfüße gegen die Krippe in die
Höhe heben, hauen und spielen, bis sie in die Halfterkette getreten
sind und sich darinnen verfangen haben, wodurch aber zuweilen gefährliche Verletzungen an den Füßen entstehen. Die Veranlassung
hiezu sind lebhaftes Temperament, unbefriedigter Appetit, Neigung
zum Kratzen in Folge leichter Verletzungen im Fessel, wie solche
beim Reiten auf Stoppelfeldern, bei Mauke ꝛc. vorkommen. Das beste
Mittel hiegegen ist das Anbinden der Pferde an eine Kette mit einer
Laufstange in der Mitte des Standes, Gewichte an den Ketten.*

Leineweben heißt man ein beständiges Hin- und Her-
treten des Pferdes mit seinen Vorderfüßen vor seiner Krippe oder
in einem Laufstalle, wobei seine Last bald auf den rechten, bald
auf den linken Vorderfuß verlegt wird; diese häßliche Gewohnheit
hat die nachtheilige Folge, daß das Pferd einen weiten Stand in
seinen Vorderfüßen, an den innern Wandungen des Hornschuhes
Formveränderungen, Verschiebungen und Einbiegungen der Hufwand
erhält und durch freiwilliges Verzichten auf die zur Erholung
nöthige Ruhe an Schwäche leidet, an Ausdauer verliert. Diese Untugend läßt sich nur durch consequente, Tag und Nacht fortgesetzte
Beobachtung und Strafe mit dem Kappzaum und durch Engestellung
der Füße mit kurz geschnallten Fesselriemen wegbringen. Letzteres
Mittel dient auch gegen die vorhergenannte Unart.

---

* Ueber zweckmäßige Einrichtungen der Ställe, um diesen verschiedenen Untugenden vorzubeugen oder um sie unschädlich zu machen, siehe Jahrbuch für
Pferdezucht v. Tennecker 1847. Seite 187—342.

Das Anlehnen mit dem Hintertheil an die Standsäulen und das Reiben mit dem Schweife an demselben ist oft blos eine üble Gewohnheit, oft aber durch eine gewisse Reizbarkeit im Schweife, Unreinlichkeit, durch Ausschläge oder durch Insecten im After verursacht, und nachtheilig durch Verunstaltung des behaarten Theils des Schweifs. Hiegegen wendet man die Schweifscheiden, Nagelbürsten und schiefe Parierstangen am hinteren Ende des Schappelholzes an, so daß das Pferd die Standsäule gar nicht mehr erreichen kann.

Das Schildern ist eine eben so häßliche als auch unter Umständen gefährliche Gewohnheit der Pferde, wobei dieselben den einen Hinterfuß auf der Krone des andern aufstellen, woburch, namentlich bei dem geschärften Winterbeschlage Gelegenheit zu oft sehr tief gehenden Kronentritten gegeben ist. Man schütze die Krone durch lederne Kappen, durch Pantoffeleisen.

Widersetzlichkeit beim Putzen, Satteln und Beschlagen ist eine sehr üble Gewohnheit der Pferde, welche oft in angeborner Bösartigkeit, oft aber auch in Mißtrauen, Furcht wegen vorausgegangener Mißhandlungen begründet ist und den Umgang mit Pferden beschwerlich und gefährlich macht.

Kitzeligkeit unter dem Schweife, wobei die Pferde weder den Schweif aufheben, noch den Schweifriemen des Sattels und Geschirrs anbringen lassen, ist oft blos eine üble Gewohnheit, oft aber auch in großem Kitzel bei sehr gesteigertem Geschlechtstriebe, namentlich bei Stuten, begründet.

Das Schlagen gegen den Mann oder gegen andere Pferde ist eine sehr schlimme Untugend, die erste Art ist meist durch rohe Behandlung, die zweite durch Geschlechtsreiz, Neid herbeigeführt. Ruhe und Festigkeit, namentlich Unterlassen aller Spielereien und Neckereien mit den Pferden, sind die einzigen Mittel, ihnen dies abzugewöhnen. Am gefährlichsten sind die Schläger, welche ohne weiter eine Miene des bösen Willens blicken zu lassen, rasch mit einem Hinterfuß ausstreichen, um den Vorübergehenden zu treffen. Beinahe eben so häufig ist das

Beißen und wird von den Pferden in der Regel durch Legen der Ohren angezeigt, so daß man sich schützen kann. Indessen gibt es auch Beißer, die, ohne solche Miene zu machen, den Mann plötzlich packen und furchtbar verwunden. Falsche Behandlung des

Pferdes und Futterneid sind die Ursachen, und abzugewöhnen ist Beißern ihre Untugend schwer; nur wer sich mit ihnen vertraut gemacht hat, ist sicher.

Manche Pferde haben die üble Gewohnheit, nicht nieder zu liegen; dies kommt vor entweder bei alten und steifen Pferden, welche befürchten nicht aufstehen zu können, oder bei Lungenkranken, denen das Liegen beim Athmen Bangigkeiten macht.

Das Schlingen ohne zu kauen kommt bei gierigen Fressern oder schlechtem Gebiß vor und veranlaßt mangelhafte Ausnützung des Futters. Man füttre solchen Pferden den Haber stets mit Häcksel vermischt, oder, man gebe jenen gequetscht oder gerissen.

Zu erwähnen sind auch noch die mehr unangenehmen als nachtheiligen Spielereien, welche die Pferde im Uebermuthe, oder aus Langeweile oder um sich eine ihren Ohren eben zusagende Musik zu machen, ausüben, z. B. das Rucken an den Halfterriemen, um die Rollen schnarren oder schrillen zu lassen, das Klappern mit der Kette an eisernen Trögen, das Plappern mit den Lippen, das Schnalzen und Luftsaugen mit der Zunge und den Lippen u. dergl.

Siebenter Abschnitt.

Beurtheilung des Gesundheitszustandes des Pferdes.

§. 133.

Kraft, Gewandtheit und Ausdauer sind Eigenschaften, welche stets einen möglichst vollkommenen Gesundheitszustand voraussetzen. Die Kraft des Pferdes wird durch die Ernährung erzeugt und erhalten und der Ernährungszustand erscheint daher auch zunächst der Untersuchung werth. Pferde, die gut fressen, arbeiten auch gut, zum guten Fressen gehört vor allem Appetit, der sich durch lebhaftes Verlangen nach dem Futter, Scharren und Stampfen mit den Füßen, Wiehern, sehnsüchtiges Umblicken nach dem Futter u. s. w. aus-

spricht, das dem Pferde vorgelegte Futter muß zwar rasch aufge=
nommen, aber demungeachtet gut zerkaut, durchspeichelt und in nicht
zu großen Bissen abgeschluckt werden; das Pferd darf während des
Fressens nicht aussetzen und soll die Krippe so rein leeren, daß
nichts mehr, namentlich kein Korn, vom Futter darin bleibt. Zu
gierig fressende Pferde verdauen schlecht, zu langsam fressende sind
träge, müde oder kränkeln und halten im Füttern zu lange auf;
leckere Fresser verderben viel Futter und ernähren sich nicht gut;
im Fressen aussetzende Pferde sind entweder kollerig oder sonst
krank. Viele kranke Pferde verschmähen den Hafer und fressen lieber
das Heu, leckere Pferde lassen dagegen das Heu stecken und ver=
zehren lieber den Hafer. Kollerige Pferde nehmen das Heu nicht
gern aus der Raufe, sondern lieber aus der Krippe, oder gar vom
Boden und setzen während ihres ohnehin langsamen Fressens öfters
aus, behalten das unvollständig gekaute Futter im Maule. Viele
Pferde saufen zu hastig und erkälten sich hiedurch leicht auf Märschen,
manche Pferde saufen auffallend viel und deuten hiedurch zuweilen
entzündliche Zustände an. Bei Hals= und Schlundkopfleiden fließt
das Getränke wieder zu den Nasenlöchern heraus.

Der Erfolg der Futteraufnahme muß sich auch in der Körper=
beschaffenheit aussprechen und das Pferd, welches das ganze Jahr
hindurch in einer regelmäßig guten Fütterung und in mäßiger Arbeit
steht, soll auch gut gerundet sein, ein glattes glänzendes Haar haben
und in seinem Dienste Kraft und Lebhaftigkeit zeigen; das Pferd,
das bei gutem Futter mager ist, schlechtes Haar besitzt und sich
nicht kraftvoll erweist, ist krank oder sehr alt. Manche Pferde
bleiben trotz der reichlichsten Fütterung mager, erweisen sich aber
demungeachtet im Dienste kräftig und ausdauernd, während andere
zwar gut bei Leibe sind, dagegen im Dienste doch nur wenige
Kräfte und Ausdauer zeigen. Mit der Futteraufnahme muß auch
die Absetzung des Mistes in richtigem Verhältnisse stehen; bei guter
Verdauung muß der Mist nur unverdauliche Stoffe enthalten, viele
darin befindliche unversehrte Haferkörner rc. deuten auf geschwächte
Verdauung, dem häufig eine mangelhafte Einspeichelung bei hastigem
Fressen und ungenügendem Kauen zu Grunde liegt, hin. Zu
langsame Ausscheidung namentlich eines sehr trockenen klein= und
festgeballten Mistes verkündet Trägheit in der Darmthätigkeit, ent=

zündliche Zustände; zu sehr beschleunigte und häufige Darmaus=
sonderung entzieht dem Körper zu viele ernährende Stoffe und ver=
anlaßt Mattigkeit und Kraftlosigkeit z. B. bei Durchfällen, oder
wenn durch stärkere Anstrengung und raschere Bewegung die Be=
wegungen des Darmkanals sich zugleich beschleunigten, wie man dieß
bei einzelnen Pferden findet, welche dann keine Ausdauer haben.
Eigentliche Verstopfung entsteht oft in mangelhafter Darmthätigkeit
oder durch gewisse Futterstoffe, oder durch Steine und andere fremde
Körper in dem Darmkanale, und durch verschiedenartige Krank=
heiten, namentlich bei Koller und Entzündungen. Häufig abgehende
Winde zeugen von widernatürlicher Luftentwicklung im Darmkanal
bei verschiedenen Krankheiten, Abgang von Würmern von über=
mäßiger Wurmbildung, die sich bei fehlerhafter Beschaffenheit des
Darmschleimes gerne erzeugen. Im gesunden Zustande setzt das
Pferd, je nach Fütterung, Bewegung und sogar Witterung ver=
schieden, alle 3—4 Stunden den Mist in mehreren kleinen locker
zusammenhängenden Ballen von dunkelbrauner Farbe, bei der
Arbeit in noch kürzeren Zeiträumen ab. Alle Pferde misten bei
Grünfütterung häufiger als bei Trockenfutter. Bei Absonderungen
eines sehr hellgefärbten fast weißgelben Mistes können wir Störungen
in der Gallensecretion, also Krankheiten der Leber vermuthen.

Das Athmen ist ein wesentliches Lebensbedürfniß, namentlich,
wenn irgend eine Thätigkeit vom Organismus verlangt wird. Das
Pferd athmet im gesunden Zustande 10—12mal in der Minute,
ohne auffallende Bewegung der Nasenlöcher, der Rippen und des
Bauches, auf mäßige Bewegung im Schritte vermehrt es sich nur
wenig und beruhigt sich in wenigen Minuten, so wie das Pferd
stille steht; die Bewegung im Trabe, im Galope, beim schweren
Zuge u. s. w. steigert jene Zahl allerdings auffallend, allein so wie
das Pferd angehalten wird, muß es sich doch bald beruhigen. Im
Sommer bei großer Hitze athmen die Pferde immer rascher als im
Winter und bei kühler Luft, da letztere bei einem Athemzuge mehr
Sauerstoff, welcher den Lebensproceß bedingt, enthält. Jede Ab=
weichung von diesen regelmäßigen Vorgängen gilt als bedenklich,
und Pferde, welche mit auffallender Bewegung der Nasenlöcher,
der Rippen und des Bauches athmen, leiden an krankhaften Ver=
änderungen lebenswichtiger Organe; besonders verdächtigt das Athmen

in doppelschlägiger Art mit deutlicher Erschütterung des ganzen Körpers unter sichtbarer Anstrengung und Mithülfe der Bauch= muskeln das Pferd des Dampfes; ein ähnliches sehr angestrengtes mit Flankenschlagen verbundenes Athmen bildet auch die begleitende Erscheinung vieler allgemeiner Krankheiten und selbst auch das Kennzeichen des nahen Todes. Pfeifendes Athmen (Rohren), das oft mehr den Handelswerth als die Gebrauchstüchtigkeit stört, entsteht in Folge von Verengung der Luftwege, überhaupt bei Hinder= nissen des freien Durchströmens der Luft, wie bei Kehlkopf=Muskel= contractionen, Halsentzündungen, Verknöcherung des Kehlkopfes, Ver= dickungen der auskleidenden Häute u. s. w. und begründet, wenn es mit chronischem Schwerathmen verbunden ist, eine eigene Art des Dampfes, den sogenannten Pfeiferdampf. Stöhnendes, schluch= zendes, röchelndes und rasselndes Athmen erscheint bei manchfachen Krankheiten als mehr oder weniger bedenkliches Symptom. Mit Husten begleitetes Athmen deutet auf Reizung in den Luftwegen.

Der Husten läßt sich aber auch bei ganz gesunden Pferden durch einen mit der Hand am Kehlkopf angebrachten mäßigen Druck erregen und gibt das Erkenntnißmittel des Gesundheitszustandes in diesen Organen ab, bei gesunden Pferden ertönt der künstlich erregte Husten frei, kräftig und laut, mit guter Resonanz des Brust= korbes, bei krankhafter Reizung kurz, schwach, dumpf, bei entzünd= lichem Zustande der Lungen kurz, trocken und beschwerlich, bei ge= brochener Entzündung und reichlicher Schleimabsonderung locker, feucht und von einem Auswurfe durch die Nase begleitet, bei Ver= dichtungen, Verhärtungen und anderweitigen Entartungen des Lungen= gewebes dumpf, kurz abgebrochen mit sichtlicher Anstrengung der Rippen und Flanken.

Ein gesundes Pferd hat ein glänzendes, glatt, am Leibe an= liegendes Haar: gesträubtes, struppiges, glanzloses Haar über den ganzen Körper ist entweder ein Zeichen schlechter Ernährung und fehlerhafter Hautthätigkeit oder von chronischen krankhaften Zuständen, periodisches Sträuben der Haare ist dagegen das Zeichen von Un= behaglichkeit und Frieren oder eines fieberhaften Zustandes. Strup= pige Haare an einzelnen Körperstellen deuten auf örtliche Leiden, Aus= schläge u. dgl., ein leichtes Ausgehen der Haare außer der Haarungs= zeit bedeutet große Schwäche und allgemeine Auflösung, also in

Krankheiten große Gefährlichkeit. Im gesunden Zustande ist die Haut unter den Haaren mit feinem Staube bedeckt, der durch das Striegeln und Kartätschen leicht davon entfernt werden kann, schmierige Beschaffenheit oder übermäßige Menge solchen Staubes trifft man bei kranken Pferden. Das gesunde und gut genährte Pferd geräth nicht leicht in Schweiß, und wenn dieser ausgebrochen ist, trocknet er wieder bald; leicht zu erregender, auf mäßige Anstrengungen oder sogar im Stalle entstehender Schweiß beweist mangelhafte mehr extensive Ernährung, Schwäche oder krankhafte Zustände, zäher klebiger Schweiß deutet bedenkliche Allgemeinleiden an.

An der Haut erscheinen auch mancherlei krankhafte Zustände, als: Raude, Flechten, Beulen, Knoten u. s. w. Eine kahl machende Flechte kommt besonders gerne am Kopfe, im Gesichte vor und verunstaltet das äußere Ansehen des Pferdes in hohem Grade, außerdem erscheinen flechtenartige Ausschläge auch am Halse, unter dem Sattel, an den Gliedmaßen u. s. w. Krätze zeigt sich bald nur an einzelnen Körperstellen, bald über den ganzen Körper verbreitet. Gewisse Arten des Ausschlages, wie das Beulenfieber und die Nesselsucht, bestehen blos vorübergehend. An verschiedenen Stellen wird durch beständigen Druck vom Geschirre das Hautgewebe in der Art verändert, daß Geschwülste verschiedener Größe, als Schwielen, Schwämme u. dgl. erzeugt werden, welche nach Umständen der Gebrauchsfähigkeit nachtheilig werden, außerdem aber dem Pferde ein häßliches Aussehen verleihen, wie dies mit den schwieligen Stellen am Kamme, auf den Schultern, an der Brust u. s. w. bei Frachtpferden der Fall ist. Aftergebilde, Warzen, Melanosen, Balggeschwülste zeigen sich von sehr verschiedener Größe und nach den Theilen, an welchen sie vorkommen, von verschiedener Bedeutung.

Beim gesunden Pferde sollen die Augen klar und rein sein, die Nasenschleimhaut leicht geröthet, mit feinem Schleime befeuchtet sich darstellen, das Maul eine lebhafte Röthung zeigen und mit feinem, unter dem Zaume leicht schäumenden Schleim und Speichel befeuchtet sein, im Kehlgange sollen sich alle Theile deutlich und rein abscheiden, es soll die Haut allenthalben gut anliegen, mit schlichten glatten Haaren bedeckt, der After und Wurf straff und wohl verschlossen sein, der Schlauch weich, nur mäßig groß erscheinen, die Ruthe leicht ausgeschachtet, leicht wieder zurückgezogen und der Harn ohne Beschwerde entleert werden können, nebst dem soll das Geschröte bei Hengsten sein, glatt und sehr am Leibe angezogen sein, das Euter bei Stuten soll sich fein, klein und weich darstellen u. s. w.

Das gesunde Pferd soll im Stalle aufmerksam, beim Geschäfte thätig und sonst immer munter und lebhaft sein, gerne an die Arbeit gehen, von der Arbeit in den Stall zurückgekehrt alsbald fressen, des Nachts gut liegen und nach der Ruhe wieder erfrischt und munter erscheinen. Viele sehen es als Zeichen der Gesundheit an, wenn Pferde von der Arbeit in den Stall zurückgekehrt und abgeschirrt, sich alsbald schütteln oder sich legen und in der Streu wälzen, sodann aufspringen und fressen. Ein gutes Zeichen der Gesundheit ist, wenn die Pferde gleich nach ihrer Ankunft im Stalle den Harn absondern, d. h. stallen, und auch bald misten, namentlich gilt solches bei Hengsten und Wallachen, weil dieselben oft durchaus nicht im Freien auf der Straße stallen wollen. Als krank gilt das Pferd, das im Stalle in sich selbst versunken da stehet, ohne auf das im Stalle Vorgehende aufmerksam zu sein, das mit zu großer Trägheit nur verdrossen an die Arbeit geht, bei der Arbeit matt und faul ist, von der Arbeit in den Stall zurückgekehrt nicht alsbald frißt, des Nachts nicht liegt und durch gutes Futter und angemessene Ruhe nicht erfrischt und ermuntert wird.

Achter Abschnitt.
Die verschiedenen Dienste des Pferdes.

----

§. 134.

Für jede Dienstleistung des Pferdes sind bestimmte Eigenschaften erforderlich, daher es kein Pferd gibt, das zu allen Dingen gleich tauglich wäre, besonders da in den verschiedenartigen Diensten einzelne Anforderungen gemacht werden müssen, welche sich mit anderweitigen Dienstverwendungen nicht vertragen. Das Pferd wird entweder zum

Reiten, zum Fahren oder zur Zucht, entweder zu diesen einzelnen ausschließlich oder zu mehreren dieser Zwecke zugleich verwendet. Beim Reitdienste kann man weiter abscheiden in Reitpferde zu Wett= rennen, in Reitpferde für die Reitbahn, in Reitpferde für den Luxus und das Vergnügen, in Reitpferde für den Kriegsdienst, in Reit= pferde für Reisen, in Reitpferde für die Dienerschaft u. s. w. Beim Zugdienst unterscheidet man schwere Zugpferde für das Frachtfuhr= wesen, Zugpferde für landwirthschaftliche Geschäfte, Zugpferde für das Postwesen, Zugpferde für den Kriegsdienst, Zugpferde für den Luxus und den gewöhnlichen bürgerlichen Gebrauch. Für den Last= dienst unterscheidet man das Pferd als Lastpferd, Saumroß der Gebirgsländer und als Packpferd für den Kriegsdienst. Die Zucht= pferde unterscheidet man nach den Züchtungszwecken, nach ihrer Ab= kunft in edle und gemeine, Vollblut, Halbblut, für den Reitdienst, Wagendienst u. dgl. ab.

Jeder dieser Zwecke setzt allgemeine und besondere Eigenschaften voraus, die sowohl im gesammten Körperbau, als auch in der Beschaffenheit der einzelnen Glieder, in der Gestalt, Größe, Alter, Charakter u. s. w. begründet sind.

§. 135.
Reitpferde.

Die erste Forderung an das Reitpferd ist die Fähigkeit, die Last des Reiters zu tragen und sich mit ihr gewandt zu bewegen, daher wird ein guter Rücken= und solider Fußbau das Nothwendigste im Körperbau sein. Weitere Forderungen erstehen bei den besondern Leistungen der Reitpferde sowohl im Körperbaue als auch in den übrigen Eigenschaften.

Das Rennpferd, bestimmt, in kurzer Zeit beträchtliche Räume zu durchlaufen, muß leicht gebaut sein, lang gestreckte Füße haben, eine sehr kräftige, mehr sehnige Muskulatur besitzen, haupt= sächlich aber von gutem, ungetrübtem Athem sein. Es werden, da bei seinen Leistungen Schnelligkeit die Hauptsache ist, dieser selbst andere Eigenschaften geopfert; diese Schnelligkeit ist jedoch nie vollkommen von Natur im Pferde vorhanden, sondern muß erst durch eine eigene Vorbereitung, das Trainiren, entwickelt und ausgebildet

werden. Das Rennpferd wird meist aus Racen gewählt, bei deren
Züchtung schon auf jenen Zweck hingearbeitet wird, wir sehen nament=
lich, daß im Skeletbau der betreffenden Thiere die mechanischen Ver=
hältnisse, die Ausbildung der Hebelarme an den Knochen, nament=
lich der Gliedmaßen, mehr die Schnelligkeit als Kraft und Aus=
dauer begünstigen.

Das Schulpferd soll seine Bewegungen mit Anstand und
Präcision ausführen, es muß vollkommen regelmäßig gebaut sein,
darf keine körperlichen Gebrechen haben, soll gelehrig, willig, dabei
aber lebhaft sein und Kraft, Gewandtheit und Ausdauer vereinigen.
Da diese Eigenschaften nur bei den edlern schon vollständig ausge=
bildeten Pferden zu treffen sind, so muß es auch immer nur aus
den edlern Racen und in einem Alter von mindestens 7 Jahren
gewählt werden, denn beim gemeineren Pferde lohnt sich wegen des
geringern Erfolgs die aufgewendete Mühe nicht. Da man vom
Schulpferde im engeren Sinne, das für die sogenannte hohe Schule
ausgearbeitet werden soll, verlangt, daß es alle Bewegungen mög=
lichst im Gleichgewichte, mit hoher Action und ohne viel Raum zu
überschreiten, mache, so muß ein solches Pferd vorzugsweise ein sehr
kräftiges Hintertheil, eine erhabene Vorhand, kurze Vorarme und
Schenkel und eher etwas lange Schienbeine haben; es darf nicht
zu viel Temperament haben, weil es sonst bei den strengen Anfor=
derungen, die man gewöhnlich an Schulpferde macht, leicht unwillig
wird. Bei solcher Beschaffenheit wird die Ausarbeitung des Schul=
pferdes auf möglichst wenig Hindernisse stoßen.

Das Reitpferd für den Luxus und das Vergnügen
soll sich so bewegen, wie es die Lust oder der Gesundheitszustand
seines Besitzers erheischt, man kann hier die Forderungen nicht so
genau begränzen, wie bei den beiden genannten Diensten, denn es
kommt hiebei sehr vieles auf den herrschenden Geschmack, auf In=
dividualität der Besitzer an. Im Allgemeinen soll das Pferd für
diesen Dienst regelmäßigen Körperbau, möglichst fehlerfreie Füße,
gute Bewegungen, Sanftmuth, Gehorsam, Kraft und Gewandtheit
haben. Das Luxusreitpferd für Cavaliere, reiche Privaten u. dgl.,
muß eine schöne Gestalt haben, schon durch seine Farbe, Haltung
und Bewegung gefällig erscheinen, gut dressirt sein, sich unter allen
Umständen willig und gehorsam erweisen und von allen den Reiter

in Verlegenheit setzenden Unarten frei, daher mindestens 6 Jahre
alt sein.

Das Damenpferd muß ebenfalls eine schöne gefällige Gestalt
haben, ein gutes weiches Maul, ein gemäßigtes Temperament zeigen,
eine sichere, sanfte, regelmäßige und dauerhafte Bewegung und ein
gesetztes Alter von 10 — 15 Jahren haben, durchaus zuverläßig,
willig, fromm, gehorsam und für diese Art des Reitdienstes vollkommen dressirt sein, namentlich aber nicht scheuen und in rascheren
Gangarten prellen; Hengste eignen sich nie, Stuten seltener, Wallachen dagegen am besten hiezu.

Das Pferd für alte kränkliche und gebrechliche Herren muß
neben einer gefälligen Gestalt sowohl denjenigen Körperbau, der es
für den Reitdienst befähigt, als auch dasjenige Temperament, bei
welchem das Reiten mehr Vergnügen als Angst und Sorge verschafft, haben, und solche Bewegungen besitzen, wie sie dem Ge-
sundheitszustande des Reiters zuträglich und angemessen sind, es
muß also eher groß als klein und von weichem Rücken und langen
Fesseln sein, dabei darf das Pferd weder zu weichmaulig, noch zu
hartmaulig sein, muß willig, fromm, gehorsam, beherzt und so zu
sagen aufmerksamer als sein Reiter sein, weßhalb einige die Diensttauglichkeit nicht eigentlich störende Mängel und höheres Alter zu übersehen sind, dagegen ist hiezu derjenige Grad der Dressur unumgänglich nöthig, der den Reiter in den Stand setzt, sein Pferd unter
allen Umständen mit Anstand, Sicherheit und Ruhe zu benützen.

Das Reitpferd für den Kriegsdienst muß im Allgemeinen stark, ausdauernd, willig und unerschrocken sein. Das
Kriegspferd unterscheidet sich nach der Waffengattung in das leichte
und schwere Kriegspferd und weiter nach dem Range des Reiters
in das Offizier- oder Chargenpferd und das Dienstpferd. Das
Offizierpferd muß. groß, ansehnlich, fehlerfrei dabei kraftvoll, und
ausdauernd sein, muß bei den höhern Chargen der Offiziere eine
vor der Fronte imponirende Gestalt und schöne Haltung und Bewegung, aber keine schon aus der Ferne auffallende Farbe und zu
sehr hervorragende Größe haben, eine solche Dressur besitzen, daß
es nicht nur alle Kriegsübungen mit Leichtigkeit und Anstand mit-
macht, sondern sich auch mit der größten Unerschrockenheit bei allen
vorkommenden Umständen und Verhältnissen, beim Schießen, Trom-

meln, Musik u. dgl. benimmt. Das Adjutantenpferd soll vorzugs=
weise nicht sich anhängen an andere Pferde, in völligem Gehorsam
sein, schnell und dauerhaft laufen, breit und hoch springen und
setzen, keine Furcht und Scheu kennen, guten Willen, Kraft und
Gewandtheit haben. Die Offizierpferde überhaupt müssen neben den
Eigenschaften des gemeinen Dienstpferdes noch die bessern Eigen=
schaften des edlern Pferdes haben, daß sie den Offizier allenthalben
in den Stand setzen, durch sein Beispiel dem gemeinen Reiter vor=
zuleuchten.

Das gemeine Dienstpferd muß vor allem in seinem Körperbaue
die Fähigkeit zum Reitdienste und zum Lasttragen aussprechen, es
muß einen kräftigen gedrungenen Leib, hoch aufgesetzten Hals, starke
stämmige Füße, gesunde Hufe, gute Verdauung haben, muß gelehrig,
willig, unerschrocken, verträglich mit anderen Pferden, unempfind=
lich gegen Witterungseinflüsse, ausdauernd sein. Es muß das Cü=
rassierpferd groß und stark, mindestens 16 Faust, das Dragoner=,
Husaren=, Uhlanen= und Jägerpferd dagegen von mittlerer Größe,
also mindestens 15½ Faust groß, leicht und gewandt sein.

Das Reitpferd für Reisen. Obgleich derzeit wenige Reisen
zu Pferde gemacht werden, so gibt es doch Dienstverhältnisse, die
Manche nöthigen, weitere den Reisen vergleichbare Märsche zu Pferde
zu machen, wie Förster, Zollbeamte, Landärzte u. dgl. Pferde für
solche Zwecke sollen wenigstens mittlerer Größe, einen dem Reit=
dienste entsprechenden Körperbau, sehr gute Hufe, mindestens 7
Jahr haben, in voller Körperkraft und vollständig campagnemäßig
geritten sein, so daß der Reiter allenthalben mit ihnen gut fort=
kommen kann, ferner sollen sie allein im Stalle ruhig bleiben, sich
gerne beschlagen lassen, einen sichern und ergiebigen Schritt, ange=
nehmen räumenden Trab besitzen, weil man auf Reisen vorzugs=
weise diese beiden Gangarten braucht, endlich sollen sie willig, folg=
sam, unerschrocken, gegen die verschiedenen Einwirkungen der Fütte=
rung und Witterung u. s. w. abgehärtet, klug und erfahren sein,
so daß man leicht mit ihnen Fußwege, Steege, und andere kleine
Hindernisse passiren kann.

Das Reitpferd für die Dienerschaft, Klepper, Be=
dientenpferd, muß in Form und Eigenschaft dem Reitdienste
entsprechen, jedoch mit dem Pferde seines Herrn einen gewissen

Contrast bilden, der das Pferd des Herrn in ein vortheilhafteres
Licht stellt, nächstdem muß es aber kraftvoll und ausdauernd sein,
ein gemäßigteres Temperament haben, um ganz ruhig in geziemender
Entfernung und entsprechender Gangart dem Pferde des Herrn folgen
zu können, vorzüglich muß es sich mit andern Pferden gut vertragen
und sich von dem beim Halten u. dgl. meist lebhafteren, hitzigeren
Pferde des Herrn nicht irre machen lassen. Solche Pferde dürfen
wohl mit Fehlern behaftet sein, wenn sie nur nicht die Gebrauchs=
fähigkeit stören.

§. 136.
Zugpferde.

Die hauptsächlichste Forderung beim Zugpferde besteht in Be=
harrlichkeit, die ihm angehängte Last in angemessener Bewegung
fortzuziehen. Die Anforderungen an ein Zugpferd sind wesentlich
verschieden von denen, die man an ein Reitpferd macht. Das Reit=
pferd soll vor allen Dingen biegsam sein und es ist die Hauptauf=
gabe der Dressur, jede Neigung zu Steifung der Rückenmuskeln,
Halsmuskeln und Ganaschenmuskeln, welcher sich die Pferde so gerne
hingeben, zu überwinden und dem Pferde abzugewöhnen, denn
nur hiedurch erhält das Pferd jene Biegsamkeit, welche der Reit=
dienst unter allen Umständen verlangt, es soll ferner die Vorderfüße
möglichst weit vor den Leib, die Hinterfüße weit unter den Leib
setzen, um Sicherheit für sich und den Reiter zu gewinnen. Beim
Zugdienst dagegen muß das Pferd, um sein Geschäft richtig zu
vollbringen, die Rückenmuskeln steifen und auf die für den Reit=
dienst so nothwendige Biegsamkeit verzichten. Es muß namentlich
bei strengerem Zugdienst seinen Rumpf mit Uebergewicht in das
Geschirr legen und zu diesem Zweck die Vorderfüße so viel wie
thunlich unter den Leib, die Hinterfüße hinter den Leib hinaus
nach rückwärts setzen. Hierin liegt der Grund, warum im Allge=
meinen Zugpferde schlechte Reitpferde sind. Da aber durch das Zu=
reiten hauptsächlich Gehorsam für die Führung gewonnen wird,
die Rückenmuskeln besser ausgebildet und daher kraftvoller werden,
so liegt am Tage, daß es gut ist, Zugpferde vor dem Einfahren
anreiten zu lassen. Man sieht hieraus klar, warum es nicht oder

nur in Ausnahmsfällen taugt, ein Pferd à deux mains oder rich=
tiger à deux fins zu gebrauchen. Das schwere Zugpferd für das Frachtfuhrwesen muß groß,
stark und breit sein, vor allem einen starken breiten fleischigen Hals
haben, um dem schweren Kummet des starken Geschirres eine passende
Unterlage zu gewähren, einen starken kräftigen Rücken, um auch als
Sattelpferd den Fuhrmann tragen zu können, eine breite Brust,
weil diese für schwere Masse, guten Athem und gute Ernährung
spricht; freie Schultern besitzen, um neben dem Anziehen der Last
dieselben auch gut bewegen zu können; kraftvolle Oberschenkel, breite,
starke Kniee und stämmige, wenn auch schwere Unterfüße, eher ·mit
etwas gerade gestellten, als durchtretenden Fesseln haben, um mit
Kraft Boden greifen und die Last fortziehen zu können. Stark im
Rumpf, breit im Hintertheile und kraftvoll auf den Hinterfüßen,
da diese Theile besonders in Anspruch genommen werden, wird es
ohne Anstrengung die Last fortbewegen und den oft beträchtlichen
Widerstand des Bodens besiegen. Gesunde Hufe sind zwar für alle
Dienste sehr wünschenswerth, allein man kann beim schweren Zug=
pferde noch am ehesten einen Formfehler oder gar eine Krankheit
an den Hufen übersehen. Außerdem muß das Zugpferd folgsam,
willig, unverdrossen und verträglich sein, eine gute Verdauung
und gesunden Athem haben und sich nach kurzer Rast wieder voll=
kommen erholen. Am besten eignen sich Hengste schwerer Racen
hiezu. Mit besonderer Strenge sind diese Anforderungen bei den
Stangen= (Deichsel=) Pferden zu stellen, da sie zumeist dem Zuge
Sicherheit und Zuverläßigkeit gewähren müssen, meist werden für
das Frachtfuhrwesen 2—4—6—8 und mehrere Pferde durch einen
sogenannten Langzug verbunden verwendet, von den Stangen= und
ersten Vorderpferden aber die anstrengendsten Dienste verlangt.
Gerade diese Vereinigung einer größeren Anzahl von Thieren um
eine große Last mit vereinigten Kräften fortzuschaffen, ist der Grund,
warum wir bei solchen Lastpferden ein recht gelassenes Temperament
fordern, weil andere Pferde zu hitzig in's Geschirr drängen und
nach einigen vergeblichen Bemühungen, die Last fortzubewegen, den
guten Willen verlierend den Zug versagen. Bei lebhaftem Tem=
peramente verzehren die einzelnen Pferde zu rasch ihre Kraft, weil

sie von den übrigen Thieren des Gespanns gewöhnlich nicht und namentlich selten zu gleicher Zeit in ihren Bemühungen, die Last fortzuziehen, unterstützt werden. Ein passendes Temperament findet man vorzugsweise bei solchen Thieren, die massenhaft sind, und wenn diese Massen auch nicht die Kraft haben, wie die Muskeln sonst bei edeln Pferden gewöhnlich äußern, so ist es doch auch von Werth, wenn das schwere Zugpferd ein großes Gewicht in das Geschirr legen kann; diese Massen wirken also schon als todtes Gewicht, und das, was durch Anstemmen eines solchen gleichsam todten Gewichts im Zuge geleistet wird, kann an lebenskräftiger Muskelthätigkeit erspart werden. Das Sattelpferd muß immer mehr leisten als das Handpferd, daher es auch stärker und zuverläßiger sein muß. Das schwere Zugpferd, beim zweirädrigen Fuhrwerk, in der Gabel, muß in besonderer Weise groß, stark und schwer sein, da es auf manchem Boden fast allein zu ziehen und anzuhalten, dem Wagen die Richtung zu geben, von den vorausgespannten Pferden aber geringere Unterstützung zu erwarten hat, ja sogar von diesen oft nur in der Richtung seiner Bewegung gestört wird.

Das landwirthschaftliche Zugpferd muß von mittlerer Größe, stark und gewandt sein, da ihm so mancherlei Geschäfte zugewiesen werden. Gewöhnlich glaubt man, jedes für andere Dienste untauglich gewordene Pferd sei noch für den landwirthschaftlichen Zugdienst befähigt, wer aber die Vielseitigkeit des landwirthschaftlichen Betriebes kennt, wird die Ueberzeugung gewinnen, daß nur Pferde von guten Eigenschaften dazu befähigt sind, ja daß Pferde, die dem landwirthschaftlichen Zugdienste genügen, für noch manche andere Dienste taugen. Das landwirthschaftliche Zugpferd muß etwas gestreckt, breit und stark sein, eine gewandte kraftvolle Bewegung haben, Gelehrigkeit, Zuverläßigkeit im schweren Zuge zeigen, bei der Heuernte, Getreideernte, bei Holz- und Düngerfuhren u. s. w. Pünktlichkeit, Leichtigkeit und Gewandtheit in leichterem Fuhrwerke, am Pfluge, an der Egge, in den Säemaschinen, in andern Maschinen u. s. w. besitzen und sich zum einspännigen, zweispännigen, drei- und vierspännigen Zuge eignen, wie es gerade die Dienste fordern; es muß daher gemäßigten Temperamentes, ruhiger Haltung und Bewegung, arbeitsam, genügsam, unverdrossen und gegen die verschiedenartigen Witterungsverhältnisse so abgehärtet sein, daß es nicht so leicht erkrankt und oft gerade bei den nöthigsten Arbeiten den Zug schwächt, nächstdem soll es aber auch mit andern Thieren, namentlich Rindvieh, verträglich sein, weil es mit solchem zuweilen gemeinschaftlich arbeiten muß. Sehr edle Pferde taugen durchaus nicht für diesen Dienst, weil solche unter der bei Ackerpferden ge= wöhnlichen Behandlung und Pflege in Charakter und Gesundheit leicht verdorben werden. Ihre kleinen Hufe sinken zu tief in den weichen Ackerboden ein, außerdem ist zu beachten, daß solche Acker= pferde meist nur von untergeordnetem Werthe sein dürfen, weil sonst die Arbeitskosten wegen der hohen Zinsen zu sehr sich stei= gern, weil etwaige Verluste zu empfindlich wirken. Man muß deß= wegen sich über manche Fehler hinwegsetzen, und kann bei einem größeren Pferdestande immer auch solche Pferde für den angedeu= teten Dienst einreihen, welche durch Fußgebrechen, namentlich Huf= leiden für andere Dienste unbrauchbar geworden sind, denn die Arbeit auf Acker= und Wiesenboden ertragen auch Pferde mit Fuß= und Hufleiden.

Das Zugpferd für das Postwesen muß kräftig, rasch, zugleich massenhaft sein, um selbst größere Lasten mit Leichtigkeit fortziehen zu können, es muß vor allem einen guten Athem haben, starke, gesunde, richtig gestellte Füße und entschieden fehlerfreie Hufe besitzen, sich ebenso willig reiten lassen, als sicher und zuver= läßig bald an der Deichsel, bald als Vorderpferd, bald unter dem Sattel, bald an der Hand ein=, zwei= und dreispännig, mehrspännig u. s. w. ziehen, kurz sich jeder Forderung willig hingeben; es muß besonders einen geräumigen Trab haben, sich zwar thätig, aber nie zu hitzig benehmen, große Sicherheit und Zuverläßigkeit an Bergen zeigen, nicht scheu sein, gut fressen; oft taugen wegen geringerer Fehler ausgemusterte Luxuswagenpferde besserer Racen gut dazu, unter allen Umständen muß es schon über ein Jahr mit Körnerfutter ernährt und an Arbeit gewöhnt sein.

Das Zugpferd für den Kriegsdienst, für die Artillerie, muß, namentlich zunächst an den Geschützen, stark, und in allen Gängen gewandt und dauerhaft sein. Es muß mehr als mittelgroß sein, einen etwas gedrungenen Leib, vorzüglich starkes Kreuz und kraftvolle, in den Gelenken gesunde, in den Hüfen fehlerfreie Füße haben, willig, thätig, unerschrocken und auch zum Springen über

Hindernisse bereit sein, große Sicherheit und Zuverläßigkeit im schweren Ziehen besitzen. Die Stangenpferde müssen besonders diese Eigenschaften besitzen, während sie an die Vorderpferde weniger strenge zu fordern sind. Für das Armeefuhrwesen (Armeetrain) eignen sich alle sonstigen guten Wagenpferde, wie sie namentlich auch in der Landwirthschaft Verwendung finden.

Die Zugpferde für den Luxus und den gewöhnlichen bürgerlichen Gebrauch sind nach den so mannigfaltigen Forderungen dieses Dienstes sehr verschieden. Das Wagenpferd für die Karosse des Vornehmen und reichen Privaten muß hauptsächlich schön gestaltet, groß, von imponirender Haltung und Bewegung und für seinen Dienst so abgerichtet sein, daß man nirgends mit ihm in Verlegenheit geräth, es wird entweder nur paarweise an dem Stadtwagen geführt und muß hier besonders groß und kräftig sein, oder, es wird zu vieren, oder sechsen, oder gar achten an der Karosse geführt und muß hier in Gestalt und Farbe möglichst gleich und in der Größe nur dahin verschieden sein, daß die Stangenpferde die größten, die Vorderpferde etwas kleiner und leichter sind. Gewöhnlich macht man an solche Pferde keine großen Ansprüche in Betreff der Ausdauer und Schnelligkeit.

Das Droschkenpferd auch Juckerpferd genannt, darf leichter und kleiner, soll aber schnell und ausdauernd sein, es wird zu zwei oder vier als Postzug geführt, wo es zu dreien geführt wird, muß das mittlere in der Gabel, etwa unter dem russischen Bogen mit hoch aufgesetztem Kopfe in starkem Trabe gehen können, die beiden Nebenpferde werden auf der Wildbahn gewöhnlich mit stark nach auswärts gestellten Köpfen meist im Galop geführt. Bei einem vierspännigen Juckerzuge sieht man meist nicht strenge auf gleiche Farbe.

Der Einspänner im Charabanc oder im Tilbury muß von gefälliger Gestalt, ansehnlicher Größe, dabei aber namentlich im Trabe von sehr gewandter, eleganter Bewegung und so für seinen Dienst abgerichtet sein, daß es allenthalben mit Anstand und Sicherheit benützt werden kann, in keinem Fall darf ein Einspänner scheu oder gar ein Schläger oder Durchgänger sein.

Das Zugpferd für den Geschäftsreisenden muß mittelgroß, stark und kräftig gebaut sein, dauernde Bewegung und die Fähigkeit schwer zu ziehen besitzen, eine gute, dauerhafte Gesund-

heit haben und ſich bei den verſchiedenartigen Einwirkungen der
Fütterung, der Witterung, des Klimas, der Wartung und Ver=
pflegung im Stalle u. dgl. in jedem Lande immer gleich gut er=
halten. Beim Zweigeſpann iſt beſonders auf Gleichartigkeit in den
Leiſtungen zu ſehen, damit ſie ſich gegenſeitig unterſtützen, und das
thätige Pferd durch den faulen Kameraden nicht vor der Zeit abge=
nützt werde. Dabei ſoll es fromm, thätig, unverdroſſen und uner=
ſchrocken ſein und Anhänglichkeit an ſeinen Herrn beſitzen, im Stalle
keine Unarten haben, weil es mit ſo verſchiedenen fremden Menſchen
und Thieren zuſammenkommt.

Das Zugpferd in Maſchinerien u. dgl. muß den Zwecken
entſprechend ſchwer und kräftig ſein, ſo viele Gelehrigkeit beſitzen,
daß es für dieſen Dienſt abgerichtet werden kann, und in dieſem
die erforderliche Zuverläßigkeit habe; es muß ruhigen, gelaſſenen
Temperamentes ſein, damit es nicht die Maſchinen durch raſches
in's Geſchirrgehen ruinire, willig, unverdroſſen, von guter Geſund=
heit ſein. Auch für dieſen Dienſt kann man manche Fehler über=
ſehen, z. B. Scheuſein, ſchlechte Hufe, weil die Thiere ſich in
Bahnen fortzubewegen haben, die genau vorgewieſen ſind, ſo daß
das Thier den Weg gar nicht zu ſehen braucht, außerdem ſind ge=
wöhnlich ſolche Bahnen ſo weich, daß auch leidende Füße ohne
große Beſchwerde darauf gehen können. Namentlich können auch
blinde Pferde für dieſen Dienſt noch ſehr gut verwendet werden.

§. 137.
Laſtpferde.

Obgleich gewöhnlich das Pferd nicht zum Laſttragen gebraucht
wird, ſo gibt es doch Umſtände und Localitäten, wo es nothwendig
erſcheint, das Pferd auch zu dieſem Dienſte zu verwenden. Im
Allgemeinen müſſen ſolche Pferde etwas mehr als mittelmäßiger
Größe ſein, denn kleine Pferde tragen ſelten ſchwer und ganz große
Pferde immer mit einiger Beſchwerde, vor Allem muß es einen ge=
drungenen Leib, ſtarken breiten Rücken, kräftiges Hintertheil, unter=
ſetztes Fundament, einen ſicheren Tritt, der geräumig und dauernd
iſt, haben, ſein Charakter ſoll gelaſſen, willig, thätig und beharrlich
ſein. Da dieſer Dienſt für das Pferd ſehr anſtrengend iſt, darf

man auch keine zu jungen Pferde dazu verwenden und wird am
besten ganz ausgewachsene Pferde, die ohnedieß ruhiger sind, hiezu
auswählen.

Das Saumroß der Gebirgsgegenden, das insbesondere für
diesen Dienst gezüchtet wird, zeigt zwar gewöhnlich nur gemeine
Abkunft, aber in seinem ganzen Baue eine entschiedene Befähigung
hiezu, insofern es bei straffem Rücken, mit schmalen festen gesunden
Hufen auch schmale harte Pfade mit der ihm auferlegten Last sicher
ersteigt. Außerdem muß es einen guten Athem haben, um das beständige Bergansteigen auszuhalten, in besonderm Grade muß es
unerschrocken sein, um sich nicht durch die jähen Abgründe, an denen
es vorübergehen muß, durch herabrollende Steine, fallende Lawinen,
Sturzbäche u. dgl. stören zu lassen. Wo solche Saumrosse auch noch
zum Transporte von Reisenden über Gebirge dienen sollen, müssen
sie nebenbei so fromm sein, daß sie auch ängstlichen Reisenden keinerlei
Besorgnisse einflößen, zugleich sollen sie einen sanften Gang haben.

Das Packpferd für den Kriegsdienst ist dazu bestimmt,
die im Felde dem Regimente unentbehrlichsten Dinge, Munition,
Instrumente, Medicamente, sogar auch Geschütze u. dgl. nachzu-
tragen, zu diesem Behufe muß es die allgemeinen Eigenschaften
für den Lastdienst haben, und je nach Maßgabe der ihm aufzubür-
denden Last stark und kräftig gebaut, auch unerschrocken und muthvoll sein.

§. 138.

Zuchtpferde.

Es handelt sich hier nicht allein um die Beurtheilung des
Pferdes nach seinem Aeußern, sondern noch außerdem um die Vererbungsfähigkeit seiner Eigenschaften auf die Nachzucht. Da diese
Vererbungsfähigkeit nicht in jedem Thiere gleichmäßig liegt, so hat
man diese Eigenschaft vorzugsweise zu berücksichtigen, die Abkunft
der zur Zucht auszuwählenden Pferde zunächst in's Auge zu fassen;
nicht minder hat man auch die Leistungen der Zuchtpferde in jenem
Dienste, für welchen man einen Stamm ziehen will, in Betracht
zu nehmen. Die Züchtungszwecke bestimmen also namentlich die
Auswahl der Zuchtpferde; für die Zucht edler Pferde, für den Reit-

dienst, den Luxus und die weitere Fortzucht sind die Anforderungen immer sehr strenge; Abkunft von edlen Racen, erwiesene Güte in dem Dienste, für welchen man die Nachzucht bestimmt, möglichst edle Gestalt, Fehlerlosigkeit, treues Vererbungsvermögen, Frucht= barkeit, erprobte gute Ausbildung der Jungen im Mutterleibe und Fähigkeit der Stute, die Fohlen gesund und leicht zur Welt zu bringen und bis zum Absetzen zu ernähren u. s. w., gelten als wesentliche Er= fordernisse. Bei der Züchtung gemeinerer Pferde hat man zwar weniger streng zu verfahren, aber demungeachtet Vorzüge der Zucht= pferde für den vorzugsweise beabsichtigten Dienst, als für Fracht= fuhrwesen, leichtern Wagendienst, Lastdienst u. s. w. in's Auge zu fassen. Leider nur zu häufig begnügt man sich, eine Stute vom näch= sten besten Hengste decken zu lassen, um eben ein Fohlen zu erhalten, unbekümmert um den Erfolg. Unter solchen Umständen wird auch dem Pferdezüchter nur Schaden und Nachtheil erwachsen und es ist natürlich, daß die Regierungen sich veranlaßt sehen, die Pferdezucht unter die Vormundschaft sachkundiger Behörden zu stellen. Immer ist streng darauf zu sehen, daß weder der Hengst noch die Stute an eigentlichen Erbfehlern leide, hieher rechnet man Koller, ohne äußer= liche Veranlassungen entstandene Augenkrankheiten, Mondblindheit oder periodische Augenentzündung, Schwindel, fehlerhaftes Tempera= ment, Knochenfehler, Spat, Hasenhacke, Ueberbeine, Leist u. s. w.

Obgleich die Farbe im Vergleich mit den übrigen Eigenschaften untergeordnet ist, so darf sie doch nicht gleichgültig übersehen werden, weil sie viel ausmacht für die Verwerthung der Produkte. Hier ist anzurathen, immer nur möglichst reine Farbe zu wählen und alle Abzeichen zu scheuen, weil zu sehr gemischte Farben in der Nach= zucht leicht sogenannte ausfallende Farben erzeugen und sogar kleine Abzeichen bei späteren Generationen sich gerne vervielfältigen, leicht ausarten, größer und unregelmäßig werden.

Neunter Abſchnitt.

Ueber Kauf und Verkauf der Pferde.

———

§. 139.

Das Muſtern der Pferde.

Eigene Pferdekenntniß oder der Rath und Beiſtand Sachver=
ſtändiger iſt beim Kaufe eines Pferdes um ſo unerläßlicher, als
das Pferd ſeltener vom Züchter, am häufigſten vom Händler ver=
handelt wird, der das Pferd als Waare betrachtend dieſelbe wie
jeder Kaufmann auf jede mögliche Weiſe in das vortheilhafteſte Licht
zu ſtellen ſucht und ſelbſt Künſteleien, Arglift, ſogar Unwahrheit
häufig nicht verſchmäht, um das Pferd in einem möglichſt hohen
Verkaufswerth erſcheinen zu laſſen. Wer daher bei Erwerbung
ſeiner Pferde an den Händler verwieſen iſt, hat ſich immer durch
geſchärfte Aufmerkſamkeit gegen ſolche Uebervortheilungen zu rüſten,
er ſoll ſtets die Gefahr im Auge haben, daß ihm ein für ſeine
Dienſte wenig oder gar nicht brauchbares Pferd für hohen Preis
zugeſchlagen werde. Den Händlern oder ſeinen Verbündeten ſollte
man nie zu viel Gehör ſchenken, jedenfalls nur das glauben, was
man ſelbſt ſieht und ſelbſt erprobt hat.

Bei dem Kaufe von Pferden hat man vor Allem den Zweck,
für welchen man das Pferd erwerben will, im Auge zu behalten,
und nach dieſem die Körperbeſchaffenheit und die Eigenſchaften zu
prüfen, ſeine Leiſtungen in dieſer Art des Dienſtes ſollte man ſelbſt
erproben, ſodann muß man den geforderten Preis mit der Befähi=
gung des Pferdes, die es im gegenwärtigen Augenblicke verräth, in
Vergleich bringen. Zu dieſem Behufe wäre es freilich am beſten,
das Pferd auch in ſeinen verſchiedenen Lebensverhältniſſen, im Stalle,
nach ſeiner Stellung, Haltung, Futteraufnahme, Benehmen beim
Putzen, Beſchirren u. ſ. w., im Freien bei ſeinen Dienſtleiſtungen
zu beobachten, allein dieſer gründlichen ungeſtörten Beobachtung von
Seiten der Kaufliebhaber ſucht es der Händler gewöhnlich zu entziehen,

denn es ist ihm wichtig, das Pferd immer wie z. B. auf dem Muster-
platz, unter seiner Einwirkung in einem besonders günstigen Zustande zu probeiren.

Der Stall des Händlers ist auch nicht geeignet, das Pferd in
seinem natürlichen Zustande kennen zu lernen, er ist oft absichtlich
verdunkelt, und es sind die darin aufgestellten Pferde unter beständiger,
dem Käufer sehr oft gar nicht erkennbarer Einwirkung des Händlers.
Die Aufregung durch die übrigen daselbst aufgestellten Pferde, das
beständige Hin- und Wiederführen derselben, das fortwährende
Putzen, das Knallen mit der Peitsche, das Anrufen, die Zungen-
schläge ꝛc. erhalten die Pferde in immerwährender Aufregung, so
daß selbst träge und phlegmatische Pferde munter und lebhaft erscheinen; die kleinen aber öfters wiederholt gegebenen Futterrationen,
zuweilen selbst künstliche Anregungsmittel erhalten die Handelspferde
bei beständiger Freßlust, so daß selbst schlechte Fresser als gute
angesehen werden. Das Putzen, Kämmen, Waschen, überhaupt
sorgfältige Wart und Pflege verschafft den Pferden ein gefälliges
Aeußere, so daß schon hiedurch das Auge des Liebhabers bestochen
manchen Fehler übersieht; dabei fehlen auch gewisse kleine Vortheile
nicht. Die schönsten Pferde werden immer vornehin gestellt und dabei versichert, die bessern und schönern Pferde stehen weiter hinten,
kleinere Pferde werden auf erhöhte Streu, helle Farben gegen dunkle
Wände, dunkle Farben gegen das Licht gestellt ꝛc., kurz nichts ver-
säumt, das Pferd nur von seiner vortheilhaftesten Seite zu zeigen.
Höfe und andere enge umzäunte Räume werden von Händlern gerne
gewählt, um ihre Pferde den Kaufliebhabern vorzuzeigen, weil sowohl
die Umgebungen, als auch der beengte Raum keine genaue Untersuchung des Pferdes zulässig machen und ohnehin diese Untersuchung
durch beständig unterhaltene Unruhe des Pferdes erschwert ist. In
Reitbahnen, in den Musterungsplätzen der Händler werden zwar die
Bewegungen bequem geprüft, aber die Fehler einzelner Theile nicht
sicher genug ermittelt, außerdem haben jene Plätze den Nachtheil,
daß auf dem meist mit Sägemehl, Sand, zuweilen sogar mit
Kautschuk belegten Boden Fußgebrechen, namentlich solche Hufleiden
nicht sehr bemerkbar werden, welche auf einem harten Boden sich
durch Hinken deutlich offenbaren würden.

Viele Pferde bewegen sich in einer Reitbahn mit einer gewissen

Eleganz und Leichtigkeit, durch welche sie das Auge vieler Liebhaber bestechen, während sie diese Gangart, Haltung und Bewegung außer

Fig. 211.

dem Reithause nie wieder zeigen. Offene Straßen in Städten zeigen beim Mustern der Pferde die für den Kaufsliebhaber große Unannehmlichkeit, daß sich alsbald eine Menge Zuschauer versammeln, welche nicht nur das Urtheil befangen machen, sondern außerdem noch eine ruhige Haltung und Bewegung des Pferdes stören, selbst wenn der Händler solche auch zuließe; am übelsten sind die Märkte für den Kaufsliebhaber, indem die Beengung des Platzes, die vielen Pferde, das Gedränge von Menschen und Thieren, die Anpreisungen der Händler, die Lobsprüche der gedungenen Mäkler, die Schwierig=keit das Pferd mit Ruhe und Muße zu besichtigen, das Unthunliche des Vorführens u. s. w. das Urtheil in hohem Grade unsicher machen, außerdem aber auch der meist weichere Boden die Gebrechen der Füße verdeckt. Nicht selten wird auch das Ungemach der Witterung vom Händler vorgeschützt, um eine Menge abnormer Erscheinungen an seinen Pferden zu entschuldigen oder zu verdecken, wie dies bei Hornspalten 2c. möglich ist.

Man mustere das Pferd also womöglich in Ruhe und mit Auf=merksamkeit, indem man es ohne Beschränkung seines Willens (Fig. 211), an einer Trense leicht gehalten, auf eine ganz ebene Stelle führen läßt und sich jedes Strecken des Pferdes und andere Einwirkungen des Händlers oder des Koppelknechtes verbittet. Nachdem man das Pferd im Stande der Ruhe genugsam betrachtet, läßt man es in gerader Linie im langsamen Schritt zuerst an sich vorüber, sodann in gerader Linie von sich hinweg und wieder auf sich zu gehen, hiebei sollen alle künstlichen Einwirkungen, z. B. Winken mit der Peitsche, knallen, auf die Stiefel klopfen, in die Hände klatschen, an dem Hute trommeln u. s. w. vermieden werden. Hierauf läßt man es auch in andern Gangarten vorführen, endlich reiten, oder gepaarte Wagenpferde zusammenstellen, bewegen und fahren, zuletzt prüfe man im Reiten oder Fahren, um sich vollständig von der Dienstbrauchbarkeit zu überzeugen. Oft läßt man diese Proben durch andere Sachverständige vornehmen, kann aber hiedurch nie ein ganz richtiges Urtheil sich verschaffen, indem die Bewegung des Pferdes für den einen sehr angenehm, für einen andern höchst widrig, die Führung des Pferdes nicht passend, unter den Schenkeln widerlich und das Benehmen überhaupt nicht angemessen sein kann, weßhalb es von dem Käufer stets selbst erprobt werden sollte. Hiebei muß immer auch die Bodenbeschaffenheit in Erwägung gezogen werden, weicher Gras= oder Sandboden läßt gewisse Arten des Hinkens nicht deutlich erkennen, auf gepflastertem Boden gehen ermüdete Pferde unsicher, auf frisch beschlagener Straße, eingeworfenen Chausseen geht kein Pferd regelmäßig, bei tiefen Wagengeleisen, auf schlüpfrigen Wegen, auf gefrorenem Boden, im Schnee u. s. w. weder regel= mäßig noch sicher.

§. 140.
Verfahren bei der Untersuchung.

Bei der Untersuchung eines Pferdes hat man in einer gewissen Ordnung zu verfahren, damit kein Theil übersehen werde; man läßt zu diesem Behufe das Pferd ruhig auf einen ebenen Platz so stellen, daß man um dasselbe in einer Entfernung von 4—6 Schritten herum gehen kann, stellt sich zuerst auf die linke Seite des Pferdes und betrachtet es nach seiner ganzen Gestalt, um das Nationale d. h. Alter, Geschlecht, Größe, Abstammung sei es schriftlich oder in Gedanken aufnehmen zu können, tritt sodann einige Schritte vor das Pferd, besieht die Haltung des Kopfes, des Halses und der Vorderfüße, die Breite und Beschaffenheit der Brust, die Weite und Stellung der Vorderfüße von der Brust bis zum Boden und prüft endlich auch die einzelnen Theile; hierauf geht man nach der rechten Seite der Schulter gegenüber, besichtigt von diesem Stand= punkte aus den Kopf, Hals, Widerrist, Rücken und Kreuz, die Vorderfüße, die Rippen und den Bauch und prüft nicht nur die Verhältnisse, in welchen diese Theile zueinanderstehen, sondern auch die Beschaffenheit jedes einzelnen Theiles; tritt sofort einen Schritt weiter und stellt sich gerade dem Hinterfuße gegenüber, besichtigt aus diesem Standpunkte die Lenden, das Kreuz, den Schweif und die Hinterfüße, tritt endlich hinter das Pferd, betrachtet die Weite und Form der Kruppe, die Lage der Hüften, die Weite und Stel= lung der Hinterfüße im Allgemeinen und einzeln. Nun nimmt man seine Stellung wieder auf der linken Seite dem Hinterfuße gegenüber ein, besichtigt die Seitentheile der Kruppe und des Hinterfußes, sowohl nach seinen allgemeinen Verhältnissen, als auch in seinen einzelnen Theilen, tritt einen Schritt weiter vorwärts und stellt sich der linken Schulter gegenüber, um auch von hier aus noch ein= mal Kopf, Hals, Widerrist, Rücken, Lenden, Kreuz, Rippen, Bauch und Vorderfüße zu prüfen. Bei einem zweiten Gange um das

Pferd tritt man nun näher, faßt die Ohren, Augen, Nase, Maul, Ganasche 2c. mehr ins Auge, und befühlt dieselben, untersucht den Hals am Kamme, an dem Kehlkopfe, an der Drosselrinne, den Widerrist, die Kniee, den Unterfuß, den Huf der Vorderfüße, den Nabel, den Schlauch, das Geschröte, das Euter, den Schweif, den After, den Wurf, die Oberschenkel, die Unterschenkel, die Unter= füße und Hinterhufe, endlich die Sprunggelenke aus verschiedenen Standpunkten, durch Befühlen mit den Fingern und durch sorgfältige Vergleichung der genannten Gelenke des einen Fußes mit dem gegen= seitigen, um jede, selbst die geringste Abweichung entdecken zu können.

Nach dieser Untersuchung des ruhig stehenden Pferdes nimmt man die Untersuchung bei der Bewegung vor, indem man das Pferd im Schritte in gerader Linie an sich vorbei gehen läßt und dabei besonders die Hebung der Füße ins Auge faßt, die Beweglichkeit der Vordergliedmaße und sodann die der Hintergliedmaße prüft und endlich auch die Gleichmäßigkeit und richtige Folge der beiden Vorder= und Hinterfüße bemerkt, die Geräumigkeit und Art des Schrittes ermißt, dabei die Stellung und Haltung des Kopfes und Halses, die Stetigkeit des Rückens und des Kreuzes und die Haltung des ganzen Pferdes besichtigt. Sodann läßt man das Pferd in gerader Linie von sich hinweg gehen und betrachtet von hinten die Bewegung der Hinterfüße, die richtige Deckung der Vorderfüße durch die Hinter= füße, die Beweglichkeit der einzelnen Glieder der Hinterfüße und ihre Richtung in der Bewegung derselben; endlich läßt man das Pferd in gerader Linie auf sich zukommen, prüft die Stellung und Haltung des Kopfes und Halses, die Bewegung der Vorderfüße, sowohl im Ganzen, als im Einzelnen, die richtige Deckung der Hinterfüße durch die Vorderfüße u. s. w.

Nach einer Untersuchung im Schritt läßt man es traben um es auch in dieser Gangart zu untersuchen. Endlich nimmt man wiederholt eine genauere Untersuchung an einzelnen besonders wichtigen Theilen vor, namentlich vergleicht man beide Augen, um sich über ihre Gleichmäßigkeit nach Größe, Blick, Sehkraft, Klarheit u. s. w. zu unterrichten, indem man sich vor das Pferd stellt und dasselbe mit dem Kopfe bald links, bald rechts wendet, sodann prüft man jedes einzelne Auge von vorne, von der Seite, in seinen äußern und in seinen innern Theilen, so weit solche von außen sichtbar sind, die Umgebung des Auges, bringt das Pferd in einen Stall, verdunkelt denselben durch Schließen der Thüren so weit, daß man noch deutlich genug die innern Theile des Auges unterscheiden kann, eröffnet dann schnell die Thüren, läßt das hellere Tageslicht auf das Auge einwirken und beobachtet hiebei die Bewegung des Sehloches oder der Pupille, um aus deren Zusammenziehung die Empfäng-lichkeit des Auges gegen das Licht ermitteln zu können. Bei etwa schon bestehenden Augenleiden hat man die Art, Ursache und Be-deutung derselben zu erforschen, nöthigenfalls, wenn sich das Pferd solcher Untersuchung durch festes Zudrücken der Augen entziehen sollte, das Auge gewaltsam zu eröffnen, indem man mit dem Daumen der rechten Hand das obere Augenlid empor hebt, das untere Augen-lid aber mit den Fingern der linken Hand herabzieht, wobei sich entzündliche Zustände durch starke Röthung der innern Fläche des Augenlides und der äußern Fläche des Augapfels deutlich erkennbar machen, während bei lange andauernden chronischen Leiden ohne eigentliche Entzündung diese Augentheile sich bleich gefärbt darstellen. Trübungen der äußern Theile des Augapfels stellen sich bei der Be-trachtung des Auges auch von der Seite her deutlich dar, übrigens hat man sich zu hüten, den natürlichen Glanz der Augen, der sich durch lichte Stellen auf der dunklen Fläche des Auges darstellt, oder gar die Einpflanzung des Sehnervens (vergleiche Seite 81) welche als graulicher Fleck in der hinteren Augenkammer zuweilen zu er-kennen ist, mit Augenfehlern zu verwechseln; Zweifel hierüber werden durch die Veränderlichkeit solcher Lichtreflexe bei anderer Stellung sogleich gehoben, indem wirkliche Augenfehler in jeder Lage gleich bleiben. Erschwert wird die Beurtheilung der Augen bei der soge-nannten Schönblindheit, bei schwarzem Staar, indem die völlige Klarheit der Augen und auch die vom andern gesunden Auge noch abhängige Beweglichkeit der Pupille den Fehler nicht so deutlich und leicht erkennen läßt, das Verhüllen des einen Auges und aufmerk-same Betrachtung des andern und das Wechseln dieses Hülfsmittels führt zur endlichen Ermittlung des Sachverhaltes, freies Gehenlassen kann oft zur Bestätigung des Verdachtes dienen, indem sich die Blindheit durch Unsicherheit im Gange, hohes Heben der Füße, An-stoßen an Wänden und das Nichtfinden des Stalles ꝛc. erkennbar macht.

Eine weitere Untersuchung muß die Nase betreffen, indem man

den Kopf der Sonne zuwendet und so weit emporhebt, daß man
durch die Nasenlöcher tief in das Innere der Nasenhöhle blicken
kann; nöthigenfalls nimmt man einen Spiegel zum Zweck der stärkeren Erleuchtung zu Hilfe, hier betrachtet man die Färbung und
Beschaffenheit der Nasenschleimhaut, untersucht bei Geschwüren oder

Fig. 212.

deren Narben auch den Nasenschleim, den Kehlgang, den Zustand
des Athmens u. dgl., um zu sehen ob Nichts auf Rotz hinweise;
ferner untersucht man die Temperatur und den Geruch der ausge=
athmeten Luft, um hieraus etwaige Krankheiten der Respirations=
organe ermitteln zu können. Am Kehlkopfe bringt man von beiden
Seiten her einen so starken Druck an, um die durch Annäherung
und dadurch entstehende Reizung der Schleimhautfalten in der Stimm=
ritze des Kehlkopfes das Pferd zum Husten zu bringen und dann
aus dem Ton die Beschaffenheit der Lungen zu erkennen, läßt das
Pferd einigemal rasch umher führen und plötzlich stille halten,
um die Flankenbewegung beim Athmen zu untersuchen.

Bei einem auch noch so geringen Grade von Lahmgehen sucht
man den Sitz, die Art und die Bedeutung des Hinkens zu ermitteln,
indem man das Pferd sowohl im Stande der Ruhe, als auch bei
der Bewegung an allen jenen Theilen befühlt, welche man als
leidend im Verdacht hat. Hinken an dem Vorderfuße hat seinen
Sitz meist im Hufe, am Hinterfuße dagegen meist im Sprunggelenke;
das Wesen des das Hinken verursachenden Leidens ist sehr verschieden
und meist in Entzündung und deren Folgen begründet, mit Entar=
tung der Gewebetheile verbunden und betrifft diese sowohl Knochen
als Knorpel, Bänder, Sehnen ꝛc.

Zur Uebung im Aufsuchen der Fehler möge beigedrucktes Bild
eines mit mehr denn einem halben hundert Fehler behafteten Pferdes
dienen. Die nachstehende Aufzählung dieser Fehler und Gebrechen
wird einen großen Theil der wichtigeren Tadel und Fehler dem
Leser ins Gedächtniß zurückrufen.

Alter Weiberkopf.	Aderkropf.
Nasenausfluß.	Abgeführter Hals.
Abnorme Erweiterung der Nüstern.	Zu scharfer Widerrist.
Hängende Unterlippe.	Balggeschwulst an der Schulter.
Ueberbein am Hinterkiefer.	Widerristfistel.
Drüsenanschwellung im Kehlgange.	Satteldruck.
Backzahnfistel.	Stollbeule.
Grauer Staar.	Knieschwamm.
Gelähmtes Ohr.	Sehnenklapp.
Felselgeschwulst.	Maucke.
Genickbeule.	Leisten.
Weichselzopf.	Knollhuf.
Mähnengrind.	Bockbeinigkeit.

Ueberbein.
Köthengalle.
Bockhuf.
Hornspalt.
Bauchbruch.
Dampfrinne.
Karpfenrücken.
Abgesetzte Nieren.
Spitziges Kreuz.
Rattenschwanz.
Melanosen.
Vorfall der Ruthe.

Oedematöser Schlauch.
Sprunggelenkgalle.
Spat.
Rehbeln.
Hasenhacke.
Piephacke.
Blutspat.
Anschwellung der Strecksehne.
Köthenschüssigkeit.
Flußgalle.
Streifwunden.
Strahlkrebs und Igelfuß.

§. 141.
Der Verkauf der Pferde.

Obgleich in der Regel der Verkäufer beim Handel sich in einer vortheilhafteren Lage befindet als der Käufer, so hat der Verkauf von Pferden für den mit dem Pferdehandel nicht Vertrauten doch seine großen Schwierigkeiten, indem er oft von Händlern umgarnt wird, welche die zu verkaufenden Pferde als Handelswaare sehr herabsetzen, um sie zu billigeren Preisen zu erwerben, daher man auch in dieser Beziehung sich vor Schaden zu hüten hat.

Das zum Verkaufe bestimmte Pferd soll man zunächst in einen dem Verkaufe besonders günstigen Zustand versetzen, ohne gerade täuschende daher unerlaubte Verschönerungsmittel anzuwenden. Es darf aber dem Besitzer wohl eine besondere Aufgabe sein, das zum Verkaufe bestimmte Pferd so vorzuzeigen, daß es sich selbst am meisten dem Käufer rekommandirt. Besonders ist dies bei Reitpferden der Fall, daher auch jeder Reiter sich darüber klar sein muß, wie sein Pferd sich am besten producirt. Das junge, noch rohe Pferd setze man durch eine Art Abrichtung in solchen Zustand, daß man seine Diensttauglichkeit nicht sehr in Frage stellen kann, besonders zähme man es so weit, damit es von Jedem ohne Gefahr berührt werden kann, sich leicht und anständig im Schritte und Trabe vorführen lasse und auf Verlangen eine zeitlang ruhig stille halte. Das schon abgerichtete, gebrauchte Pferd suche man durch sorgfältige Reinigung, gute Fütterung und einige Ruhe in einen Zustand zu versetzen, in welchem es sich in guten vollen Formen, lebhaft und munter vorstellt, ohne jedoch zu betrügerischen Verschönerungsmitteln seine Zuflucht zu nehmen, ohne jene erlaubte Zurichtung käme das Pferd den Händlerpferden gegenüber in zu großen Nachtheil. Beim Vorführen zeige man es in solchen Verhältnissen vor, in welchen es etwas Anziehendes bietet, verschmähe aber, mehr von dem Pferde zu rühmen, als wirklich an dem Pferde ist, denn der Käufer, der von dem Züchter oder von dem Pferdeliebhaber kauft, verläßt sich auf die Solidität desselben und gibt einem zuverläßigen Verkäufer lieber einen etwas höhern Preis für seine unverfälschte Waare, als dem Pferdehändler, bei dem man selbst bei einem vortheilhaft scheinenden Handel fast immer eine Uebervortheilung zu fürchten hat. Hat man aus irgend einem Grund untüchtig gewordene Pferde zu verkaufen, so gebe man dieß unumwunden an, denn der durch List errungene höhere Preis, der sich doch nur auf ein paar Carolins belaufen mag, kann den gesitteten Mann nicht erfreuen. Bei wirklich fehler= haften Pferden sollte man den Grund des Verkaufes auch mit Ehr= lichkeit angeben, indem man ja doch nur schamroth werden müßte, aus der Unkenntniß eines Andern, gleich den betrügerischen Pferde= händlern, Vortheil zu ziehen. Bei dem Verkaufe von Pferden, welche an Hauptmängeln leiden, ist es aber nicht nur schändlich, sondern sogar gefährlich und unvortheilhaft, die zu verkaufenden Pferde als fehlerfrei anzupreisen, indem man ja beständig gewärtig sein muß, der hintergangene Käufer werde das Recht der Wand= lungsklage geltend machen. Beim Pferdehandel darf man annehmen, daß es vortheilhafter ist, mehr mittelmäßige als ganz gute Pferde zum Verkaufe zu bringen, weil die meisten Pferdekäufer keine gründlichen Pferdekenner sind und daher mittelgute ebenso werth schätzen als ganz gute, die doch selten ihrem wahren Werthe nach bezahlt werden, auch ist der Markt für Pferde von mittlerem Preise immer ein besserer und ausgedehnterer, als für ausgezeichnete Thiere zu sehr hohen Preisen.

Pferde mittlern Alters gehen zum Verkauf besser als ganz junge und ältere, für jüngere Pferde finden sich weniger Käufer und ältere Pferde können im Allgemeinen nur zu niedrigen Preisen verkauft werden. Man speculire namentlich nie mit sehr kostbaren Pferden, weil solche nur einen kleinen Markt haben und durch längeres

Stehenbleiben für den Verkäufer kostspielig werden und das Risico
zu groß ist. Man verspreche nie zu viel, damit man nicht in kost=
spielige und verdrießliche Prozesse gerathe. Man versehe sich der
Zahlungsfähigkeit seines Käufers, da Schulden keine Vortheile
bringen; baare Bezahlung ist immer mehr werth, als ein paar
Carolins mehr in der Verschreibung. Man sehe aber auch auf
den Charakter des Käufers, denn ein solcher kann während der Ge=
währszeit dem Pferde einen Hauptmangel beibringen oder es leicht
in Zustände versetzen, die einem Hauptmangel ähnlich sind, wenn
er, des Pferdes aus irgend einem Grunde überdrüssig, es wieder
los werden will; man kann also durch Schlechtigkeit des Käufers
in verdrießliche Prozesse und Streitigkeiten kommen. Vor allem
vermeide man Tauschhändel, indem man mit guten Pferden nie
tauscht, eingehandelte schlechte Pferde aber meist nur durch Kniffe
wieder losbringt. Auch kann man für gewöhnlich annehmen, daß
wenn man im Tauschhandel ein Pferd abgegeben hat und noch ein
Aufgeld dazu für ein anderes ausgegeben hat, der Uebernehmer das
Pferd fast für Nichts berechnet, und daß gewöhnlich das Aufgeld
für sich allein dem wahren Werthe des eingetauschten Pferdes ent=
spricht. Bei Streitigkeiten ist ein magerer Vergleich besser als ein
fetter Prozeß; Streitsucht schadet, Nachgiebigkeit bringt Vortheil.
Möchte doch auf solche Weise Ehrlichkeit in den Pferdehandel kommen
und derselbe wieder Vertrauen gewinnen, damit der gegen die Sitt=
lichkeit so sehr verstoßende Grundsatz: im Pferdehandel gebe es keine
Gewissenhaftigkeit, seine Geltung verliere und der Handel mit einem
solch edlen Thiere, wie das Pferd ist, den schmutzigen Händen der
betrügerischen Pferdehändler entrissen werde. Es ist auch nicht ein=
zusehen, warum mit einem Thiere, dem der Käufer Leib und Leben
anvertraut, so schändlicher Betrug und Arglist getrieben werden
dürfte; es sollten Gesetze aufgestellt werden, welche Strafen wenig=
stens über den verhängen, der durch Betrug mit Pferden sich an
der Gesundheit seiner Mitmenschen versündigte, um eines schnöden
Gewinnes wegen, der oft gegen den angerichteten Schaden kaum
nennenswerth ist.

Zehnter Abschnitt.
Die Gewährleistung und die Hauptmängel.

—

§. 142.

Die mancherlei Gebrechen, welchen das Pferd ausgesetzt ist und welche seinen Werth so vielfach abändern, führten wohl zuerst darauf, für manche Fehler, welche entweder nicht in ihrem ganzen Umfang oder in ihrer Bedeutung für die Gesundheit und Dienstbrauchbarkeit des Pferdes beim Kaufe nicht so leicht erkannt werden können, eine gewisse Gewährleistung gesetzlich anzuordnen. Feste Bestimmungen über Gewährleistungen können eine Menge von Streitigkeiten beim Kauf, Verkauf oder Tausch schlichten, wenn wirkliche oder eingebildete Unbrauchbarkeit des Kaufobjects den Käufer zu gerechten oder ungerechten Klagen wegen getäuschter Erwartungen veranlaßt, oder auch wenn seine Laune ihm die Aufhebung des geschlossenen Handels wünschenswerth macht.

Schon in dem alten römischen Rechte, dem sogenannten ädilizischen Edicte finden wir ausführliche Gesetze über den Handel, Kauf und Verkauf. Diese Gesetze nun, welche jedoch vorzugsweise für den Handel mit leblosen Gegenständen berechnet waren, wurden auch auf den Handel mit Hausthieren angewendet.

Nach dem ädilizischen Edicte muß derjenige welcher nicht durch Schenkung, sondern durch einen lästigen Vertrag, also durch Kauf Tausch, oder auch durch Vergleich, bei einer Theilung einem Andern einen Gegenstand übertragen hat, für diejenigen heimlichen oder verheimlichten bedeutenderen Fehler, welche der Brauchbarkeit der Sache schaden, und schon zur Zeit des Vertrags vorhanden waren, einstehn, oder er muß, wenn er sich von der Gewährleistung befreien will, die Fehler nennen, welche etwa eine Klage des Käufers veranlassen könnten. Für Fehler, die von selbst bei der Untersuchung in die Augen treten, braucht der Verkäufer nicht einzustehn. Bei Nachweisung solcher Fehler mußte sich der Verkäufer gefallen lassen, unter förmlicher Aufhebung des Kaufsvertrags die Waare gegen

Ersatz des Preises zurückzunehmen, oder so viel zurück zu erstatten, als nach beglaubigter Schätzung die Waare minder werth erfunden wurde. Der Erwerber hatte die Wahl, ob er binnen 6 Monaten die Wandlungsklage (actio redhibitoria) anstellen, das heißt auf Vernichtung des eingegangenen Vertrags klagen, oder ob er binnen eines Jahres die Minderungs- oder Schätzungsklage (actio quanti minoris) vor Gericht einreichen, das heißt auf Verminderung der Gegenleistung im Vergleich zum geringeren Werthe der Sache antragen wollte.

In Deutschland galt vor Einführung des römischen Rechtes fast allgemein das Gesetz, daß der Verkauf einer mit verborgenen Fehlern behafteten Sache gar nicht erlaubt sei, bei offenen Fehlern aber galt der Satz: „Augen auf oder den Beutel."

War jedoch dem Verkäufer der verborgene Fehler unbekannt gewesen, vor und bei dem Verkauf, und konnte er dieß eidlich erhärten, so war er auch nicht für diese Fehler verantwortlich.

Das römische Recht wurde aber schon sehr früh in den meisten deutschen Ländern angenommen. Allein bald zeigte sich, daß die Anwendung der Gesetze der Aedilen auf den Handel mit lebenden Gegenständen, also namentlich mit Hausthieren nicht practisch sei, und mit den allgemeinen Begriffen von Recht und Billigkeit nicht übereinstimme.

Vielfache Streitigkeiten mußten darüber entstehen, welche Fehler bedeutend seien und der Brauchbarkeit Eintrag thun, welche Fehler als heimliche oder als in die Augen fallend anzuerkennen seien; besonders lästig und nachtheilig für den Erwerber war aber die Anforderung des Beweises, daß der Fehler zur Zeit des Vertrags schon bestanden habe. Dieser Beweis war in den meisten Fällen sehr schwer oder gar nicht zu führen, denn entweder konnten keine gültigen Zeugen für dieses damalige Vorhandensein beigebracht werden, oder es konnten die Experten nicht bestimmt aus den vorhandenen Erscheinungen das frühere Dasein des Fehlers behaupten.

Bei solchen Mängeln des römischen Gesetzes entstand natürlich das Bedürfniß für den Handelsverkehr mit Hausthieren besondere Gesetze zu haben, namentlich wurde die Benennung derjenigen Fehler, welche Wandlungsklagen begründen sollten, nothwendig.

Das Sachsenrecht hat zuerst einzelne solche Fehler als sogenannte „Hauptmängel" festgesetzt. Nach und nach kamen in den meisten Staaten sogenannte Hauptmängelgesetze zu Stande, welchen die Absicht zu Grunde lag, den Verkäufer ebensosehr gegen unge= rechte Anforderungen der Käufer, als auch diese gegen Betrügereien und Uebervortheilungen der Verkäufer zu schützen. Die hieher be= züglichen Gesetze sind in den verschiedenen Ländern sehr abweichend von einander, und stehn zum Theil ganz in Widerspruch mit der Idee, die consequenterweise einem Hauptmangelgesetz zu Grund liegen sollte. Großentheils liegen diese Fehler der Gesetzgebung in den mangelhaften Kenntnissen der Techniker, welche zur Zeit der Bear= beitung von Gewährsmangelgesetzen über die zur Aufnahme in die Reihe der Hauptmängel geeigneten Fehler und über die für dieselben festzusetzenden Gewährszeiten von den Gesetzgebern zu Rathe gezogen wurden.

Wenn man bei einem Hauptmangelstatut die im römischen Rechte ausgesprochenen Rechtsgrundsätze anerkennen, aber die bei ihrer Anwendung hervortretenden Inconvenienzen beseitigen will, so ist erforderlich:

1) Die heimlichen Fehler, die nicht in die Augen fallen, der Brauchbarkeit der Sache unverkennbar schaden und schwer oder gar nicht heilbar sind, genau zu benennen. Diese Fehler nennt man nun Hauptmängel, Hauptfehler oder auch Gewährsmängel, weil gegen dieselben Gewähr geleistet werden soll.

2) Die Beweisführung, daß der Fehler zur Zeit des Vertrages vorhanden gewesen sei, mußte dem Käufer erleichtert werden, und dieses wollte man dadurch erreichen, daß man eine bestimmte Zeit annahm, innerhalb welcher das Auftreten eines Hauptfehlers zugleich den Beweis in sich schließen sollte, daß das Thier schon zur Zeit des Vertrages mit dem Fehler behaftet gewesen sei. Diese Zeit nannte man Gewährzeit.

Solche Gewährschafts=Gesetze findet man jetzt fast in allen europäischen Staaten, nur sind sie in der Bestimmung der Haupt= mängel und in der Dauer der Gewährzeit abweichend. Neben den von der Landesgesetzgebung bestimmten Hauptmängeln kann der Käufer durch einen besondern Vertrag mit dem Verkäufer noch gegen weitere krankhafte Zustände oder Mängel des erkauften Pferdes Gewähr= schaft ausbedingen, oder auch gegenseitig alle Gewährschaft aufheben.

Bei Festsetzung der Hauptmängel ging man in der That davon aus, daß der als Hauptmangel bezeichnete Fehler eine unheilbare oder doch schwer heilbare, schwer erkennbare oder mit unbedeutenderen Uebeln leicht zu verwechselnde fieberlose und langwierige Krankheit sei, die den Werth des Pferdes sehr herabsetzt, die Diensttauglichkeit beschränkt oder ganz aufhebt. Von allen Hauptmängeln wird angenommen, daß wenn sie innerhalb der festgesetzten Gewährszeit hervortreten, schon zur Zeit des Kaufes zugegen gewesen seien. In den meisten deutschen Staaten sind die einzelnen Krankheiten, die als Hauptmängel gelten, durch eigene Belehrungen erklärt, welche aber, da sie wie die Gewährsmangelgesetze aus frühern Zeiten stammen, wo man über die Thierkrankheiten noch sehr ungenügende Aufschlüsse hatte, nicht immer richtig sind, diese Gesetze enthalten auch oft Zusammenstellungen von Leiden, die dem gewöhnlichen Begriffe eines Hauptmangels nicht vollständig entsprechen.

In Württemberg ist das Rescript vom 17. Febr. 1767 welches folgende Krankheiten als Hauptmängel statuirt aufgehoben: 1) rotzig oder ritzig, es sei hernach solches Hirn- oder Lungenrotz; 2) alle Arten von Kolberern; 3) was krätzig, fistlich, wurmig, hauptmörtig ist, als worunter alle unheilbaren Unsauberkeiten, z. B. Krebs, Löcher in den Ohren, Kienbacken, Schlauch und Euter verstanden werden; 4) Herzschlechtig; 4) Wehtägig; 6) Mondblind; für welche 5 ersten Gebrechen 4 Wochen und 3 Tage, für die Mondblindheit aber 8 Wochen Gewährschaft geleistet werden soll. An Stelle dieses Statuts ist gemeinschaftlich für Württemberg und Baden am 4. Februar 1862 und 3. Mai 1859 ein Gesetz über die Gewährleistung bei Hausthieren erlassen worden. Hienach muß im Handelsverkehr mit Pferden: gegen schwarzen Staar und gegen Koppen, welches ohne Abnutzung der Zähne ausgeübt wird acht Tage lang, gegen Rotz, Hautwurm, Dämpfigkeit vierzehn Tage lang, gegen Koller einundzwanzig Tage lang, gegen fallende Sucht achtundzwanzig Tage lang, gegen die periodische Augenentzündung die sogenannte Mondblindheit vierzig Tage lang Gewähr geleistet werden.

Was die Gesetzgebungen anderer Länder betrifft, so möge beistehende Tabelle eine Uebersicht über die Gewährsmängel und Gewährszeiten in andern Ländern geben.

Bei Pferden	Oesterreich. und Lastthieren.	Preußen außer der Rheinprovinz.	Bayern. Klein und Maulthieren.	Württemberg, Baden.	Königreich Sachsen. und Klein.	Herzogthum Nassau.	Großherzogthum Hessen.	Sachsen-Meiningen.	Schweiz. *)	Frankreich. Klein und Maulthieren.	Hannover. Entwurf. Bei Klein und Maulthier-Pferde-Afarben.
Periodische Augenentzündung, Mondblindheit	30	28	40	40	50		28			30	30
Schwarzer Staar	30	28	8	8	15		8	8		8	38 grauer Staar 8
Roß	u. verdächtige Druse. 15	14	14	14	u. verdächtige Druse 15		14	28	20	9	14. 8.
Wurm	30	14	14	14	15	29	14	28	28	9	28 T. 8 T.
Beschälkrankheit.		14			15						14
Räude	15	14	14	14	15	29	14	28	20	9	14
Dampf und Pfeifer, dampf	15	28	21	21	15	29	28	28	20	9	8
Chronischer Husten.			40	28			28			30	8 Kopfkrankheit 3
Koller	30	4	40	8		29	28	28	20	9	3
Fallsucht, Epilepsie			auch mit Abnützung 8	8			auch mit Abnützung 8			9	30
Stätigkeit, Wuth.										9	90
Koppen ohne Abnützung der Zähne										30	9
Chronisches Hinken.										9	9

*) Die Kantone Aargau, Bern, Freiburg, Neuenburg, Zug und Zürich.

Wegen der gesetzlichen Hauptmängel erhebt man gewöhnlich die Wandlungsklage und trägt auf gänzliche Aufhebung des Kaufvertrages an, gegen Unbrauchbarkeit oder geringere Tauglichkeit des Pferdes zu den beim Kaufe ausgesprochenen Zwecken kann in einzelnen Ländern auch blos eine Minderungsklage erhoben also Entschädigung für den Minderwerth angesprochen werden; in beiden Fällen muß der Beweis über das wirkliche Vorhandensein des angeschuldigten Mangels geliefert werden, wozu in der Regel die gerichtlich beglaubigten Zeugnisse beeidigter Sachverständiger nothwendig sind. Diese Zeugnisse sollten sich aber nicht nur auf eine einfache Angabe, daß ein Pferd an diesem oder jenem Hauptmangel leide, beschränken, sondern sich auf eine Beweisführung durch eine umfassende Beschreibung aller Krankheitserscheinungen ausdehnen.

Wenn ein Pferd während der Gewährzeit stirbt und bei der Section ein Hauptmangel beglaubigt nachzuweisen ist, trifft zwar der Schaden den Verkäufer, da aber nur einzelne wenige der gesetzlichen Hauptmängel durch die Section nachgewiesen werden können, so entscheidet gewöhnlich der Sectionserfund für solche nichts, sondern lediglich die Wahrnehmung während des Lebens, daher man sich nicht viel auf den Sectionserfund verlassen kann. Bei der wegen eines Hauptmangels dem Verkäufer gesetzlich auferlegten Zurücknahme des Pferdes ist er jedoch nicht gehalten, den in den Händen des Käufers an dem Pferde etwa entstandenen Schaden mit zu leiden, sondern er ist berechtigt, Schadenersatz zu verlangen, und zwar nicht nur wegen äußerer erlittener Beschädigungen, sondern wegen sonstiger neu entstandener Leiden, übler Gewohnheiten, z. B. Koppen 2c. Als ein Grund der theilweisen oder gänzlichen Aufhebung des Kaufvertrages erscheint auch Uebervortheilung durch zu hohen Preis. Nach einigen Landesgesetzgebungen kann der Käufer wegen „enormer Verletzung" klagen, wenn er bei dem Pferdskaufe um sehr viel über den wahren Werth übernommen wurde. In den verschiedenen Ländern sind die Uebervortheilungen, welche zur Klage wegen enormer Verletzung (läsio enormis) berechtigen, genau in Zahlen ausgedrückt. Wenn von einem Paar Pferde das eine als an einem Hauptmangel leidend zurück zu geben ist, hat der Käufer das Recht, Aufhebung des Kaufvertrags für beide zu verlangen, wenn sie beide um Einen gemeinschaftlichen Preis zusammen erkauft wurden, weil sie in diesem

Falle* beide als ein Ganzes betrachtet werden, dagegen beschränkt sich die Zurückgabe blos auf das an dem Hauptmangel leidende Pferd, wenn für jedes einzelne Pferd ein besonderer Preis genannt wurde und so jedes Pferd als einzeln erkauft zu betrachten ist.

Da wegen ausbedungener Garantieen bei mündlicher Uebereinkunft durch Abläugnen leicht Streit zwischen den Handelnden entsteht, so ist es immer anzurathen, den Kaufvertrag schriftlich abzuschließen und sich durch die Unterschriften der Vertragenden und einiger Zeugen zu versichern; wohl kann durch solche Vorsicht mancher Prozeß zum Besten beider Partheien vermieden werden.

Nach diesen allgemeinen Andeutungen über die auf den Pferdehandel bezüglichen gesetzlichen Bestimmungen mag hier eine gründliche Anweisung zur Erkennung der verschiedenen Hauptmängel folgen.

§. 143.

Die periodische Augenentzündung

oder Mondblindheit ist dem Pferdegeschlecht eigenthümlich; früher glaubte man, ihre periodische Wiederkehr hänge mit dem Mondwechsel zusammen, daher auch die Bezeichnung Mondblindheit, allein sie kehrt in ganz unbestimmten Perioden wieder und endigt fast immer mit Erblindung des kranken Auges. Die Anlage zu dieser Krankheit ist eine erbliche, sie kommt meist bei jungen Pferden während der Zahnentwicklung zuerst zum Vorschein. Die Kennzeichen sind starke Lichtscheu, Anschwellung der Augenlider, welche sich fest verschließen. Das Sehloch ist sehr zusammengezogen und die innere Auskleidung der Augenlider ist stark geröthet, der Thränenabfluß sehr stark, der Augapfel erscheint kleiner. Bei näherer Untersuchung bemerkt man, daß die Flüssigkeit der vordern Hälfte des Augapfels (vordern Augenkammer) getrübt ist und zwar bemerkt man namentlich einen gelblich grünlichen Beschlag an der Regenbogenhaut. Diese Färbung ist ein wesentliches Merkmal und hilft zur Unterscheidung von anderen Arten innerer Augenentzündung, die im Gefolge rheumatischer Krankheiten vorkommen können. Es bilden sich aus dieser Trübung flockige Ausscheidungen, welche sich in den unteren Winkel der vorderen Augenkammer niederschlagen und allmählig wieder aufgesaugt werden. Die Cornea trübt sich nicht immer, sie

wird dann grünlich blau ſchimmernd, wie Prieſtley'ſche Materie auf
dem Waſſer in einem Kandel, wenigſtens habe ich dieſes Schillern
der Cornea mehrmals bei beginnenden Anfällen der periodiſchen
Augenentzündung und in den Zwiſchenzeiten bemerkt. Der Sitz der
Entzündung iſt alſo meiſt in den innern Häuten des Angapfels, es
nimmt an dieſer Krankheit des Auges meiſt auch der ganze Körper
Antheil durch ein Fieber, Appetitloſigkeit, Sträuben der Haare.
Der ganze Verlauf des Anfalls dauert gewöhnlich 8—10 Tage und
die Anfälle kehren etwa drei= bis ſechsmal wieder und ſtören immer
mehr die Sehkraft, bis nach einem halben bis zwei Jahren das
betroffene Auge vollſtändig blind iſt. Die Wiederkehr der Anfälle
iſt ſehr verſchieden, anfänglich ſind die einzelnen Anfälle weiter aus=
einander, ſpäter wiederholen ſie ſich raſcher, der Zwiſchenraum iſt
anfänglich häufig nach Monaten, ſpäter nach Wochen zu berechnen.
In den Zwiſchenzeiten ſind die kranken Augen oft ganz klar, allein
mit jedem Anfalle kommen im Innern auffallendere Veränderungen
zu Stande, das Auge wird kleiner, ſchwindet und füllt die Augen=
höhlen und Augenliber nicht mehr vollſtändig aus, ſo daß das obere
Augenlid ſich faltig verzerrt. Doch wird man meiſt als Andeutung
der auch in den Zwiſchenzeiten fortdauernden Reizung die Pupille
etwas erregt und ſehr empfindlich finden gegen jeden Lichtwechſel.
Sind ſchon mehrere Anfälle vorgekommen, ſo bemerkt man an dem
geſchwundenen Auge auch den grünlichen Schimmer an der Horn=
haut und in der Flüſſigkeit der vordern Augenkammer.

Die durch ſolche periodiſche Anfälle veränderten Augen ſind
entweder im Sehnerven geſchwächt oder gelähmt (ſchwarzer Staar),
oder es iſt die Kryſtalllinſe verdunkelt (grauer Staar), oder der
Glaskörper iſt entartet (grüner Staar), zuweilen auch verwächſt die
Regenbogenhaut mit der Kryſtalllinſe. Seltener wird die durch=
ſichtige Hornhaut trübe und grau. Iſt das Auge einmal erblindet
in Folge ſolcher Anfälle, ſo wird es nicht mehr befallen, allein leider
wird gewöhnlich von nun an das andere, bis jetzt verſchont geblie=
bene Auge ergriffen und ſo oft befallen, bis es ebenfalls erblindet.

Die Urſache iſt meiſt eine vom Vater ererbte Anlage, oder eine
zufällige Congeſtion nach den Augen, bei Gelegenheit des Zahnens,
durch Dreſſur, enge Kummte oder Kehlriemen, Erhitzungen und Er=
kältungen, ſchlechte feuchte Waiden, hitziges Futter.

Bemerkt man bei jungen Thieren die Annäherung des Uebels, so ist ein Verkauf in eine andere Gegend oft das beste Mittel, um die Krankheit abzuschneiden. Die Krankheit tritt oft plötzlich ohne irgend eine bekannte Ursache auf und ebenso binden sich die Wieder= holungen nicht an bestimmte Gelegenheitsursachen.

§. 144.

Der schwarze Staar

heißt diejenige Art von Störung im Gesichtssinn, welche bedingt ist durch Lähmung des Sehnervens, womit gewöhnlich gar keine Trübung in den durchsichtigen Theilen des Augapfels verbunden ist; der vollkommene schwarze Staar veranlaßt totale Erblindung. Man nennt diese Art von Blindheit auch Schönblindheit, da keinerlei materielle Veränderungen im Auge wahrgenommen werden, diese Augenkrankheit wird vorzugsweise an der weitgeöffneten, mehr rundlichen als ovalen, bei Lichtwechsel un= beweglichen Pupille erkannt; wenn jedoch nur ein Auge am schwarzen Staar blind ist, so kann leicht das kranke Auge durch Mitleiden= schaft bei den Reactionen des gesunden sich scheinbar empfindlich zeigen. In einzelnen Fällen kann es vorkommen, daß die Pupille nicht so sehr auffallend weit ist, daß nur noch ein schmaler Ring der Regenbogenhaut oder Iris übrig bliebe, sondern die Pupille ist klein und eng, weil der Rand der Regenbogenhaut mit der Crystall= linse oder vielmehr ihrer Kapsel verwachsen ist. Möglich ist auch, daß bei einem grauen Staar noch schwarzer Staar besteht, welch letzterer aber dann nur selten erkannt wird. Um nun ein Pferd wegen dieses Augenfehlers zu untersuchen, wird ihm ein Auge um das Andere zugebunden, worauf man es frei gehen läßt, ihm aber Hindernisse in den Weg legt, um zu sehen ob es darüber stolpert, wobei nicht nur das blinde Auge zu unterscheiden, sondern selbst der Grad des Augenleidens zu ermitteln ist, denn bei unvollkomme= nem schwarzen Staar hat das Auge noch einiges Gefühl für Licht und Dunkel. Bei solchen künstlich in den Weg gelegten Hinder= nissen ist darauf zu achten, daß nicht eine breite Fläche dem Thiere entgegen gestellt werde, denn ein Pferd fühlt diese bei der Annähe= rung deutlich, ein blindes Pferd wird nie gegen eine Wand laufen, am besten ist es, man nimmt Stangen, die man in Kniehöhe an=

bringt. Wenn beide Augen am ſchwarzen Staare blind ſind, wird
dieſer Augenfehler an dem hohen Heben der Füße im Gange, an
dem horchenden lebhaften Ohrenſpiel, an der Schreckhaftigkeit und
an den eigenthümlichen verzerrten Falten der oberen Augenlider,
welche durch das Kleinerwerden und Schwinden des Augapfels be=
dingt ſind, erkannt.

Bei Ermittelung der Blindheit verfahren Manche in der Art,
daß ſie den Finger drohend dem Auge nähern, allein dieß führt zu
keinem richtigen Urtheile, indem bei einigem Sehen der Finger wohl
etwas wahrgenommen werden kann, ohne daß dieſes Sehen für die
Dienſttauglichkeit von Werth wäre. Außerdem benachrichtigen die
ſehr empfindlichen Taſthaare in der Nähe der Augenlider das Auge
von der Annäherung des Fingers auch bei völliger Blindheit; un=
empfindliche Pferde aber, kollerkranke ꝛc. oder ſehr vertraute Thiere
laſſen ſich ins Auge greifen, ohne blind zu ſein, namentlich wenn
man ſich vorſichtig dem Auge nähert. Gerade blinde Pferde haben
ein feiner ausgebildetes Gefühl und werden auf jede Annäherung
mit dem Finger ſich noch viel empfindlicher zeigen wie gut ſehende
Pferde. Häufig bemerkt man bei ſchwarzem Staar die Pupille von
auffallend ſchwarzblauer Farbe. In Mitte der Pupille kann man
die Einpflanzung des Sehnerven deutlich erkennen, was Manche
für den grauen Staar anſehen.

Am beſten unterſucht man die Augen in einem Stallraume mit
Dämmerlichte; es erweitert ſich hier die Pupille ſehr deutlich, ſo
daß die Kryſtalllinſe weit überſehen werden kann. Iſt man im
Unklaren darüber, ob eine getrübte Stelle wirklich in der Kryſtall=
linſe, oder nur vorn auf der durchſichtigen Hornhaut ſich befinde,
ſo darf man ſich nur ſeitwärts vom Auge aufſtellen, Hornhautflecken
werden auch bei ſeitlicher Aufſtellung wahrgenommen werden können,
Flecken in der Kryſtalllinſe (Staarflecken) aber nur dann, wenn man
ſich in die Verlängerung der Sehachſe, alſo gerade vor das Auge
ſtellt. Führt man aus dem düſteren Stallraume das Thier ins
Freie, namentlich bei klarem Sonnenſchein, ſo zieht ſich die Pupille
enge zuſammen; ſie bleibt aber weit, ſobald der ſchwarze Staar
das Auge betroffen hat. Doch iſt auch bei dieſer unmittelbaren
Unterſuchung des Auges zu empfehlen, ein Auge nach dem anderen
zu bedecken und dann das andere einzeln zu unterſuchen, um nicht

durch den Nervenzusammenhang des kranken Auges mit dem noch empfindlichen gesunden irre geführt zu werden.

Meistens erscheinen Augen, welche an schwarzem Staar leiden, deutlich glotzend, matt, glanzlos, in der Tiefe auffallend blauschwarz; bei längerem Bestehen des Uebels tritt dann als natürliche Folge der Unthätigkeit des Auges eine unvollkommene Ernährung ein, so daß der Augapfel schwindet, wodurch sich nicht allein die oben schon angedeutete Faltenbildung und Verzerrung am obern Augenlide erklärt sondern auch das später ganz deutliche Hervortreten des dritten Augenlides, der Vogelhaut, Nickhaut, welche als ein rother fleischiger Körper am inneren Augenwinkel zum Vorschein kommt.

Noch ist der Laie davor zu warnen, daß er nicht die schwarzen flockigen Anhänge am obern und auch am untern Rande der Regen= bogenhaut an der Grenze des Sehlochs, der Pupille als etwas Krankhaftes, gar als den schwarzen Staar ansehe. Diese schwar= zen Anhängsel der Regenbogenhaut sind naturgemäß und besonders beim Pferde deutlich, bei einzelnen Individuen treten sie auffallend stark hervor, so daß sie von wenig Geübten leicht als etwas Abnor= mes angesehen werden.

Der schwarze Staar kann sehr schnell entstehen nach Gehirn= entzündungen, nach Zurückdrängen anderer Krankheiten, namentlich aber durch Erschütterungen des Schädels, besonders über den Augen= bogen, nach Erkältung, schweren Operationen, bei Zahnwechsel, und kann entweder vom Gehirn oder vom Sehnerven im Auge ausgehen, meist ist es ein chronisches unheilbares Leiden, das aber auch zu= weilen ganz von selbst und rasch heilt, namentlich wenn die Ur= sachen nur vorübergehend eingewirkt haben, z. B. Erschütterungen, oder gar Genuß narcotischer Gifte.

Der schwarze Staar kann immer nur am lebenden Pferde be= stimmt nachgewiesen werden, denn bei Sectionen gelingt es nur in sehr seltenen Fällen, z. B. beim angeborenen schwarzen Staar, eine Abnormität an dem Sehorgane nachzuweisen.

§. 145.
Rotz, ritzig und verdächtige Druse.

Der Rotz ist eine dem Pferdegeschlecht eigenthümliche, wenigstens hier allein selbstständig sich entwickelnde Krankheit, bestehend in einer

Blutentmischung, welche sich durch Geschwürbildung zunächst in den Ath= mungsschleimhäuten, also in der Nase, Luftröhre und in den Lungen, später auf der Haut, sogar in den Muskeln, Knochen charakterisirt. Gewöhnlich entwickelt sich diese so sehr ansteckende Krankheit aus anderen Krankheiten, z. B. aus der Druse, nach der Influenza, Beschälkrankheit, durch Eitervergiftung des Blutes in Folge lang anhaltender Eiterung bei Hufschäden, Widerristfisteln, nach zurück= gebliebener Nachgeburt, bei weißem Fluß, oder in Folge schlechter Fütterung und Pflege, bei ungünstigem Klima 2c. Die ersten Er= scheinungen sind Anschwellung der Lymphdrüsen auf einer Seite im Kehlgange, die geschwollenen Drüsen sind hart, unempfindlich, und bei gleicher Größe verharrend, nicht eiternd, sehr begrenzt geschwol= len, nicht gerade festsitzend, wie man gewöhnlich behauptet, aus dem Nasenloche derselben Seite bemerkt man einen Ausfluß, welcher die Nüstern beschmutzt, oft die Haare außen verklebt. Der meist einseitige Ausfluß entleert sich nicht in Form von schleimigen Klum= pen, wie bei der Druse, sondern er ist langsam laufend, oft eiter= artig, zuweilen mit Blutstreifen vermischt, übelriechend. Bei ge= nauer Untersuchung der Nasenlöcher, wobei man die Nüstern des Thieres gegen die Sonne halten muß, oder wenn man mit einem Spiegel die Strahlen der Sonne in das Innere der Nasenkanäle zurückscheinen läßt, bemerkt man Geschwüre, oder auch nur weiße oder rothe Knötchen, die bei Berührung leicht bluten. Die Geschwüre zeigen, wenn sie schon mehr in die Tiefe eingedrungen sind, speckige, zerrissene, aufgeworfene Ränder. Die Rotzgeschwüre sind chanker= artig, d. h. sie fressen rasch in die Tiefe und zerstören nicht allein die Schleimhaut, sondern auch die Knorpel und die Nasenscheide= wand, sogar die Knochen, die sich wohl auch verändern, sich auf= treiben und nach außen am Schädel und Gesicht Formveränderungen erkennen lassen. Nicht immer sind die Geschwüre dem Auge bei der Untersuchung noch zugänglich, oft heilen einzelne Geschwüre, hinterlassen eine weiße strahlige Narbe, allein es entstehen bald wieder an anderen Stellen neue Geschwüre, die vielleicht nicht wahr= genommen werden können, aber den Nasenausfluß unterhalten. So kann trotz dem dringendsten Verdachte die Constatirung des Rotzes oft sehr schwierig sein, namentlich wenn, was häufig der Fall, das Thier sich sonst nicht krank zeigt, gut frißt, ein gutes Haar hat.

Im weiteren Verlaufe hustet das Thier, frißt schlecht, athmet schwer, magert ab, die Haare werden glanzlos, struppig, und in einzelnen Fällen gesellen sich noch Spuren von Wurm dazu.

Die Thiere gehen zuletzt an allgemeiner Schwindsucht und hectischem Fieber, oft erst nach mehreren Monaten zu Grunde. Man unterscheidet wohl auch eine mit Fieber verbundene schnell verlaufende Form acuten Rotzes, an welchem die Thiere in 2—3 Wochen aufgerieben werden. Zu dieser Form sind besonders die Esel und Pferdebastarde geneigt, daher für diese die kürzere Gewährszeit.

Beim acuten Rotz ist die Schleimhaut stark mit Blut angefüllt, geröthet, geschwollen, es tritt Schwerathmigkeit ein, die sehr schnell sich entwickelnden Geschwüre greifen sehr rasch um sich, die Ansteckungsfähigkeit ist viel größer, die Füße, Bauch, Schlauch, Euter schwellen auf und werden sehr empfindlich.

Die andere, langsam verlaufende Form, der chronische Rotz, kann bei sonst gutgehaltenen Thieren nicht selten über ein Jahr hinaus sich erstrecken, bis die Krankheit ein tödtliches Ende nimmt.

Die Section gibt den deutlichsten Aufschluß über diese Krankheit. Wenn oft die Nasenkanäle ganz rein sind, so findet man auf der Schleimhaut der Luftröhre, in den Nebenhöhlen der Nase, Stirn und Kieferhöhle, in den Luftsäcken zahllose Geschwüre von obigem Charakter. In den genannten Höhlen findet man oft größere Mengen von Eiter eingeschlossen, die Wandungen von Geschwüren angefressen, oft halb zerstört.

Die Lungen erscheinen oft wie übersäet mit kleinen Knötchen (Tuberkeln) von der Größe eines Repskorns bis zu der einer Erbse; an einzelnen Organen, namentlich Drüsen und Knochen, findet man Entartungen, besonders Vereiterungen. Der Eiter und Schleim aus der Nasenhöhle, sowie auch das Blut, enthalten den Ansteckungsstoff, das Contagium dieser Krankheit, welche durch diesen fixen Ansteckungsstoff (denn ein flüchtiger, luftartiger besteht nicht) auf alle möglichen Thierarten, namentlich aber auf den Menschen, übertragen werden kann.

Die Gesetzgebung der meisten Staaten schützt den Käufer gegen Betrügereien mit solchen Pferden, denen man oft zur Verheimlichung der Krankheit das fließende Nasenloch mit einem kleinen hinaufgeschobenen Schwamme verstopft, die verhärtete, also verdächtige Drüse wird aus dem Kehlgange herausgeschnitten und die Wunde oder Narbe sucht man durch vorhergegangene Druse zu erklären.

Eine Behandlung ist meistens durch Polizeiverordnungen beengt oder ganz unzulässig; sie ist nur sehr selten durch günstige Erfolge belohnt, während die Gefahr der Ansteckung für Menschen und Thiere groß ist; daher ist alsbaldige Tödtung des Thieres das Vortheilhafteste. Soll ja eine Behandlung versucht werden, so muß sie von einem tüchtigen, sachverständigen Thierarzte geleitet werden.

Die Selbstentwicklung des Rotzes, die jedoch weit seltener vorkommt, als die Ansteckung, ist häufig veranlaßt durch einen ungünstigen Verlauf der Druse. Wenn nun die Druse solche Erscheinungen zeigt, daß sie den Verdacht erregt, sie gehe in Rotz über, so nennt man sie verdächtige Druse, welche mit der Entwicklung der eigenthümlichen Geschwüre und Tuberkeln zum Rotze wird. Die verdächtige Druse ist also das Vorbereitungs-Stadium des Rotzes, ein noch nicht deutlich und vollkommen ausgesprochener Rotz, jedoch mit fast allen Erscheinungen des Rotzes. „Verdächtige Druse" bezeichnet also eigentlich Rotzverdacht, einen Zustand, der noch nicht als ein unheilbares Leiden von Polizeiwegen anzusehen ist, wie der wirkliche Rotz.

Der Rotz kann verwechselt werden mit chronischen Catarrhen der Kieferhöhlen und der dem Pferde eigenthümlichen sogenannten Luftsäcke, welch letztere unter dem Genick und hinter dem oberen Rande der Unterkiefer liegen. Bei diesen Zuständen kommen je nach der Stellung des Kopfes beim Waiden oder bei einem Druck auf die Ohrspeicheldrüsen Entleerungen von größeren Mengen Eiters vor. Polypen, welche sich hoch oben in den Schleimhäuten der Nase und des Schädels bilden, können zu eiterigen übelriechenden Ausflüssen Anregung geben. Entzündungen der hintersten Backzahnwurzeln bedingen zuweilen Vereiterung, Auftreibung der oberen großen Kieferbeine und Entleerung von Eiter in die Nasenhöhle, Anschwellung der benachbarten Drüsen. In einzelnen Krankheiten bilden sich auf der Schleimhaut der Nase Entzündungen der Schleimbälge, Bläschenausschläge (Phlyctainen), welche jedoch keine fressenden Geschwüre zur Folge haben, sondern sich mit einem Schorfe bedecken und schnell heilen; meist gibt die schnell auftretende und auf die äußere Lippenhaut sich ausdehnende Entwicklung einer größeren Zahl von Geschwüren einen deutlichen Fingerzeig, daß es keine Rotzgeschwüre sind.

Beim brandigen Strengel und beim Faulfieber, bei denen brandige Zerstörung der Nasenschleimhäute zuweilen vorkommt, was zu Verwechslung mit acutem Rotz Veranlassung geben könnte, entscheidet der schnelle Verlauf, die Art der Entstehung, die Möglichkeit der Heilung, und im Falle tödtlichen Ausganges die Section, welche bei beiden genannten Krankheiten nicht die eigenthümlichen Geschwüre und die Tuberkelbildungen in den Lungen nachweisen wird. Ein ganz unerfahrener Laie kann wohl auch die linsengroßen Mündungen der Thränenkanäle in jedem Nasenloch, welche oft doppelt vorkommen, oder zufällige vorübergehende Auftreibungen der Schleimdrüsenbälge, endlich kleine, zufällige, mechanische Verletzungen der Nasenschleimhaut für Zeichen des Rotzes ansehen. Bei schwierigen gerichtlichen Fällen, die zweifelhaft sind, entscheidet man oft am sichersten über das Wesen der zu begutachtenden Krankheit, wenn man Eiter und Blut von dem verdächtigen Thiere auf ein erwiesen gesundes Pferd einimpft, um zu sehen, ob sich der Rotz entwickelt.

§. 146.
Wurm, Hautwurm,

ist eine fast nur beim Pferdegeschlecht und seinen Bastarden vorkommende Krankheit der Lymphgefäße unter der Haut, fieberlos, ansteckend und so nahe mit dem Rotze verwandt, daß der Rotzeiter häufig den Wurm hervorbringt, namentlich wenn er auf die Haut geimpft wurde, während der Eiter aus den Wurmknoten und Geschwüren häufig auch den Rotz erzeugt. Der Name Wurm erklärt sich durch die strangartigen, wurmförmigen Anschwellungen auf oder vielmehr unter der Haut, sie sind begründet durch ein Anstauen von kranken Säften (Lymphe) in den Lymphgefäßen, diese haben im Inneren Klappen und Falten, an denen die Anschoppung oft so wirkt, daß an diesen Stellen das Gefäß allmälig erweicht, aufbricht und offene Geschwüre darstellt, welche aufgeworfene harte Ränder fast wie Rotzgeschwüre bekommen.

Der Wurm entwickelt sich bei schlechter Ernährung, namentlich mit schimmligem Futter, nach oft wiederholten Erkältungen oder

nach länger anhaltender Eiterbildung, z. B. nach Sattel= und Ge=
schirrbruckschäden, Hufvereiterung, nach der Castration oder zufälligen
Verletzungen, als Begleitung des Rotzes und der Räude. Am häu=
figsten aber ist Ansteckung die Ursache. Die Ansteckung kann Wochen
und Monate lang verborgen bleiben. Selbstverständlich darf der
Wurm nicht verwechselt werden mit Peitschenschwielen oder Hitz=
blattern, Bienen= und Insektenstichen. Gewöhnlich ist der Appetit
beim Wurm längere Zeit ganz gut, erst allmälig bildet sich strup=
piges Haar, Abmagerung, Anschwellung der Unterfüße, endlich ein
schwindsüchtiger Zustand, Husten, Lungenvereiterung, Tod. Ju den
späteren Stadien der Krankheit nehmen die verschiedenen Gruppen
der Lymphdrüsen in dem Kehlgang, im Leistenkanal Antheil und
schwellen an, gehen aber fast nie in Eiterung über; bei einer An=
steckung zeigen sich die Lymphgefäße gern zuerst krank an den Lippen,
an der inneren Fläche der Hinterschenkel, am Halse und seitlich am
Bauche. Das Uebel kann Monate lang dauern, bis es zum Tode
führt, sehr häufig geht es vorher noch deutlich in Rotz über. Viel
schneller verläuft der Wurm beim Esel.

Die Heilung ist in dem Erfolge sehr unsicher und nur durch
geschickte Thierärzte unter größter Vorsicht gegen Ansteckung zu ver=
suchen, man stelle jedenfalls wurmige Pferde ganz abgesondert und
lasse sie durch besondere Wärter pflegen. Man hat einzelne gün=
stige Resultate mit kleinen Gaben von Arsenik, lange anhaltend an=
gewendet, gewonnen, ebenso mit Cantharidenpulver, Spießglanz.

Bei der Section findet man in den verhärteten Lymphdrüsen
Tuberkelmasse, Eiter, das Zellgewebe in der Nähe der kranken
Lymphgefäße und Drüsen mit sulziger Masse erfüllt, die Wurmbeulen
zeigen sich aber nicht immer in directem Zusammenhange mit Lymph=
gefässen. Nicht selten findet man auch Tuberkel in der Lunge und
bei Complication mit Rotz natürlich die demselben eigenthümlichen
Erscheinungen.

Nicht zu verwechseln mit dem wirklichen Wurm sind vorüber=
gehende Auftreibungen der Lymphgefässe und Drüsen bei eiternden
Geschwülsten, nach Operationen oder bei der Druse, dann bei jungen
Pferden in Folge von Erkältung, Futterwechsel, wodurch der gut=
artige unächte Wurm entstehen kann, bei dem aber nie ein Auf=
springen der Lymphgefässe, also keine Geschwürbildung stattfindet.

Insektenstiche, das Aufspringen der Adern bei Pferden gewisser
Racen, der mit oder ohne Fieber auftretende, schnell verschwindende
und wieder ausbrechende Nesselausschlag, welcher aber meist nur
24—48 Stunden, selten 8 Tage dauert, könnten von Laien mit
dem ächten Wurm verwechselt werden, allein alle diese Erscheinun=
gen sind sehr vorübergehender Natur. Verschlagene Druse, Milch=
versetzungen, Fohlenlähme können Aehnlichkeit mit dem Wurm haben,
sogar auch in ihn wirklich übergehen, allein durch die Art der Ent=
wicklung und des Verlaufs der Krankheit wird man den Sachverhalt
meistens leicht feststellen können. Durch Füttern von größeren Men=
gen von Möhren an Fohlen bilden sich bei diesen zuweilen Knoten,
an denen, wie bei dem chronischen Nesselausschlag, auch die Haare
ausfallen, es bilden sich aber keine strangartigen Geschwülste und
keine bösartigen Geschwüre.

Die Desinfection eines Stalles, wo Rotz= und Wurmkranke
standen, muß mit größter Vorsicht besorgt werden. Man bestreiche
Wände, Raufen und Krippen mit Chlorkalk, die Eisentheile glühe
man aus. Die freie Benützung wurmiger Pferde ist in den meisten
Staaten verboten, daher ist die Tödtung wurmiger Pferde das Vor=
theilhafteste. Es ist ganz entschieden von einem Heilversuche abzu=
rathen, wenn die Thiere sonst kränklich oder in schlechter Pflege
stehen, oder wenn der Wurm aus allgemeiner Säfteverderbniß ent=
standen ist.

§. 147.

Beschälkrankheit.

Die Beschälkrankheit wurde zuerst in Hannover einer beson=
deren Beachtung durch die Wissenschaft gewürdigt und ist deßwegen
früher unter dem Namen hannoversche Krankheit aufgeführt wor=
den. In neuerer Zeit wurde sie vielfach in andern Ländern Deutsch=
lands, in Ungarn, Rußland, beobachtet. In Frankreich beschäftigte
sich Delafond mit dem Studium dieser Krankheit, welche in etlichen
südlichen Gouvernements Frankreichs und Algeriens vor einigen
Jahren großen Schaden stiftete.

Diese auch Venerie genannte Krankheit beim Pferde charakterisirt
sich zuerst durch örtliche Reizung der Begattungsorgane, Ruthe, Scheide,
an denen sich abnorme Schleimausscheidungen, Bläschen (Phlyk=

kräuen), einstellen, welche platzen und Geschwüre mit vertieftem Grunde nach sich ziehen. Beim Harnlassen zeigt sich häufig Schmerz, und in Folge des Reizes geschlechtliche Aufregung (Rossen, Erektionen), was leicht in heftiges Drängen ausartet, wodurch trächtige Thiere bis zum Abortus kommen.

Im weiteren Verlaufe zeigen sich Anschwellungen an den benachbarten Geschlechtstheilen, am Euter, (Hoden). Bei Hengsten soll der Samen gelblich zähe, ärmer an Spermatozoen werden, bei Stuten wird der Scheidenschleim auch zähe und ist mit Eiterkügelchen vermischt. Die Milch wird in Qualität und Quantität verändert. Oedematöse Anschwellungen breiten sich bis gegen die Brust aus, die Füße laufen stark an.

Die Geschwüre breiten sich oft in Form von Pocken am After, Mittelfleische, zwischen den Hinterschenkeln aus, die Leistendrüsen schwellen an. Der Gesammtorganismus nimmt anfänglich nur wenig Antheil, in so fern sich im Beginn der Krankheit nur ein leichtes Fieber zeigt. Der Appetit ist nicht sehr gestört. Bei längerer Dauer nimmt das ganze Lymphgefäßsystem Antheil und die Krankheit artet in allgemeine Dyskrasie aus, die Thiere magern bedeutend ab. Das Spinal=Nervensystem nimmt deutlichen Antheil an dieser Krankheit, es zeigt sich große Empfindlichkeit in den Lenden und bald erkennt man im Hintertheile, vom Kreuze ausgehend, eine große Schwäche, die sich durch Steifheit im Gange und Schwanken bemerkbar macht, später erfolgt sogar wirkliche Lähmung, die sich entweder auf einzelne Theile, auf Ohr, Lippen, Kinn, Schwerden 2c. beschränkt, oder auf größere Körpertheile (Kreuzlähmung) erstreckt. Diesen wirklichen Lähmungen gehen meistens nur Lahmheiten einzelner Extremitäten voraus. Lahmgehen kommt fast immer vor, wenn auch intermittirend. Die gelähmten Theile zeigen ein Schwinden in der äußeren Form. Wenn die Thiere nicht an diesen Lähmungen eingehen, erfolgt ihre Auflösung, freilich oft erst nach mehreren Monaten oder nach Jahresfrist, durch die allmählige Entmischung des Blutes', welche sich durch schmierige Augen, Nasenausflüsse, weißen Fluß, zuweilen in Form von Rotz oder Wurm ausspricht. Je nachdem die Krankheit mehr in den Grenzen einer örtlichen Affektion der Geschlechtstheile bleibt, hat man eine gutartige Form (Phlyktänenausschlag) unterschieden, im Gegensatz zur

bösartigen Form, wo die Nervenaffektionen und die allgemeine
Cachexie das Leben des Thieres gefährdete. Letztere Form wird vorzugsweise bei Zuchtpferden beobachtet, daher auch der Name Beschäl-
seuche, erstere mehr bei Rindvieh, das selten die bösartige Form
bekommt.

Bei Pferden, namentlich bei Hengsten, kommt es nicht selten
vor, daß das Allgemeinleiden sich vor den örtlichen Symptomen ausspricht. Sehr häufig ist bei Pferden die ganze äußere Decke, die
Lederhaut krank, es bildet sich ein pockenähnlicher Ausschlag, der
auch in Geschwüre übergeht, oder es entstehen nässende Knoten unter
der Haut. Diese kranken Stellen verlieren die Haare und das
dunkle Pigment, so daß entweder haarlose, röthliche Narben, oder
weiß behaarte Stellen nach der Heilung zurückbleiben, besonders in
der Nähe des Afters und vorn an dem Kopfe kann man an durch-
geseuchten Pferden solche weiße Flecken oft in großer Zahl bemerken.

Bei der Sektion findet man neben den natürlichen Folgen der
örtlichen Affektion, wobei jedoch nicht immer Geschwüre vorkommen,
Anschwellung der Lymphdrüsen, in den Gelenken Röthung oder Ex-
sudate, oder Erweichung an dem Rückenmark und Gehirn, Geschwüre
und Entzündung an der Scheide, dem Tragsack, an der Harnblase, die Nieren meist erweicht. Je nach der Complikation mit
anderen Krankheitsformen auch noch Veränderungen an anderen Organen, das Blut zuweilen schwarz und sulzig, so daß man die
Krankheit als eine Art Typhus betrachten könnte.

Die Krankheit entwickelt sich freiwillig durch übermäßige Reizung
in den Geschlechtswerkzeugen bei Gelegenheit der Begattung, sei es
nun in Folge übermäßiger Reizbarkeit oder zu vielfacher Reizung,
die wir jedoch nur als Gelegenheitssache anerkennen, insofern wohl
unstreitig eine catarrhalische oder rothlaufartige Affektion des Thieres, begünstigt durch schlechte Witterung und Nahrungsverhältnisse,
die nächste Ursache der Krankheit bildet. Erst später erfaßt der ursprünglich örtliche Krankheitsprozeß den ganzen Organismus so, daß
die ganze Constitution dadurch nothleidet, und die Säftebereitung
alterirt ist, so können diese Säfte, namentlich aber die auf den
kranken Stellen secernirten Flüssigkeiten zum Contagium werden.
das dann selbstständig für die Fortpflanzung der Krankheit wirkt,
Das Contagium bleibt nach den Erfahrungen 5—10 Tage, in sel-

tenen Fällen bis zu 30 Tagen in dem Körper, auf den es über=
tragen, latent, dann aber kommt es oft recht schnell zum Vorschein.
Hauptsächlich geschieht bei Gelegenheit der Begattung die In=
fektion, seltener durch einfaches Zusammensein; bei Fohlen will man
durch das Saugen der Milch von angesteckten Stuten (ohne Affek=
tion des Enters) die Uebertragung, welche sich durch Geschwüre und
Condylome an Maul, Kinn und Nase bemerklich machte, beobachtet
haben. Manche Individuen haben keine Disposition für eine solche
Ansteckung. Das Contagium schlägt auch im menschlichen Orga=
nismus Wurzel, während umgekehrt die Syphilis des Menschen
beim Pferd und Hund durch Impfung nicht haftete, überhaupt in
keinem Versuche die Beschälkrankheit erzeugte.

Die Uebertragung geschieht zuweilen durch männliche Thiere
von einem Weibchen zum andern, ohne daß das männliche Thier
inficirt wurde, dies ist namentlich bei Hengsten beobachtet, welche
eine weniger empfindliche und zarte Haut an der Ruthe haben. Die
Absperrung der Kranken von den Gesunden ist wegen der Ansteckungs=
fähigkeit sehr wichtig. Wegen der Leichtigkeit der Verbreitung bei
Gelegenheit der Paarung, namentlich von Seiten der männlichen
Thiere, wäre es im Interesse der Sanitätspolizei, Maßregeln anzu=
ordnen, durch welche die zur Paarung bestimmten Thiere mit Rück=
sicht auf diese Krankheit einer besonderen Controle von Technikern
unterstellt würden. In Preußen wurden nach einer königl. Verord=
nung vom Jahre 1840 die mit der Beschälkrankheit behafteten Pferde
am Halse mit B. K. und den 2 letzten Ziffern der Jahreszahl ge=
brannt und dann 3 Jahre lang, von der Heilung an gerechnet, von
der Begattung ausgeschlossen. Das ist ganz gerechtfertigt, denn es
sind Beispiele bekannt, daß Hengste ohne sichtbare Merkmale der Krank=
heit noch 1½ Jahre nach scheinbar beendigter Krankheit ansteckten.

Nicht zu verwechseln ist diese Krankheit mit den krankhaften
Entartungen der Scheide bei zurückgebliebener und zersetzter Nach=
geburt, und mit der Reizung in den Talgdrüschen der Vorhaut
(Raumschlauch, Eicheltripper), welche selten mit Geschwüren ver=
bunden ist und Ansteckung nicht zur Folge hat, auch in der Scheide
trifft man oft, namentlich bei großer Hitze im Sommer, ein An=
schwellen der Talgdrüsen auf der Schleimhaut im Wurfe, diese
rothen, erhöhten Punkte werden von Ungeübten oft für Geschwür=

bläschen angesehen, welch letztere aber nur anfänglich roth aussehen, dann sich mit einer wässerigen, gelblichen Lymphe füllen und zuletzt platzen, während die aufgetriebenen Talgbrüschen als rothe Körnchen fortbestehen, und nur allmählig sich wieder verkleinern.

§. 148.

Die Räude

ist eine durch Milben erzeugte und unterhaltene Hautkrankheit. Nur das Vorhandensein von Milben kann eine Hautkrankheit zum Hauptmangel „Räude" stempeln. Die zunächst bemerkbaren Erscheinungen sind: Abschuppen des Oberhäutchens, Ausfallen der Haare, Knötchenbildung, Verdickung, Schorfbildung auf der Haut, lästiges Jucken. Die Krankheit breitet sich auf der Haut immer mehr aus, und wird auf andere gesunde Pferde übertragen. .

Es kommen beim Pferde 2 Milbenräude=Arten vor, die eine ist bedingt durch solche Milben, welche sich Gänge unter die Haut graben (Sarcoptes equi), wodurch sich eiternde Stellen bilden, die Haut wird schwielig verdickt, die Krankheit schreitet schnell weiter, in Sprüngen über den ganzen Körper, und tödtet oft erst nach Jahren durch Entartung der Haut, wenn keine Vertilgung der Milben vorgenommen wird. Die Milbe findet man mit Hilfe einer Luppe, wenn man, was den Patienten ein besonderes Wohlbehagen verursacht, Schorfe von der Haut abkratzt und diese auf schwarzen Grund legt, auf dem man die Bewegung der Milben leicht bemerkt. Charakteristisch ist die schnelle Hautverdickung, welche entsteht gleich mit der Borkenbildung. Dadurch unterscheidet sich diese Milbenräude von dem gewöhnlichen Hautjucken, was manche Pferde an der Schweifrübe, an den vom Geschirr und Sattel gedrückten und vom Schweiß gereizten Stellen, namentlich im Sommer, öfter zeigen, die Schorfe kommen dann nur vom Kratzen und Benagen, breiten sich nicht aus, und zeigen sich immer nur da, wo das Kratzen möglich ist, Verdickung der Haut kommt hiebei nie vor. Diese Milbe erzeugt auf der Haut des Menschen ebenfalls Jucken und Ausschlag.

Die zweite Art von Räude beruht auf einer anderen etwas größeren Milbe (Dermatodectes equi nach Gerlach); diese gräbt keine Gänge, sondern lebt auf der Haut zwischen Haaren und Schuppen und kann mit bloßem Auge nur so eher bemerkt werden, da sie in Gruppen beisammen lebt.. Die Haare fallen nicht so rasch aus, doch bilden sich auch eiternde Knötchen, nach und nach bilden sich Abschuppungen (Kleienschuppenausschlag) und kahle Stellen, das Ausfallen der Haare kommt aber erst zu Stande, wenn die Milben ungestört an einer Stelle arbeiten können, wenn Eiter und Ausschwitzungen einen Schorf gebildet haben, in welchen sich die Haare einkleben, und dann mit den Schorfen abfallen.

Tiefergehende Verdickungen und Entartungen der Haut kommen bei dieser Form nur selten und bei großer Vernachlässigung vor. Die kranken Stellen sind meist mehr begrenzt, die Weiterverbreitung geht mehr kriechend als in Sprüngen auf andere Körpertheile. Die hauptsächlich befallenen Stellen sind Schweifwurzel, Mähne, Schopf, Kehle, innere Schenkelfläche. Die bei dieser Krankheit vorkommende Milbe geht nur auf Pferde über, ist ziemlich leicht zwischen den Haaren und in den Schuppen und Schorfen zu finden. Das bei dieser Raude vorkommende Jucken darf natürlich nicht verwechselt werden mit dem Kitzel, welchen Läuse veranlassen. Da diese Milbe ein sehr zähes Leben hat und sich 6 Wochen an einem Zwischenträger aufhalten kann, so geschieht die Uebersiedlung sehr leicht, aber dennoch bildet sich nicht so leicht die Raude aus, weil durch das bei dem Pferde übliche Putzen die Ansiedlung dieser Schmarotzer sehr erschwert ist.

§. 149.
Dampf, Dämpfigkeit,

Herzschlächtigkeit, Haarschlechtigkeit, Bauchstoß, Asthma sind Bezeichnungen für eine und dieselbe Krankheit. Es ist eine langsam verlaufende, meist fieberlose Krankheit, welche sich hauptsächlich durch Schwerathmigkeit zu erkennen gibt. Hierbei ziehen die Thiere mit den Flanken krampfhaft, oft deutlich in zwei Absätzen auf, bisweilen so stark, daß der ganze Körper davon erschüttert, nach vorn und rückwärts geschoben wird (Bauchstoß). Bei mageren Thieren ist die ungewöhnliche Erhebung der Rippen und das wogende Zusammenziehen derselben besonders deutlich. Durch diese starken Hebungen und Senkungen des Brustkorbes bildet sich im Verlaufe der Rippenknorpel, namentlich der falschen Rippen, da also, wo der Rippenkorb in Bauchwand oder Flanke übergeht, eine Rinne, die sogenannte Dampfrinne. Die Nüstern sind auffallend erweitert, eckig, ängstlich blasend; der After schiebt sich aus und ein. Die Athemzüge sind meist häufiger als im Normalzustande, in welchem man 10—12 in der Minute sieht. In seltenen Fällen bemerkt man diese Erscheinungen nur, nachdem das Thier in lebhafte Bewegung versetzt wurde, meist aber ist das Uebel schon im Stalle im Stande der Ruhe zu erkennen. Als begleitendes Symptom ist noch der Husten anzuführen, der trocken und kurz abgestoßen, ziemlich häufig, zuweilen schmerzlich tönend, oft nur als kurzer hörbarer Hauch na= mentlich nach dem Tränken, mehr im Stalle als im Gebrauche sich hören läßt, zuweilen aber auch durch die Bewegung zu einem hef= tigen Paroxismus sich steigert; nur bei sehr wenigen dämpfigen Pferden fehlt dieser Husten; durch Zusammendrücken des Kehlkopfes kann man diesen Husten auch künstlich hervorbringen. Häufig be= merkt man beim Dampfe ein langes, glanzloses, struppiges Haar, daher Haarschlechtigkeit.

Die Ursachen sind meist Desorganisation der Lungen durch Ver= dichtung, Tuberkeln, Vereiterung, Zerreißung der Lungenbläschen (Emphysem), dann auch Krankheiten des Gefäßsystems, des Herzens, der größeren Gefäßstämme, auch Leberentartungen können Dampf hervorbringen. Meistens findet man deswegen bei gründlich ge= machten Sectionen das Grundübel des Dampfes in irgend einer deutlichen Desorganisation, zuweilen aber ist es ein ausschließliches Nervenleiden, von dem wir bei der Section gar keine Spur auf= finden; eben deswegen ist es bei Streitfällen nothwendig, bei Leb= zeiten die technische Untersuchung des dampfverdächtigen Thieres vor= zunehmen und hierauf allein das Urtheil über das Vorhandensein dieses Fehlers zu gründen. Als Gelegenheitsursachen für die Ent= stehung des Dampfes sind zu bezeichnen: Entzündungen der Lunge, des Herzens, der Leber, vernachlässigte Druse und Strengel, all= gemeine Wassersucht, schlechte Fütterung mit schimmeligem Heu, überschwemmtem Futter, gefrorenen, schmutzigen Wurzelgewächsen, schneller Uebergang von Grünfutter zur Trockenfütterung, unmittel= bar nach einer reichlichen Fütterung oder nach dem Tränken vorge= nommene lebhafte Bewegung.

In einzelnen Fällen tritt der Dampf nur periodenweise, in be= stimmten Jahreszeiten, bei gewisser Fütterung, Pflege und Aufent= halt hervor, und verschwindet wieder fast vollständig unter günsti= geren Verhältnissen, namentlich bei Grünfutter, bei Füttern von naßgemachtem Heu, oder bei Strohfütterung und guter Körner= fütterung. Durch Laxiren, Eingeben von Fett, Butter, Schmalz, bei Malzfütterung, in Lohmühlen durch den gerbstoffhaltenden Staub, durch kleine Gaben Arsenik bessert sich häufig der Dampf.

Pferde mit einem geringen Grade von Dampf können oft noch Jahre lang ganz gute Dienste bei mäßiger Schnelligkeit leisten, ohne daß sich die Krankheit steigert. Häufig haben dämpfige Pferde ein besonders reizbares Temperament, welches sie veranlaßt, sich über ihre Kräfte anzustrengen, bis ihnen der Athem ausgeht und damit der Gehorsam. Solche Thiere sollten immer nur einem ver= ständigen Führer anvertraut werden.

Mit dem eigentlichen Dampfe combinirt sich auch zuweilen das Kehlkopfpfeifen, eine von den Luftwegen (Nase, Kehlkopf, Luftröhre) ausgehende fieberlose Athmungsbeschwerde, welche sich durch die Hörbarkeit, den pfeifenden, zischenden oder blasenden Ton der Athem= züge zu erkennen gibt.

Ist diese Art von Athmen mit wirklicher Schwerathmigkeit, mit Dampf verbunden, so nennt man es pfeifenden Dampf, ohne diese Complication mit Dampf nennt man jenes Athmen Pfeifen, Roh= ren, Kehlkopfpfeifen. Nur selten ist es so stark, daß man schon im Stande der Ruhe den Ton hört, deutlich tritt er hervor bei raschen Gangarten, oft nur im Galop, bei Bewegungen bergauf, wenn der Kopf stark herbeigezäumt ist, bei psychischer Aufregung. Haut man einem ruhigstehenden Pferde unerwartet die Reitpeitsche stark quer über die Flanke, so wird dadurch ein rasches Ausathmen veranlaßt und häufig kann man dann schon den eigenthümlichen Ton hören. Die Athmungsbeschwerde steigert sich in rascheren Gängen leicht auch zur Athmungsnoth; es gibt jedoch Pfeifer, welche in den raschesten Gängen auf Rennbahnen, Jagden auffallende Aus= dauer zeigen. Die nächste Ursache ist ein mechanisches Hinderniß der Luftwege, Auflockerungen der Schleimhäute, Polypen, Formver= änderungen der Knorpel des Kehlkopfs und der Luftröhre, Druck gegen diese Theile durch benachbarte abnorme Organe, Anschwellun=

gen der Lymph= und Kropfdrüsen, der Kieferknochen ꝛc., krampfhafte Zustände, unregelmäßige Entwicklung der Kehlkopf=Muskeln.

Vorübergehende Ursache für das Pfeifen kann ein zu eng ge= schnallter Kehlriemen, ein zu kurzes, seltener ein zu enges Kummt, ein zu hoch angelegtes Brustblatt eines Sielengeschirrs abgeben.

Nicht in allen Ländern, wo Dampf einen Hauptmangel bildet, ist das Pfeifen auch ein Hauptmangel, weil es hörbar und dadurch leicht erkennbar ist, man muß sich also wohl erkundigen, in wie weit das Pfeifen von den Gesetzgebern als Gewährsmangel aner= kannt ist; wenn es mit Schwerathmigkeit verbunden ist, so gilt es meist als Dampf, somit als Hauptmangel.

Diese chronischen, meist fieberlosen und schwer oder gar nicht heilbaren Athmungsbeschwerden können verwechselt werden mit dem lauten Schnauben, was viele edle Pferde in raschen Gängen zeigen, mit dem Aechzen und Brummen, was phlegmatische Pferde zuweilen bei der Arbeit hören lassen, mit Beengungen durch Geschirrtheile, besonders aber gibt es mancherlei vorübergehende, mehr fieber= hafte Krankheits=Zustände, welche zu Verwechslungen Veranlassung geben können, z. B. Strengel, Druse, Luftröhrencatarrh, Hals= entzündung, Lungenentzündung; gewöhnlich wird man durch die lebhafter gerötheten Schleimhäute, durch die Appetitlosigkeit, durch äußerlich leicht bemerkbare Krankheitserscheinungen, Nasenausfluß, Ge= schwülste, durch das Fieber auf die richtige Beurtheilung des Sach= verhalts hingewiesen. Das wegen Dampf und Pfeifen zu unter= suchende Pferd muß man zuerst im Stalle im Stande der Ruhe untersuchen, Zahl der Pulsschläge und Athemzüge, die Bewegung der Nüstern und Flanken prüfen, und dann erst in der Bewegung. Letztere muß aber den Kräften, der Constitution des Thieres gemäß sein, schwerfällige fette Pferde können natürlich nie den leichten Athem eines edeln mit Körnern gefütterten Pferdes zeigen. Un= mittelbar nach der Bewegung untersucht man die in den Athmungs= und Kreislauforganen bemerkbaren Veränderungen, die nun das oben gegebene Bild des Dampfes oder Pfeifens zeichnen werden. Bald verschwinden die Zeichen der Aufregung wieder, wenn man dem Thiere Ruhe gönnt, während bei fortdauernder Steigerung der Bewegung das Thier in Erstickungsgefahr kommt, sogar zusam= menstürzen kann, jedenfalls den Gehorsam versagen wird.

§. 150.

Chronischer Husten

kann nur dann als Gewährsmangel zur Besprechung kommen, wenn er gleichsam die Grundlage und den Anfang für den Haupt= mangel des Dampfes bildet. Da der Husten nur bei bestimmten Gelegenheitsursachen oder zu unbestimmten Zeiten hervortritt, so ist er leicht beim Kaufe zu übersehen, er vermindert den Werth und die Dienstbrauchbarkeit, weil das Thier durch den Husten im Ath= men unterbrochen und auch sonst genirt wird. Besonders bedeu= tungsvoll ist ein chronischer Husten, wenn er im Zusammenhang steht mit organischen Leiden, z. B. mit Auflockerung in den Schleim= häuten, mit besonderer Reizbarkeit der Lungennerven, mit Tuberkel= bildung, Verwachsung und Verhärtung in den Lungen, Wasser= ergießung. Merkwürdig ist, wie unter so verschiedenen Verhältnissen der Husten eintritt, manche Pferde, die im Stall auf das heftigste von dem Husten belästigt werden, husten im Dienste gar nicht, andere husten vorzugsweise während der Bewegung, manche nur in gewissen Gangarten, ja sogar der Husten tritt ein je nach den Terrainverhältnissen; ich habe einzelne Pferde beobachtet, die nur bei Bewegungen bergab husteten. Viele husten hauptsächlich nach dem Tränken, andere wenn sie vom Dienste in den Stall zurückge= kehrt sind. Auch der Grad des Hustens ist sehr verschieden, sehr oft hört man nur einzelne kurz abgestoßene Hustentöne, oft nur wie einen stärkeren Hauch, so gerade bei Pferden, die Anlage zu Dampf mit Tuberkelbildung haben, zuweilen tritt der Husten als heftiger Paroxismus auf, so daß man meint, die Thiere werden ersticken. Vom größten Einfluß auf diese Hustenäußerung sind äußere Ein= flüsse, namentlich Fütterung, Jahreszeit, Temperatur und Feuchtig= keit der Luft.

Dieser chronische Husten darf nicht verwechselt werden mit fieber= haften vorübergehenden Krankheiten der Respirationswerkzeuge und anderer Organe, welche jene Werkzeuge in Mitleidenschaft ziehen.

Bei der Entscheidung über chronischen Husten ist also haupt= sächlich der Puls, das allgemeine Befinden, der Appetit genau zu prüfen.

§. 151.

Koller.

Dummkoller, Lausch-, Tos-, Mutter-, Samen-, Ras-Koller
ist eine fieberlose Störung des Seelenlebens mit deprimirter, sel=
ten abnorm gesteigerter Thätigkeit des Nervensystems, wobei Be=
wegung, Empfindung, sowie die Funktionen der Sinnesorgane meist
auffallend gestört sind. Häufig ist auch der Appetit gestört, Ver=
dauung und Kreislauf träge. Die verschiedenen Namen hat man
wegen der Ursachen oder wegen der Symptome aufgestellt.

Nicht immer ist das Gehirn der unmittelbar etwa durch Ent=
zündung oder Wassererguß leidende Theil, sondern häufig sind Stö=
rungen anderer Organe, der Leber, des Magens, der Geschlechts=
organe die Ursache. —

Die Kennzeichen des gewöhnlichen Dummkollers sind: große
Trägheit, düsteres Hinbrüten, wobei die Thiere den Kopf in eine
Ecke stützen oder tief hängen lassen, beim Fressen vergessen sie sich
oft so weit, daß sie mitten im Kauen inne halten und einen halb=
zerkauten Bissen oft Viertelstunden lang im Maule behalten; auch
frißt ein Koller das Futter lieber vom Boden, als aus der Raufe.
Die Empfindlichkeit ist so abgestumpft, daß man dem Pferde in das
Innere der Ohren eingreifen, auf die sonst empfindliche Hufkrone
treten kann, ohne daß das Thier darauf reagirt. Die Augen sind
schläfrig, oft geschlossen, die Ohren zeigen ein unregelmäßiges, oft
aufgeregtes Spiel. Der Athem ist häufig langsamer wie gewöhn=
lich, entsprechend dem trägeren Kreislaufe, doch trifft man auch
Koller mit beschleunigten Athemzügen und Pulsschlägen. Das kol=
lerige Pferd ist unempfindlich auf das Mundstück, zeigt eine
Verkehrtheit in seinen Willensäußerungen, liegt in die Zügel, folgt
ungerne in den Wendungen, drängt nach einer Seite hin, läßt
sich nicht zum Zurücktreten bringen, überschlägt oft eher, und
ist in seinen Bewegungen so ungeschickt, daß es sich oft auf die
Füße tritt, sogar zusammenstürzt, wenn man eine ungewohnte Be=
wegungsrichtung von ihm verlangt. Auch läßt es sich die Füße in
die unbequemste Stellung bringen und verharrt gedankenlos längere
Zeit darin. Alle diese Zeichen treten hauptsächlich dann deutlich
hervor, wenn das Thier durch starke und anhaltende Bewegung,

durch hitziges Futter, heiße Temperatur echauffirt ist. Zu höherem Grade nehmen die Thiere einen tappenden, sogar auch schwankenden Gang an. Nicht selten tritt ein etwas zuckender Gang in den Hinterfüßen, ein leichter Grad von Hahnentritt, als erste Andeutung des Kollers hervor.

Seltener ist diejenige Form des Kollers, welche man gewöhnlich rasenden Koller nennt; hierbei tritt von Zeit zu Zeit bei gewissen Veranlassungen eine ungeheure Aufregung ein, wilder Blick, Schnauben, die Thiere hauen, steigen in die Krippe und Raufen, reißen zurück, bocken, benehmen sich überhaupt so, daß der Trieb der Selbsterhaltung bei ihnen ganz verwischt zu sein scheint; sie lanzabiren, überschlagen sich deßwegen bei geringen Veranlassungen, demoliren Alles, was ihnen im Wege ist, gehen ohne Rücksicht auf die sich ihnen entgegenstellenden Hindernisse durch. Solche Anfälle dauern gewöhnlich nicht lange, wenige Minuten, höchstens ¼ bis ½ Stunde, und scheinen mit einem vorübergehenden Blutandrange zum Gehirn im Zusammenhange zu stehen, durch Schweißausbruch schließt gewöhnlich die Congestion. In der übrigen Zeit benehmen sich solche Thiere ganz wie die Dummkoller und eben deßhalb lassen sie sich wohl unterscheiden von stätischen und solchen tobsüchtigen Thieren, welche einen Anfall von hitziger Gehirnentzündung haben.

Diese rasenden Koller sind wegen der in ganz unbestimmter Zeit, oft erst nach Monaten, oft aber auch täglich wiederkehrenden Anfälle weit gefährlicher und werthloser, als die Dummkoller, welche letztere im langsamen Zuge oft noch sehr gute Dienste leisten, in leichtem Grade sogar noch ganz brauchbare, bei ihrem ruhigen Wesen recht bequeme Reitpferde sein können.

Häufig findet man bei Kollern noch Erscheinungen, welche auf die Ursache der Krankheit hindeuten, z. B. eine gelbliche Färbung des Weißen am Auge oder der sichtbaren Schleimhäute, blasser Mist, was auf mangelhafte Gallenabsonderung, also auf Störung in der Leberthätigkeit schließen läßt. Zuweilen findet man bei Kollern große Aufregung im Geschlechtsleben, so daß man annehmen kann, es hänge die Seelenkrankheit mit Störungen in den Geschlechtsorganen zusammen. Bei dieser Art von Ursache läßt sich noch am ehesten hoffen, daß man der Krankheit einen Halt gebieten oder sie beseitigen könne; denn mit einer Regelmäßigkeit im Geschlechtsleben bessert sich oft oder verschwindet auch die Gehirnkrankheit.

Einzelne Symptome berechtigen noch nicht zu dem Ausspruche, daß ein Pferd kollerig sei; erst ein Complex von Symptomen, welche auf wirkliche Bewußtlosigkeit und andere Seelenstörungen schließen lassen, verbunden mit einem vorwaltend fieberlosen Zu= stande und einem langwierigen Verlaufe, bestätigen den eigentlichen Koller, welcher in den meisten Ländern in die Reihe der gesetzlichen „Gewährsmängel" aufgenommen ist. Man kann nur aus den Er= scheinungen am lebenden Pferde den Koller beurtheilen, denn die Sectionsergebnisse: Wasser in den Gehirnhöhlen, Blutüberfüllungen, Blutergüsse, Geschwülste, Knochenauswüchse in der Schädelhöhle findet man auch nach anderen Krankheiten.

Verwechseln kann man den Koller möglicher Weise mit einem sehr phlegmatischen Temperamente, mit Scheue, Stätigkeit, kranken Augen, Blindheit, mit großer Schwäche und Ermattung in Folge des Zahnens, schlechter Fütterung, mit den Folgen eines schlechten Körperbaues, einer schlechten Zäumung und Führung, mit miß= trauischem aufgeregtem Wesen, wobei immer das Symptom der Be= wußtlosigkeit fehlt, endlich mit der sogenannten Kopfkrankheit oder subacuten Gehirnentzündung, mit der hitzigen Gehirnentzündung, mit Sonnenstich und Schwindelanfällen. Gerne gehen diese Erschei= nungen und Krankheiten dem Koller voran. Die Kopfkrankheit, welche am häufigsten mit dem Koller verwechselt wird, macht einen raschen Verlauf, die Thiere sind ganz entschieden unbrauchbar und sehr lei= dend, laufen im Kreise herum, knirschen mit den Zähnen, fressen sehr unregelmäßig oder gar nicht mehr und sterben meist schon nach wenigen Tagen, oder es stellen sich Lähmungen ein in den Gesichts= muskeln, Ohren, am Sehnerven. Im Allgemeinen ist der Koller als eine unheilbare Krankheit anzusehen, bei der nur durch beson= dere Diät eine mäßige Diensttüchtigkeit erhalten werden kann.

Die Entscheidung über ein kolleriges Pferd ist nicht so ganz leicht, da das Benehmen solcher Thiere sehr verschieden sein kann; sie können ruhig, schläfrig, aber auch sehr mißtrauisch, bösartig, reizbar (hysterisch) sein. Häufig wird es nöthig, wiederholte Unter= suchungen vorzunehmen, wobei namentlich eine Dienstverwendung bis zur Ermüdung und bis zum Schweißausbruch nöthig wird. Aber man gehe nicht auf das Urtheil unerfahrener Kutſcher und Reiter, welche nicht zu beurtheilen im Stande ſind, was dieſes oder jenes Pferd naturgemäß leiſten kann und ſoll; ſo zeigen Pferde, welche gerade im Zahnen, namentlich im letzten Bruch zwiſchen 4 1/2 und 5 1/2 Jahren begriffen ſind, oder wenn Pferde nur extenſive Futter= ſtoffe bekommen, alſo keine nachhaltige Kraft haben, auch Pferde mit langem Rücken oft Symptome, wie wenn ſie kollerig wären, dieſe Symptome verſchwinden aber im Laufe der Zeit ganz von ſelbſt.

Um den Unterſuchenden zu täuſchen, werden verſchiedene Kunſt= kniffe angewendet, welche einzelne Symptome vorübergehend beſei= tigen können, dieſe Betrügereien beziehen ſich meiſt auf die im ge= wöhnlichen Verkehr am meiſten beachteten Erſcheinungen des Kollers. Die Empfindlichkeit der Ohren ſteigert man auf einige Tage, etwa für eine Marktzeit, durch Nadelſtiche oder ſcharfe Einreibungen an der inneren Ohrenfläche, ebenſo verfährt man mit der Haut über der Hufkrone, auch haben wohl einzelne Mäckler vorn an der Stiefel= ſohle kurz hervorſtehende ſpitzige Nägel, mit welchen ſie, wenn ſie die Krone drücken, auch die ſtumpfſinnigſten Koller erwecken können. Die Hartmauligkeit ſucht man durch ſcharfe Mundſtücke unmerklich zu machen, auch drückt man wohl geſtoßenes Glas, alſo ſcharfe feine Splitter in die Schleimhaut der Laden, ſo daß auch ein weiches Mundſtück bei gelindem Druck der führenden Hand einen Schmerz erregen kann, welcher trotz dem Gehirnleiden zur Geltung und Aeuße= rung kommt, der bedeutendſte Koller kann, ſo hergerichtet, noch große Empfindlichkeit zu erkennen geben.

§. 152.
Fallende Sucht,

Epilepſie, Wehetag in der Volksſprache. Ein fieberloſes Nervenleiden, das ſich durch wiederkehrende Anfälle von Bewußtloſigkeit, mit Kräm= pfen, Zuckungen, ſogar Niederſtürzen verbunden, kennzeichnet. Dieſe Anfälle ſind meiſt begleitet von Zuckungen in den Kaumuskeln, wodurch Schaum gebildet wird, von Empfindungsloſigkeit; in der Zeit zwi= ſchen den Anfällen zeigen ſich meiſt keine deutlich hervortretenden Abnormitäten.

Dieses Leiden kommt bei allen unseren Hausthieren, sogar beim Geflügel, z. B. bei Hühnern und Enten, selten aber beim Pferde, vor. Bei einem Anfall, der meistens ohne Vorboten eintritt, zeigt sich plötzlich Schwindel, Niederfallen, Schlagen mit den Füßen, schonungslose Bewegung aller Körpertheile, Knirschen mit den Zäh= nen, Verdrehen der Augen, Erweiterung der Pupille, unordentlicher Puls, Herzschlag pochend, Respiration beschleunigt, schwer und ängst= lich, Koth und Urin gehen unwillkürlich ab. Es bricht zuletzt Schweiß aus und Schaum steht auf den Lippen. Allmählig nehmen diese Erscheinungen ab, das Thier mistet und urinirt nachdem es auf= gestanden, und zeigt nach dem Anfall, der oft nur wenige Minuten, oft auch über eine Viertelstunde dauert, eine allgemeine Abspannung, Mattigkeit. Nicht immer stürzen die Thiere zu Boden, oft halten sie sich noch auf den Beinen, zeigen aber doch die übrigen Erschei= nungen der Fallsucht. Die Zeit für die Wiederkehr ist ganz un= bestimmt.

Wenn die Epilepsie mit kleinen Anfällen beginnt und lange Pausen zwischen den Anfällen liegen, so kann sich die Krankheit viele Jahre hinziehen, ehe sie zum Tode führt. Wenn sie aber plötzlich sehr heftig auftritt und die Anfälle sich schnell wiederholen, so kann das Thier möglicher Weise in wenigen Tagen zu Grunde gehen; man nennt dieß acute Epilepsie. Der Uebergang in Tod kann in einem Anfalle durch heftige Verletzungen oder Schlagfluß geschehen; seltener ist er bedingt durch langsame Abzehrung.

Bei der Section findet man häufig gar keine wesentlichen Ab= normitäten, zuweilen aber Fehler im Gehirn, Blutansammlung, auch manchmal bedeutende Würmeransammlung im Darmkanal.

Die Behandlung dieser Krankheit ist meistens erfolglos; sie gewährt einigen Erfolg, wenn man die Ursachen kennt und sie ent= fernen kann.

Diese Krankheit gilt in vielen Ländern als gesetzlicher Gewährs= mangel, und mit vollem Rechte, denn diese Krankheit ist schwer zu erkennen, wenn nicht gerade ein Anfall zur Beobachtung kommt. Sie ist meist unheilbar, vermindert den Werth des Thieres bedeu= tend, und macht den Umgang mit den von der Krankheit betroffenen Thieren so gefährlich, daß man die Dienstverwendung solcher Pferde für den Transport von Menschen polizeilich untersagen sollte.

Oft wird die Epilepsie mit Schwindel verwechselt, allein bei diesem fehlen die Zuckungen und Krämpfe, das Knirschen und Schäumen, und selten sind die Schwindel so stark, daß die Pferde zu Boden stürzen. Rückenmarkslähmungen, große Schwäche, Verstopfung größerer Arterien, namentlich der Schenkelarterien, können auch zu Verwechslungen Anlaß geben, allein hiebei treten nur Zittern, Schwitzen, selten Niederstürzen und nie Krämpfe ein. Die Folgen der Verstopfung der Schenkelblutgefässe (Obliteration der Cruralarterien) zeigen sich immer nur nach einiger Bewegung, nach 5—20 Minuten, namentlich bald bei rascheren Gängen, und diese Erscheinungen, die also willkürlich herbeigeführt werden können, verschwinden wieder in dem Stalle, überhaupt in der Ruhe. Auch sind die Lähmungserscheinungen häufig nur auf einen Hinterfuß beschränkt, der betreffende Fuß wird unbeweglich, meist auch gefühllos, kalt. Bei der Untersuchung vom Mastdarme aus kann der Thierarzt häufig die verstopfte und entartete Stelle der Schenkelarterie durch das Gefühl mit der Hand erkennen.

Pferde mit solchem Fehler sind freilich so werthlos oder noch werthloser wie epileptische.

Da epileptische Anfälle selten sich absichtlich herbeiführen lassen, da sie zu ganz unbestimmten Zeiten sich wiederholen, so gelingt es selten, daß der Thierarzt auf eigene Anschauung sein Gutachten gründen kann, der Besitzer hat deßwegen dafür zu sorgen, daß bei einem Anfalle glaubwürdige Zeugen alle Erscheinungen am Pferde genau ins Auge fassen, womöglich notiren, eine Art Protokoll urkundlich abfassen, auf welches hin der thierärztliche Techniker später sein Gutachten abgeben kann. Aus der Section läßt sich die Epilepsie nie constatiren.

§. 153.
Stätigkeit.

Stätigkeit ist eine Pferde-Untugend, ein Fehler, bestehend in einer nur zeitweise oder auch immer hervortretenden Widersetzlichkeit gegen die im gewöhnlichen oder ausbedungenen Dienste gemachten vernünftigen Anforderungen ohne erkennbare besondere Veranlassung. Die Stätigkeit ist entweder eine unbedingte oder nur bedingt und beschränkt, von gewissen Nebenumständen abhängig. Absolute Stä-

tigkeit ist es, wenn Pferde jeden Dienst im Reiten und Fahren ver=
sagen, ein relativ stätiges Pferd kann zum Reiten gut gehen, aber
im Fahren stätig sein und umgekehrt.

Die Stätigkeit zeigt sich entweder durch ein einfaches Auskün=
digen des Gehorsams, in einem Versagen des Dienstes, oder sie
steigert sich häufig zu boshafter Opposition gegen den Menschen,
bestehend in Steigen, Schlagen, Bocken, Durchgehen, Niederwerfen,
Rückwärtslaufen, Absetzen, Abstreifen, sogar Herunter=Reißen des
Reiters 2c.

Bei jeder Art von Stätigkeit zeigt sich eine Nerven= und See=
lenaufregung, der Blick wird wild, der Puls und Athem wird be=
schleunigt, der Herzschlag wird pochend, es bricht Schweiß aus,
die Thiere zittern, schreien sogar wild.

Ehe man ein Pferd als stätig bezeichnet, muß genau consta=
tirt sein, ob der Widersetzlichkeit nicht eine besondere Ursache zu
Grunde liegt. Vor allem muß das Thier ganz gesund sein, Koller,
Dämpfigkeit veranlassen oft und selbstverständlich bei gewissen An=
forderungen Widersetzlichkeiten. Gewohnheit und richtige Belehrung
sind für regelmäßige Ausübung des Dienstes ein Erforderniß; wenn
also ein Wagenpferd nicht beim Reiten geht oder ein Reitpferd an=
fänglich den Zug versagt, ein stets in Gesellschaft benütztes Thier
nicht einzeln gehen will, oder ungewohnte Gegenstände, Töne und
Lichter, fürchtet und dann die Annäherung versagt, so sind dieß
Erscheinungen, die nicht zur Stätigkeit zu rechnen sind. Endlich
gilt auch für die Pferde der Satz: „ultra posse nemo obligatur“,
über Kräfte kann Niemand verbindlich gemacht werden. Pferde
ohne Haferkraft, mit weichem Rücken, kurzem Athem werden unter
unverhältnißmäßig schwerem Gewicht und bei zu schnellen Gängen,
bei Beengung durch Geschirr leicht sich widersetzen, ohne stätig zu
sein. Uebertriebene Anforderungen und Mißhandlungen veranlassen
leicht eine sehr zu entschuldigende Widersetzlichkeit und ist in dieser
Beziehung die Erregbarkeit, das Temperament, Blut, also auch
Race und Geschlecht wohl in die Wagschale zu legen. Je kräftiger
und reizbarer das Thier ist, um so mehr artet das passive Versagen
des Dienstes in active Opposition aus. Je älter, abgetriebener ein
Pferd ist, um so mehr wird es sich in alles irgend noch Mögliche
fügen, freilich gibt es auch alte erfahrene abgefeimte stätische Pferde.

Was die bedingte relative Stätigkeit betrifft, so sind meist un=
angenehme Lebenserfahrungen die Ursache, oder specifische Empfind=
lichkeit. Manche Pferde, die sonst in vollem Gehorsam sind, fürch=
ten sich vor der Schmiede, vor Militär, Musik, Trommeln, Schießen,
vor Wagengerassel, dieß alles kann freilich wirklich ihre Sinne un=
angenehm berühren, noch häufiger aber wird die Erinnerung an
unangenehme Erfahrungen, z. B. an Strafen in der Schmiede, bei
der ersten Annäherung an Militär, Musik ꝛc., an Verletzung durch einen
Wagen, an die Peitsche eines vorüberfahrenden Kutschers Angst und
Furcht hervorrufen.

Ehe man ein Pferd für stätig erklärt, müssen ehrliche Ver=
suche gemacht werden, das Thier zu belehren. Zeigt sich die Wider=
spenstigkeit gleich im ersten Moment des Dienstes, so müssen wir
in aller Ruhe und auf alle mögliche Weise Belehrung versuchen;
nimmt es diese in keiner Weise an, oder zeigt es die Widersetzlich=
keit plötzlich mitten im Dienste ohne Veranlassung, nachdem es viel=
leicht 8—14 Tage lang in dem Dienste schon geübt und versucht
wurde, so ist ein solches Pferd eher stätig zu nennen.

Oft liegt die Ursache von Stätigkeit in natürlichen mechanischen
Ursachen; z. B. wenn man ein Reitpferd einspannt und die vortrei=
bende Hilfe gibt, so setzt es, bisheriger Dressur folgend, die Füße
unter den Leib, um sich zu versammeln, mit den Vorderfüßen tritt
es weit nach vorn heraus, um den möglichst nach dem Mittelpunkt
des Rückens übernommenen Schwerpunkt mit allen vier Füßen gleich=
mäßig zu stützen, so kann es aber keinen Zug ausüben, denn hiezu
gehört Uebergewicht nach vorwärts, die Körperschwere muß gegen
vorn ins Geschirr gelegt werden; treibt man nun stärker an, so
legt es noch mehr Gewicht gegen rückwärts, steigt sogar, und wenn
es dann nach vorwärts schnellen will, wird es mit den Schultern
gegen das Kummet anprallen und von diesem zurückgeworfen werden,
es wird ängstlich, denn es fürchtet den Schmerz vorn an den Schul=
tern und hat Angst, namentlich bei Einwirkung einer scharfen Zäu=
mung, nach rückwärts geworfen zu werden, nun steht es fest und
wagt nicht mehr, sich zu rühren, bis es belehrt wird, wie es sich
zweckmäßig anstellen muß, um die Last fortzubewegen; läßt man
dem Pferde nicht Zeit, sich ruhig zu besinnen, steigert man die vor=
treibende Hilfe bis zur Strafe, so artet die passive Widersetzlichkeit

zur activen Opposition aus, die intellectuellen Eigenschaften werden
in der Aufregung so verwirrt, daß es den Trieb der Selbsterhal=
tung zuletzt ganz außer Acht setzt.

Schmerzhafte Zustände an den Theilen, welche beim Dienst
besonders in Anspruch genommen werden, z. B. von dem Reiter
oder Geschirr, auch vom Boden, werden leicht Widersetzlichkeit her=
vorrufen, ungewohnte Führung, namentlich wenn sie nicht blos ge=
nirt, sondern sogar Schmerz verursacht, ungewohnte Wege bringen
oft schnell Stätigkeit hervor. Zäumung und Beschirrung verdienen
also immer die sorgfältigste Beachtung. Selten verfallen Pferde
auf dem Heimwege zum Stall in Stätigkeit, viel häufiger vom
Stalle weg, mehr bei Tag, als bei Nacht. Reitpferde werden
wegen der größeren Ansprüche an Kraft und Gehorsam, wegen der
Vielfältigkeit der diesen Dienst beeinflussenden Nebendinge und Ver=
hältnisse viel häufiger stätig wie Wagenpferde.

Es ist sehr schwer, die Grenzlinie zwischen verzeihlicher Wider=
setzlichkeit und wirklicher Stätigkeit festzusetzen. Es ist namentlich
nicht zu vergessen, daß zufällig hervorgerufene Widersetzlichkeiten
leicht zu habitueller Stätigkeit werden. Nach meiner Ansicht wäre
es billig, wenn man bei Streitfällen wegen Stätigkeit den Ver=
käufer zunächst auffordern würde, durch Demonstration vor Sach=
kennern zu beweisen, daß das verkaufte Pferd nicht wirklich stätig
sei, sondern die vertragsmäßige Diensttüchtigkeit besitze.

Die Gewährszeit für Stätigkeit sollte möglichst kurz sein, da
sie sich sehr rasch und durch so mannigfache Einflüsse erzeugen kann.
Doch ist andrerseits wieder zuzugeben, daß da die Stätigkeit oft
nur periodenweise eintritt, z. B. während des Rossens oder Säu=
gens einer Stute, während der Sprungzeit bei einem Hengste, durch
eine sehr kurze Gewährszeit der Käufer in Nachtheil kommen kann.
Unter allen Umständen muß die Untersuchung nicht sowohl durch
thierärztlich gebildete, als vielmehr durch in den verschiedenen
Dienstverwendungen der Pferde routinirte Unparteiische geschehen,
unter Assistenz eines Thierarztes, welcher den Gesundheitszustand,
Puls, Athem ꝛc. zu beurtheilen hat. Sehr schwer wird es, bei
der Stätigkeit festzustellen, ob ihr wirkliche Seelenstörungen, fixe
Ideen zu Grunde liegen, oder ob sie nur durch momentane körper=
liche und Gemüthseindrücke veranlaßt ist, ersteres benannte man

als wahre Stätigkeit, letzteres galt als falsche, als bloße Untugend, allein wer soll da die Grenzlinie feststellen? Wenn man die Stätigkeit als einen Gewährsmangel zu beurtheilen hat, so kommt es im Wesentlichen darauf an, daß durch diesen Fehler der Gebrauch und Werth des Pferdes wirklich entweder total oder bedingungsweise beeinträchtigt ist und daß der Fehler in so hohem Grade und so eingewurzelt besteht, daß er nur schwer oder gar nicht heilbar ist.

§. 154.

Wuth,

Hundswuth, ist eine nur beim Hundegeschlecht von selbst sich entwickelnde unheilbare Krankheit, bei welcher sich ein im Speichel und Blute haftender Ansteckungsstoff entwickelt, der auch auf andere Thiere und Menschen wirkt; die Kennzeichen sind Nervenverstimmung, Anfälle von Wuth und Tobsucht, mit besonderer Neigung zum Beißen und zum Verschlingen sonst ungenießbarer Stoffe; häufig verbindet sich mit diesen Zuständen eine Veränderung der Stimme, Heiserkeit, es bildet sich Abmagerung des Körpers, Lähmung einzelner Theile, namentlich des Unterkiefers, endlich des Hintertheils.

Wird ein Pferd von einem wuthkranken Fleischfresser gebissen, so kann der Speichel als Träger des Ansteckungsstoffes auf die blosgelegten Flächen der Wunde einwirken, es erfolgt die Aufsaugung und die Ansteckung; diese tritt aber oft erst nach Monaten hervor. Bei Pferden zeigt sich zuerst Unruhe, Angst, Schäumen, Apetitlosigkeit, stierer Blick, zorniges Wesen, Anfälle von Wuth und Raserei, namentlich beim Anblick von Hunden, oder auch von glänzenden Gegenständen, von Wasser; in diesen Anfällen beißen sie nicht allein gegen Menschen und Thiere, sondern auch an ihrem eigenen Körper, auch ist ein aufgeregter Geschlechtstrieb nicht selten zu verkennen, Hengste schachten aus, Stuten zeigen sich auffallend rossig. Die Stimme tönt heiser.

Nicht immer ja sogar selten zeigt sich bei Pferden, überhaupt bei Pflanzenfressern, eine eigentliche Wasserscheu, dagegen meist Schlingbeschwerden. Das Ende erfolgt durch Lähmung oder unter heftigen Krämpfen. Die meisten Pferde gehen schon in 2—3 Tagen zu Grunde, selten erstreckt sich die Krankheit bis zu 8—9 Tagen.

Durch die Section läßt sich die Wuth beim Pferde noch weit weniger, als beim Hunde nachweisen.

Verwechseln könnte man die Wuth mit Samenkoller, bei welchem auch Wuthausbrüche, Selbstzerfleischung zuweilen vorkommen, mit Starrkrampf, mit den Symptomen heftiger Schmerzen, mit Bösartigkeit.

Obgleich die Wuth noch von keiner Landesgesetzgebung als ein Gewährsmangel definitiv aufgestellt wurde, so gehört diese Krankheit fast mit mehr Recht wie alle anderen Hauptmängel in die Reihe derselben. Die Krankheit ist so gefährlich, so unheilbar, läßt sich, so lange sie nicht zum Ausbruch gekommen, gar nicht erkennen, die Ansteckung ist so leicht zu verheimlichen, daß die Krankheit alle Eigenschaften eines Hauptmangels nach den gewöhnlichen Ansichten hat, nur ist es schwer eine für Käufer und Verkäufer gleich gerechte Gewährszeit festzusetzen, denn die Zeiträume vom Moment der Ansteckung bis zum Ausbruch der Krankheit sind sehr verschieden, von 3 Tagen bis zu 6—8 Monaten. Die Gesetzgeber haben einen Schutz gegen diese Krankheit im Handelsverkehr wohl deßwegen bis jetzt nicht für nöthig erachtet, weil polizeiliche Verordnungen in allen geordneten Staaten bestehen, welche energisch gegen die Verbreitung und gegen Gefahren durch diese Krankheit ankämpfen.

§. 155.

Koppen

ist eine Untugend der Pferde, bei welcher die Thiere vermöge einer absichtlichen Kraftäußerung der Schlingwerkzeuge und Halsmuskeln Luft in den Magen hinabschlucken, wobei ein eigenthümlicher, kurz abgestoßener Ton, dem Rülpsen ähnlich, gehört wird. Zuweilen liegen krankhafte Zustände des Verdauungsapparates dieser Untugend zu Grunde, in welchem Falle die Thiere schlecht aussehen; in den meisten Fällen aber besteht das Koppen, ohne daß die Thiere irgend einen Nachtheil erkennen ließen. Gewöhnlich unterstützt das Pferd die Schlingbewegung durch Aufsetzen oder Einbeißen mit den Schneidezähnen an irgend einen meistens festen Gegenstand, z. B. Krippenrand, Deichsel, Raufe, Aufhalter, Knie, daher auch die Bezeichnung Krippensetzer, Aufsetzkopper. Ehe ein Pferd wirklich koppt, macht es einige Vorbereitungen, nagt und leckt mit Lippen und Zunge an

der Stelle, wo es aufsetzen möchte, drückt dann rasch gegen die Auf=
satzstelle, hält den Athem an und zieht die Hals= und Bauchmuskeln
zusammen und läßt dann einen Moment später den Ton hören, nun
läßt es mit der Muskelanstrengung nach, entfernt den Kopf von der
Aufsatzstelle und wiederholt dasselbe Manöver einige Zeit später.

Seltener ist das Windkoppen, Windschnappen, wobei die Thiere,
ohne aufzusetzen, mit den Lippen die Luft gleichsam haschen und
hinabschlucken. Sie machen hiebei eine nickende Bewegung mit Kopf
und Hals, schließen die aufgeschnappte Luft in das Maul ein und
drängen sie noch mit Anstrengung der andern Muskeln des Halses
und Schlundkopfes in den Schlund hinunter, wobei man wieder
den Koppton, doch nicht so deutlich wie bei andern Koppern, hört.

Manche Pferde koppen häufig und anhaltend, andere selten
oder gar nur periodenweise, manche koppen fast nur während des
Fressens, andere wenn sie kein Futter haben und müßig stehen.
Wenn Pferde schon längere Zeit Krippensetzer sind, so entsteht an
den vordern Rändern der Schneidezähne meist an beiden Kiefern
eine Abnützung, zuweilen wird nur mit den Zähnen des Oberkiefers
aufgesetzt. Auch habe ich Aufsetzkopper gesehen, welche nur mit dem
Kinn aufsetzten, die Zähne also nicht abnützten.

Wer mit Aufmerksamkeit ein Pferd untersucht, wird in den
meisten Fällen durch die Abnützung der Zähne auf die Untugend
aufmerksam gemacht werden, deßwegen gilt in einigen Ländern nur
dasjenige Koppen als Hauptmangel, welches ausgeübt wird ohne
Abnützung der Zähne. Freilich kommt solche Abnützung der Zähne
auch beim Nagen, Beißen und Krippenwetzen vor, was mit dem
Koppen nicht zu verwechseln ist.

Da bei den Koppern meist Luft verschluckt wird, so kommen
Anfüllungen des Magens und der Gedärme, Coliken nach starkem
Koppen nicht selten vor, auch dehnt sich der Schlund durch das
wiederholte Durchpassiren von Luft allmälig so aus, daß hiedurch
bei einzelnen Koppern das bei normalen Pferden sonst unmögliche
Erbrechen möglich wird, auch hört man bei einzelnen Koppern in
Folge dieser Erweiterung und Erschlaffung des Schlundes während
des Saufens einen auffallenden glucksenden Ton in demselben. Nicht
bei jeder Koppanstrengung wird ein Koppton und dieser von sehr
verschiedener Stärke hervorgebracht. Das Koppen vermindert zwar

nur selten den Gebrauchswerth des Pferdes, aber immer den Han=
delswerth, denn Niemand liebt diese unschöne „Musik" und andere
Pferde lernen nur gar zu leicht diese Untugend durch Nachahmung.

Das Koppen wird seltener ausgeübt oder ganz unterlassen in
Krankheiten, bei Ermüdung, in fremden Ställen, an steinernen oder
eisernen Krippen, oder wenn dem Krippensetzer ein Gegenstand zum
Aufsetzen fehlt, oder wenn sie Menschen im Stalle bemerken, durch
welche sie schon abgestraft wurden wegen ihrer Unart. Durch um
den Hals straff angelegte Koppriemen, durch hohle Mundstücke, durch
besondere Kopphalfter kann man vielen, aber nicht allen Koppern
das Koppen unmöglich machen oder verleiden, diese Vorrichtungen
lassen bei längerer Anwendung Spuren zurück, haarlose oder weiß=
behaarte Stellen, ringförmige am oberen Halsende nach dem
Koppriemen, plattenweise an der Ohrspeicheldrüse, oder vorn am
Kehlkopfe nach Anwendung des französischen und Berliner Kopp=
halfters. Händler klopfen, um den Pferden das Koppen auf
einige Zeit zu vertreiben, die Schneidezähne stark oder treiben
Holzkeile zwischen die Zähne, um diese in ihren Wurzeln empfind=
lich zu machen, so daß die Pferde Schmerz beim Aufsetzen haben,
auch soll man durch Brennen der Zungenspitze das Koppen auf einige
Zeit verhindern können. Das Koppen kann bei oberflächlicher Be=
obachtung verwechselt werden mit dem Nagen, Kettenspielen, Lecken,
mit dem Speichelschlürfen, Lippenschlagen, Schnullen mit der Zunge,
namentlich aber auch mit dem Schluchzer, den ich bei zwei Pferden
zeitweise in hohem Grade beobachtete.

§. 156.
Chronische Lahmheit.

Im gewöhnlichen Leben faßt man in dem Worte Lahmheit das
zusammen, was der Techniker als Lähmung und als Lahmheit unter=
scheidet. Lähmung ist jede vom Nerven oder vom Muskel oder von
beiden ausgehende Störung in der Willkürlichkeit oder Thätigkeit
der Bewegungsorgane. Lahmheit dagegen besteht in einer willkür=
lichen und absichtlichen Unregelmäßigkeit in der Bewegung, bei welcher
das Thier, um sich Schmerz zu ersparen, eine Gliedmaße schont.

Da nun das Pferd hauptsächlich durch die Leistung seiner Be=

wegungsapparate dem Menschen nützlich ist, so sind alle Störungen daran bedeutungsvoll, namentlich die langanhaltenden; die Erkenntniß solcher Störungen ist aber nicht immer leicht, besonders dadurch oft ganz unmöglich, daß manche Arten von Lahmheit nur zeitweise unter gewissen Bedingungen sich bemerkbar machen. Bei Streit=fällen wird zunächst die Frage entstehen, ob die Lahmheit schon beim Ankaufe vorhanden gewesen und dann, ob sie verheimlicht werden konnte, oder zur Zeit des Kaufes nicht wohl zu erkennen war, denn für Fehler, welche deutlich in die Augen fallen, verlangt ja das Gesetz gewöhnlich keine Gewährleistung.

Als Merkmale eines längeren Bestehens von wirklicher Lahm=heit sind hier anzudeuten: die Spuren einer früher stattgehabten Behandlung, also Narben von Anwendung des Glüheisens, scharfer Salben, von Haarsailen, Fontanellen, vom Nervenschnitt, ferner wird bei länger bestehenden schmerzhaften Lahmheiten das betreffende Glied abgemagert sein: je vollere, rundere Formen ein Pferd hat, um so mehr wird dieses Symptom in die Augen fallen.

Dieses Schwinden oder, wie man im Schwäbischen sagt, „die Schweine" beschränkt sich nicht blos auf die muskulösen Theile, son=dern sogar auf die sehnigen Gebilde, auf den Huf, welcher durch die unvollständige Benützung auch kleiner wird. Das Verheimlichen und Uebersehen von Lahmheiten kann besonders vorkommen bei Krankheiten der Gelenke, z. B. bei Spath, bei Leisten, Ueberbeinen, welche, wenn die Thiere einmal in Gang gebracht sind, nicht mehr so deutlich sich markiren, ferner bei Lahmheiten rheumatischer Natur, wo häufig, wenn die Haut in Transspiration gekommen, der Schmerz nachläßt, bei Huflahmheiten, die auf weichem Boden häufig gar nicht bemerkbar sind.

Lähmungen sind häufig nur bei sehr genauer Beobachtung und Sachkenntniß, namentlich, wenn sie sich nicht auf einen einzelnen Fuß beschränken, zu erkennen. Lähmungen, die durch Störungen des Blutlaufes hervorgebracht sind, oder von dem Rückenmark aus=gehen, sind häufig anfänglich, wenn das Thier aus dem Stalle kommt, noch gar nicht vorhanden, also auch nicht zu bemerken, und treten erst hervor, wenn das Pferd einige Zeit bewegt wurde.

Was die gewöhnlichsten Ursachen von Lahmheiten betrifft, so sind sie begründet durch Krankheiten am Skelett, durch noch be=

stehende, oder unvollkommen, oder unregelmäßig geheilte Knochenbrüche, durch Wucherungen von der Beinhaut ausgehend, hieher
gehören: Spath, Schaalen, Leisten, an den sehnigen Theilen sind
es die Gallen, der Sehnenklapp, Lageveränderung der Sehnen und
rheumatische Affectionen der sehnigen und muskulösen Gebilde, welche
Schmerz und Lahmgehen verursachen. Die häufigsten Lahmheiten
sind aber begründet im Hufe und es bestehen hier namentlich manche
Abnormitäten, die recht leicht zu verheimlichen und schwer zu erkennen sind, ich nenne hier zuerst hohle Wände, innere Hornsäulen
an der Hornwand, Steingallen, Hornspalt, Hornkluft, Strahlfäule
und Strahlkrebs. Huffisteln sind so leicht zu erkennen, wie die
fehlerhaften Hufformen, welche häufig Lahmgehen verursachen; ich
nenne hier: Zwanghuf, Platthuf, Vollhuf, Rehhuf, Knollhuf. Die
Hufgelenklahmheit, d. h. die chronische Entzündung des in den Hornschuh eingeschlossenen Hufgelenkes gibt am häufigsten Veranlassung
zu Wandlungsklagen.

Was die eigentlichen Lähmungen betrifft, so gehen diese meist
von den Centralorganen des Nervensystems vom Rückenmark aus.

Die chronische Kreuzlähmung, im leichteren Grade Kreuzschwäche,
kommt bei Pferden gar nicht selten vor und entwickelt sich in manchen
Jahrgängen und in gewissen Gegenden besonders gerne bei Fohlen;
obgleich die Kreuzlähmung meist unheilbar ist, so bessert sie sich doch
unter günstigen Verhältnissen bei der weitern Entwicklung und Kräf-
tigung des Pferdes zuweilen ganz von selbst.

Die Hauptmerkmale findet man im Gange der hinteren Gliedmaßen, welche im ersten Bewegungsmoment ganz flach über dem
Boden oder sogar am Boden hinschleifend nachgezogen werden, dann
wird der Fuß tappend und ungeschickt, gehoben und niedergesetzt;
da in diesem Moment die Unterstützung des Rumpfes zu lange
unterbrochen wird, so schwankt er nach dieser Seite hin und wackelt
im Gehen hin und her. Als Folge dieser eigenthümlichen Bewegung
nützt sich die Zehe vom Hinterhuf oder am Eisen sehr stark ab,
man hört auch, namentlich beim bergab führen des Pferdes einen
rumpelnden Ton von diesem Anstoßen, im Zugdienste greifen die
Stränge wegen dieser Unstätigkeit im Gange viel mehr an, und die
Pferde streifen sich gerne an den Köthen. Die Brauchbarkeit solcher
Pferde ist eine sehr geminderte, für den Reitdienst haben sie im

allgemeinen gar keinen Werth, für den Zugdienst nur in langsamen
Gängen bei nicht zu harter Arbeit, bei der Ackerarbeit sind sie unge=
schickt, weil sie die Furche nicht einhalten können. Die Krankheit
kann nur beim lebenden Thiere nachgewiesen werden, denn nur selten
findet man durch die Sektion eine bestimmte Ursache. Zu bemerken
ist noch, daß solche kreuzlahme Thiere sonst sich meist vollkommen
gesund zeigen und daß im Hintertheile kein Schwinden eintritt.

Nicht zu verwechseln ist diese Krankheit mit einem unkräftigen
Kreuze, das man bei alten Stuten, die zur Zucht lange verwendet
waren, bei Thieren mit langem Rücken, mit langer und schmaler
Nierenparthie und schwacher Kruppe namentlich im Reitdienste findet,
auch bei jungen in ihrem Organismus und ihren Kräften noch
nicht entwickelten Pferden, besonders aber, wenn die Thiere noch
keine Haferkraft haben, zeigt sich nur gar zu häufig eine Schwäche
im Kreuz, auf deren Beseitigung man in den meisten Fällen bei
einiger Geduld, zweckmäßiger diätätischer Behandlung und rücksichts=
voller Benützung sicher rechnen kann.

Die Lähmungen in Folge eines Hindernisses im Blutzuflusse
sind in neuerer Zeit öfter beobachtet worden und haben als Ursache
eine Verengung oder vollständige Verschließung einzelner Pulsadern,
welche zu den Gliedmaßen führen; am häufigsten beobachtete man
bis jetzt Verstopfung an den Schenkel= und Becken=Arterien, am
hinteren Ende der Aorta, doch können solche Lähmungen an den
Gliedmaßen auch im Zusammenhang stehen mit Krankheiten ent=
fernter liegender Theile des Gefäßsystems z. B. mit Pulsaderge=
schwülsten, Herzkrankheiten.

Die Muskeln, welche von dem erkrankten Gefäße mit Blut
versehen werden sollen, verlieren wegen des mangelhaften oder feh=
lenden Blutzuflusses ihre Lebenskraft, sie versagen früher oder später
ihren Dienst bei der Bewegung, die Pferde fangen bei höheren
Graden des Uebels schon nach einigen Bewegungen im Schritt,
meistens aber erst bei schnellerer Bewegung im Trabe nach einer
Viertelstunde oder schon nach einigen Minuten an, den betreffenden
Fuß nachzuziehen, streifen sich, schwanken; bei weiter fortgesetzter
Bewegung hört der Einfluß des Willens auf den gelähmten Fuß
zuletzt ganz auf, er wird kalt, gefühllos, die Pulsaction wird schwächer,
das Thier zeigt große Angst, beschleunigten Puls, angestrengtes

Athmen und ein allgemeiner Schweiß bricht aus, nach einiger Ruhe verschwinden alle diese Erscheinungen wieder, das Thier kann wieder regelmäßig gehen, diese Art von Lähmung kommt hauptsächlich an den Hinterfüßen vor, sehr selten an einem Vorderfuß, ich habe ein= zelne Fälle beobachtet, wo beide Hinterfüße auf diese Weise gelähmt wurden. Nach anhaltender Ruhe und bei Aenderung der Lebens= weise tritt sehr häufig Besserung ein, ich sah sogar vollständige Genesung eintreten, dagegen wurde das Thier dämpfig. Nach dem obengesagten ist deutlich, daß mit solchen Pferden der Käufer leicht betrogen werden kann, wenn er nicht Gelegenheit hat, die Leistungs= fähigkeit des Pferdes eingehend zu prüfen.

Bei dieser Krankheit kann das Wesentliche durch die Sektion deutlich nachgewiesen werden, man findet entweder verdickte Wan= dungen an den betreffenden Blutgefässen, oder Erweiterungen an einzelnen Parthieen des Gefäßsystems, Verstopfungen durch ausge= schwitzten Faserstoff oder angeschwemmte Blutgerinnsel.